Geschichte Sachsen-Anhalt

entdecken und verstehen

9/10

Vom Ersten Weltkrieg bis zur Wiedervereinigung Deutschlands

Herausgegeben von
Klaus Pflügner

Bearbeitet von
Elke Fleing
Caroline Heber
Kerstin Herrmann-Nitz
Klaus Pflügner

Unter Verwendung von Beiträgen von:
Florian Basel, Dr. Thomas Berger-von der Heide, Nicky Born, Heike Bruchertseifer,
Hans-Joachim Caspart, Elke Fleing, Matthias Fels, Kathrin Grashiller, Carola Gruner-Basel,
Caroline Heber, Michael Heinz, Kerstin Herrmann-Nitz, Betina Mende, Karl-Heinz Müller,
Stefanie Müller, Prof. Dr. Hans-Gert Oomen, Klaus Pflügner, Martina Quill, Kathrin Roth,
Jürgen Schöll, Maximilian Schuster, Birgit Wenzel

Projektleitung: Dr. Uwe Andrae
Redaktion: Elke Fleing, Hamburg
Grafik und Illustration: Klaus Becker, Oberursel; Bettina Bick, Berlin;
Thomas Binder, Magdeburg; Erfurth&Kluger, Berlin; Elisabeth Galas, Bad Breisig;
Dieter Stade, Hemmingen; Michael Teßmer, Hamburg; Hans Wunderlich, Berlin
Karten: Dr. Volkhard Binder, Greven; Carlos Borrell, Berlin; Klaus Kühner, Hamburg
Gesamtgestaltung: Heimann und Schwantes, Berlin
Technische Umsetzung: zweiband.media, Berlin

Das Coverfoto zeigt die beleuchtete Kulturstiftung des Bundes bei Abenddämmerung,
Halle an der Saale, Sachsen-Anhalt, Deutschland
Foto: mauritius images/Andreas Vitting

www.cornelsen.de

1. Auflage, 1. Druck 2025

Alle Drucke dieser Auflage sind inhaltlich unverändert
und können im Unterricht nebeneinander verwendet werden.

© 2025 Cornelsen Verlag GmbH, Mecklenburgische Str. 53,
14197 Berlin, E-Mail: service@cornelsen.de

Druck: Livonia Print, Riga

ISBN 978-3-06-066388-0 (Schülerbuch)
Materialnummer 1100031529 (E-Book)

PEFC zertifiziert
Dieses Produkt stammt aus nachhaltig
bewirtschafteten Wäldern und kontrollierten
Quellen.

PEFC™
PEFC/12-31-008

www.pefc.de

Inhaltsverzeichnis

4   Das Jahr 1945   168

5   Methodenpraktikum: Zeitgeschichte im digitalen Medium   192

7

entdecken und verstehen

Liebe Schülerin, lieber Schüler,
wir möchten dir die verschiedenen Seiten dieses Buches vorstellen.

Auftaktseiten

Jedes Kapitel startet mit einem großen Bild.
Darauf gibt es viel zu entdecken: Du kannst
Eindrücke sammeln und zusammentragen,
was du schon weißt.

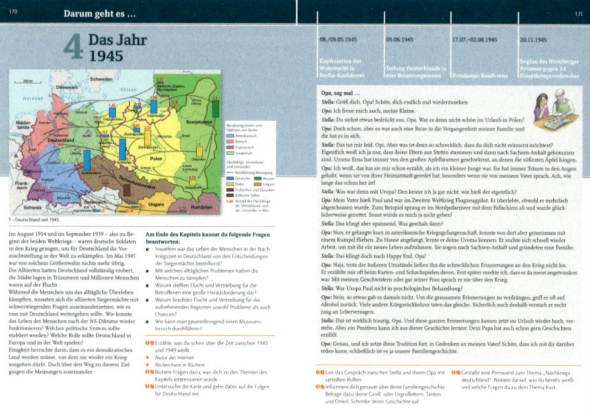

Darum geht es …

Diese Seite gibt dir einen Überblick
– über wichtige Daten und Räume,
– über die Themen des Kapitels und
– darüber, was du am Ende wissen und können sollst.

Über den Tellerrand geschaut …

Auf dieser Seite erhältst du noch
vertiefende bzw. weiterführende
Informationen zu einem Thema
des Kapitels.

Das kann ich …

Am Ende des Kapitels kannst
du dein Wissen und Können testen.

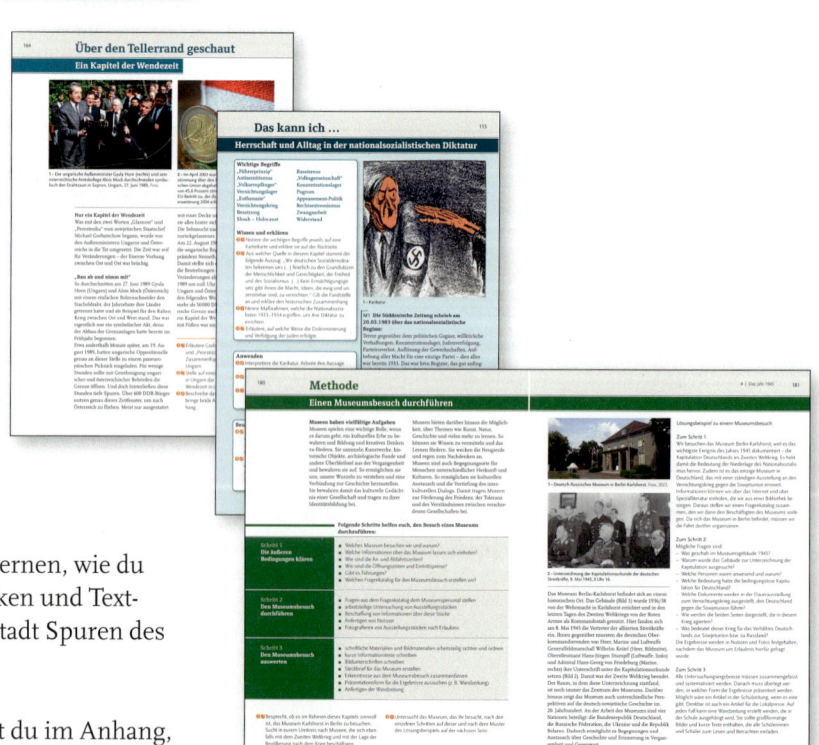

Methode

– Hier kannst du **Schritt für Schritt** erlernen, wie du
  z. B. ein Museum erkundest, Statistiken und Text-
  quellen untersuchst oder in deiner Stadt Spuren des
  Mittelalters finden kannst.
– **Lösungsbeispiele** helfen dir.
– Eine Übersicht der Methoden findest du im Anhang,
  S. 274 ff.

Inhaltsseite

Oben links steht immer die **Frage**, um die es auf der Doppelseite geht. Dann folgen **Autorentexte**.

Bei den **Materialien** werden Reden von Politikern, Zeitzeugenberichte und andere Schriften aus der Vergangenheit als Quellen mit einem **Q** versehen. Texte, in denen Wissenschaftler oder Journalisten aus heutiger Sicht etwas darstellen, tragen ein **M**.

Du findest hier auch **Bilder, Karten und Grafiken**.

Auf der Randspalte findest du in **schwarzer Schrift Worterklärungen** von schwierigen Begriffen im Autorentext.

Mit den **Aufgaben** kannst du Fragen, Autorentexte und Materialien bearbeiten. Hinter dem Pfeil ▶ findest du **Starthilfen**.

Geschichte vor Ort

Hier erfährst du etwas über die Geschichte Sachsen-Anhalts.

Hier spielt die Geschichte …

Mithilfe dieser Seite könnt ihr euer Wissen gemeinsam testen und Spaß haben.

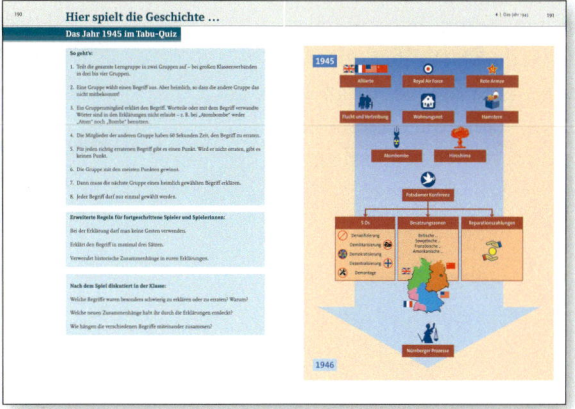

Individuell lernen und fördern

Schauplatz-Seiten: Wahlaufgaben zu einem spannenden Großbild

Auf Schauplatz-Seiten findest du – immer passend zum Kapitelthema – **ein großes Bild mit Wahlaufgaben** (rot), die du in Gruppenarbeit löst.

Von leicht bis schwierig …

Bei allen Aufgaben dieses Buches findest du **Würfel** 🎲.
Sie zeigen **unterschiedliche Schwierigkeitsgrade** an:
- 🎲 einfacher Schwierigkeitsgrad
- 🎲 mittlerer Schwierigkeitsgrad
- 🎲 erhöhter Schwierigkeitsgrad

❶🎲 Nenne mithilfe des Textes und von Q1 Verhaltensweisen der Bevölkerung, die zur Verfolgung und Inhaftierung durch die Nationalsozialisten führen konnten.

❷🎲 Erkläre mithilfe des Textes, von Bild 1 und Q1 den Begriff „Schutzhaft".

❸🎲 Erläutere mithilfe des Textes sowie von Bild 2 und Q2 die Haftbedingungen in den Konzentrationslagern.

❹🎲 Wähle mithilfe der Karte auf Seite 86 ein Konzentrationslager in der Nähe aus und bereite hierzu ein Kurzreferat vor.

❺🎲 Erkundige dich in deinem Heimatort (Stadtarchiv, Stadtmuseum) nach (politischer) Verfolgung durch die Nationalsozialisten.

▶ Starthilfen – unterstützen und fördern

Auf den Seiten dieses Buches findest du Starthilfen, die dich bei der Lösung von Aufgaben unterstützen. Sie tragen ein oranges ▶ Dreieck und sind in *kursiver Schrift* gesetzt.

❶🎲 Erstelle mithilfe von Karte 1 eine Liste der Bündnisverträge mit den zugehörigen Bündnispartnern.

❷🎲 Vergleiche Deutschlands Bündnisse vor dem Ersten Weltkrieg (Karte 1) mit den Bündnissen um 1887 auf S. 21, Karte 3. Deine Ergebnisse von Aufgabe 1 werden dir helfen.

❸🎲 Erläutere die Situation auf dem Balkan mithilfe der Karikatur 2 und des Verfassertextes.

❹🎲 Fasse mit eigenen Worten die Vorgänge, die zum Kriegsausbruch führten, zusammen. Unterscheide dabei genau zwischen Ursache und Anlass.

▶ *Alle Länder hatten aufgerüstet und der Nationalismus führte zu einem Gefühl der Überlegenheit in den einzelnen Ländern. …*

❺🎲 Vergleiche die Meinungen der beiden Historiker (M1, M2) zur

Hilfe durch die Operatorenliste

Alle Aufgaben enthalten bestimmte Begriffe, die dir mitteilen, was du bei dieser Aufgabe tun sollst, z. B. nenne, beschreibe, erkläre ... Dies sind die Operatoren. Auf den beiden **Innenseiten des Einbands** dieses Buches findest du eine **Operatorenliste**, in der du solche Begriffe nachschlagen kannst. Du findest dort außerdem Hilfen, wie du bei der Lösung von Aufgaben mit diesem Operator vorgehen kannst, und ein Beispiel dazu.
Die Operatoren sind **alphabetisch** geordnet.

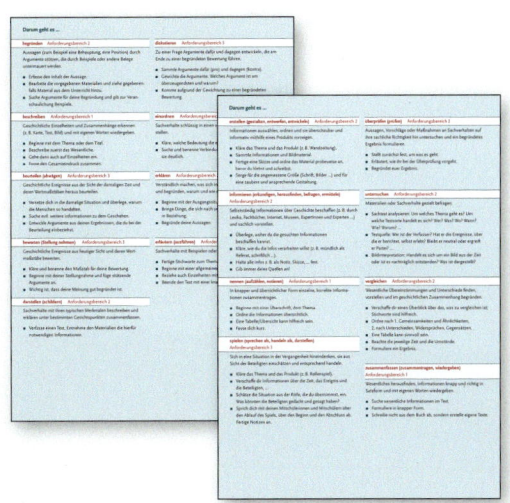

2  Ermittle aus Bild 3, welche Parteien die „Weimarer Koalition" bildeten. Recherchiere kurz zu den Zielen und über ihr Verhältnis zur Republik.

Medienbildung / digitale Bildung

Bei den Aufgaben:
- **Rechercheaufgaben im Internet**

G

Gestapo
Die Geheime Staatspolizei („Ge-Sta-Po") wurde 1933 von Hermann Göring und Heinrich Himmler geschaffen. Sie diente als politische Polizei der rücksichtslosen Unterdrückung aller Gegner des Nationalsozialismus. Dabei schreckte sie vor Folter, Einweisung in KZ und Mord nicht zurück.

Glasnost
(russ.: Offenheit) Im Rahmen der Reformpolitik Gorbatschows bezeichnete „Glasnost" die Absicht, Transparenz der Entscheidungen in den Staats- und Parteiorganen und öffentliche Diskussion der Probleme.

Das Lexikon

Das Lexikon bietet euch alle wichtigen Fachbegriffe in alphabetischer Reihenfolge mit Erklärungen. Hier könnt ihr nachlesen und euch informieren.

Cornelsen Lernen-App

Mit der neuen Cornelsen Lernen-App könnt ihr digitales Begleitmaterial zu den Schulbuchseiten herunterladen.

Dein Buch findest du auch in der Cornelsen Lernen App

Siehst du eines dieser Symbole in deinem Buch, kannst du in deiner App ...

     ▶ Teste dich

alle Hörspiele und Videos zu deinem Buch aufrufen.

dein Wissen am Ende des Kapitels überprüfen.

1 Charakter und Folgen des Ersten Weltkriegs

Ende des 19. Jahrhunderts begann zwischen einigen europäischen Nationen ein Wettlauf um die Aufteilung der Erde.
Besonders der übertriebene Nationalstolz und die Konkurrenz
zwischen dem Deutschen Reich, Frankreich, Russland und dem
britischen Empire prägten diese Politik. Man wetteiferte vor
allem um Gebiete in Afrika und Asien. Dies führte zu mehreren außenpolitischen Krisen, die schließlich im weltumspan-
nenden Ersten Weltkrieg gipfelten. Dieser war der erste Krieg,
der umfassend mit modernen Massenvernichtungswaffen
geführt wurde. Er forderte etwa 17 Millionen Tote sowie zahlreiche verletzte, vermisste und traumatisierte Opfer. Der Erste
Weltkrieg wird auch die „Urkatastrophe des 20. Jahrhunderts"
genannt.
Wie konnte es zu dieser Katastrophe kommen und welche
Rolle spielte Deutschland dabei?

1 Charakter und Folgen des Ersten Weltkriegs

1884

Beginn der deutschen Kolonialpolitik

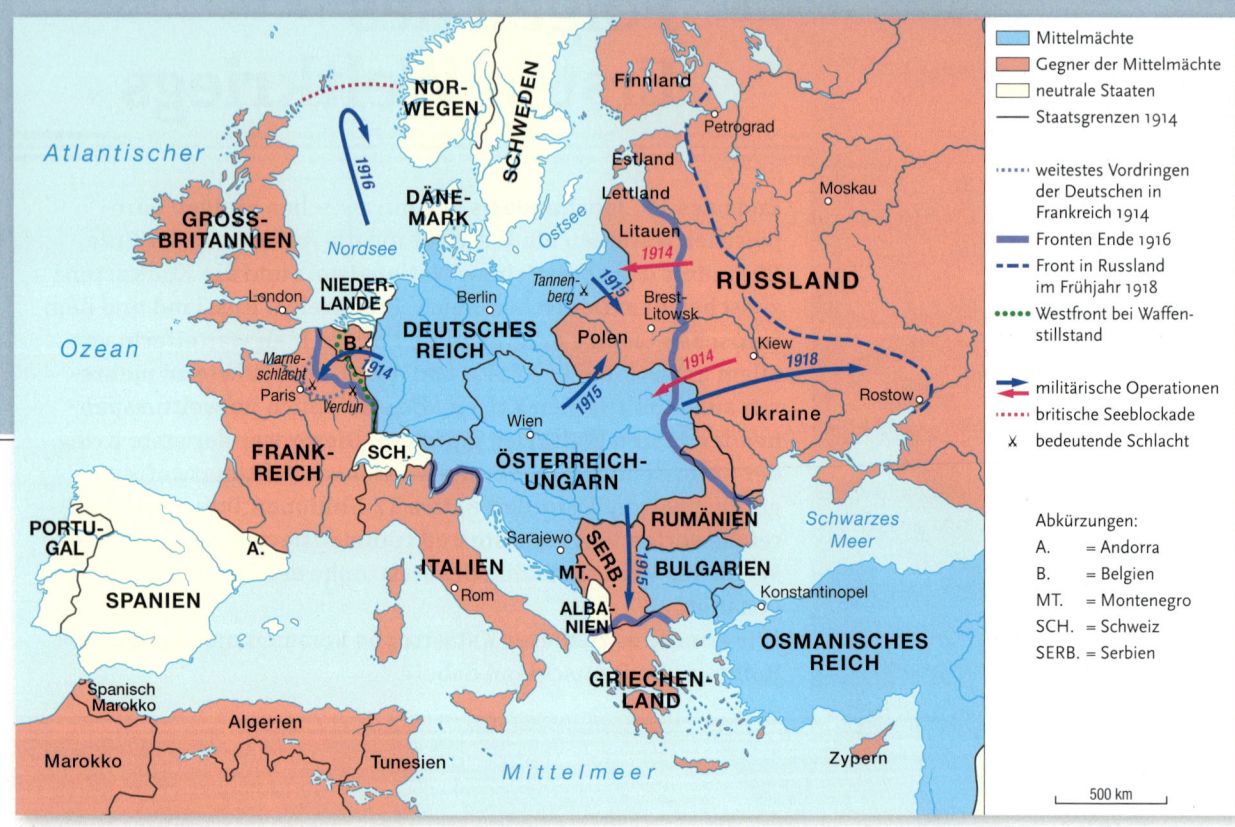

Legende:
- ☐ Mittelmächte
- ☐ Gegner der Mittelmächte
- ☐ neutrale Staaten
- — Staatsgrenzen 1914
- ⋯⋯ weitestes Vordringen der Deutschen in Frankreich 1914
- —— Fronten Ende 1916
- – – – Front in Russland im Frühjahr 1918
- ⋯⋯ Westfront bei Waffenstillstand
- ⇒ militärische Operationen
- ⋯⋯ britische Seeblockade
- x bedeutende Schlacht

Abkürzungen:
- A. = Andorra
- B. = Belgien
- MT. = Montenegro
- SCH. = Schweiz
- SERB. = Serbien

1 – Der Erste Weltkrieg in Europa.

Seit der Entdeckung Amerikas errichteten europäische Mächte Kolonialreiche in Mittel- und Südamerika. Im Laufe des 19. Jahrhunderts versuchten sie zunehmend, von Afrika und Asien Besitz zu ergreifen. Dieses Machtstreben um kolonialen Besitz und ein übertriebener Nationalstolz können als Gründe für den Ersten Weltkrieg gewertet werden.

Im August 1914 zogen die Menschen vieler Länder Europas in den Krieg. Sie glaubten fest daran, für eine gute Sache zu kämpfen, ihrem Vaterland zu dienen und für dessen Sicherheit und Wohlstand zu sorgen. Dieser Weltkrieg zerstörte die alte Ordnung des 19. Jahrhunderts und hinterließ bei Europas Völkern Tod, Leid, Zerstörung und traumatische Erinnerungen. Schließlich entwickelten sich durch die folgenden gesellschaftlichen, politischen und territorialen Verände-

rungen neue Probleme und bestehende Streitpunkte wurden verstärkt.

Am Ende des Kapitels kannst du folgende Fragen beantworten:

- Welche Ursachen hatte der Erste Weltkrieg?
- Was unterschied die Kriegsführung im Ersten Weltkrieg von derjenigen bisheriger Kriege?
- Wie verlief der Erste Weltkrieg?
- Wie wirkte sich der Krieg auf den Alltag der Menschen in der Heimat aus?
- Wie wurde der Krieg beendet und welche Folgen hatte der Friedensschluss für die ehemaligen Kriegsparteien?
- Wie untersucht man eine Feldpostkarte?
- Wie erkundet man Kriegerdenkmäler?

1888	1912/1913	1914	1917	1918
Dreikaiserjahr: Wilhelm II. wird deutscher Kaiser	Krise auf dem Balkan	Ausbruch des Ersten Weltkriegs	Revolution in Russland, Kriegseintritt der USA	Ende des Ersten Weltkriegs

Opa, sag mal …

Opa: Hallo Stella. Was ist dir denn passiert? Das sieht ja gar nicht gut aus!

Stella: Ach, Paul hat beim Völkerball mal wieder vollkommen übertrieben und mir mit Absicht den Ball ans Auge geschmettert.

Opa: Wie kommst du denn darauf, dass er das mit Absicht getan hat?

Stella: Beim Völkerball kennt Paul keine Freunde.

Opa: Das ist natürlich nicht schön, passt aber zu dem Ursprungscharakter des Spiels, das übrigens schon richtig alt ist. Es sollte damals eine Schlacht nachgespielt werden, bei der sich zwei feindliche Völker gegenüberstanden. Armee gegen Armee. Der Ball war das Geschoss und wer getroffen wurde, galt als gefallen und war raus aus dem Spiel.

Stella: Also bei uns ist es schon ein wenig anders. Man kann sozusagen „wiederbelebt" werden, wenn man den Ball fängt und damit jemanden von der gegnerischen Mannschaft abwirft.

Opa: Das hat man in der heutigen Zeit geändert. Damals hatte das Spiel tatsächlich einen kriegerischen Hintergrund und man spielte es zur Wehrertüchtigung, also als eine Art Training für einen echten Krieg. Einen solchen gab es z. B. zu Beginn des letzten Jahrhunderts. Da haben viele Völker auf der ganzen Welt verbissen gegeneinander gekämpft.

Stella: Ich glaube, davon habe ich schon gehört. War das nicht der Erste Weltkrieg?

Opa: Genau, diesen schrecklichen Krieg meine ich. Ein Krieg der Millionen Menschen das Leben kostete.

Stella: Na, dann bin ich ja noch mal mit einem blauen Auge davongekommen.

Opa: Und damit dein Auge nicht zu blau wird, behandeln wir es jetzt von außen mit einem Kühlpad und von innen mit einem leckeren Eis aus dem Kühlschrank!

2 – Französische Maschinengewehrschützen. Foto.

❶ ▪ Lest das Gespräch zwischen Stella und ihrem Opa mit verteilten Rollen.

❷ ▪ Nenne anhand der Karte die Staaten, die im August 1914 gegeneinander Krieg führten.

❸ ▪ Betrachte das Foto und überlege, was diesen Krieg von bisherigen Kriegen unterschied.

❹ ▪ Gestaltet eine Pinnwand zum Ersten Weltkrieg. Notiert darauf, was ihr bereits wisst und welche Fragen ihr zu dem Thema habt.

❺ ▪ Informiere dich über die Geschichte des Spiels und bewerte, ob es vor diesem Hintergrund noch im Sportunterricht eingesetzt werden sollte.

▶ Video

Der Weg in den Ersten Weltkrieg

Wollten wirklich alle den Krieg?

1 – Bertha von Suttner (1843–1914). Foto, 1886.

Heute abend lautet die Parole für jeden klassenbewußten Arbeiter und jede Arbeiterin, sowie jeden wirklichen Friedensfreund:

Auf in die Volksversammlung im Gewerkschaftshaus! Auf zum Protest gegen die Kriegstreiber!

Nieder mit dem Kriege!

„Wir glauben, es gibt bei diesen Empfindungen kaum eine Ausnahme, und wenn unsere Sozialdemokraten in den nächsten Tagen Kundgebungen gegen den Krieg veranstalten, so werden sie darin bis zu einem gewissen Grade die Zustimmung des deutschen Bürgertums finden. Denn [...] zu einem Ausgleich kommt und wir wünschen dringend, daß das Balkanabenteuer keine europäischen Konflikte nach sich zieht.

Man braucht der deutschen Regierung wirklich kein Übermaß von Klugheit und Gewissensverfeinerung zuzutrauen, um ihr die aufrichtige Absicht zuzugestehen, daß sie ehrlich die Erhaltung des Friedens wünscht. Und man kann den Regierungen der anderen europäischen Staaten [...] Ereignisse erhalten hat. Daß das französische Proletariat nicht minder seine Schuldigkeit in der Bekämpfung chauvinistischer Akte tun wird, wird kein Mensch bezweifeln. Da versteht es sich von selbst, daß auch die deutsche Sozialdemokratie in den schweren Kämpfen ihren Mann stehen wird!

Ihre Aufgabe ist ihr klar vorgezeichnet. Sie ruft die breiten Massen des Volkes auf, ihre

2 – Aufruf im „Lübecker Volksboten", 28.07.1914.

---

* Pazifismus
Weltanschauung, bei der jeder Krieg abgelehnt wird. Zu den Forderungen des Pazifismus gehört auch, auf Rüstung und militärische Ausbildung zu verzichten.

* Patent
Wenn man eine Erfindung zum Patent anmeldet, hat man als Einziger das Recht, diese Erfindung zu nutzen.

Bertha von Suttners Traum vom Frieden

„Jetzt erst sieht man die Massenhaftigkeit der umherliegenden Leichen: Auf den Straßen, zwischen den Feldern, in den Gräben, hinter Mauertrümmern (...). Geplündert, mitunter nackt. Ebenso die Verwundeten. Diese (...) sehen fahl und zerstört aus, grün und gelb, mit stierem, stumpfsinnigem Blick (...)." Diese Zeilen stammen aus dem Roman „Die Waffen nieder". Er vermittelt dem Leser das wahre Gesicht des Kriegs fernab jedes Heldentums. Geschrieben wurde er von Bertha von Suttner, die selbst in mehreren Kriegen Angehörige verloren hatte. 1891 gründete sie in Wien die österreichische Friedensgesellschaft.

Als Vorsitzende dieser Initiative schrieb sie an den Unternehmer Alfred Nobel (S. 17), mit dem sie eine lebenslange Freundschaft verband: „Es wäre schön, wenn der Erfinder des Kriegssprengstoffes einer der Förderer der Friedensbewegung wäre." Nobel antwortete ihr: „Mit dem Verlangen nach Abrüstung macht man sich fast lächerlich, ohne jemandem zu nützen", und ferner: „Meine Fabriken werden vielleicht dem Krieg noch früher ein Ende machen als Ihre Kongresse." Bertha von Suttner ließ sich davon nicht entmutigen. Unermüdlich hielt sie Vorträge und schrieb an die Regierungen, um vor einem Krieg zu warnen.

Friedenshoffnung der Arbeiter

Es waren vor allem einfache Bürger und Arbeiter, die als Soldaten auf den Schlachtfeldern starben. Daher machte die sozialistische Arbeiterbewegung mit Friedenskundgebungen auf die Kriegsgefahr aufmerksam. Der *Pazifismus gehörte somit zu den wichtigsten Zielen von Gewerkschaften und Arbeiterparteien wie der SPD.

Q1 So äußerte sich Bertha von Suttner 1909 zum Wettrüsten der Nationen:

Welches sind die Faktoren, die die Rüstungsschraube in Bewegung setzen? Sind es die Völker, die danach verlangen? Mitnichten! Der Anstoß (...) kommt immer aus dem Kriegsministerium mit der bekannten Begründung, dass andere Kriegsministerien vorangegangen sind, und der zweiten Begründung, dass man von Gefahr und Feinden umgeben ist. Das schafft eine Atmosphäre von Angst (...). Und wer ist tätig, diese Angst zu verbreiten? Wieder die militärischen Kreise. Die haben immer einen „unvermeidlichen" Krieg auf Lager (...). Kriegsparteien gibt es in jedem Lande; was diese äußern, wird von den Kriegsparteien der anderen Länder als die Willensmeinung der ganzen betreffenden Nation ausgegeben.

VIP

„Ich möchte einen Stoff oder eine Maschine schaffen können von so fürchterlicher, massenhaft verheerender Wirkung, dass dadurch Kriege überhaupt unmöglich würden.“

Name: Alfred Nobel

Lebensdaten: 21. Oktober 1833 – 10. Dezember 1896

Familie: Nobel stammte aus einer schwedischen Unternehmerfamilie.

Jugend/Schule/Ausbildung:
– 1837 ging die Firma des Vaters, eines Brücken- und Eisenbahn-konstrukteurs, bankrott. Dieser versuchte dann, in Russland geschäftlich Fuß zu fassen.
– 1843 holte der Vater, der es als Rüstungsunternehmer zu großem Wohlstand gebracht hatte, seine Familie nach Sankt Petersburg. Hier erhielt Alfred Nobel Unterricht bei Privatlehrern. Sein großes Interesse galt der Chemie. Er wurde als Maschinenbauer ausgebildet und beherrschte fünf Sprachen fließend.
– 1850 unternahm er eine zweijährige Studienreise durch mehrere Länder. In Paris vertiefte er bei führenden Experten seine Kenntnisse in der Chemie, vor allem in der Sprengstofftechnik.

Werdegang:
– Ab 1852 forschte Alfred Nobel gemeinsam mit seinem Vater auf dem Gebiet der Sprengstoffchemie.
– 1867 Erfindung und massenhafte Herstellung von Dynamit. In den Folgejahren baute Alfred Nobel ein Wirtschaftsimperium auf. Durch dieses brachte er es zu enormem Reichtum.

Besonderheiten:
1876 war die Friedenskämpferin Bertha von Suttner für zwei Wochen Privatsekretärin von Nobel. Sie inspirierte ihn zum späteren Friedensnobelpreis, der ihr aber erst 1905 zugesprochen wurde.

Was bleibt:
Bis zu seinem Tod meldete Nobel 355 Erfindungen zum *Patent an. Fast sein gesamtes Vermögen vermachte er einer Stiftung. Diese zeichnet seit 1901 jährlich Menschen aus, die im jeweils vergangenen Jahr der Menschheit den größten Nutzen erbracht haben. Die Verleihung auf den Gebieten Physik, Chemie, Literatur, Medizin und Frieden findet immer am 10. Dezember statt.

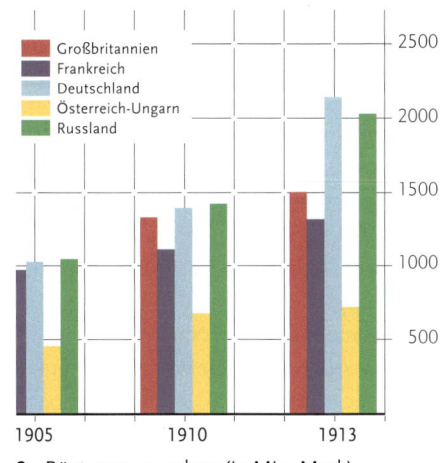

Großbritannien
Frankreich
Deutschland
Österreich-Ungarn
Russland

3 – Rüstungsausgaben (in Mio. Mark)

❶ ◨ Fasse mithilfe von Q1 zusammen, worin Bertha von Suttner die Ursachen für das Wettrüsten sah.
❷ ◨ Beschreibe anhand von Grafik 3, wie sich die Rüstungsausgaben der europäischen Großmächte entwickelten. Notiere für die angegebenen Jahre, welches Land am meisten ausgab.
❸ ◨ Stelle einen Zusammenhang zwischen Grafik 3 und Q1 her. Halte deine Ergebnisse schriftlich fest.
❹ ◨ Erläutere mithilfe des Verfassertextes und von Bild 2, welche Bevölkerungsschichten und Parteien den Krieg ablehnten.
❺ ◨ Erkläre das Zitat von Alfred Nobel mit eigenen Worten.
❻ ◨ Diskutiere die Positionen von Alfred Nobel und Bertha von Suttner. Begründe deine eigene Meinung.

Wodurch wurde der Krieg ausgelöst?

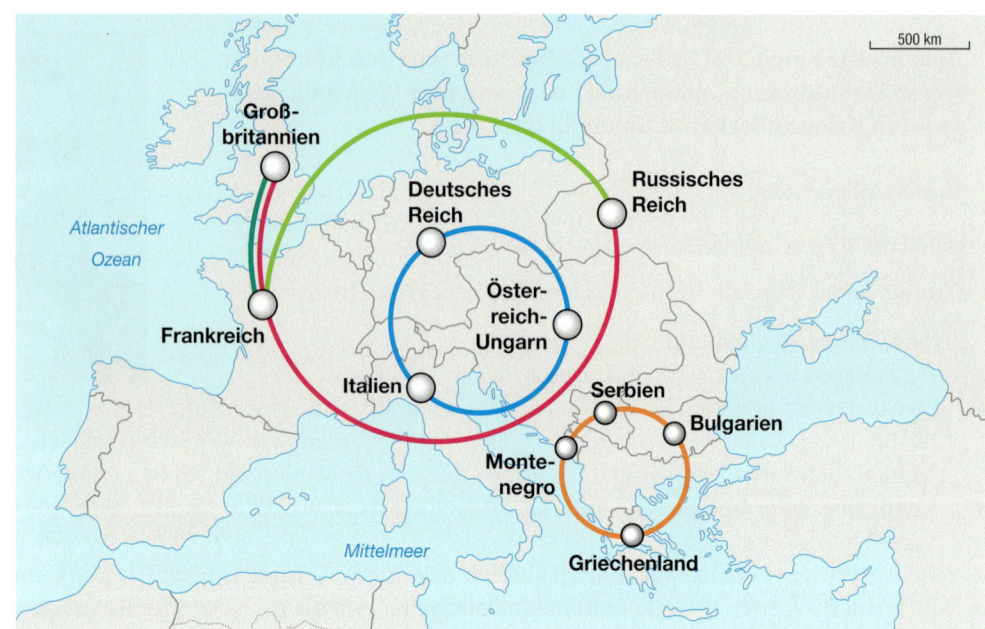

Legende:
- Dreibund 1882, erneuert 1912
- Französisch-Russische Allianz 1892
- *Entente cordiale 1904
- *Triple Entente 1907
- Balkanbund 1912

— Grenzen von 1912

1 – Das europäische Bündnissystem vor 1914. Der Dreibund zerbrach 1915 mit dem Kriegseintritt Italiens auf der Seite von Großbritannien, Russland und Frankreich.

---

*Balkan
Halbinsel im Mittelmeer, die zur damaligen Zeit die Länder Serbien, Montenegro, Rumänien, Bulgarien, Albanien und Griechenland umfasste (siehe Karte).

*Dardanellen
So bezeichnet man die Meerenge zwischen dem asiatischen und europäischen Teil der Türkei an der westlichen Seite des Marmarameeres zur Ägäis.

*Entente cordiale
So nennt man einen Vertrag zwischen Frankreich und Großbritannien. Er regelte im gegenseitigen Einverständnis die Einflussbereiche beider Länder in Afrika.

*Triple Entente
Darunter versteht man die Erweiterung der Entente cordiale mit Russland als Dreierbündnis gegen Deutschland.

Dauerkrise auf dem *Balkan
Im Laufe des 19. Jahrhunderts hatten sich die Völker des Balkans von der osmanischen Herrschaft befreit. Griechenland, Serbien und Bulgarien waren selbstständige Staaten geworden. Die staatliche Zuordnung von Albanien sowie Bosnien blieb umstritten.
Die Großmächte Österreich-Ungarn und Russland versuchten, ihren Einfluss auf dem Balkan zu vergrößern. Österreich-Ungarn nahm 1908 Bosnien, das zum Osmanischen Reich gehörte, in seinen Besitz. Dagegen protestierte das mit Russland verbündete Königreich Serbien. Das Interesse Russlands richtete sich darauf, mit der Unterstützung Serbiens einen Zugang zur strategisch wichtigen Meerenge, den *Dardanellen, zu bekommen.
In den Jahren 1912/1913 wurden zwei Kriege um die Frage der staatlichen Neuordnung auf dem Balkan geführt. Ihr Ergebnis war, dass Griechenland, Bulgarien und Serbien ihr Staatsgebiet vergrößerten. Albanien wurde ein selbstständiger Staat.

Deutschland und Großbritannien verhinderten durch Verhandlungen, dass sich Österreich-Ungarn und Russland direkt an den Balkankriegen beteiligten. So konnte 1912 der Ausbruch eines großen europäischen Krieges noch vermieden werden.

Der Weg in den Krieg
Die Heeresleitung in Deutschland rechnete in der politisch angespannten Lage mit einem Zweifrontenkrieg gegen Frankreich und Russland. Sie erklärte bereits 1912: „Je eher, desto besser." Viele Menschen in Europa teilten diese Meinung und sahen in einem kommenden Krieg ein „reinigendes Gewitter".
Alle großen Staaten Europas waren im Frühjahr 1914 zum Krieg bereit. Der Nationalismus war in den einzelnen Ländern derart gefestigt, dass für jeden einzelnen ein Scheitern der eigenen Nation unmöglich und ein siegreiches Hervorgehen als unumgänglich erschien. Es fehlte nur noch ein Anlass. Dieser fand sich darin, dass ein serbischer Attentäter im Juni 1914 den

2 – ‚The Boiling Point'. Europäische Mächte sitzen auf dem Pulverfass Balkan. Karikatur aus „The Punch", 1912.

österreichischen Thronfolger Franz Ferdinand und seine Frau Sophie in Sarajevo ermordete.

Im Laufe eines Monats entwickelte sich der ursprünglich auf den Balkan beschränkte Konflikt zwischen Österreich und Serbien zu einem ganz Europa erfassenden Krieg, denn die einzelnen Bündnissysteme begannen nun, nacheinander ihre Wirkung zu entfalten. Serbien weigerte sich, österreichische Beamte an dem Ermittlungsverfahren gegen die Attentäter zu beteiligen. Darauf erklärte Österreich-Ungarn am 28. Juli 1914 Serbien den Krieg. Deutschland unterstützte seinen Bündnispartner Österreich-Ungarn bedingungslos („Blankoscheck"). Noch am selben Tag erfolgte in Russland die *Teilmobilmachung. Am 1. August 1914 erklärte Deutschland Russland und am 3. August Frankreich den Krieg. Als am 3. August deutsche Truppen die *Neutralität Belgiens missachteten und Richtung Frankreich durchmarschierten, war dies für England der Anlass, Deutschland den Krieg zu erklären.

M1 Der deutsche Historiker Fritz Fischer zog 1961 das folgende Fazit über die Verantwortung des Deutschen Reiches am Kriegsausbruch:

Da Deutschland den österreichisch-serbischen Krieg gewollt, gewünscht und gedeckt hat und, im Vertrauen auf die deutsche militärische Überlegenheit, es im Jahre 1914 bewusst auf einen Konflikt mit Russland und Frankreich ankommen ließ, trägt die deutsche Reichsführung einen erheblichen Teil der historischen Verantwortung für den Ausbruch eines allgemeinen Krieges.

M2 Der australische Historiker Christopher Clark beantwortete 2013 die Frage, wer die Verantwortung für den Ausbruch des Ersten Weltkriegs trägt, so:

Der Kriegsausbruch von 1914 ist kein *Agatha-Christie-Thriller, an dessen Ende wir den Schuldigen (...) auf frischer Tat ertappen. In dieser Geschichte gibt es keine Tatwaffe als unwiderlegbaren Beweis oder genauer: Es gibt sie in der Hand jedes einzelnen wichtigen Akteurs. (...) (Das) heißt (...) keineswegs, dass wir die kriegerische und imperialistische *Paranoia der österreichischen und deutschen Politiker kleinreden sollten (...). Aber die Deutschen waren nicht die einzigen Imperialisten, geschweige denn die einzigen, die unter einer Paranoia litten. Die Krise, die im Jahre 1914 zum Krieg führte, war die Frucht einer gemeinsamen politischen Kultur (...)."

* Agatha Christie
bekannte englische Krimiautorin (1889–1980)

* Mobilmachung
Maßnahmen, durch die die Streitkräfte eines Landes für den Kriegseinsatz bereitgestellt werden, z. B. durch die Einberufung aller Wehrpflichtigen

* Neutralität
wörtlich: Nichtbeteiligtsein, hier Unabhängigkeit eines Staates

* Paranoia
krankhaftes Misstrauen

❶ ▪ Erstelle mithilfe von Karte 1 eine Liste der Bündnisverträge mit den zugehörigen Bündnispartnern.

❷ ▪ Vergleiche Deutschlands Bündnisse vor dem Ersten Weltkrieg (Karte 1) mit den Bündnissen auf S. 14, Karte 1. Deine Ergebnisse von Aufgabe 1 werden dir helfen.

❸ ▪ Erläutere die Situation auf dem Balkan mithilfe der Karikatur 2 und des Verfassertextes.

❹ ▪ Fasse mit eigenen Worten die Vorgänge, die zum Kriegsausbruch führten, zusammen. Unterscheide dabei genau zwischen Ursache und Anlass.

▶ *Alle Länder hatten aufgerüstet und der Nationalismus führte zu einem Gefühl der Überlegenheit in den einzelnen Ländern. ...*

❺ ▪ Vergleiche die Meinungen der beiden Historiker (M1, M2) zur Kriegsschuldfrage. Begründe, welchem Urteil du dich anschließt.

▶ Video

Der Erste Weltkrieg

Welche Ziele verfolgten die Kriegsgegner?

1 – Deutsche Kriegsfreiwillige bei der Abfahrt zur Westfront. Foto, 1914.

2 – Britische Kriegsfreiwillige nach ihrer Einkleidung. Foto, 1914.

✱ Kriegskredite
Kredite zur Führung eines Krieges. Diese mussten vom Reichstag genehmigt werden.

Begeisterung für den Krieg

Die Nachricht von der Mobilmachung der Streitkräfte erfüllte vor allem die Menschen in den Städten mit Begeisterung. Der über Jahrzehnte erwachsene Nationalismus ließ ein siegreiches Hervorgehen aus dem Krieg als einzige Folge erscheinen. Diese positive Stimmung war auch in anderen Ländern Europas spürbar. Kaum einer glaubte, dass es einen langen Krieg geben würde. Junge Männer in ganz Europa meldeten sich freiwillig, um in den Krieg zu ziehen. Im Deutschen Reichstag stimmten alle Parteien für die vom Kaiser geforderten ✱Kriegskredite. Die SPD unterstützte diese jedoch erst nach heftigen innerparteilichen Kämpfen.

Deutsche Kriegsziele

– Frankreich darf nie wieder Großmacht sein. Daher werden die nordfranzösischen Industriegebiete übernommen. Zusätzlich soll Frankreich hohe Geldsummen an das Deutsche Reich zahlen.
– Belgische Industriegebiete sollen an das Deutsche Reich angegliedert werden.
– Unter deutscher Oberhoheit wird ein Zollverband von Frankreich bis Polen und von Norwegen bis Italien errichtet.

– Die russische Herrschaft über fremde Völker auf seinem Staatsgebiet wird beendet.
– Das Deutsche Reich wird einen größeren Anteil an den Kolonien auf Kosten der anderen Mächte haben.

Kriegsziele anderer Länder

– Österreich-Ungarn will seine Vorherrschaft auf dem Balkan ausbauen. Der Einfluss Russlands dort soll zurückgedrängt werden. Rumänien und Serbien sollen eingegliedert werden. Zudem beansprucht es Teile Polens.
– Frankreich will die Macht des Deutschen Reiches brechen und Elsass-Lothringen zurückgewinnen.
– England fordert die Abschaffung der deutschen Kriegsflotte und die Aufteilung der deutschen Kolonien.
– Russland will die Vorherrschaft Österreich-Ungarns auf dem Balkan beenden. Zudem strebt es die Herrschaft über Istanbul und die Dardanellen an.

Jedes Land bezeichnete seine Kriegsziele als „Friedensprogramm", da nur so der Frieden dauerhaft gesichert werden könne.

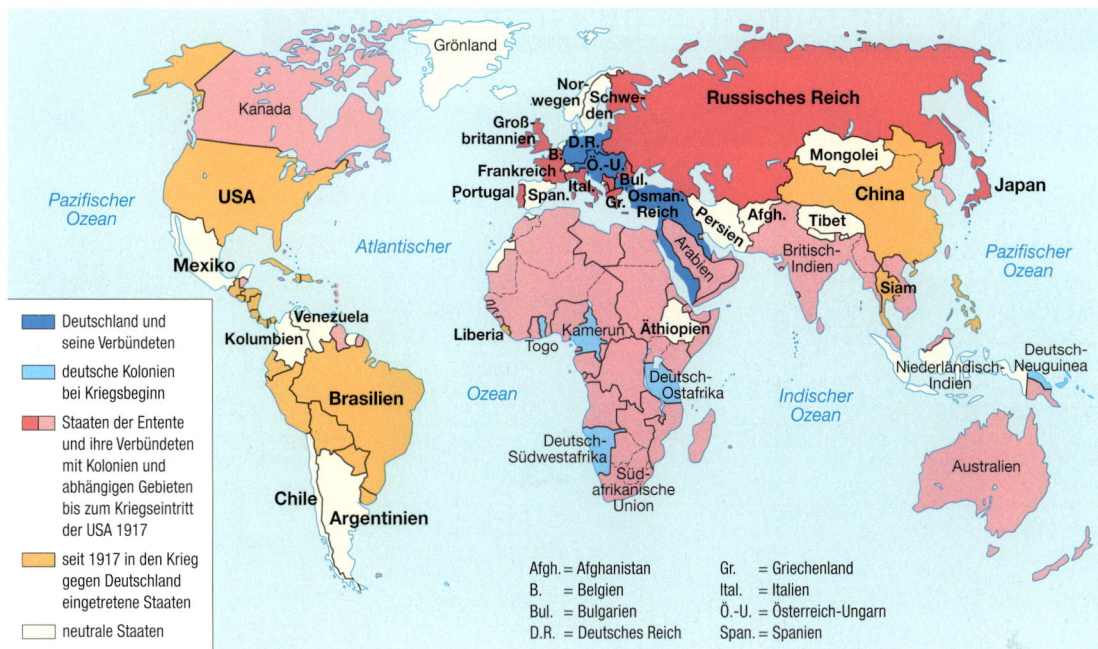

Afgh. = Afghanistan
B. = Belgien
Bul. = Bulgarien
D.R. = Deutsches Reich
Gr. = Griechenland
Ital. = Italien
Ö.-U. = Österreich-Ungarn
Span. = Spanien

3 – Die Kriegsgegner im Ersten Weltkrieg.

Q1 Kaiser Wilhelm II. erklärte am 4. August 1914 vor dem Deutschen Reichstag:

Die gegenwärtige Lage ging nicht aus vorübergehenden Interessenkonflikten (...) hervor, sie ist das Ergebnis eines seit langen Jahren tätigen Übelwollens gegen Macht und Gedeihen des Deutschen Reiches. Uns treibt nicht Eroberungslust, uns beseelt der unbeugsame Wille, den Platz zu bewahren, auf den Gott uns gestellt hat, für uns und alle kommenden Geschlechter. (...) In aufgedrungener Notwehr mit reinem Gewissen und reiner Hand ergreifen wir das Schwert. (...) Hier wiederhole ich: Ich kenne keine Partei mehr, ich kenne nur Deutsche.

Q2 Für die SPD erklärte der Abgeordnete Hugo Haase am 4. August 1914 im Reichstag:

Jetzt stehen wir vor der *ehernen Tatsache des Krieges. Uns drohen die Schrecknisse feindlicher *Invasionen. Nicht für oder gegen den Krieg haben wir heute zu entscheiden, sondern über die Frage der für die Verteidigung des Landes erforderlichen Mittel. (...)

Da machen wir wahr, was wir immer betont haben: Wir lassen in der Stunde der Gefahr das eigene Vaterland nicht im Stich. (...) Wir fordern, (...) sobald das Ziel der Sicherung erreicht ist, (...) einen Frieden, der die Freundschaft mit den Nachbarvölkern ermöglicht.

* ehern
Ein anderes Wort für eisern

* Invasion
Darunter versteht man einen Angriff oder eine Besetzung.

---

❶ Betrachte die Bilder 1 und 2. Nenne mögliche Gründe für die Kriegsbegeisterung der jungen Soldaten und in Teilen der europäischen Bevölkerung.

❷ Erkläre mithilfe von Karte 3, warum es sich bei dem Ersten Weltkrieg um einen Weltkrieg handelte.

❸ Fasse zusammen, wie Wilhelm II. die Notwendigkeit des Krieges begründet (Q1).

❹ Vergleiche die Worte des deutschen Kaisers in Q1 mit den im Text genannten deutschen Kriegszielen.

❺ Beurteile die Rede von Wilhelm II. (Q1) mithilfe der Informationen, die du auf den Seiten 18–19 erhalten hast.

❻ Erläutere mithilfe von Q2 die Haltung der SPD zum Krieg.

❼ Stelle Vermutungen an, warum Kriegsziele auch „Friedensprogramm" genannt wurden.

❽ Verfasse für einen der Kriegsfreiwilligen auf den Bildern 1 und 2 einen inneren Monolog. Gehe dabei auf seine Gefühle, Hoffnungen und Wünsche ein.

Was machte diesen Krieg so anders?

1 – Verlauf der Westfront 1914–1918.

geplanter Vormarsch deutscher Truppen (Schlieffenplan)

weitestes Vordringen deutscher Truppen 1914

von deutschen Truppen besetzte Gebiete Ende 1914

Frontverlauf Ende 1916

Frontverlauf am 11.11.1918 (Waffenstillstand)

x *bedeutende Schlacht*

* Stellungskrieg
Damit bezeichnet man eine Kriegsführung, die durch sich kaum verändernde Frontverläufe geprägt ist. Vor allem an der Somme, bei Verdun und Ypern tobte jahrelang ein verlustreicher, aber ergebnisloser Kampf zwischen den gegnerischen Grabenstellungen.

Paul von Hindenburg
(1849–1934)

Erich Ludendorff
(1865–1937)

Dauerkrise auf dem *Balkan

Das Deutsche Reich führte den Krieg an zwei Fronten: gegen Frankreich im Westen und gegen Russland im Osten. Um nicht dauerhaft an zwei Fronten kämpfen zu müssen, orientierte man sich am Feldzugsplan von General Alfred von Schlieffen aus dem Jahr 1905. Danach sollte Frankreich in einem Blitzkrieg bezwungen werden, damit anschließend alle Truppen geballt gegen Russland eingesetzt werden können.

Für einen raschen Erfolg in Frankreich fielen die deutschen Truppen am 4. August 1914 in das neutrale Belgien ein. In einem Sturmlauf stießen sie durch Belgien, Nord- und Ostfrankreich Richtung Paris vor, um die Stadt einzukesseln. Anfang September standen fünf deutsche Armeen zwischen Verdun und Paris, sodass die französische Regierung nach Bordeaux fliehen musste. Als die deutschen Truppen jedoch über die Marne vordrangen, wurden sie in einem großen französischen Gegenangriff gestoppt und zum Rückzug gezwungen. Auch in den übrigen Frontabschnitten blieb der Angriff stecken. Damit war der deutsche Feldzugsplan gescheitert. Frankreich fehlte jedoch die Kraft zu einem entscheidenden Durchbruch und so erstarrte die Front im *Stellungskrieg.

Die Armeen begannen, sich in festen Stellungen einzugraben. Von der Kanalküste bis an die Schweizer Alpen erstreckte sich nun ein tief gestaffeltes System von Schützengräben. Oft lagen die gegnerischen Gräben nur 30 bis 50 Meter voneinander entfernt. Die Erstarrung der Front im Grabenkrieg führte dazu, dass beide Seiten von nun an versuchten, die gegnerischen Stellungen durch ungeheuren Einsatz an Soldaten, Material und stundenlanges Trommelfeuer aufzubrechen. Diese Kämpfe nennt man Materialschlachten.

Die Kampfhandlungen im Osten

Die deutsche Militärführung glaubte zunächst, dass die russische Armee nicht so schnell kampfbereit sei. Aber bereits im August 1914 kam es zu einem Angriff auf Ostpreußen. Dieser konnte von den Generälen Paul von Hindenburg und Erich von Ludendorff in zwei Schlachten erfolgreich abgewehrt werden, es blieb aber eine endgültige Entscheidung aus. Deutsche und österreichische Truppen starteten nun eine Gegenoffensive im Osten und konnten

2 – Deutsche Soldaten mit Gasmaske in Maschinengewehrstellung. Foto, 1916.

3 – Ein englischer Panzer (Tank). Foto, 1918.

nach mehreren wechselvollen Kämpfen mit der russischen Armee bis 1917 zum Teil große Raumgewinne (z. B. in Kurland, Litauen und Polen) verzeichnen.

Die Ausweitung des Krieges

1915 kamen weitere Fronten hinzu: Ab Februar versuchten die *Entente-Mächte, die Halbinsel Gallipoli im Osmanischen Reich zu besetzen, um von dort aus die Hauptstadt Konstantinopel zu erobern. Damit wäre ein Bündnispartner der *Mittelmächte ausgeschaltet und der Zugang Russlands vom Schwarzen Meer zum Mittelmeer ermöglicht worden. Die Kämpfe endeten mit einer Niederlage der Entente-Mächte. Bulgarien trat darauf den Mittelmächten bei.

Schließlich bildete sich noch eine Südfront. Trotz des Dreibundes mit den Mittelmächten verbündete sich Italien im Mai 1915 mit den *Alliierten. Die Gründe für den Kriegseintritt Italiens lagen in der Gegnerschaft zu Österreich-Ungarn. Außerdem wurden ihm im Falle eines Sieges der Alliierten Gebietsgewinne versprochen. Vor allem der Isonzo-Fluss an der österreichisch-ungarischen Grenze blieb bis zum Rückzug der Italiener Ende 1917 heiß umkämpft.

Industrialisierter Krieg

Eine noch nie gesehene Materialschlacht setzte durch den Grabenkrieg und die neuen Waffen ein: Maschinengewehre, Hand- und Giftgasgranaten, Flammenwerfer, Minen, Panzer und Flugzeuge. Man hoffte, den Gegner durch Giftgas und Dauerfeuer zu zermürben und auszubluten. Die Gewalt der Explosionen zerfetzte in Minuten ganze Wälder, stampfte Betonbunker zusammen und tötete Hunderttausende von Menschen. Millionen von Soldaten verloren ihr Leben, ohne dass eine Seite einen klaren Sieg errang.

Deutscher Seekrieg

Die britische Marine verhängte schon zu Beginn des Krieges eine Seeblockade, die Deutschland von allen Einfuhren abschnitt. Dies beantwortete Deutschland mit dem uneingeschränkten Einsatz von U-Booten. Ohne Warnung griffen sie alliierte Kriegsschiffe, Passagier- und Handelsschiffe an, um sie zu versenken.

Erst nach energischem Protest der USA stellte Deutschland den uneingeschränkten U-Boot-Krieg 1915 vorerst wieder ein. Am 31. Mai 2016 kam es zu der einzigen großen Seeschlacht zwischen Deutschen und Briten vor dem *Skagerrak unter Einsatz von Großkampfschiffen. Sie brachte aber keiner Seite einen entscheidenden Vorteil.

* **Mittelmächte**
So bezeichnete man das Bündnis von Deutschem Reich, Österreich-Ungarn, Osmanischem Reich und Bulgarien.

* **Entente-Mächte**
Damit bezeichnete man die verbündeten Gegner der Mittelmächte.

* **Alliierte**
ebenfalls eine Bezeichnung für die verbündeten Gegner der Mittelmächte

* **Skagerrak**
ein Teil der Nordsee entlang der skandinavischen Küste

❶ ▶ Beschreibe mit eigenen Worten den Schlieffenplan.

❷ ▣ Schildere mithilfe des Verfassertextes den Kriegsverlauf der Jahre 1914 und 1915. Nutze dazu auch die Karte 1.

❸ ▶ Nenne die neuen Waffen und Taktiken, mit denen dieser Krieg geführt wurde.

❹ ▣ Erkläre anhand des Textes die Bedeutung der Industrialisierung für den Verlauf des Krieges.

❺ ▣ Erläutere mithilfe des Textes sowie der Bilder 2 und 3, wodurch sich die Kriegserfahrung im Ersten Weltkrieg grundlegend von vorangegangenen Kriegen unterschied.

Wie sah der Kriegsalltag an der Front aus?

1 – Deutsche Infanteristen erstürmen mit Handgranaten und Flammenwerfern am 15.03.1916 die Anhöhe „Toter Mann" in der Schlacht von Verdun.

✻ Fort
So wird eine einzelne Befestigungsanlage bezeichnet, mit der strategisch wichtige Geländepunkte verteidigt werden sollen.

Verdun – Sinnbild des Grauens

Die Schlacht von Verdun, die mit Unterbrechung vom 21. Februar bis zum 16. Dezember 1916 geführt wurde, gilt bis heute als Sinnbild für die Ergebnislosigkeit des Stellungskrieges und sinnloses Massensterben. Hier fanden die Materialschlachten ihren Höhepunkt, denn nie zuvor wurde die Industrialisierung des Krieges so brutal sichtbar wie an diesem Ort.

Die Deutschen wollten die für die französische Bevölkerung symbolträchtige Festungsstadt Verdun und die sie umgebenden Anhöhen mit einer großen Offensive erobern. Auf diese Weise sollte wieder Bewegung in den Krieg kommen. So nahmen sie strategisch wichtige Höhen, einige Dörfer und Festungswerke, wie z. B. das ✻Fort Douaumont vor Verdun, nach schwersten Kämpfen ein. Allerdings konnten diese nur teilweise gehalten werden. So wechselten bereits zerstörte Dörfer, Unterstände und Schützengräben immer wieder die Seiten. Im monatelangen Hin und Her konnten

weder das Deutsche Reich noch Frankreich nennenswerte Geländegewinne oder einen entscheidenden Sieg erreichen. Über 400 000 Soldaten beider Seiten wurden verwundet, über 305 000 Soldaten getötet. Ebenfalls 1916 fand die Schlacht an der Somme vom 24. Juni bis zum 26. November statt. Bei dieser kamen sogar über eine Million Soldaten ums Leben.

Vom 22. April bis zum 25. Mai 1915 fand die zweite Schlacht von Ypern in Belgien statt: Dort setzten die Deutschen erstmals chemische Waffen in Form von Chlorgas ein. Dieses sogenannte „Buntschießen", benannt nach den farbigen Kreuzen auf den Granaten, mit denen die verschiedenen Gasarten markiert wurden, führte in nur wenigen Minuten zu fürchterlichen Verletzungen für Getroffene. Damit wurde die Kriegsführung, bei welcher der Mensch selbst immer mehr nur als „Material" gesehen wurde, weiter verstärkt. Die Psyche der Soldaten wurde durch das permanente Trommelfeuer der Artillerie und die ständige

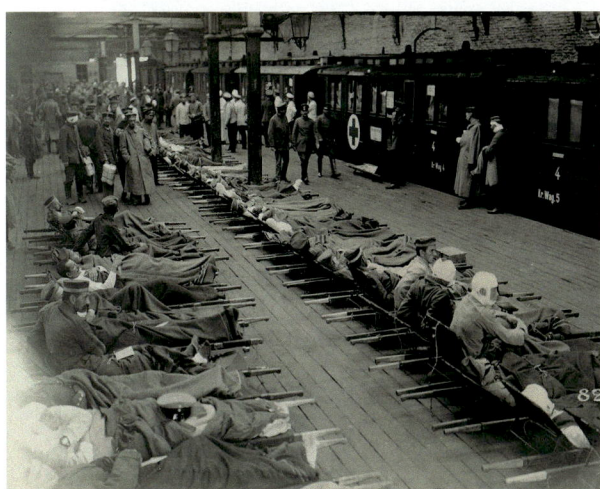

2 – Kriegsverletzte des Ersten Weltkriegs. Foto, 1918. Zur erschütternden Bilanz des Krieges gehörten Millionen Verwundete und Kriegsversehrte. Ihre Verletzungen wurden meist durch Granatsplitter verursacht.

3 – „Rauchpause" deutscher Soldaten vor ihrem Unterstand. Bildpostkarte, um 1914.

Todesangst ohnehin in unmenschlicher Weise belastet. Nun kam die Angst vor einem grausamen Erstickungstod hinzu. Viele Soldaten wurden wahnsinnig, als sie in ihren Schützengräben zum untätigen Warten auf den jederzeit möglichen Tod gezwungen waren. In der Folge nahmen auch Erkrankungen des Nervensystems zu, bei denen die Männer z. B. ihre Bewegungen nicht mehr kontrollieren konnten. Man nannte sie „Kriegszitterer". Die Soldaten waren aber nicht dauerhaft im vordersten Frontgraben eingesetzt. Um den Druck auf die Einheiten zu reduzieren, wurden sie regelmäßig für kurze Zeit in die hinteren Linien oder das Hinterland verlegt.

Q1 Ein französischer Soldat schrieb im Februar 1915 seiner Mutter:
Um drei Uhr wurde der Sturm entfesselt: Sprengungen von sieben Minengängen unter den Schützengräben des Feindes; es war wie ein fernes Donnern. Dann machten die fünfhundert Geschütze einen Höllenlärm, währenddessen wir losgestürmt sind. (...) Ich musste weite nächtliche Strecken zurücklegen, auf denen ich die Toten und Verwundeten beider Parteien antraf. Morgens wurden wir mit ernstlichen Verlusten bis zu unseren früheren Stellungen zurückgetrieben; aber am Abend (...) haben wir wieder alles zurückgewonnen. (...) Du kannst dir nicht vorstellen, geliebte Mutter, was der Mensch dem Menschen anzutun vermag. (...) Endlich, nach fünf Tagen des Entsetzens, die uns zwölfhundert Opfer gekostet haben, sind wir aus diesem Ort der Gräuel zurückgezogen worden.

Q2 Am 17. Juli 1916 schrieb ein deutscher Soldat nach Hause:
Am vierten Tage, Freitag, ging's dann schon in der Frühe los mit der schweren *Artillerie bis abends halb zehn Uhr. Was das heißt: zehn Stunden im Unterstand liegen unter Granatfeuer, zehn Stunden den Tod des Lebendig-begraben-Werdens vor Augen oder die Aussicht, in die Luft zu fliegen, falls eine Granate da einschlägt, wo der Sprengstoff liegt.

* Artillerie
  Geschütze

❶ 🔲 Beschreibe den Kriegsalltag an der Front. Zähle dazu alle Belastungen der Soldaten aus dem Verfassertext auf. Beziehe auch Bild 1 in deine Antwort mit ein.

❷ 🔲 Untersuche in Q1 und Q2, wie der französische und der deutsche Soldat den Krieg erlebten. Stelle dabei einen Bezug zu Bild 2 her.
▶ *Nimm die Methode „Textquellen untersuchen", S. 187, zu Hilfe.*

❸ 🔲 Vergleiche die Schilderungen der Soldaten (Q1, Q2) und das Foto 2 mit dem Bild, das die Postkarte (Bild 3) vom Krieg vermittelt.

Wie sah der Kriegsalltag in der Heimat aus?

1 – Versorgung der hungernden Bevölkerung mit einem warmen Mittagessen, Berlin 1918. Foto.

2 – Plakat zur Anwerbung von Frauen für die Rüstungsindustrie, Kriegsamtstelle Magdeburg 1916.

Heimatfront

Der Krieg prägte auch den Alltag der Menschen in der Heimat, obwohl das Deutsche Reich von Kampfhandlungen auf eigenem Boden weitgehend verschont blieb. Um zu zeigen, dass die Entbehrungen dort auch zum Erfolg des Krieges beitrugen, prägte man in der Propaganda den Ausdruck „Heimatfront".

Hungersnot

Die britische Blockade der Seewege schloss Deutschland von allen wichtigen Einfuhren ab. Das galt für Rohstoffe für die Kriegsindustrie, aber auch für Lebensmittel. Missernten bei Kartoffeln und Getreide führten schließlich im Winter 1916/17 zu einer großen Hungersnot, dem sogenannten „Steckrübenwinter". Bereits seit Januar 1915 wurden die Lebensmittel nur noch auf Bezugskarten ausgegeben. Aber viele der Lebensmittel gab es trotz der Karten oder Marken nicht. Steckrüben (Kohlrüben), sonst ein Futtermittel für Tiere, wurden daher zu einem wichtigen Nahrungsmittel. Sie wurden dem Brot beigemischt und anstelle von Kartoffeln gegessen. Viele Menschen litten stark unter dem Hunger, besonders die Armen, Kranken und Kinder, da sie sich keine zusätzlichen Lebensmittel beschaffen konnten. Etwa 700 000 Menschen starben in Deutschland zwischen 1914 und 1918 an den Folgen der Unterernährung.

Frauenarbeit

Frauen übernahmen nun auch Arbeiten, die zuvor nur Männern vorbehalten waren. Sie bedienten schwere Maschinen und gingen z. B. den Berufen der Straßenbahnführerin oder der Schornsteinfegerin nach. Besonders in der Industrie waren immer mehr Frauen anzutreffen. Dort arbeiteten gegen Kriegsende mehr als zwei Millionen Frauen. Sie wurden aber deutlich schlechter bezahlt als ihre männlichen Kollegen.
Ein hoher Frauenanteil war vor allem in der Kriegsindustrie zu verzeichnen, obwohl die Arbeit, bei der z. B. Zündschnüre, Patronen oder Granaten hergestellt wurden, anstrengend und gefährlich war. So starben im Frühjahr 1917 40 Arbeiterinnen bei einer Explosion in einer Fürther Munitionsfabrik. Zahlreiche soziale Schutzbestimmungen in den Betrieben wurden aufgehoben, um die Mehrarbeit von Männern und Frauen in den Betrieben durchzusetzen. Zum Teil mussten selbst zwölfjährige Kinder beim Entladen von Eisenbahnwaggons helfen. Die Arbeit in der Rüstungsindustrie, wo die

3 – Frauen in einem Rüstungsbetrieb bei der Arbeit. Foto, um 1917.

4 – Zwei Mitarbeiterinnen des Städtischen Betriebsamtes. Seit Ende 1916 gab es auch Wagenlenkerinnen bei der Bielefelder Straßenbahn. Foto 1918. © Stadtarchiv Bielefeld.

durchschnittliche Arbeitswoche 55 Stunden hatte, belastete besonders die Frauen. Sie mussten sich auch weiterhin um den Haushalt und die Versorgung der Kinder kümmern. Nur wenige Betriebe gewährten ihnen Zeit für Einkäufe und die Besorgung des Haushalts.

Q1 Im Herbst 1917 schrieb die 15-jährige Elfriede Kuhr in ihr Tagebuch:
Wenn wir bloß ein bisschen mehr zu essen hätten! Aber Brot und Mehl sind so knapp und mit den anderen Lebensmitteln steht es nicht besser. Augenblicklich haben wir pro Person in einer ganzen Woche ein halbes Pfund Kaffee-Ersatz und ein halbes Pfund Margarine; Butter für Erwachsene pro Woche 125 g. Manchmal gibt es Bezugsscheine für ein halbes Pfund Haferflocken, ein halbes Pfund *Graupen und ein halbes Pfund Grieß. Aber wenn die Vorräte ausverkauft sind, hat man ganz umsonst stundenlang vor den Läden Schlange gestanden.

M1 Der Historiker Volker Ullrich schrieb 1994 zum Kriegsalltag:
Schon 1916 kam es zu den ersten wilden Streiks in der Rüstungsindustrie. (...) Motive und Ziele waren überwiegend wirtschaftlicher Natur: Die Arbeiter verlangten Teuerungszulagen oder zusätzliche Lebensmittel und nahmen – sobald die Unternehmer

Entgegenkommen zeigten – die Arbeit wieder auf. (...) Allein in Berlin, dem Zentrum der Bewegung, streikten (im Januar 1918) über 400 000 Arbeiter; von hier aus sprang der Funke auf fast alle Industriestädte über. Karl Retzlaw hat in seinen Erinnerungen wiedergegeben, was er am Morgen des 28. Januar, am Tage des Streikbeginns, zur versammelten Belegschaft des Kabelwerks Cassirer in Berlin-Charlottenburg sprach: „Auf einem Tisch in der Mitte der Versammelten stehend, begann ich meine Rede: ,Wir streiken nicht aus Kohlrübengründen, wir streiken, um den Krieg zu beenden; (...) Wir wollen Frieden, wir wollen dem Kaiser und seinen Generälen keine Waffen mehr liefern! (...) Wir wollen streiken, bis der Krieg beendet ist!'"

*Graupen
Getreidemischung aus Gerste und Weizen

❶▶ Beschreibe mithilfe des Verfassertextes, Q1 und Bild 1 die Versorgungsprobleme im Reich. Welche Auswirkungen hatten sie?

❷▶ Erläutere anhand der Bilder 2 und 3 den Begriff „Heimatfront".

❸▶ Versetze dich in die Lage einer der Frauen in den Bildern 3–4 und schreibe mithilfe des Verfassertextes einen inneren Monolog.

❹▶ Erläutere mithilfe von M1, warum die Arbeiterschaft ab 1916 streikte.

❺▶ Beschreibe, wie sich die Sichtweise auf den Krieg seit 1914 verändert hat.

❻▶ Führe die Streikrede aus M1 weiter.

▶ „... bis der Krieg beendet ist! Wir leiden Hunger trotz Sonderzahlungen. Man versprach uns ja den schnellen Sieg, aber ..."

Wie wirkte Propaganda als Mittel der Kriegsführung

1 – „Europäischer Dreschplatz", deutsche Kriegspostkarte, 1914.

2 – Die Alliierten vereiteln die Weltherrschaft Deutschlands, englische Propagandapostkarte, 1914.

3 – „Der Albtraum von Wilhelm II.", russische Postkarte aus dem Ersten Weltkrieg, 1914.

Massenmedien im Dienst des Kriegs

Im Ersten Weltkrieg spielte Propaganda eine wichtige Rolle. In allen Krieg führenden Staaten wurde erstmals Propaganda zur Mobilisierung der eigenen Bevölkerung und zur Demonstration der eigenen Überlegenheit gegenüber dem Feind eingesetzt. Der Erste Weltkrieg gilt als Geburtsstunde der modernen Massenpropaganda. Die öffentliche Meinung in allen Ländern wurde durch Kriegspropaganda gelenkt. Die Kriegsparteien bedienten sich aller zur Verfügung stehenden Mittel, um durch Manipulation in Wort und Bild die Einstellungen und Verhaltensweisen der eigenen – gelegentlich auch die der feindlichen – Bevölkerung und Truppen zu beeinflussen. Hass und Menschenverachtung sollten den Widerstand und Durchhaltewillen stärken, das Töten erleichtern und über die Leiden hinwegtäuschen. Schien der Gegner überlegen, wurde er zum entmenschlichten Ungeheuer gemacht; schien er dagegen unterlegen zu sein, wurde er der Lächerlichkeit preisgegeben.

Auf allen Seiten übernahmen neu geschaffene Regierungsstellen die Presse- und Propagandaarbeit. Im Deutschen Reich beispielsweise unterhielten das Kriegs-, das Innenministerium, das Auswärtige Amt und der Generalstab eigene Propagandaabteilungen. Die Kriegspropaganda nutzte alle damals zur Verfügung stehenden Medien: Zeitungen und Zeitschriften, die der Zensur unterstellt wurden. Es durfte nur noch veröffentlicht werden, was den Kampfgeist der Soldaten und die Moral der Zivilbevölkerung stärkte. Plakate und Flugblätter, Postkarten und Bilder wurden massenhaft als Propagandamittel eingesetzt. Auch die neue Technik des Fotografierens und der Film kamen schon zum Einsatz. Insgesamt deutete sich die unheilvolle Rolle der Kriegspropaganda im Ersten Weltkrieg schon an, die dann die Nationalsozialisten perfektionierten.

4 – „Destroy this mad brute. Enlist" (Zerstöre dieses verrückte Tier. Verpflichte dich!), US-Plakat, 1918.

5 – „Das Stachelschwein", französische Bildpostkarte auf Kaiser Wilhelm II. als Kriegsherr, 1915.

6 – „Victory bonds will help stop this", kanadisches Plakat, 1918. Dargestellt ist, wie ein kanadischer Soldat eine Krankenschwester rettet, die auf dem Rote-Kreuz-Schiff „Llandovery Chastle" gearbeitet hat, das von einem deutschen U-Boot versenkt worden ist.

❶ Teilt euch in Zweiergruppen auf, die jeweils zwei Propaganda-medien bearbeiten: Beschreibt die beiden gewählten Propa-gandamedien. Erklärt, wen bzw. was die einzelnen Bildelemente darstellen sollen.

❷ Vergleicht und beurteilt die Wirkung der beiden gewählten Propagandamedien.

❸ Fasst eure Ergebnisse zusammen, indem ihr eine Liste der Elemente aufstellt, die die Kriegspropaganda der einzelnen Länder kennzeichnen.

❹ Diskutiert, warum angesichts dieser Kriegspropaganda Friedens-bemühungen kaum Erfolg versprachen.

Methode

Feldpostkarten untersuchen

Um einen direkten Kontakt zwischen den Soldaten an der Front und ihren Angehörigen in der Heimat zu ermöglichen, wurden während des Ersten Weltkriegs viele Feldpostbriefe und vor allem -postkarten verschickt. Besonders Letztere waren beliebt, da man auf ihnen kurz einen schnellen Gruß formulieren konnte. In den vier Kriegsjahren wurden etwa 10 Milliarden Feldpostkarten verteilt. Sie geben uns heute einen persönlichen Einblick in das Kriegsgeschehen, obwohl die Post oft zensiert wurde und auch die Schreiber nicht alles preisgaben, um ihre Angehörigen zu schonen. Die Feldpostkarte ist aber nicht nur eine interessante Textquelle. Auch die Abbildungen auf der Rückseite verraten viel über die damaligen Verhältnisse.

Oftmals waren patriotische und propagandistische Motive abgedruckt, um die Kriegsmoral und das Durchhaltevermögen der Soldaten zu stärken. Sie zeigten z. B. die eigenen Soldaten als Helden und ließen die Situation in den Schützengräben manchmal geradezu idyllisch anmuten. Diese pathetische Darstellung stimmte jedoch meist nicht mit den Erfahrungen an der Front überein.

Die folgenden Schritte helfen dir, eine Feldpostkarte zu untersuchen:

Schritt 1 **Beschreibung der Feldpostkarte**	Rückseite (Bilddarstellung): ■ Welche Darstellungsform wurde gewählt (Foto, Zeichnung, Schrift)? ■ Was ist abgebildet (genaue Bildbeschreibung)? Personen, Umgebung … Vorderseite (Textdarstellung): ■ Wann wurde die Feldpostkarte geschrieben bzw. abgeschickt? ■ Von wo wurde die Karte verschickt und wohin? ■ Wie heißen der Adressat und der Absender? Erfährt man etwas über die Tätigkeit des Absenders? Wie steht er zum Adressaten? ■ Was steht im Mittelpunkt des Textes (private und alltägliche Fragen oder Beschreibung der Front und des Feindes, Beurteilung des Krieges)?
Schritt 2 **Einordnung in den historischen Zusammenhang**	■ Wurde die Karte zu Beginn oder gegen Ende des Krieges geschrieben? ■ Wie war zu dieser Zeit die Situation an der Front und in der Heimat?
Schritt 3 **Absicht klären**	■ Welche Absicht verfolgt das Bild (Beschönigung des Krieges, Durchhalteparolen …)? ■ Stellt der Absender die Situation an der Front realistisch dar? Gibt es Anhaltspunkte, dass er etwas beschönigt bzw. verschweigt? ■ Welche Absicht verfolgt der Absender mit der Karte?
Schritt 4 **Beurteilung**	■ Hat der Absender mit der Feldpostkarte wohl sein beabsichtigtes Ziel erreicht? ■ Wie beurteilst du die Meinung des Absenders zum Krieg, zur Front und zur Heimat? ■ Wie ist die Bilddarstellung aus heutiger Sicht zu bewerten? ■ Wie findest du die Bilddarstellung (bösartig, irreführend …)?

❶ Vollziehe auf S. 31 die Methodenschritte 1–3 nach, indem du sie mit Bild 1 und Q1 vergleichst.

❷ Beurteile die Feldpostkarte mithilfe von Schritt 4.
▶ *Ich denke, Kurt Müller hat sein Ziel erreicht, da … Die Bilddarstellung verwundert, denn …*

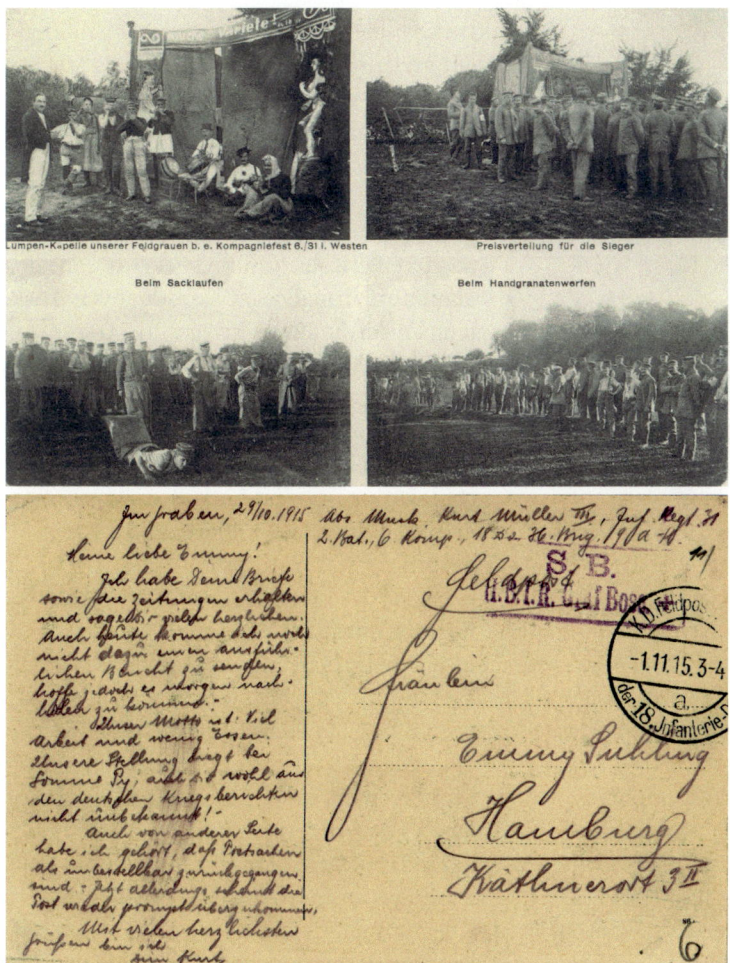

1 – Deutsche Feldpostkarte, abgeschickt in Frankreich 1915.

Q1 Übertragung des Postkartentextes:

Meine liebe Emmy!

Ich habe deine Briefe sowie die Zeitungen erhalten und sage dir vielen herzlichen [Dank]. Auch heute komme ich noch nicht dazu[,] einen ausführlichen Bericht zu senden, hoffe jedoch[,] es morgen nachholen zu können. –

Unser Motto ist: Viel Arbeit und wenig Essen. Unsere Stellung liegt bei Somme Py [Champagne, Frankreich], auch sie wohl aus den deutschen Kriegsberichten nicht unbekannt! –

Auch von anderer Seite habe ich gehört, da[ss] Postsachen als unüberstellbar zurückgegangen sind. – Jetzt allerdings scheint die Post wieder prompt rüberzukommen.

Mit vielen herzlichen Grüßen bin ich
dein Kurty

Lösungsbeispiel

Zum Schritt 1:

Vier kleine Fotos zeigen Soldaten bei Sport, Spiel und Spaß. Laut der Beschriftung handelte es sich um ein Kompaniefest.

Die Karte wurde am 29.10.1915 in der Stellung bei Somme Py (Frankreich) geschrieben. Absender ist Kurt Müller, der im Infanterie-Regiment diente. Die Karte ist adressiert an Fräulein Emmy Suhling in Hamburg. Kurt Müller bedankt sich zunächst für die erhaltene Post. Dann lässt er durchblicken, dass es Übermittlungsprobleme gegeben habe, die aber wieder überwunden wurden. Ob dies mit der Kampfsituation zu tun hat, lässt er offen. Ohnehin erfährt man wenig über das Geschehen an der Front, außer dass sie sich bei Somme Py befand und es viel zu tun, aber zu wenig Essen gab.

Zum Schritt 2:

Die Karte wurde geschrieben, als der Erste Weltkrieg seit über einem Jahr im Gange war. Im Westen hatte er sich zu einem Stellungskrieg entwickelt. Von Ende September bis Anfang November 1915 lieferten sich Deutsche und Franzosen in der Champagne unter heftigem Trommelfeuer eine Schlacht. Man schätzt, dass hier über 200000 Soldaten starben.

Zum Schritt 3:

Die Postkarte sollte Emmy beruhigen. Darauf deutet sein Hinweis auf die Stellung bei Somme Py hin, von der man in der Heimat schon aus den Kriegsberichten gehört haben kann. Kurt berichtet wenig Kritisches (Post, Essen). Die Fotos vermitteln eher ein positives Bild von der Front: Man sieht nur fröhliche Soldaten bei vergnüglichen Kinderspielen.

Das Ende des Ersten Weltkriegs

Wie kam es zum Waffenstillstand?

1 – Ein Teil der ca. 30 000 deutschen Soldaten, die bei der Schlacht von Amiens in Gefangenschaft gerieten. Foto, 1918.

Im Oktober 1917 übernahmen Angehörige der sozialistischen *Bolschewiki die Macht. Angeführt wurden sie von Wladimir Iljitsch Uljanov, genannt Lenin, einem führenden Kopf der russischen Sozialisten. Dieser war erst im April 1917 mit deutscher Hilfe aus seinem jahrelangen Exil in der Schweiz nach St. Petersburg zurückgekehrt. Eine der Hauptforderungen von Lenin war von Anfang an das Ende des Krieges. Im Dezember 1917 trat der Waffenstillstand an der Ostfront in Kraft und am 3. März 1918 unterzeichnete Russland den Friedensvertrag von Brest-Litowsk. Deutschland hatte Russland darin besonders harte Bedingungen diktiert. Damit schied Russland als Kriegsteilnehmer aus dem Ersten Weltkrieg aus.

US-Präsident Woodrow Wilson (1856–1924).

* **Generalstreik**
Bei einem Generalstreik kommt es zur Stilllegung der gesamten Produktion durch die Arbeitsniederlegung aller Beschäftigten.

* **Bolschewiki**
Dies ist die Bezeichnung für die russischen Kommunisten.

Die USA treten in den Krieg ein

Nach dem Hungerwinter 1916/17 und der erfolglosen Seeschlacht vor dem Skagerrak zwischen der deutschen und der britischen Flotte Ende Mai 1916 erklärte Deutschland im Februar 1917 erneut den uneingeschränkten U-Boot-Krieg, auch gegen Schiffe neutraler Staaten. Dies war der letzte Anstoß dafür, dass die USA am 6. April 1917 gegen Deutschland in den Krieg eintraten. Fast alle Staaten Südamerikas schlossen sich diesem Schritt an.

Russland scheidet aus dem Krieg aus

Der Kriegsausbruch hatte Russland in eine tiefe Krise gestürzt. Dessen Militär war auf einen solchen Krieg schlecht vorbereitet, die Soldaten nicht ausreichend ausgerüstet und die Armee musste bereits 1914 große Schlachten verloren geben.
Im Februar 1917 demonstrierten Tausende in der russischen Hauptstadt St. Petersburg. Sie forderten anfänglich nur „Brot", später wurde daraus „Schluss mit dem Krieg" und „Nieder mit der Zarenherrschaft". Die Demonstrationen entwickelten sich zum *Generalstreik. Die Armee stellte sich auf die Seite der Streikenden und verweigerte den Gehorsam. Daraufhin dankte Zar Nikolaus II. im März 1917 ab.

Entscheidung im Westen

Bis Oktober 1918 entsandten die USA 1,8 Millionen gut ausgerüstete Soldaten nach Europa in den Krieg. Die erschöpften deutschen Truppen konnten den alliierten Soldaten nicht mehr standhalten. Am 8. August 1918 verloren die deutschen Soldaten in Frankreich die Schlacht von Amiens und wurden zum Rückzug gezwungen. Der Krieg war damit faktisch zu Ende. Auch die deutschen Verbündeten, Österreich-Ungarn, das Osmanische Reich und Bulgarien, hatten mittlerweile kapituliert. Am 29. September 1918 erklärte die deutsche Heeresleitung, dass Deutschland den Krieg nicht mehr gewinnen könne. Sie forderte die Reichsregierung auf, sofort Waffenstillstandsverhandlungen aufzunehmen.
Am 4. Oktober ging das deutsche Friedensangebot an den amerikanischen Präsidenten Woodrow Wilson auf Grundlage seines 14-Punkte-Programms (s. Q1). Es sollte aber noch über einen Monat dauern, bis die Waffenstillstandsverhandlungen begannen.

Die Novemberrevolution

In dieser Zeit brach in Deutschland das bisherige Regierungssystem zusammen. Am 3. November 1918 meuterten in Kiel Matrosen. Sie weigerten sich, zu einem letzten großen, aber sinnlosen Gefecht auszulaufen. Bei diesem Aufstand wurden sie von Arbeitern unterstützt. Daraus entwickelte sich innerhalb weniger Tage in ganz Deutschland eine revolutionäre Bewegung, denn die Menschen waren kriegsmüde und das Vertrauen in ihre Führung war erschüttert. Überall strömten die Menschen auf die Straßen zu Kundgebungen. Der Kaiser musste abdanken und am selben Tag, dem 9. November, übernahm eine Übergangsregierung aus aus SPD- und USPD-Mitgliedern die Macht und rief die Republik aus.

Waffenstillstandsverhandlungen

Die Verhandlungen fanden ab dem 8. November in einem Eisenbahnwaggon im Wald von Compiègne (Frankreich) statt. Die Alliierten stellten unter französischer Federführung unter anderem folgende Bedingungen auf: Räumung Frankreichs, Belgiens, Luxemburgs und Elsass-Lothringens; Räumung der linksrheinischen Gebiete und Besetzung durch alliierte Truppen; Verzicht auf den Friedensvertrag von Brest-Litowsk; Ablieferung eines großen Teils des deutschen Kriegsmaterials.
Es fiel der deutschen Seite schwer, diese als sehr hart empfundenen Bedingungen anzunehmen. Es gab aber kaum Verhandlungsspielraum, denn man wollte keine Fortführung des Krieges riskieren. Am 11. November 1918 wurde der Waffenstillstand von Vertretern der neuen Regierung unterzeichnet.

Q1 Im Januar 1918 verkündete der US-Präsident Woodrow Wilson in 14 Punkten ein Friedensprogramm für die ganze Welt nach Kriegsende. Es enthält folgende Grundsätze und Forderungen:
1. Öffentliche Friedensverträge, die in öffentlicher Verhandlung zustande gekommen sind (...).
4. Ausreichende Garantien dafür, dass die Rüstungen der Länder (...) eingeschränkt werden.

2 – Die Delegation der Alliierten vor der Unterzeichnung des Waffenstillstandsvertrags bei Compiègne. Foto, 11. November 1918.

5. Freie, unvoreingenommene und streng unparteiische Regelung aller kolonialen Ansprüche (...). (D)ie Belange der betroffenen Bevölkerung (haben) dasselbe Gewicht (...) wie die berechtigten Ansprüche der Regierung (...).
6. Räumung des gesamten russischen Gebietes (...).
7. Belgien (...) muss geräumt und wiederhergestellt werden, ohne irgendeinen Versuch, die Souveränität zu beschränken (...).
8. Das gesamte französische Gebiet soll geräumt und die von der Invasion betroffenen Teile wiederhergestellt werden; das Unrecht, das Frankreich durch Preußen 1871 erlitt (...), soll wiedergutgemacht werden (...).
14. Es ist eine allgemeine Vereinigung der Nationen (...) zu bilden zum Zwecke gegenseitiger Garantieleistungen für die politische Unabhängigkeit und die territoriale Unversehrtheit der großen wie der kleinen Staaten.

❶ ▣ Lege einen Zeitstrahl an und ordne die Ereignisse aus dem Text chronologisch.
❷ ▣ Untersuche die einzelnen Punkte von Q1 und erkläre, was mit ihnen gemeint ist.
❸ ▣ Vergleiche die Punkte aus dem Friedensprogramm Wilsons mit den Kriegszielen zu Beginn des Weltkriegs.
❹ ▣ Das Jahr 1917 wird vielfach als „Entscheidungsjahr" bezeichnet. Bewerte, ob diese Bezeichnung zutreffend ist.

Wie kam es 1918 zur Revolution in Deutschland?

1 – Philipp Scheidemann ruft am 09.11.1918 die Deutsche Republik aus. Nachgestelltes Foto aus den 1920er-Jahren.

Die Deutschen wollen Frieden

Im Juli 1914 hatten alle politischen Parteien im Deutschen Reichstag beschlossen, den bevorstehenden Kampf zu unterstützen. Doch je länger der Krieg dauerte und je größer die Belastungen für die Bevölkerung wurden, umso schwieriger konnte dieser ✳Burgfrieden aufrechterhalten werden. So wuchs seit 1916 unter den Parteien der Widerstand gegen eine Fortführung des Krieges. Das galt besonders für die Sozialdemokraten.

Im April 1917 spaltete sich ein Teil der Sozialdemokratie ab: Es entstand die Unabhängige Sozialdemokratische Partei Deutschlands (= USPD). Sie forderte sofortigen Frieden und die Umgestaltung Deutschlands in eine Demokratie.

Im Juli 1917 wollte eine Reichstagsmehrheit den Alliierten einen Verständigungsfrieden ohne Gebietsforderungen und Entschädigungszahlungen anbieten. Doch für die militärischen und bürgerlichen Kräfte im Deutschen Reich kam nur ein Siegfrieden infrage und so scheiterte der Friedensvorstoß.

Revolutionäre Stimmung

Seit April 1917 legten immer mehr Arbeiter in kriegswichtigen Betrieben die Arbeit nieder. Unterstützt von der USPD protestierten sie zunächst gegen die schlechten Lebensbedingungen und die Fortführung des Krieges. Angeheizt von der russischen Revolution stellten sie schließlich umfassende politische Forderungen. Schon bald wurden alle großen Städte des Deutschen Reiches von diesen Streiks erfasst. Die größten waren mit mehreren Hunderttausend Arbeitern die Januarstreiks 1918.

Gesuch um Waffenstillstand

Als 1918 die anfänglich erfolgreiche deutsche Frühjahrsoffensive scheiterte, weigerten sich ab August immer mehr Soldaten zu kämpfen. Viele verließen unerlaubt ihre Einheiten oder ließen sich gefangen nehmen. Ende September 1918 erklärte die Oberste Heeresleitung, dass eine Fortsetzung des Krieges aussichtslos sei. Sie drängte die Reichsregierung, sofort Waffenstillstandsverhandlungen mit den Alliierten aufzunehmen. Außerdem sollten die liberalen und demokratischen Kräfte an der Regierung beteiligt werden. Auf diese Weise wollte die militärische Führung ihre Verantwortung an dem katastrophalen Ausgang des Krieges auf die zukünftige Regierung abwälzen. Zudem hatte US-Präsident Woodrow Wilson eine Umwandlung Deutschlands in eine Demokratie zur Friedensbedingung gemacht.

Anfang Oktober wurde eine neue Regierung gebildet mit dem liberalen Prinzen Max von Baden als Reichskanzler. Gleichzeitig ging das Waffenstillstandsgesuch an den amerikanischen Präsidenten raus. Jetzt erfuhr die deutsche Bevölkerung von der tatsächlichen militärischen Lage des Reiches. Viele waren schockiert, da die staatliche Propaganda bis zu diesem Zeitpunkt ein völlig anderes Bild gezeichnet hatte. Damit war das Vertrauen in die Führung endgültig erschüttert und die revolutionäre Bereitschaft wuchs. Das lag auch daran, dass sich die Verhandlungen um den Waffenstillstand in die Länge zogen. Um den Forderungen von Wilson entgegenzukommen, hatte die neue Regierung Ende Oktober die Verfassung geändert. Das Deutsche Reich war nun eine *parlamentarische Monarchie. Darin hatte der Kaiser keine Macht mehr. Das reichte dem US-Präsidenten aber nicht. Er wollte einen klaren Systemwechsel und ließ das auch die deutsche Bevölkerung wissen: Das Militär müsse entmachtet werden und der Kaiser abdanken.

Die Revolution bricht aus

Die Oberste Heeresleitung war empört über die Forderungen des US-Präsidenten und sprach sich für eine Wiederaufnahme der Kämpfe aus. Dies konnte die Regierung zwar verhindern, allerdings entschlossen sich die Admirale der Kriegsmarine zu einer letzten Operation. Die Seekriegsleitung wollte lieber untergehen, als dem Sieger die Flotte kampflos zu überlassen. Gegen ein solches „Selbstmordkommando" meuterten am 29. Oktober 1918 die Schiffsbesatzungen in Wilhelmshaven. Als die Flotte nach Kiel verlegt wurde, wo man die Anführer festnehmen wollte, solidarisierten sich zahlreiche Matrosen und streikende Arbeiter mit ihnen. Die Bewegung bildete spontan nach russischem Vorbild Arbeiter- und Soldatenräte. Sie forderten den sofortigen Frieden und die Abdankung des Kaisers. Jetzt breitete sich eine Welle des Aufruhrs über ganz Deutschland aus. Anfang November war der Druck auf viele Landesfürsten so groß geworden, dass sie abdanken mussten. Nun war auch der Kaiser nicht mehr haltbar. Er sollte abdanken, um die Revolution unter Kontrolle zu halten. Als sich Wilhelm II. weigerte, erklärte der seit dem 3. Oktober 1918 amtierende Reichskanzler Max von Baden am 9. November 1918 eigenmächtig den Rücktritt des Kaisers.

Deutschland wird eine Republik

Nach der Abdankungserklärung hatte Max von Baden die Regierungsgeschäfte an den

2 – Demonstrationszug „Unter den Linden" in Berlin. Foto, 09.11.1918.

Vorsitzenden der SPD, Friedrich Ebert, übergeben. Dieser wollte auf einer Nationalversammlung über die Staatsform des Deutschen Reiches entscheiden lassen. Einige Sozialdemokraten befürchteten jedoch, dass die aufständischen Arbeiter und Soldaten in Berlin eine Räterepublik nach russischem Vorbild errichten könnten. Um dem zuvorzukommen, rief der Sozialdemokrat Philipp Scheidemann noch am selben Tag die Deutsche Republik aus. Zwei Stunden nach ihm verkündete der Sprecher des kommunistischen Spartakusbundes, Karl Liebknecht, die freie sozialistische Republik. Schließlich einigten sich die Vertreter der mehrheitlichen SPD und der USPD auf eine Übergangsregierung. Am 10. November wurde dazu der Rat der Volksbeauftragten aus jeweils drei Vertretern von SPD und USPD mit Friedrich Ebert (SPD) als Vorsitzendem.

Q1 Am 9. November 1918 rief Philipp Scheidemann den demonstrierenden Menschen zu:
Das deutsche Volk hat auf der ganzen Linie gesiegt. Das alte Morsche ist zusammengebrochen; der Militarismus ist erledigt. Die *Hohenzollern haben abgedankt! Es lebe die deutsche Republik! Der Abgeordnete Ebert ist zum Reichskanzler ausgerufen worden. (...) Jetzt besteht unsere Aufgabe darin, diesen glänzenden Sieg, diesen vollen Sieg des deutschen Volkes nicht beschmutzen zu lassen, und deshalb bitte ich Sie, sorgen Sie dafür, dass keine Störung der Sicherheit eintrete! Wir müssen stolz sein können in alle Zukunft auf diesen Tag! (...) Ruhe, Ordnung und Sicherheit, das ist das, was wir jetzt brauchen!

❶🔲 Erläutere, warum die Oberste Heeresleitung nicht selbst die Waffenstillstandsverhandlungen aufnehmen wollte.
❷🔲 Erkläre, warum Philipp Scheidemann die Republik ausrief.
❸🔲 Beschreibe, was Scheidemann in Q1 von den Zuhörern fordert.
❹🔲 Formuliere Sprechblasen für die Personen in Bild 1 oder 2.

Die Folgen des Ersten Weltkriegs

Was wurde in Paris und Versailles 1919 beschlossen?

Polen

Polen 69,2%
(1921)

Tschechoslowakei

Tschechen und
Slowaken 66,9%
(1921)

Österreich

Deutsche 97,5%
(1923)

Ungarn

Ungarn 89,5%
(1920)

Rumänien

Rumänen 72,1%
(1930)

Bulgarien

Bulgaren 81,4%
(1920)

Staatsvölker und natio-
nale Minderheiten in
Europa 1918–1939 (An-
teil des Staatsvolkes an
der Gesamtbevölkerung
eines Landes in Prozent)

1 – Mittel- und Osteuropa 1914.

2 – Mittel- und Osteuropa 1920.

Die Auflösung der alten Ordnung

Am Ende des Ersten Weltkriegs zerbrachen die bisherigen Staaten Mittel- und
Osteuropas. Noch vor dem offiziellen
Waffenstillstand und während der Friedensverhandlungen in Paris bildeten sich
aus dem zerfallenden Kaiserreich Österreich-Ungarn neue Staaten. Aber auch das
revolutionäre Russland musste zulassen,
dass sich an seinen Grenzen neue Staaten
bildeten.

Verhandlunge der Sieger in Paris

1919 tagten die Siegermächte unter Führung der großen Staaten USA, Großbritannien und Frankreich monatelang in Paris.
Sie wollten die Staatenwelt Europas neu
ordnen, um den Frieden in Europa zu sichern. Eine 1920 neu gegründete internationale Organisation, der Völkerbund, sollte,
so die Absicht der USA, Kriege unmöglich
machen und den Weltfrieden sichern. Der
Völkerbund bestand bis 1946.
Die Anerkennung neu gegründeter Staaten
in Mittel- und Osteuropa ging zu Lasten der
Verlierer des Ersten Weltkriegs, die zu den
Verhandlungen nicht zugelassen waren.

Neue Staaten

Aus dem Kaiserreich Österreich-Ungarn
entstand die Republik Österreich, die das
deutschsprachige Südtirol gegen den
Widerstand der dortigen Bevölkerung an
Italien abtreten musste. Italien gewann zusätzlich die Gebiete Friaul und Istrien. Das
1795 aufgelöste Polen wurde aus Teilen
Österreichs, Deutschlands und Russlands
wiederbegründet. Die österreichisch-ungarischen Gebiete Kroatien, Slowenien,
Bosnien und Herzegowina sowie die Staaten Serbien und Montenegro bildeten 1918
ein gemeinsames Königreich, das seit 1929
„Königreich Jugoslawien" hieß. Aus Böhmen, Mähren, Teilen Schlesiens, der Slowakei und Karpaten-Russland entstand Ende
1918 die Tschechoslowakei.
Auch Ungarn verlor am Ende des Ersten
Weltkriegs mit Siebenbürgen, Kroatien und
der Slowakei große Teile seines bisherigen
Staatsgebietes. Rumänien konnte sein Gebiet bis 1918/1919 dagegen fast verdoppeln;
Siebenbürgen, die Bukowina und ein Teil
des Banats wurden hinzugewonnen.
Große Gebietsverluste musste auch die
Türkei hinnehmen.

3 – Jane Addams (1855–1941). Die US-amerikanische Soziologin und Journalistin war Präsidentin des Frauenfriedenskongresses 1919 in Zürich.

Im Norden Europas entstanden durch Abspaltung vom ehemaligen Zarenreich Russland die Staaten Estland, Lettland und Litauen. Finnland hatte sich bereits im November 1917 von der russischen Oberhoheit befreit.

In fast allen neuen Staaten Mittel- und Osteuropas lebten große nationale Minderheiten, deren Wunsch nach einem eigenen Staat nicht berücksichtigt worden war. Dadurch war eine krisenhafte politische Entwicklung in diesen Staaten mit neuen Konflikten zwischen der Mehrheitsbevölkerung und der nationalen Minderheit angelegt.

Frauen – nicht erwünscht

Da Frauen an den Pariser Vorortsverhandlungen nicht teilnehmen durften, tagte vom 12. bis 15. Mai 1919 die Internationale Frauenliga für Frieden und Freiheit (IFFF) in Zürich. Der Kongress unterstützte die 14 Punkte Präsident Wilsons und kritisierte, dass diese bei der Neuordnung der europäischen Staaten zu wenig beachtet würden. Die 1 136 Delegierten aus zwölf Ländern verabschiedeten eine Resolution, die neben Wilsons Punkten mehr Frauenrechte in Politik und Gesellschaft, vor allem die generelle Einführung des Frauenwahlrechts, eine demokratisch legitimierte Kontrolle der Außenpolitik und eine auf Pazifismus zielende Erziehung forderte.

Q1 „Ihre Bitten wurden nicht gehört!"
Aus einer Presseerklärung einer Frauenfriedenskonferenz vom April 1919:
Für die an der Konferenz 1919 teilnehmenden Frauen war es ein sehr emotionaler Moment (...), über einen Ausweg aus der durch den Krieg verursachten politischen und sozialen Katastrophe nachzudenken. Sie forderten ein Ende der Hungerblockade, diskutierten ihre ersten Erfahrungen mit dem Frauenwahlrecht und diskutierten ausführlich über Gewaltlosigkeit in der Bildung und in Bezug auf die revolutionären Bewegungen, die sie im Monat vor dem Kongress erlebten. Ein zentrales Thema war die Forderung nach der Gründung des Völkerbundes, der zum Instrument werden sollte, um zukünftige Kriege und Nationalismen zu verhindern und die allgemeine Abrüstung und die Beteiligung von Frauen zu erreichen. Am Ende des Kongresses wählten sie eine Delegation, um die Zürcher Frauenresolution zu den „Friedensverhandlungen" der rein männlichen Kriegsgewinner in Versailles zu bringen. Doch die Türen blieben ihnen verschlossen und ihre Bitten wurden nicht gehört!

❶ Beschreibe mithilfe der Karten, Diagramme und des Textes die Entstehung der neuen Staaten und den Anteil der Minderheiten in diesen Staaten. Erstelle eine Übersicht.

❷ Notiere Vermutungen, ob das Ziel der Pariser Verträge, den Frieden in Europa zu sichern, erreicht werden konnte.

❸ Erläutere die Bestimmungen des Versailler Vertrages und seine Folgen.

❹ Lege dar, inwiefern sich die Forderungen der Frauen von den Festlegungen der Pariser Vorortverträge unterschieden.

❺ Besprecht und bewertet, warum Frauen bei den Friedensverhandlungen keine Rolle spielten.

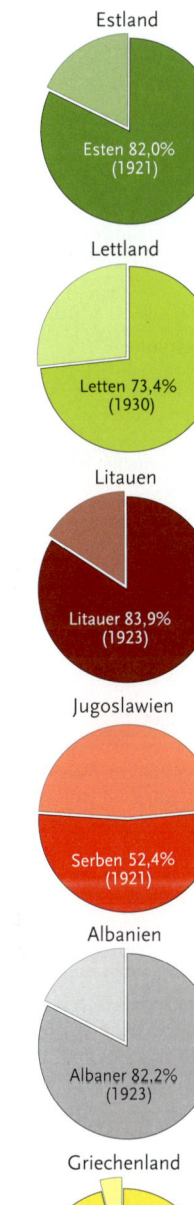

Estland
Esten 82,0%
(1921)

Lettland
Letten 73,4%
(1930)

Litauen
Litauer 83,9%
(1923)

Jugoslawien
Serben 52,4%
(1921)

Albanien
Albaner 82,2%
(1923)

Griechenland
Griechen 96%

Was bedeutete der Versailler Vertrag für Deutschland?

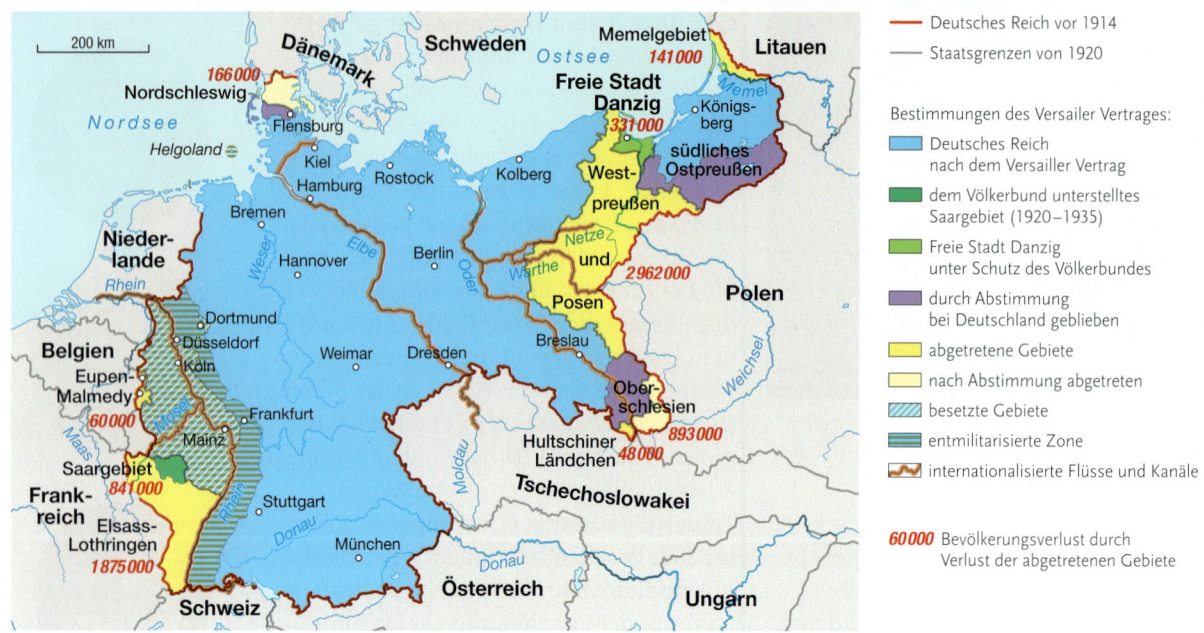

1 – Die Bestimmungen des Friedensvertrags von Versailles.

* **Völkerbund**
Die erste internationale Organisation zur Sicherung des Weltfriedens; sie bestand von 1920 bis 1946.

* **Reparationen**
Zahlungen Deutschlands an die Siegermächte. Damit sollte Deutschland für die verursachten Zerstörungen und Kosten des Ersten Weltkriegs aufkommen.

* **Alliierte und assoziierte Regierungen**
Insgesamt gehörten hierzu 27 Siegerstaaten, die gegen das Deutsche Reich verbündet (alliiert und assoziiert) waren.

Friedensschluss ohne Verhandlung

Deutschland als besiegtes Land war zu den Verhandlungen nicht zugelassen. Am 7. Mai 1919 wurde der deutschen Delegation der Vertragstext vorgelegt. Änderungswünsche wurden nicht verhandelt.
Der Vertrag regelte vor allem die alleinige Kriegsschuld, die deutschen Gebietsabtretungen, die Abrüstung der deutschen Armee und das Verbot der allgemeinen Wehrpflicht. Weitere Punkte waren die Wiedergutmachung der alliierten Kriegsschäden und mögliche Eingriffsrechte der Alliierten in Deutschland. Wichtige Bedingungen des Versailler Vertrages besagten im Einzelnen: Deutschland musste alle Kolonien abtreten, für alle Kriegsschäden aufkommen und *Reparationen zahlen. Die Höhe der Zahlungen sollte erst später festgelegt werden. So wurden dem Deutschen Reich 1920 auf der Konferenz von Boulogne 269 Milliarden Goldmark in Rechnung gestellt. Diese konnten auch in Form von Sachgütern bezahlt werden. Das deutsche Heer wurde auf 100 000, die Marine auf 15 000 Mann beschränkt. Schwere Waffen, Flugzeuge und U-Boote wurden verboten.

Volksabstimmungen

In einigen Grenzgebieten des Deutschen Reiches sollten Volksabstimmungen über die staatliche Zugehörigkeit entscheiden. Nach Abstimmungen 1920 fiel Eupen-Malmedy an Belgien, und Nordschleswig wurde zwischen Deutschland und Dänemark geteilt. Im südlichen Ostpreußen und in Westpreußen östlich der Weichsel ergab sich ein deutliches Ergebnis für den Verbleib im Deutschen Reich. Schlesien wurde nach einer Abstimmung 1921 aufgeteilt: Der größere, westliche Teil Oberschlesiens blieb bei Deutschland, Oberschlesien kam an Polen. Im Saargebiet sollte erst nach Ablauf von 15 Jahren (1935) eine Volksabstimmung stattfinden. Bis dahin wurde das Saargebiet dem Völkerbund unterstellt. Außerdem musste Deutschland seinen gesamten Kolonialbesitz abtreten.

Politische und wirtschaftliche Folgen

Die Friedensbedingungen wurden von deutscher Seite als besonders hart empfunden. Die Siegermächte lehnten aber fast alle deutschen Einwände und Forderungen ab. Parteiübergreifend gab es heftige Diskussionen. Der spektakulärste „Protest" fand am 21. Juni 1919 statt: Der Kommandant der deutschen Kriegsflotte, die vor den Orkney-Inseln nördlich von Schottland festgesetzt war, befahl deren Selbstvernichtung: 57 Schiffe wurden von ihren Besatzungen selbst versenkt oder auf Grund gesetzt. Die Siegermächte drohten, in Deutschland einzumarschieren, wenn der Vertrag von der deutschen Regierung nicht angenommen würde. Die Abgeordneten sahen daher keinen anderen Weg, als zu unterschreiben. Wegen dieser Umstände sprach man in Deutschland vom „Versailler Zwangsfrieden" oder dem „Friedensdiktat".

2 – Illustration zu einem Wahlplakat (oberer Teil) der Deutschnationalen Volkspartei (DNVP) für die Reichstagswahlen am 07.12.1924. Ein deutscher Arbeiter (Schirmmütze = Symbol für die Arbeiter) erdolcht einen deutschen Soldaten von hinten. Foto, 1924.

Die „Dolchstoßlegende"

Gegen den „Diktatfrieden" von Versailles entwickelte sich in der Folgezeit eine nationalistische und antirepublikanische Kampagne. Die ganze Schuld und Verantwortung lastete man der Republik und ihren Vertretern an. Um dies zu unterstreichen, wurde die „Dolchstoßlegende" in die Welt gesetzt. Sie besagte, dass das Heer im Feld unbesiegt gewesen und nur durch die Regierung und den (kommunistischen) Aufstand zur Aufgabe des Kampfes gezwungen worden sei. Dem eigenen Heer sei man in den Rücken gefallen, wodurch es zur militärischen Niederlage gekommen war. Diese Legende lässt dabei unberücksichtigt, dass die Oberste Heeresleitung die Regierung zur Aufnahme von Waffenstillstandsverhandlungen gedrängt hat.

Q1 Artikel 231 des Versailler Vertrages lautete:

Die *alliierten und assoziierten Regierungen erklären und Deutschland erkennt an, dass Deutschland und seine Verbündeten als Urheber (des Krieges) für alle Schäden und Verluste verantwortlich sind, die die alliierten und assoziierten Regierungen und ihre Staatsangehörigen infolge des ihnen durch den Angriff Deutschlands und seiner Verbündeten aufgezwungenen Krieges erlitten haben.

Q2 Der französische Ministerpräsident Clemenceau begründete am 07.05.1919 die Friedensbedingungen:

Sie haben uns um Frieden gebeten. Wir sind geneigt, ihn ihnen zu gewähren. (...) Der Versailler Frieden ist zu teuer von uns erkauft worden, als dass wir (...) die Folgen dieses Krieges allein tragen könnten. (...) (Wir sind) entschlossen, sämtliche uns zu Gebote stehenden Mittel aufzuwenden, um jede uns geschuldete Genugtuung zu erlangen.

Q3 Der US-Außenminister Lansing schrieb am 08.05.1919:

Die Friedensbedingungen erscheinen unsagbar hart und demütigend, während viele von ihnen mir unerfüllbar scheinen. (...) Hass und Erbitterung, wenn nicht Verzweiflung, müssen die Folgen derartiger Bestimmungen sein. (...) Wir haben einen Friedensvertrag, aber er wird keinen dauernden Frieden bringen, weil er auf dem Treibsand des Eigennutzes gegründet ist.

---

❶ Gib Artikel 231 (Q1) mit eigenen Worten wieder.

❷ Nenne mithilfe des Textes und Grafik 1 wesentliche Bedingungen des Versailler Vertrages für Deutschland.

❸ Welche symbolische Bedeutung hatten das Datum und der Ort der Friedenskonferenz? Erkläre, warum man sie gewählt hat.

❹ Fasse die Aussagen von Clemenceau (Q2) und Lansing (Q3) mit eigenen Worten zusammen.

❺ Erkläre mithilfe von Bild 2, was unter der Dolchstoßlegende zu verstehen ist. Löse dabei die Metapher des Dolches auf.

 Video

Welche Krisen musste Deutschland bewältigen?

1 – Kapp-Lütttwitz-Putschisten riegelten im März 1920 das Regierungsviertel in Berlin ab. Die Regierung floh nach Stuttgart. Foto.

* **Freikorps**
Freiwilligenverbände ehemaliger Soldaten und Offiziere

* **Spartakusbund**
politischer Zusammenschluss von Anhängern des linken Randes der USPD und anderer sozialistischer Gruppen

* **passiver Widerstand**
Verzicht auf Gewaltanwendung oder direkte Gegenmaßnahmen

* **Amnestie**
Straferlass oder Strafmilderung (vor allem bei politischen Vergehen)

* **Feme**
Eine geheime Versammlung entscheidet über die Ermordung von politischen Gegnern und Verrätern.

Neuer Staat – altes Personal

Deutschland musste nun die enormen Folgen des Krieges bewältigen: Millionen zurückkehrende Soldaten und Verwundete brauchten Unterstützung, die Lebensmittelversorgung war unsicher, die Kriegswirtschaft musste wieder auf Friedensproduktion umgestellt werden.

Friedrich Ebert, am 11.2.1919 zum Reichspräsidenten gewählt, wollte dies mithilfe der Führungen von Wirtschaft, Militär und Verwaltung aus der Kaiserzeit schaffen. Bereits im November 1918 hatte er sich die Unterstützung durch die Reichswehr zugesichert, um innerpolitische Unruhen bekämpfen zu können. Der Pakt mit den alten Eliten war aber problematisch. Diese waren überwiegend antirepublikanisch eingestellt. Sie besaßen aber zum Teil hohe Ämter in Verwaltung, Justiz und Heer und konnten in ihrem Sinne weiterarbeiten. Dadurch wandten sich die politischen Linken immer mehr von der Übergangsregierung Friedrich Eberts ab.

Aufstand in Berlin

Anfang Januar 1919 kam es in Berlin zu einem Aufstand von Arbeitern und Soldaten. Diesem schlossen sich auch Mitglieder der soeben gegründeten Kommunistischen Partei Deutschlands (KPD) an. Die linksradikalen Gruppen wollten so die Wahl der Nationalversammlung verhindern und eine Räterepublik gründen. Der Aufstand wurde mithilfe von Reichswehr und *Freikorps niedergeschlagen. Dabei wurden am 15. Januar 1919 die Sprecher des *Spartakusbundes Rosa Luxemburg und Karl Liebknecht von Offizieren ermordet. Das sorgte in ganz Deutschland für weitere Unruhen.

Kapp-Lüttwitz-Putsch

1920 kam es zum ersten großen Putschversuch durch eine rechte Verschwörergruppe um den hohen Verwaltungsbeamten Wolfgang Kapp und den Reichswehrgeneral Walther von Lüttwitz. Sie fanden sich nicht mit der Verkleinerung des deutschen Heeres im Zuge des Versailler Vertrages ab. Daher marschierten sie am 12. März nach Berlin, um die Regierung zu stürzen. Die Reichswehr ging aber nicht gegen die Putschisten vor. Als Vorwand gab sie an, nicht auf ehemalige Kameraden schießen zu können. So blieb der Regierung nur die Flucht. Erst das Eingreifen von Gewerkschaften und SPD brachte den Putsch zum Scheitern. Sie hatten zum Generalstreik aufgerufen und damit das gesamte öffentliche Leben lahmgelegt.

Aufstand im Ruhrgebiet

Zeitgleich hatte sich im Ruhrgebiet der Generalstreik gegen diesen rechten Umsturzversuch zu einem Aufstand ausgeweitet. Zehntausende Arbeiter hatten sich bewaffnet und zu einer „Roten Armee" zusammengeschlossen. Schon bald beherrschten sie große Teile des Ruhrgebiets. Die Reichsregierung konnte die Ruhrarmee nicht zur Selbstauflösung überreden. Daher setzten sie zu ihrer Bekämpfung die Reichswehr ein, welche die Regierung zuvor nicht gegen die rechten Putschisten schützen wollte. Im Ruhrgebiet machte die Reichsarmee hingegen kurzen Prozess: Wer eine Waffe trug, wurde sofort erschossen.

Besetzung des Ruhrgebiets

Als Deutschland Ende 1922 mit den *Reparationszahlungen in Rückstand geriet, ließ die französische Regierung Anfang Januar 1923 Soldaten ins Ruhrgebiet einmarschieren, um auf diese Weise die Zahlungen zu sichern. Daraufhin rief die Reichsregierung die Menschen an der Ruhr zum *passiven Widerstand auf: Keinem Befehl der Besatzer sollte gehorcht werden. Aufgrund der wirtschaftlichen Not musste die Reichsregierung jedoch im September 1923 diesen Widerstand aufgeben.

Der Hitler-Putsch

Auch Adolf Hitler von der NSDAP (s. S. 58/59) wollte die Republik durch einen rechten Putsch beseitigen. Am 9. November 1923 stoppte die Polizei den Marsch mit seinen Gefolgsleuten zur Münchner Feldherrnhalle mit Gewalt. Es gab Tote und Verwundete. 1924 wurde Hitler dafür zu fünf Jahren Zuchthaus verurteilt. Von diesen musste er nur neun Monate unter komfortablen Haftbedingungen absitzen.

Bedrohung durch rechten Terror

Die neue Regierung wurde besonders von rechten Gruppen angefeindet. Dazu trugen die „Dolchstoßlegende" (s. S. 39) und der Vertrag von Versailles, den die neue Regierung angenommen hatte, bei. Vor allem ehemalige Freikorpsmitglieder und Offiziere schlossen sich in Geheimbünden wie der „Organisation Consul" zusammen und sorgten deutschlandweit für Angst und Unsicherheit. So kam es zwischen 1919 und 1922 zu über 350 politischen Morden durch Rechtsextreme. Ihre bekanntesten Opfer waren 1921 der Reichsfinanzminister Matthias Erzberger und 1922 der Reichsaußenminister Walther Rathenau. Die meisten Taten waren „*Fememorde". Die Täter hatten kaum etwas zu befürchten. Die überwiegend republikfeindlichen Richter hegten oft Sympathie für sie und fällten eher milde Urteile. Die Justiz unterstützte auf diese Weise auch Hetzkampagnen ge-

2 – Der *Amnestie-Automat, Karikatur in der Zeitschrift „Ulk", 1926. „Gebrauchsanweisung: Man decke abwechselnd die beiden Gesichtshälften ab. Nach rechts nickt er – nach links pickt er!"

gen Vertreter der neuen Regierung. Sowohl Matthias Erzberger als auch Friedrich Ebert wurden durch die rechte Presse verleumdet, um sie politisch in Verruf zu bringen. Die Politiker reagierten darauf mit Klagen wegen Beleidigung. In beiden Fällen erhielten die Angeklagten geringe Strafen. Auf die öffentliche Meinung wirkte sich das sehr negativ aus. Erzberger trat daher im März 1920 von seinem Amt zurück.

Q1 Der Mathematiker Emil Gumbel stellte Folgendes zu den politischen Morden zwischen 1919 und 1922 fest:

Politische Morde durch	Linksstehende	Rechtsstehende
Gesamtzahl	22	354
ohne Täterbestrafung	4	326
– teilweise Täterbestrafung	1	27
– mit Täterbestrafung	17	1
Verurteilungen	38	24
Freigesprochen	–	23
Freiheitsstrafe pro Mord	15 Jahre	4 Monate
Hinrichtungen	10	–

❶ ▪ Nenne Krisen, die Deutschland zu Beginn der 1920er-Jahre bewältigen musste.

❷ ▪ Untersuche die Tabelle (Q1). Was stellst du fest, wenn du die Gesamtzahl der politischen Morde, die Täter und deren Bestrafung miteinander vergleichst?

❸ ▪ Erläutere anhand von Karikatur 2, was der Zeichner damit kritisieren wollte. Nutze dazu auch den Text.

❹ ▪ Nimm kritisch Stellung, warum Militär und Justiz nicht oder nur milde gegen rechte Umsturzversuche vorgingen.

Welche politische Ordnung hatte die junge Demokratie?

1 – Wahl zur Weimarer Nationalversammlung, in einem Berliner Wahllokal, 19.01.1919. Foto.

* **Mehrheitswahlrecht**
Beim Mehrheitswahlrecht wird derjenige gewählt, der die erforderliche Mehrheit der Stimmen erhalten hat. Dabei kann immer nur einer gewinnen. Alle Stimmen, die nicht für den Sieger abgegeben wurden, haben keine Bedeutung.

* **Verhältniswahlrecht**
Bei diesem Wahlrecht stellen die Parteien Listen zusammen. Darauf stehen Kandidatinnen und Kandidaten einer Partei, die stellvertretend für ihre Partei in das Parlament einziehen wollen. Die Wählerinnen und Wähler entscheiden sich bei der Wahl zwischen den unterschiedlichen Listen der Parteien.

Wahl zur Nationalversammlung

Am 19. Januar 1919 wurde die deutsche Nationalversammlung gewählt. Ihre Mitglieder wurden von der Bevölkerung ab 20 Jahren nicht mehr als Einzelpersonen gewählt (*Mehrheitswahlrecht), sondern über Parteilisten (*Verhältniswahlrecht). Nach diesem Muster erfolgten alle Reichstagswahlen in der Weimarer Republik. Die Zahl der Wahlberechtigten betrug etwa 20 Millionen, die Wahlbeteiligung lag bei 83 Prozent. Erstmals erhielten auch Frauen das allgemeine Wahlrecht, was zu dieser Zeit im weltweiten Vergleich sehr fortschrittlich war. Unter den 421 Abgeordneten der Nationalversammlung waren 37 Frauen.
Weil der Reichstag ein getreues Bild des Volkswillens sein sollte, gab es keine Sperrklausel. So konnten auch sehr kleine Parteien ins Parlament einziehen. Das Wahlergebnis ermöglichte eine Koalitionsregierung, die aus SPD, DDP und Zentrum gebildet wurde. Sie verfügte über eine Dreiviertelmehrheit im Reichstag.

Die ersten Aufgaben der Nationalversammlung

Die Nationalversammlung trat am 6. Februar 1919 in Weimar zusammen. Weimar wurde ausgesucht, weil man in Berlin aufgrund der instabilen innenpolitischen Lage Störungen befürchtete. Zudem haben sich die Politiker damit bewusst in die Tradition des deutschen Geisteslebens und Humanismus stellen wollen, die in der Stadt Weimar ihren besonderen Ausdruck fanden.
Am 11. Februar 1919 wählte die Nationalversammlung Friedrich Ebert (SPD) zum Reichspräsidenten und beauftragte Philipp Scheidemann (SPD) mit der Bildung einer Reichsregierung, die dann am 13. Februar ihre Geschäfte aufnahm. Als erste große Aufgabe erhielt die Nationalversammlung den Auftrag, eine Verfassung zu entwerfen und zu beschließen. Diese Weimarer Reichsverfassung wurde von der Nationalversammlung am 31. Juli 1919 verabschiedet und trat am 14. August in Kraft. Nach den Reichstagswahlen vom 6. Juni 1920 löste der neu gebildete Reichstag die Nationalversammlung als Gesetzgebungsorgan ab.

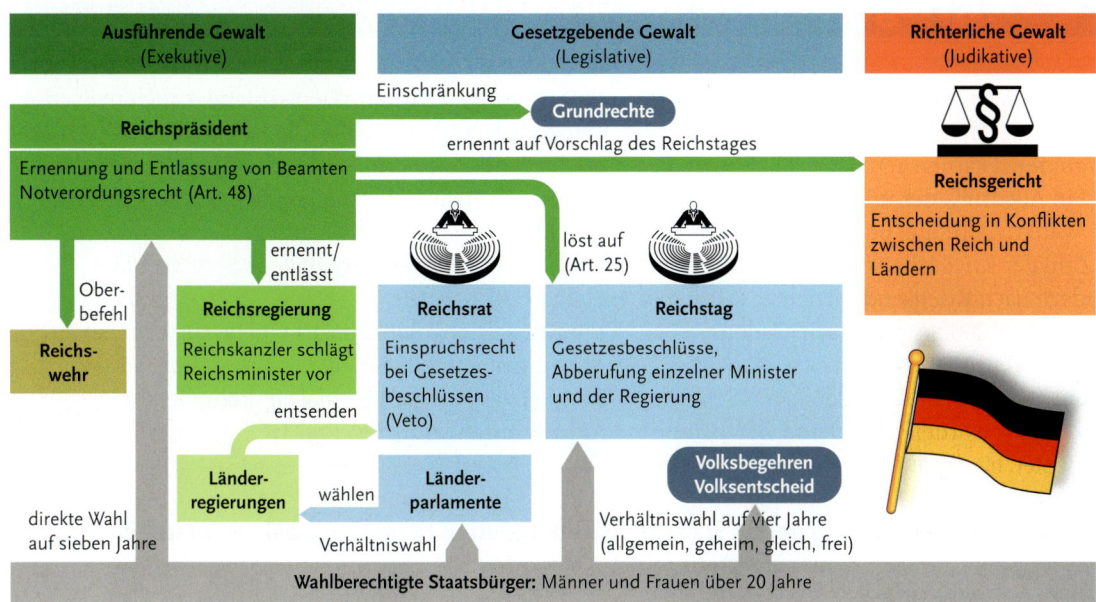

2 – Die Weimarer Verfassung 1919.

Q1 Auszüge aus dem Text der Weimarer Verfassung (1919):

Art. 1 Das Deutsche Reich ist eine Republik. Die Staatsgewalt geht vom Volke aus. (...)

Art. 4 Die allgemein anerkannten Regeln des Völkerrechts gelten als bindende Bestandteile des deutschen Reichsrechts. (...)

Art. 21 Die Abgeordneten sind Vertreter des ganzen Volkes. Sie sind nur ihrem Gewissen unterworfen und an Aufträge nicht gebunden.

Art. 22 Die Abgeordneten werden in allgemeiner, gleicher, unmittelbarer und geheimer Wahl von den über zwanzig Jahre alten Männern und Frauen nach den Grundsätzen der Verhältniswahl gewählt (...).

Art. 25 Der Reichspräsident kann den Reichstag auflösen (...).

Art. 48 Der Reichspräsident kann, wenn (...) die öffentliche Sicherheit und Ordnung erheblich gestört oder gefährdet wird, (...) Maßnahmen treffen, erforderlichenfalls mithilfe der bewaffneten Macht einschreiten. Zu diesem Zwecke darf er vorübergehend die (...) Grundrechte (...) außer Kraft setzen. (...) Die Maßnahmen sind auf Verlangen des Reichstags außer Kraft zu setzen. (...)

Art. 109 Alle Deutschen sind vor dem Gesetz gleich. Männer und Frauen haben grundsätzlich dieselben staatsbürgerlichen Rechte und Pflichten.

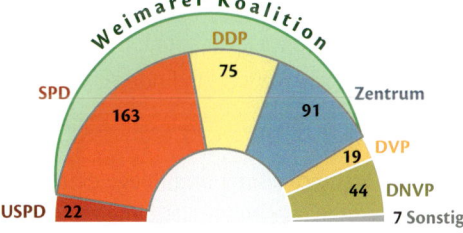

3 – Sitzverteilung nach der Wahl zur Nationalversammlung vom 19. Januar 1919. Sitzverteilung nach der Wahl zur Nationalversammlung vom 19. Januar 1919.

❶ 🖥 Beschreibe die Besonderheiten der Wahl zur Nationalversammlung (Text). Beziehe dabei Bild 1 ein.

❷ 🖥 Ermittle aus Bild 3, welche Parteien die „Weimarer Koalition" bildeten. Recherchiere kurz zu den Zielen und über ihr Verhältnis zur Republik.

❸ 🖥 Erläutere anhand von Bild 2, von wem die Macht im Staat ausgeht und wie sie verteilt ist.

❹ 🖥 Erkläre, woran man erkennen kann, dass der Weimarer Staat eine Republik war (Text, Bild 2).

❺ 🖥 Überprüfe anhand von Bild 2 die Kritik von Zeitgenossen, der Reichspräsident sei ein „Ersatzkaiser".

 Video

Methode

Kriegerdenkmäler erkunden

Bis zum Ende des Ersten Weltkriegs waren fast neun Millionen Soldaten auf den Schlachtfeldern getötet worden. In Frankreich kamen z. B. auf 1 000 Einwohner 34 Gefallene. Ein Ausdruck des ungeheuren Schocks, den der Erste Weltkrieg für alle Beteiligten bedeutete, ist die große Zahl der Kriegerdenkmäler, die in allen betroffenen Ländern nach Kriegsende errichtet wurden – allein in Frankreich 30 000. Es gibt große Gedenkstätten, wie z. B. in Verdun in Nordfrankreich beim Fort Douaumont, wo eine der schrecklichsten Schlachten stattfand. Zumeist wurden aber kleine, dörfliche Denkmäler errichtet, häufig auf Initiative von Gemeindevertretungen. In ganz Deutschland – auch in Sachsen-Anhalt – gibt es zahlreiche Kriegerdenkmäler, die an die Opfer erinnern. Sie sagen einiges über das Leid, das damals über viele Familien hereingebrochen ist. Die Widmungen lauten nicht selten „Die dankbare Stadt ihren vorm Feinde gefallene Söhnen" oder „Den Helden 1914–1918".

Ein Kriegerdenkmal kann als Quelle zur Untersuchung der Vergangenheit dienen. Die Erkundung wird am Beispiel des Kriegerdenkmals in Rohrsheim (Sachsen-Anhalt) durchgeführt (s. Bild 1).

Folgende Schritte helfen dir, ein Kriegerdenkmal zu verstehen und auszuwerten:

Schritt 1 Organisatorische Vorbereitung	■ Wo befinden sich in deiner Umgebung Kriegerdenkmäler? ■ Wie gelangt man zum Denkmal? ■ Welche Informationen liefert das Internet oder andere Medien über das Kriegerdenkmal? ■ Welche pädagogischen Angebote macht die Stadt für Schulklassen und Besucher?
Schritt 2 Untersuchung des Denkmals	■ Wann wurde das Denkmal errichtet? ■ Wer hat das Denkmal mit welcher Absicht errichtet? ■ Wie viele Namen enthält das Denkmal? ■ Wie alt waren die gefallenen Soldaten? ■ Wie alt war der Jüngste, wie alt der Älteste? ■ Welche Inschriften enthält das Denkmal? ■ Welche Symbole wurden auf dem Denkmal verwendet (Adler, Stahlhelme, Waffen, Ölzweig, Taube usw.)? ■ Wie sieht das Denkmal heute aus? ■ Wie wird es in der Öffentlichkeit wahrgenommen?
Schritt 3 Auswertung der Erkundung	■ Was hat dich am Denkmal am meisten beeindruckt oder bewegt? ■ Worin besteht der Wert einer Denkmalerkundung? ■ Welche Erkenntnisse konntest du aus der Erkundung gewinnen? ■ Welche Fragen sind noch offen und wo kannst du Antworten finden?

1 Untersuche ein Kriegerdenkmal in deinem Heimatort oder einem Ort in der Nähe und stelle deine Ergebnisse in einem Kurzreferat deiner Klasse vor.

2 Arbeite heraus, welche Haltung zum vergangenen Krieg und zum Einsatz der Soldaten aus den Inschriften und aus dem gesamten Denkmal hervorgeht.

3 Diskutiert, ob die Instandhaltung und Pflege eines Kriegerdenkmals einen angemessenen Umgang mit dem Gedenken an den Ersten Weltkrieg darstellen.

4 Forscht im Internet nach Quellen zum Kriegsgedenken und stellt gemeinsam zusammen, wie z. B. des Ersten Weltkriegs gedacht wird.

1 – Kriegerdenkmal in Rohrsheim (Sachsen-Anhalt)

Erläuterung zentraler Symbole an Kriegerdenkmälern

Der Adler gilt als König der Vögel aufgrund der ihm zugeschriebenen Eigenschaften wie Kraft, Schnelligkeit, Freiheit. Er steht für Unsterblichkeit und Mut. Er ist das Symbol vieler Wappen („deutscher Adler"). Das Eichenlaub ist ein weit verbreitetes militärisches Symbol. Es steht für Standhaftigkeit, Treue und Stärke – angelehnt an die „starke deutsche Eiche". Das Eiserne Kreuz diente seit seiner Einführung 1813 als Kriegsauszeichnung, heute ist es Erkennungszeichen der Bundeswehr.

Lösungsbeispiel

Zum Schritt 1:
Schreibt die Stadtverwaltungen von Gemeinden eurer Umgebung an und sucht aus den eingehenden Antworten ein Denkmal aus, das für Gefallene des Ersten Weltkriegs errichtet wurde. Wendet euch dann an die entsprechende Stadtverwaltung mit der Bitte um Informationen zum Kriegerdenkmal. Zieht Informationen aus dem Internet und aus Lexika hinzu. Zu beachten ist, dass auf vielen Kriegerdenkmälern neben den Gefallenen des Ersten noch die Gefallenen des Zweiten Weltkriegs aufgelistet sind.

Zum Schritt 2:
Das Denkmal wurde in Gedenken an die Gefallenen des Ersten Weltkriegs aus der Gemeinde Rohrsheim-Westerburg errichtet, von dieser in Auftrag gegeben und 1923 errichtet. Das Denkmal aus Steinquadern steht auf einem Sockel. Oben befindet ein sich abrundender Abschluss mit Eisernem Kreuz mit Eichenlaub und den Jahreszahlen 1914–1918.
Oben auf dem Denkmal ist ein großer, steinerner Adler angebracht.
Vorne befindet sich eine Platte mit Inschrift, an den restlichen Seiten die Namenstafeln. Die Namenstafeln für den Ersten Weltkrieg sind oben mit einem Eisernem Kreuz geschmückt und nach Jahren unterteilt. Sie enthalten 44 Namen aus dem Ersten Weltkrieg. Auf der Rückseite wurden zusätzlich 66 Namen aus dem Zweiten Weltkrieg angebracht.
Den Gefallenen des Ersten Weltkriegs ist folgende Inschrift gewidmet: „Zum Gedächtnis unserer Helden 1914–1918. Die dankbare Gemeinde."

Zum Schritt 3:
Beeindruckend sind die Größe des Denkmals und der mächtige Adler an der Spitze, aber auch die große Zahl der Gefallenen. Damit werden keineswegs nur Trauer über die Gefallenen, sondern neue Macht- und Rachegedanken zum Ausdruck gebracht. Die meisten Kriegerdenkmäler in Deutschland nach dem Ersten Weltkrieg haben diesen Inhalt. Damit wird deutlich, dass die Stimmung in Deutschland nach dem Ersten Weltkrieg sehr vom Zorn auf die Niederlage im Krieg gekennzeichnet war, die nicht hingenommen werden sollte. Die Soldaten sollten nicht umsonst gefallen sein.

Europa: Wie wurde aus Kriegen gute Nachbarschaft?

1 – Beinhaus und Soldatenfriedhof bei Verdun✱, Frankreich. Foto 2000.

✱ **Soldatenfriedhof bei Verdun**
Hier liegen die Überreste von mehr als 100 000 Soldaten. Die Schlacht um Verdun von 1916 endet nach zehn Monaten intensiver Kämpfe ohne Sieger. Sie hat über 700 000 Opfer gefordert: etwa 305 000 Tote und Vermisste und 400 000 Verwundete, mit nahezu gleich hohen Verlusten in beiden gegnerischen Armeen.

Europa – ein blutiges Schlachtfeld

Anfang des 20. Jahrhunderts waren die europäischen Nationen untereinander stark verfeindet. Abneigung und Hass gegen andere Völker gingen so weit, dass viele junge Männer 1914 begeistert bereit waren, gegen Franzosen, Russen und andere in den Krieg zu ziehen. Vereinzelte Stimmen der Vernunft blieben ungehört. Die Kriegsbegeisterung wich zwar rasch einer starken Ernüchterung angesichts der Kriegsgrauen, der Hass auf die anderen Völker aber blieb. Millionen Tote, Verwundete und Traumatisierte führten nicht dazu, einen friedlichen Ausgleich und eine stabile Friedensordnung in Europa zu schaffen. Im Gegenteil: Nur 25 Jahre später, im Jahr 1939, wurde Europa erneut zu einem blutigen Schlachtfeld. Und diesmal – im Zweiten Weltkrieg – war die Katastrophe noch größer als im Ersten Weltkrieg.

Die europäische Integration nach 1945

Nach dem Zweiten Weltkrieg kam der Wunsch nach einem wirtschaftlichen und politischen Zusammenschluss erneut auf.

Er wurde nun dringlicher, weil der Zweite Weltkrieg gezeigt hatte, dass sich Europa zusammenschließen muss, um nicht im Chaos zu versinken. Der britische Staatsmann Winston Churchill (1874–1965) nannte bereits 1946 das Ziel der „Vereinigten Staaten von Europa". Der französische Außenminister Robert Schuman (1886–1963) knüpfte 1950 an diese Idee an und erreichte, dass die Beneluxstaaten, Frankreich, Italien und die Bundesrepublik Deutschland 1951 den Vertrag über die „Europäische Gemeinschaft für Kohle und Stahl (EGKS/Montanunion)" unterzeichneten. Nun ging die europäische Integration in großen Schritten voran: Im März 1957 unterzeichneten die EGKS-Staaten die Römischen Verträge, deren Ziel die „Errichtung eines gemeinsamen europäischen Marktes" ohne Zölle und Handelsbeschränkungen im Rahmen einer Europäischen Wirtschaftsgemeinschaft (EWG) war. Weitere Eckpunkte der europäischen Integration waren der politische Zusammenschluss der EWG-Staaten zur Europäischen Gemeinschaft (EG, 1957) und schließlich zur Europäischen Union (EU, 1993). Der Kern der Integration war, dass die Mitgliedsstaaten eine ganze Reihe politischer und wirtschaftlicher Entscheidungskompetenzen an die EU abtraten. Heute bilden über 500 Millionen Menschen aus 27 Staaten die Europäische Union. So entstand trotz einiger Rückschläge ein Europa des Friedens, der Freiheit und der Gemeinsamkeit.

Die Teilung Europas

Nach dem Krieg bildeten sich in Europa zwei Lager – das von den USA geführte westliche und das von Sowjetunion geführte kommunistische Lager („Ostblock"). Da sich diese Lager im „Kalten Krieg" feindlich gegenüberstanden, wurde der Kontinent geteilt. Besonders deutlich wurde diese Trennung in Deutschland, das in zwei Staaten aufgeteilt war. In den Ländern des Ostblocks gab es jedoch eine Opposition, die auf die Änderung des politischen

Systems mit dem Ziel eines freien Europas hinarbeitete. Diese Opposition war langfristig erfolgreich, weil sich der Kommunismus als diktatorisch und unterdrückerisch erwies, nicht mehr in der Lage war, mit der wirtschaftlichen Entwicklung des Westens Schritt zu halten und den Freiheitswunsch der Bevölkerung zu befriedigen. Den Sturz der kommunistischen Regierungen in Osteuropa leitete schließlich der Generalsekretär der KPdSU, Michail Gorbatschow, ein, indem er versuchte, das sowjetische System zu reformieren. Das Ergebnis dieser Reformen war die Auflösung des gesamten Ostblocks und die Gründung demokratischer Staaten in Osteuropa. Begleitet war dieser Prozess allerdings vom Aufleben alter nationalistischer Strömungen, die in Jugoslawien sogar zu kriegerischen Auseinandersetzungen führten.

Gute Nachbarschaft statt Krieg
Um die Jahrtausendwende war Europa ein Kontinent, der aus demokratischen Staaten bestand, zum großen Teil eine gemeinsame Währung hatte und wirtschaftlich aufblühte. Der friedliche Ausgleich der nationalen Interessen erfolgte über Regeln, die von allen Mitgliedsstaaten gemeinsam beschlossen worden waren. Aus einem Kontinent, der über Jahrhunderte von Schlachtfeldern geprägt war, war ein Kontinent der guten Nachbarschaft geworden.
Die Europäische Union strebte sogar an, Russland in die europäische Staatengemeinschaft zu integrieren. Dies schien zu gelingen, geriet aber in den 1990er-Jahren durch den politischen und wirtschaftlichen Niedergang Russlands unter Präsident Boris Jelzin in weite Ferne. Verstärkt wurde dieser Trend ab 2000 durch Wladimir Putin, der seitdem versucht, in Konfrontation zu Westeuropa die alte Sowjetunion wiederherzustellen. Durch den Überfall auf die Ukraine am 22. Februar 2022 hat er gezeigt, dass er sogar Gewalt anwendet, um dieses Ziel zu erreichen.

2 – Teilnehmende des Erasmus-Programms.

M1 Der Historiker Tony Judt schrieb 2005
Das 20. Jahrhundert – Amerikas Jahrhundert – hatte Europa in den Abgrund stürzen sehen. Die Erholung des alten Kontinents war ein langsamer und ungewisser Prozess gewesen. In gewisser Weise würde er nie abgeschlossen sein: Amerika würde weiterhin die größte Armee haben und China immer mehr und billigere Waren herstellen. Doch weder Amerika noch China hatten ein brauchbares Vorbild zu bieten, das sich zur universellen Nachahmung eignete. Trotz der Schrecken ihrer jüngeren Vergangenheit – und in hohem Maße dank ihrer – waren die Europäer jetzt in der besonderen Lage, der Welt in aller Bescheidenheit einige Ratschläge zu unterbreiten, wie sie die Wiederholung ihrer eigenen Fehler vermeiden könne. Was vor sechzig Jahren kaum jemand vorhergesagt hätte – das 21. Jahrhundert könnte das Jahrhundert Europas werden.

❶ Erläutere, warum Bild 1 ein Symbol für den Ersten Weltkrieg ist.
❷ Untersucht die einzelnen Abschnitte des Textes in Gruppenarbeit. Zieht zusätzliche Informationen aus dem Internet und aus Lexika hinzu. Fasst zusammen, welche Einflüsse zur Bildung Europas beigetragen haben.
❸ Informiere dich über das Erasmus-Programm und stelle dar, inwiefern es Ausdruck für das Zusammenwachsen Europa ist (Bild 2).
❹ Vergleiche die beiden Bilder. Welche Unterschiede kannst du feststellen?
❺ Untersuche M1: Was meint der Autor mit dem letzten Satz? Nimm Stellung dazu.

Über den Tellerrand geschaut

Die Spanische Grippe

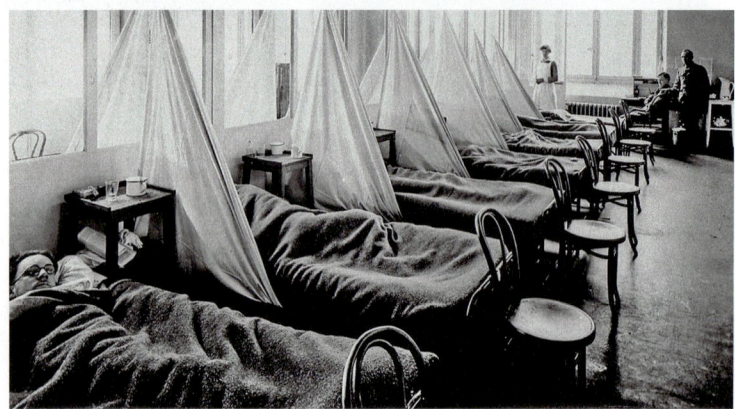

1 – Influenzastation im US Army Camp Hospital Nr. 45 in Aix-les-Bains, Frankreich. Foto, 1918.

Eine Seuche tödlicher als der Krieg

Vom Frühjahr 1918 bis 1920 forderte eine Seuche weltweit zwischen 20 und 100 Millionen Tote (je nach Schätzung 2,5 bis 5 % der damaligen Weltbevölkerung). Damit starben durch diese Pandemie mehr Menschen als während des gesamten Ersten Weltkriegs. Wie viele es genau waren, konnte man nur schwer erfassen, weil auf den meisten Totenscheinen „Pneumonie" (Lungenentzündung) als Todesursache angegeben worden war. Allein im Deutschen Reich starben etwa 426 000 Menschen. Man nannte diese Pandemie Spanische Grippe, weil im neutralen Spanien das erste Mal über die Krankheit berichtet wurde. Die kriegführenden Länder verboten eine Berichterstattung über die Seuche, um das Durchhaltevermögen in der Bevölkerung und bei den Soldaten aufrechtzuerhalten.

Ausgangspunkt USA

Woher die Grippe kam, ist bis heute nicht restlos geklärt. Die ersten gehäuften Fälle tauchten im März 1918 in einem Militärlager im amerikanischen Kansas auf. Hier wurden Soldaten für den Kriegseinsatz ausgebildet. Kurz zuvor war das Virus wahrscheinlich über Vögel auf den Menschen übertragen worden. Durch Militär- und Truppentransporte gelangte das Virus nach Europa. Bis Juni 1918 war es nahezu auf der ganzen Welt verbreitet. Es befiel fast jeden.

Das Virus verändert sich

Im Frühjahr 1918 verlief die erste Grippewelle in den USA und in Europa noch milde. Wer sich infiziert hatte, bekam ein paar Tage lang Schüttelfrost und Fieber. Es starben aber nur wenige daran. Im Sommer veränderte sich das Virus jedoch und es folgte im Herbst eine zweite, nun tödliche Welle. Das Virus konnte sich vor allem dort entfalten, wo viele Menschen zusammenkamen und es schlechte hygienische Bedingungen gab. In den Schützengräben, Rekruten- und Kriegsgefangenenlagern wurden so auf einen Schlag viele Menschen infiziert. Die meisten litten an Atemnot und erstickten. Wer morgens erkrankte, konnte am Abend schon tot sein. Die Ärzte konnten sich diese Krankheit nicht erklären und wussten nicht, wie sie den Patienten helfen sollten. Das dafür verantwortliche Influenzavirus wurde erst 1933 entdeckt. Es gab keine geeignete Schutzimpfung, um die Krankheit zu bekämpfen. Nur die schlimmsten Fälle konnten in den Lazaretten oder Krankenhäusern behandelt werden. Allgemeine Schutzmaßnahmen wurden dabei nicht ergriffen.

Im Frühjahr 1919 trat eine dritte Grippewelle auf, die auch viele Todesopfer forderte. Mitte der 1920er-Jahre verschwand die Seuche plötzlich.

Erich Ludendorff, der Chef der deutschen Obersten Heeresleitung, machte die Grippe für seinen militärischen Misserfolg im Sommer 1918 verantwortlich. Viele Autoren sind heute aber skeptisch, ob der Krieg ohne die Spanische Grippe anders zu Ende gegangen wäre.

---

❶ ▶ Beschreibe den Verlauf der Spanischen Grippe.

❷ ▶ Erkläre, warum sie sich so leicht verbreiten und nicht eingedämmt werden konnte.

❸ ▶ Vergleiche die Spanische Grippe mit der Coronapandemie (2020–2022).
Lege dazu eine Tabelle an und nimm das Internet zu Hilfe.

Das kann ich …

Charakter und Folgen des Ersten Weltkriegs

Wichtige Begriffe

Woodrow Wilson	Materialschlacht
Deutsch-Südwestafrika	1914
Attentat	1917
Nationalismus	1918
Alliierte/Entente-Mächte	Dynamit
Osmanisches Reich	Stellungskrieg
industrialisierter Krieg	Verdun
Compiègne	Wilhelm II.
Mittelmächte	Alfred Nobel
14-Punkte-Programm	

Wissen und erklären

❶ ▪ Erklärt euch gegenseitig die wichtigen Begriffe und ordnet Daten und Personen zu.

❷ ▪ Aus welcher Quelle in diesem Kapitel stammt der folgende Auszug: „Welches sind die Faktoren, die die Rüstungsschraube in Bewegung setzen? Sind es die Völker, die danach verlangen? Mitnichten!" Gib die Fundstelle an und erkläre den historischen Zusammenhang.

❸ ▪ Erläutere, wie der Zeichner von Bild 1 den Ausbruch des Ersten Weltkrieg sieht.

Anwenden

❹ ▪ Interpretiere die Karikatur 2. Übersetze die Bildunterschrift und arbeite heraus, wie der Zeichner die Kriegspolitik Deutschlands sieht.

❺ ▪ Erläutere anhand von Bild 3, warum der Erste Weltkrieg ein neuartiger, industrialisierter Krieg war.

Beurteilen und handeln

❻ ▪ Erläutere die Folgen der beiden in M1 geäußerten Meinungen und nimm Stellung dazu.

1 – The „Path of Glory", englische Karikatur, 1916.

2 – Warnschild in Frankreich, 1918.

M1 Zwei Meinungen zum Krieg

a) Ein deutscher General, 1912:

Der Krieg ist in erster Linie eine biologische Notwendigkeit, ein Regulator im Leben der Menschheit, der gar nicht zu entbehren ist, weil sich ohne ihn eine ungesunde, jede Förderung der Gattung und daher auch jede wirkliche Kultur ausschließende Entwicklung ergeben müsste.

b) Aus dem Programm der Deutschen Friedensgesellschaft, 1898:

Der Krieg steht im Widerspruch mit der Kulturstufe zivilisierter Nationen. Seine Beseitigung ist vom Standpunkt der Religion, der Sittlichkeit und der Volkswohlfahrt geboten. (...) Mit der friedlichen Gesinnung zugleich sind Friedensinstitutionen anzubahnen, deren Ziel es ist, auch in dem Verhältnis zwischen den Nationen anstelle der Gewalt das Recht zu setzen.

▶ Teste dich

Hier spielt die Geschichte ...

Ein fiktiver Schweizer Kompromiss

Einführung

Stellt euch vor, dass sich die europäischen Großmächte nach dem Ende des Krieges in der neutralen Schweiz treffen. Sie wollen hier gemeinsam beschließen, wie es mit ihren Ländern weitergehen soll. Dazu müssen z. B. folgende Fragen geklärt werden:

– Welche Gebiete werden zurückgefordert und sollen abgetreten werden?
– Welche Gebiete sollen eigenständige Staaten bleiben/werden?
– Was passiert mit den Soldaten und Waffen?
– Welche wirtschaftlichen Vorteile/Einbußen gibt es möglicherweise?

Bildet fünf Gruppen und entscheidet per Los, in welche Position ihr euch versetzen sollt: das Deutsche Reich, Österreich-Ungarn, Frankreich, Großbritannien, Russland.

Eine Schülerin oder ein Schüler oder die Lehrkraft übernimmt die Rolle der neutralen Schweiz. Ihre Aufgabe ist es, das Gespräch zu moderieren und zwischen den ehemaligen Kriegsparteien zu vermitteln.

Gemeinsam sollt ihr einen Kompromiss finden, um eine friedliche Nachkriegsordnung festzulegen. Bei einem Kompromiss ist es wichtig, dass man nicht auf seiner Position beharrt, sondern aufeinander zugeht und gegebenenfalls eigene Vorstellungen aufgibt.

Vorbereitung

1. Alle Schüler innen und Schüler einer Gruppe notieren auf einem Zettel mindestens drei Ziele, die ihre Großmacht mit dem Krieg verfolgt hat. Nutzt dazu die Seiten 16–17 und 20–21.
2. Stellt diesen Zielen die Ergebnisse am Ende des Krieges gegenüber. Beachtet hierfür die Seiten 28–29 und 32–33.
Haltet auch diese Ergebnisse auf eurem Zettel fest.
3. Bestimmt ein Gruppenmitglied, das eure Zusammenfassung vorträgt.

Durchführung I

1. Die Schweiz eröffnet die Verhandlungen. Sie gibt jeder Gruppe drei Minuten Zeit, um ihre Zusammenfassung vorzutragen. Die Schüler innen und Schüler der anderen Gruppen machen sich dabei Notizen, damit sie sich danach auf die Verhandlungen vorbereiten können.

2. Kehrt wieder in eure Gruppen zurück und diskutiert, welche Wünsche und Forderungen, aber auch Verzichterklärungen ihr habt:
   – Die Siegermächte Frankreich, Großbritannien und Russland dürfen jeweils zwei Ansprüche und einen Verzicht formulieren.
   – Die Verliererstaaten benennen jeweils zwei Abgaben bzw. Verzichterklärungen und einen Wunsch/Anspruch.
   Notiert diese auf zwei Zetteln. Kennzeichnet die Verzicht-erklärungen mit einem Minus und die Ansprüche mit einem Plus. Gebt dann den gegnerischen Mittelmächten bzw. der Entente eure Zettel.

3. Nun treffen sich die Gruppen der ehemaligen Bündnispartner (Deutschland + Österreich-Ungarn und Frankreich + Großbritannien + Russland): Beratschlagt und beschließt gemeinsam, was ihr von den Zielen der Gegner erfüllen könnt und was nicht. Die Siegermächte dürfen zusammen wieder zwei Ansprüche und einen Verzicht formulieren. Die Verliererstaaten benennen erneut zwei Abgaben und einen Anspruch. Schreibt diese für jeden sichtbar auf ein gro-ßes Blatt. Händigt dies der neutralen Schweiz aus.

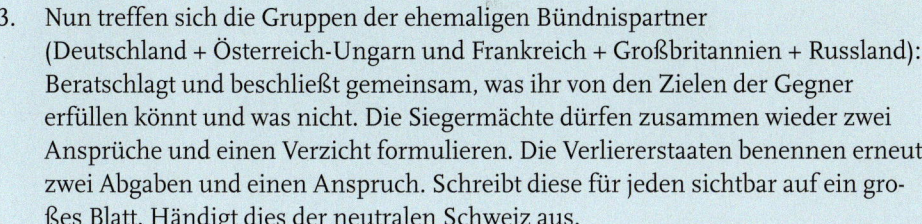

Großbritannien
+ Vormachtstellung auf der See behalten
+ . . .
– . . .

Österreich-Ungarn
+ Vorherrschaft auf dem Balkan behalten
– . . .
– . . .

Durchführung II

Die Schweiz stellt nun die in den Gruppen erarbeiteten Ansprüche und Verzichterklärungen vor. Anschließend diskutiert ihr diese sechs Vor-schläge gemeinsam. Einigt euch auf insgesamt vier Ergebnisse. Vergesst dabei nicht, aufeinander zuzu-gehen. Die Schweiz achtet auf einen fairen Umgang, sodass jede Partei zu Wort kommt.
Haltet die vier Ergebnisse, auf die ihr euch geeinigt habt, schriftlich fest.

Ende

Setzt euch noch einmal in euren Gruppen zusam-men und formuliert, wie ihr euch mit diesem Kom-promiss fühlt. Überlegt gemeinsam: Wie seid ihr vorgegangen, um zu diesem Kompromiss zu kom-men? Konntet ihr eure Mindestziele erreichen? Ist das Ergebnis in euren Augen fair und gerechtfertigt?

Übrigens: Ihr seid bei diesem Spiel in ähnlicher Weise vorgegangen wie der 1920 gegründete Völkerbund. Diese Weltfriedensorganisation hatte die Aufgabe, die internationale Zusammenarbeit zu fördern, bei Konflikten zu schlichten und auf die Einhaltung von Friedensverträgen zu achten.

1 – Das UN-Hauptquartier in Genf. Foto, 2017.

Viel Spaß beim Spielen!

2 Herrschaft und Alltag in der national-sozialistischen Diktatur

Mit Fahnen geschmückte Häuser, uniformierte Kinder der Hitlerjugend, die in Nürnberg an Baldur von Schirach, dem „Reichsjugendführer" der NSDAP (ganz rechts mit erhobenem Arm), vorbeimarschieren. Scheinbar jubelt die ganze Stadt der Hitlerjugend zu.

Dieses Propagandafoto der Nationalsozialisten sollte zeigen, welchen großen Eindruck diese Inszenierung auf die Bevölkerung machte. Wer aber waren die Nationalsozialisten? Welche Ziele hatten sie und wie versuchten sie, diese umzusetzen? Welche Folgen hatte das?

2 Herrschaft und Alltag in der nationalsozialistischen Diktatur

1 – Die Erweiterung des deutschen Machtbereichs bis 1939.

Viele Bürger hatten die Weimarer Republik von Anfang an abgelehnt. 1933 zeichnete sich schließlich das Ende dieser Republik ab. Die Wirtschaftskrise, steigende Arbeitslosigkeit, Straßenschlachten und unfähige Politiker verstärkten das Bedürfnis der Menschen nach Veränderung.

In dieser Situation gelang es der Partei der Nationalsozialisten, den Menschen Hoffnung zu machen und sie für sich zu begeistern. Doch zu welchem Preis? Mit Beginn der nationalsozialistischen Herrschaft wurden nicht nur innerhalb kurzer Zeit sämtliche demokratischen Grundsätze und -rechte beseitigt. Er markierte zugleich den Auftakt zu einer systematischen Ausgrenzung, Entrechtung und Verfolgung von Menschen, welche die Nationalsozialisten in ihrer menschenverachtenden Ideologie als minderwertig betrachteten und schließlich ermorden ließen. Dies fand seinen grausamen Höhepunkt in der Ermordung der meisten europäischen Juden (Shoah, Holocaust).

Am Ende des Kapitels kannst du folgende Fragen beantworten:

- Wie konnten die Nationalsozialisten ihre Macht ausbauen und dauerhaft halten?
- Wie funktionierte der NS-Staat?
- Wie prägte der Nationalsozialismus das alltägliche Leben der Menschen?
- Warum stimmten so viele Deutsche einer Politik der Ausgrenzung und Verfolgung anderer zu?
- Warum und wie wurden die Juden, andere Minderheiten und politische Gegner verfolgt?
- Wie veränderte sich die deutsche Außenpolitik?
- Wie kam es zum Ausbruch des Zweiten Weltkriegs?
- Welche Folgen hatte die nationalsozialistische Expansions- und Eroberungspolitik?
- Wer wagte den Widerstand gegen das NS-Regime?
- Wie untersuche ich Propagandafotos?
- Welche Informationen lassen sich beim Besuch von Gedenkstätten und bei der Auswertung von Videointerviews gewinnen?

30.01.1933	1933–1939	01.09.1939	1942	08./09.05.1945
Adolf Hitler wird Reichskanzler	Errichtung und Ausbau der Diktatur	Beginn des Zweiten Weltkriegs	Organisation des Völkermords an den europäischen Juden	Bedingungslose Kapitulation Deutschlands

Opa, sag mal …

Stella: Hallo, Opa. Ich muss dir mal was Merkwürdiges erzählen! Heute habe ich auf meinem Schulweg jemanden beobachtet, der ein Hakenkreuz an einer Garage übersprüht und daraus eine tanzende Ägypterin gemacht hat.

Opa: Also, Häuser zu besprühen, ist natürlich überhaupt nicht in Ordnung. Aber ein Hakenkreuz … Du weißt doch, wofür dieses Symbol steht, Stella?

Stella: Klar, Opa. Es wurde von den Nazis im Dritten Reich benutzt.

Opa: Du hast recht, Stella. Aber wusstest du auch, dass es eigentlich ein uraltes Glückssymbol ist, das in vielen Kulturen verbreitet war? Es bekam erst im 19. Jahrhundert eine politische Bedeutung durch deutschnationale Gruppen. Diese waren den Juden gegenüber feindlich eingestellt und glaubten, dass die Deutschen allen anderen überlegen sind. Die Nazis haben das Hakenkreuz daher später zu ihrem Parteizeichen erklärt. Ab 1935 wurde es Bestandteil der deutschen Reichsflagge. Zur damaligen Zeit wehten diese Flaggen an allen offiziellen Gebäuden. Heute ist es gesetzlich verboten, ein Hakenkreuz zu zeichnen oder abzubilden.

Stella: Echt, Opa? Aber warum sehe ich das Zeichen dann immer öfter in unserer Stadt?

Opa: Tja, manche Leute haben vielleicht keine Ahnung, wofür dieses Zeichen genau steht. Einige möchten auch nur provozieren. Es gibt heutzutage aber leider wieder Menschen, die den Ideen des Nationalsozialismus anhängen. Diese Leute sind vor allem fremdenfeindlich eingestellt. Wenn sie also ein Hakenkreuz an eine Wand schmieren, zeigen sie unseren Mitbürgern mit nichtdeutscher Herkunft oder einer anderen Religion, dass sie diese ablehnen. Es löst bei diesen daher verständlicherweise ein schreckliches Gefühl aus, wenn sie das Zeichen sehen.

Stella: Aber dagegen muss man doch etwas tun! Ich glaube, wenn ich wieder so ein Hakenkreuz sehe, übermale ich es einfach auch.

Opa: Es freut mich ja, dass du dich so engagiert zeigst, meine kleine Künstlerin. Das Problem ist nur: Du machst dich damit selbst schuldig, wenn du auf Gebäuden ein Graffito zeichnest, egal mit welchem Motiv. In Thüringen gibt es z.B. eine Rentnerin, die es sich zur Aufgabe gemacht hat, Nazischmierereien zu übersprühen. Dafür wurde sie schon mehrfach verurteilt.

Stella: Das finde ich aber ungerecht. Warum muss diejenige, die ein verbotenes Symbol übermalt, mit einer Strafe rechnen? Bin ich froh, Opa, dass du als Rentner ein ungefährliches Hobby hast: deiner Enkelin die Welt zu erklären.

---

❶ ▪ Lest das Gespräch zwischen Stella und ihrem Opa.

❷ ▪ Gib mit eigenen Worten wieder, wofür das Hakenkreuz steht.

❸ ▪ Recherchiere, welche rechtlichen Konsequenzen es hat, wenn man ein Hakenkreuz im öffentlichen Raum abbildet.

❹ ▪▪ Diskutiert, ob es angemessen ist, die Rentnerin in Thüringen für ihren Einsatz strafrechtlich zu verfolgen.

❺ ▪ Beschreibe mithilfe von Karte 1, wie sich die deutschen Außengrenzen zwischen 1937 und 1939 verändert haben. Beachte dabei, welche Gebiete nun auch zu Deutschland gehörten.

❻ ▪ Sammelt Fragen zur Herrschaft der Nationalsozialisten und zum Zweiten Weltkrieg, die ihr klären möchtet. Pinnt sie sichtbar in eurem Klassenzimmer an oder erstellt eine digitale Pinnwand.

Die Errichtung der NS-Diktatur

Wie wurde 1933 die Demokratie abgeschafft?

1 – Fackelzug der Nationalsozialisten am 30.01.1933 in Berlin. Die Situation wurde 1935 für das Foto nachgestellt.

* Anführungszeichen
Die Anführungszeichen kennzeichnen den Sprachgebrauch und damit auch die Denkart der Nationalsozialisten. Dieser ist menschenverachtend und daher verwenden wir ihn heute nicht mehr.

* SA
Abkürzung für „Sturmabteilung". Uniformierte Kampf- und Propagandatruppe der NSDAP. Sie wurde bei Saal- und Straßenschlachten gegen Kommunisten eingesetzt und ging äußerst brutal gegen Gegner der NSDAP vor.

* SS
Abkürzung für „Schutzstaffel". 1925 von Hitler als persönliche „Leib- und Prügelgarde" in München gegründet, wurde sie ein organisierter Kampfverband der NSDAP; ab 1934 Hauptträger des NS-Terrors nach innen und außen.

Adolf Hitler wird Reichskanzler

Am 30. Januar 1933 ernannte Reichspräsident von Hindenburg Adolf Hitler, den
* „Führer" der Nationalsozialistischen Deutschen Arbeiterpartei (NSDAP), zum Reichskanzler. Am selben Abend feierten die Nationalsozialisten Hitlers Ernennung mit Fackelzügen und Aufmärschen.

Beseitigung der Demokratie

Jetzt war Hitler Reichskanzler. Er konnte aber nicht allein regieren, weil dies das Ergebnis der letzten Reichstagswahl nicht zuließ. In seiner Regierung waren daher auch mehrere Minister aus bürgerlichen Parteien vertreten. Aber Hitler strebte für die NSDAP eine Alleinregierung an.
Am 27. Februar 1933 nutzte er daher den Ausbruch eines Brandes im Reichstag, um sein Ziel zu verwirklichen. Denn Hitler beschuldigte sofort die Kommunisten der Brandstiftung. Heute geht man davon aus, dass ein Einzeltäter den Brand gelegt hat.
Am Tag darauf erließ Reichspräsident von Hindenburg auf Betreiben Hitlers eine Notverordnung, die den Titel „Reichstagsbrandverordnung" trug. Diese Notverordnung setzte sämtliche Grundrechte der Weimarer Verfassung „bis auf Weiteres" aus und war

ein wichtiger Schritt auf dem Weg zur vollständigen Erringung der Macht durch die Nationalsozialisten. Nun war es möglich, jede beliebige Person unter dem Vorwurf des „Hochverrats am deutschen Volk" zu verhaften und ohne Verhandlung und Gerichtsurteil einzusperren. Daraufhin wurden bis April 1933 ca. 35 000 politische Gegner allein in Preußen inhaftiert. Die Grundrechte blieben bis zum Ende der Herrschaft der Nationalsozialisten aufgehoben. Die Errichtung der Alleinherrschaft gelang, als am 5. März 1933 ein neuer Reichstag gewählt werden sollte. Schon während des Wahlkampfs verfolgte die Polizei zusammen mit *SA und *SS Kommunisten und Sozialdemokraten. Dabei verhaftete sie die Funktionäre dieser Parteien oder verbot ihre Wahlveranstaltungen. Als Vorwand diente der Polizei eine angeblich drohende Gefahr, dass die Kommunisten die Macht in Deutschland übernehmen wollten. Obwohl die NSDAP ihre Gegner verfolgte und einschüchterte, erreichte sie in dieser Wahl ihr Ziel einer absoluten Mehrheit nicht. Sie erhielt nur 43,9 Prozent der abgegebenen Stimmen. Mit der Deutschnationalen Volkspartei (DNVP) verfügte sie aber über 52 Prozent der Stimmen.

2 – Am 21.03.1933 marschierten die SA und die SS als „Saalschutz" in die Kroll-Oper ein, in der nach dem Brand der Reichstag tagte.

Die Errichtung der Alleinherrschaft

Die Nationalsozialisten strebten jedoch keine parlamentarische Regierung an. Sie hatten bereits bei der Ernennung Hitlers angekündigt, den Reichstag zu entmachten. Die Reichsregierung sollte deshalb mit dem „Gesetz zur Behebung der Not von Volk und Reich" das Recht erhalten, Gesetze ohne Zustimmung des Reichstages zu erlassen. Dieses Gesetz wurde „Ermächtigungsgesetz" genannt. Nach den Bestimmungen der Weimarer Verfassung musste dieses Gesetz mit einer Zweidrittelmehrheit beschlossen werden. Am Tag der Abstimmung, dem 23. März 1933, wurden im Sitzungssaal SA-Männer postiert, die die Abgeordneten der SPD und des Zentrums bedrohten. Die Mehrheit der Reichstagsabgeordneten stimmte unter diesem Eindruck von Drohungen und den Versprechungen Hitlers für das Gesetz. Die 81 Abgeordneten der KPD waren bereits verhaftet und konnten nicht an der Sitzung teilnehmen. Nur die Sozialdemokraten stimmten gegen das Gesetz.

Q1 Der SPD-Abgeordnete Otto Wels begründete am 23.03.1933 die Ablehnung der Sozialdemokraten:
Nach den Verfolgungen, die die Sozialdemokratische Partei in der letzten Zeit erfahren hat, wird billigerweise niemand von ihr verlangen oder erwarten können, dass sie für das hier eingebrachte Ermächtigungsgesetz stimmt. Die Wahlen vom 5. März haben den Regierungsparteien die Mehrheit gebracht und damit die Möglichkeit gegeben, streng nach Wortlaut und Sinn der Verfassung zu regieren. (…) Wir deutschen Sozialdemokraten bekennen uns in dieser geschichtlichen Stunde feierlich zu den Grundsätzen der Menschlichkeit und Gerechtigkeit, der Freiheit und des Sozialismus. (…) Kein Ermächtigungsgesetz gibt ihnen die Macht, Ideen, die ewig und unzerstörbar sind, zu vernichten.

❶ ▶ Nenne die Maßnahmen der Nationalsozialisten zum Ausbau und zur Absicherung ihrer Macht.

❷ ▶ Vermute die Gründe, warum der Fackelzug der Nationalsozialisten vom 30.01.1933 im Jahr 1935 auf Wunsch der Nationalsozialisten für ein Foto nachgestellt wurde (Bild 1).

❸ ◼ Arbeite aus Q1 heraus, mit welchen Argumenten Otto Wels das Ermächtigungsgesetz ablehnte.

❹ ◼ Erläutere die Bedeutung der Reichstagsbrandverordnung. Beachte die Grundrechte, die damit abgeschafft wurden.

❺ ◼ Erkläre den Zusammenhang zwischen Bild 2 und dem Wahlergebnis für die NSDAP am 23.03.1933.

❻ ◼ Begründe folgende Aussage: „Mit der Notverordnung und dem ‚Ermächtigungsgesetz' wurde die Verfassungsordnung der Weimarer Republik endgültig beseitigt."

❼ ◼ Beurteile die Gründe, mit denen die SPD das Ermächtigungsgesetz ablehnte.

Welche Ziele verfolgte Hitler?

1 – Titelumschlag „Mein Kampf".
Ausgabe aus den 1930er-Jahren.

Hitlers Lebenslauf bis 1934
- **20.04.1889** Geburt in Braunau am Inn, Österreich
- **1907–1914** Leben in Wien, Kontakt zu judenfeindlichen Gruppierungen
- **1914** Kriegsfreiwilliger eines bayerischen Regiments im Ersten Weltkrieg
- **1918** Kriegsverletzung
- **1919** Eintritt in die Deutsche Arbeiterpartei (DAP)
- **1920** wird die DAP zur Nationalsozialistischen Deutschen Arbeiterpartei (NSDAP)
- **1924** Festungshaft wegen eines Umsturzversuches der Reichsregierung 1923, im selben Jahr Entlassung aus der Haft
- **1925** Führer der NSDAP
- **30.01.1933** Ernennung zum Reichskanzler
- **1934** Nach dem Tod Hindenburgs (02.08.) wird Hitler auch Reichspräsident und oberster Militärbefehlshaber.

Hitlers Buch „Mein Kampf"

1924 wurde Hitler wegen eines Umsturzversuches zu Festungshaft verurteilt. Dort schrieb er das Buch „Mein Kampf", in dem er seine politischen Ziele und Vorstellungen darlegte. Hitler bekannte sich später bei öffentlichen Auftritten und in Rundfunkreden immer wieder zu den Kernpunkten seiner *Ideologie, wie er sie in dem Buch beschrieben hatte. Da es Brautpaaren auch zur Hochzeit überreicht wurde, erreichte es eine Auflage von über 12 Millionen Exemplaren.

„Führerprinzip"

Hitler machte deutlich, wie sehr er das parlamentarische und demokratische System der Weimarer Republik hasste. Viele Deutsche waren derselben Meinung. Er sah Demokratie und die Toleranz gegenüber anderen Meinungen als Schwäche an. Es sollte nur eine einzige „Führerautorität" geben. Dies bedeutet, dass alle Entscheidungen von Hitler selbst getroffen werden sollten. Weder das Volk noch andere Entscheidungsträger konnten dabei mitbestimmen.

Rassismus

Hitler vertrat in seinen Reden eine „Rassenlehre". Diese war zu Beginn des 20. Jahrhunderts weit verbreitet, aber wissenschaftlich völlig unhaltbar. Diese „Rassenlehre" teilte die Menschen in vermeintlich biologisch „höherstehende Rassen", die „Arier", und „minderwertige Rassen" ein. Die reinste und hochwertigste „Rasse" seien laut Hitler die Deutschen. Diese seien dazu bestimmt, die „minderwertigen Rassen" zu beherrschen.

Antisemitismus

Für Hitler waren die Juden die minderwertigste „Rasse". Ihnen gab er die Schuld an allem Übel der Welt. Sie seien schuld an der Niederlage im Ersten Weltkrieg, der Demokratie der Weimarer Republik, dem amerikanischen Kapitalismus und sogar dem „russischen Bolschewismus".

„Lebensraum im Osten"

Nach Ansicht Hitlers hatte Deutschland zu wenig „Lebensraum" für sein Volk. Dieses Problem wollte er in einem Krieg gegen die Sowjetunion und somit auch gegen das verhasste System des Kommunismus lösen.

---

* Ideologie
Dies bezeichnet die Weltanschauung eines Menschen – wie er sich die ideale Welt vorstellt.

* „Ordensburg"
So wurden besondere Schulen für die Führungskräfte des Nationalsozialismus genannt. Der Name leitet sich von der äußerlichen Gestaltung der Bauten ab. Sie sahen aus wie mittelalterliche Burgen, waren jedoch neu errichtet.

* Marxismus
Theorie, die von Karl Marx und Friedrich Engels begründet wurde. Sie fordert eine Gesellschaft ohne Klassenunterschiede, in der alle die gleichen Voraussetzungen haben.

Kampf gegen politische Gegner

Für Hitler war der Kampf gegen den
*Marxismus ein zentraler Punkt seiner
Politik. Darunter verstand er KPD, SPD und
Gewerkschaften. Gegen diese ging er rück-
sichtslos vor. Er bezeichnete sie als „Novem-
berverbrecher", denn er gab ihnen Schuld
am Untergang des Kaiserreiches in der Novemberrevolution von 1918. Er rechtfertigte
das brutale Vorgehen gegen sie vor allem
dadurch, dass er die Gefahr einer kommunistischen Revolution, wie sie sich 1917 in
Russland ereignet hatte und die angeblich
nun Deutschland drohte, abwenden wollte.

2 – „Ein Volk, ein Reich,
ein Führer!"
Propagandaplakat der
NSDAP, 1938.

**Q1 Seine Ansichten legte Hitler 1937
auch in einer Rede vor jungen
Anhängern auf der NS*„Ordensburg" in
Sonthofen dar:**

Es kann nur einer befehlen. Einer befiehlt
und die anderen gehorchen. Da sagt man:
Wieso? Wieso? Wieso muss ich gehorchen? – Wieso? Weil nur auf dem Weg etwas zu erreichen ist und weil wir Männer
genug sind einzusehen, dass das, was notwendig ist, auch zu geschehen hat, und weil
darum nicht mit dem Einzelnen diskutiert
wird. Es ist ganz zwecklos, jedem Einzelnen
dann zu sagen: Natürlich, wenn du dann
nicht willst, dann brauchst du natürlich
nicht nachfolgen. Nein, so geht das einfach
nicht! Die Vernunft hat auch ein Recht und
damit eine Pflicht. Sie hat das Recht, sich zu
diktatorischer Gewalt zu erheben, und die
Pflicht, die anderen zu zwingen, dem zu
gehorchen.

Q2 Hitler in „Mein Kampf",1925:

Siegt der Jude mithilfe seines marxistischen
Glaubensbekenntnisses über die Völker
dieser Welt, dann wird seine Krone der
Totenkranz der Menschheit sein, dann wird
dieser Planet wieder wie einst vor Jahr-
millionen menschenleer durch den Äther
ziehen. Die ewige Natur rächt unerbittlich
die Übertretung ihrer Gebote. So glaube ich
heute im Sinne des allmächtigen Schöpfers
zu handeln: Indem ich mich des Juden er-
wehre, kämpfe ich für das Werk des Herrn.

**Q3 Zum Thema „Lebensraum" schrieb Hitler 1925
in seinem Buch „Mein Kampf":**

Wir Nationalsozialisten (müssen) unverrückbar an unserem außenpolitischen Ziel festhalten, nämlich dem
deutschen Volk den ihm gebührenden Grund und
Boden auf dieser Erde zu sichern. Und diese Aktion ist
die einzige, die vor Gott und der deutschen Nachwelt
einen Bluteinsatz gerechtfertigt erscheinen lässt. (...)
Deutschland wird entweder Weltmacht oder überhaupt
nicht sein. (...) Wenn wir aber in Europa von neuem
Grund und Boden reden, können wir in erster Linie nur
an Russland und die ihm untertanen Randstaaten
denken. (...) Das Riesenreich im Osten ist reif zum
Zusammenbruch. Und das Ende der Judenherrschaft in
Russland wird auch das Ende Russlands als Staat sein.

---

❶ ▧ Erkläre, wie Hitler in Q1 seinen Anspruch, „Führer" zu sein,
begründet.
❷ ▢ Überlege, welche Folgen sich für den Einzelnen aus Hitlers
Anspruch auf bedingungslose Unterordnung ergeben.
❸ ▢ Arbeite aus Q2 heraus, womit Hitler Juden vergleicht.
❹ ▧ Erläutere mithilfe von Q3 die außenpolitischen Ziele Hitlers.
Nenne dazu die Mittel, mit denen diese Ziele erreicht werden
sollten.
❺ ▧ Bewerte Inhalt und Sprache von Q1–Q3 mithilfe deiner
Ergebnisse aus den Aufgaben 1–4. Welche Gefahren könnten
davon ausgehen, wenn man Menschen Wertigkeiten zumisst?
❻ ▧ Begründe die Darstellung Hitlers auf Bild 2 mithilfe des Textes und
von Q1.

Welche Rolle spielten Rassismus und Antisemitismus?

GROSS von der MUSTERUNG

Der kleine COHN mit der Nas unterm Maas.

1 – Antisemitische Postkarte „Gruß von der Musterung", 1911.

* Der **Sozialdarwinismus** vertritt die Ansicht, dass Menschen nicht gleich viel wert seien. Seine Anhänger stützen sich dabei zu Unrecht auf Charles Darwins Evolutionstheorie. Nach dem Sozialdarwinismus sollen nur die „stärksten" Menschen überleben können.

* **Alldeutscher Verband** Der Alldeutsche Verband bestand von 1891 bis 1939. In der Zeit des Deutschen Kaiserreichs zählte er zu den größten völkischen Verbänden mit erheblichem Einfluss. Sein Programm war nationalistisch, militaristisch, rassistisch und antisemitisch.

Was ist Rassismus und woher stammt er?

Eine wesentliche Grundlage der Politik der Nationalsozialisten war der Rassismus. Es gibt unterschiedliche Auffassungen davon, was Rassismus ist. Zumeist wird jedoch davon ausgegangen, dass es sich dabei um eine Weltanschauung handelt, nach der Menschen aufgrund äußerer Merkmale herabgesetzt, ausgegrenzt und verfolgt werden. Der moderne Rassismus geht auf die Kolonialisierung Afrikas und Südamerikas durch die Europäer zurück. Millionen von Afrikanern und Südamerikanern wurden versklavt und zur Ausbeutung von Rohstoffen missbraucht. Damit verfestigte sich bei den europäischen Mächten das Gefühl, diesen Menschen überlegen zu sein. Da die Europäer im Unterschied zu den unterdrückten Völkern von weißer Hautfarbe waren, meinten sie, dass es eine Überlegenheit der „weißen Rasse" gebe.

„Rassenlehre" und „Rassenhygiene"

Im 19. Jahrhundert wurde dieser „Rassegedanken" weiterentwickelt. Der französische Graf Arthur Gobineau erhob ihn 1853 zu einer „wissenschaftlichen Theorie". Er meinte, beweisen zu können, dass allein die „weiße Rasse" höher entwickelt und zu schöpferischen Kräften befähigt sei. Der Engländer Houston Stewart Chamberlain ging noch weiter: Er behauptete, dass innerhalb der „weißen Rasse" die Arier, eine indogermanische Völkergruppe, das am höchsten entwickelte Volk seien („Arierkult"). Zudem seien die Arier die „stärkere Rasse" und würden sich im Überlebenskampf durchsetzen (* Sozialdarwinismus). Auf dieser Grundlage entstand die Lehre von der „Rassenhygiene". Ihr lag der Glaube zugrunde, dass gesellschaftliche Prozesse biologisch erklärt werden können. So konnten Forderungen nach besonderer Hilfe für Schwache und Bedürftige abgewehrt werden, weil diese Menschen ein „schlechtes Erbgut" hätten. Diese „Rassenhygiene" war um 1900 bis zur Machtergreifung der Nationalsozialisten 1933 in der Wissenschaft weit verbreitet.

Rassismus und Antisemitismus

Die Anhänger dieses modernen Rassenantisemitismus behaupteten, es gebe anhand äußerer Merkmale eine „jüdische Rasse". Diese sei gegenüber der „arischen" bzw. „germanischen" Rasse verdorben und kulturzersetzend. Sie vollbringe keine eigenen Leistungen und schmarotze nur an den geistigen Leistungen und materiellen Gütern höherstehender „Rassen". Dieser Rassenantisemitismus betrachtete daher „den Juden" als Feind der Menschheit.

Der Rassismus der Nationalsozialisten

Die Nationalsozialisten haben den Rassismus also nicht „erfunden", sondern an Ideen angeknüpft, die in Deutschland und sogar in ganz Europa zu dieser Zeit weit verbreitet waren. Neu und beispiellos am nationalsozialistischen Rassedenken aber war, dass sie dieses Denken nach ihrer Machtübernahme zum Inhalt und zum Hauptziel ihrer Politik machten. Dem antisemitischen Rassenwahn standen nun die Machtmittel eines diktatorischen Regimes zur Verfügung, die sie schließlich bis zum staatlichen Massenmord an Millionen von Menschen, vor allem von Juden, steigerten (s. S. 86–89).

Q1 Der Vorsitzende des *Alldeutschen Verbandes Heinrich Claß forderte 1912:
Die Forderung muss sein: Die landansässigen Juden werden unter Fremdenrecht gestellt. Die Vorfrage lautet: Wer ist Jude, und schon sie muss mit Härte beantwortet werden, indem man zwar den Glauben als ursprüngliches Erkennungszeichen ansieht, aber die Rasseangehörigkeit ins Auge fasst und auch den vom jüdischen Glauben Abgewandten als Juden behandelt, gleichzeitig auch ... die Nachkommen von Mischehen. ...
Was aber soll das Fremdenrecht bestimmen? Es soll den Strich zwischen Deutschen und Juden ziehen und die Möglichkeiten einschränken, eine volksschädigende Wirkung auszuüben. Dahin gehören folgende Maßnahmen: Den Juden bleiben alle öffentlichen Ämter verschlossen ... Zum Dienst in Heer und Flotte werden sie nicht zugelas-

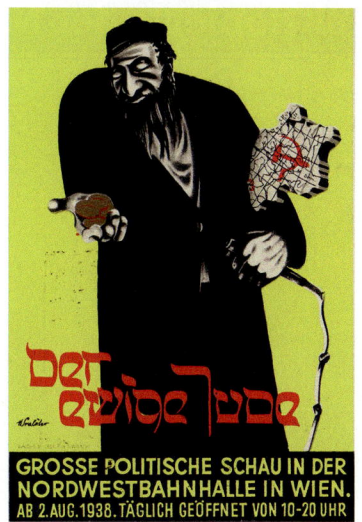

2 – Postkarte zur Ausstellung „Der ewige Jude", 1938.

sen. Sie erhalten weder aktives noch passives Wahlrecht. Der Beruf der Anwälte und Lehrer ist ihnen versagt; die Leitung von Theatern desgleichen ... Als Entgelt für den Schutz, den die Juden als Volksfremde genießen, entrichten sie doppelte Steuern wie die Deutschen.

Q2 Hitler über die Juden in „Mein Kampf", 1925:
Den wichtigsten Gegensatz zum Arier bildet der Jude. Er ist und bleibt der ewige Parasit, ein Schmarotzer, der wie ein schädlicher Bazillus sich immer mehr ausbreitet, soweit nur ein günstiger Nährboden dazu einlädt. Die Wirkung seines Daseins aber gleicht ebenfalls der von Schmarotzern: Wo er auftritt, stirbt das Wirtsvolk nach kürzerer oder längerer Zeit ab.

❶　Sieh dir die Personen in Bild 1 an:
　　a) ▸Wähle drei aus und erfinde Sprechblasen, in denen sie ihre Meinung äußern.
　　b) ▸Erläutere, warum diese Postkarte antisemitisch ist.
❷▸Beschreibe, wie sich in Europa der Rassismus herausbildete (Text).
❸　Untersuche Q1:
　　a) ▸Arbeite heraus, wie Claß seine Forderung begründet, die Juden unter „Fremdenrecht" zu stellen.
　　b) ▸Nimm Stellung zu den Maßnahmen, die Claß vorschlägt.
❹▸Untersuche Bild 2 mithilfe der Methode „Plakate analysieren" (S. 210/211).
❺▸Arbeite heraus, womit Hitler Juden vergleicht (Q2).
❻▸Diskutiert, ob die Nationalsozialisten den Antisemitismus „erfunden" haben.

Wie funktionierte der NS-Staat?

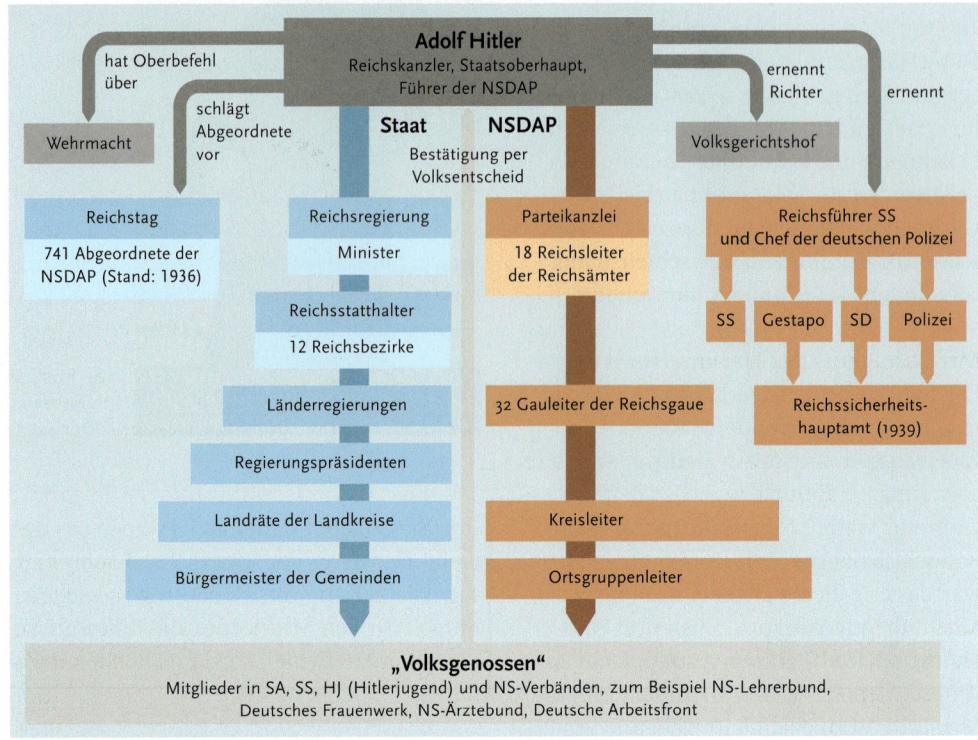

1 – Die Machtstruktur im NS-Staat.

* **Reichskulturkammer**
  Behörde, der die gesamte Kultur, die Presse und der Runkfunk unterstanden

* **Gauleiter**
  eine Führungsfunktion innerhalb der NSDAP

* **Selektion**
  Auswahl, Auslese; im Zusammenhang mit dem Nationalsozialismus ist damit auch die „Aussonderung" von zuvor deportierten Menschen gemeint, die dann ermordet wurden (s. S. 88–89)

* **Repression**
  Unterdrückung

Machtbefugnisse nach dem „Führerprinzip"

Der Herrschaft und Regierung des NS-Staates lag das „Führerprinzip" zugrunde. Klare Hierarchien, also wer grundsätzlich für etwas zuständig war, oder geregelte Verfahren gab es nicht. Stattdessen zählten auf allen Ebenen allein Gehorsam und unbedingte Loyalität gegenüber Hitler. Wer sich ihm bzw. seinen Stellvertretern gegenüber als treuer Gefolgsmann erwies, erhielt weitgehende Machtbefugnisse.

Von der Reichsregierung bis zum Bürgermeister wurden staatliche Organisationen mit ergebenen Nationalsozialisten besetzt. Diese führten die Befehle aus, die Hitler über Erlasse verfügte. Abstimmungen und gemeinsame Beschlussverfahren wurden abgeschafft.

Verzahnung von Partei und Staat

Im nationalsozialistischen Deutschland waren die NSDAP, seit Sommer 1933 die einzige zugelassene Partei, und der Staat aufs Engste miteinander verzahnt. Neben den staatlichen Behörden gab es auf Parteiebene entsprechende eigene Strukturen. Diese arbeiteten zum Teil parallel zu den Regierungseinrichtungen, zum Teil waren sie mit diesen verbunden (= Doppelstruktur). Führende Mitglieder der NSDAP hatten nicht nur Parteifunktionen, sondern sie übernahmen gleichzeitig (mehrere) staatliche Aufgaben. So war Joseph Goebbels nicht nur Reichsminister für Volksaufklärung und Propaganda, sondern zugleich Präsident der *„Reichskulturkammer" und *„Gauleiter" der Partei in Berlin. Heinrich Himmler hatte die Befehlsgewalt über die SS und die gesamte Polizei im Reich. Dieser Vermischung von parteilichen und staatlichen Funktionen folgten zahlreiche neu geschaffene Posten, die wiederum direkt Hitler unterstellt waren und Sonderaufgaben im Reich übernahmen. Ein Beispiel dafür ist Heinrich Himmler, der von Hitler per Erlass zum *Reichskommissar für die Festlegung deutschen Volkstums ernannt wurde. Mit diesem harmlos klingenden Titel wurde Himmler ab Oktober 1939 beauftragt, die rassistische Ideologie der Nationalsozialisten in die Tat umzusetzen. Himmler besaß damit umfassende Machtbefugnisse, die es ihm ermöglichten, Juden in ganz Europa ermorden zu lassen.

Zwischen „Ämterchaos" und „Initiative von unten"

Diese unklaren Herrschaftsstrukturen und doppelten Zuständigkeiten führten oft zu Machtrivalitäten. Früher sprachen Historiker von einem wenig effektiven „Ämterchaos". Heute geht man jedoch davon aus, dass dadurch viele Aufgaben flexibel und ohne umständliche Bürokratie rasch erledigt werden konnten. Das lag vor allem daran, dass das Regime Anreize und Freiräume schuf, um die nationalsozialistische Ideologie überall schnell und effektiv durchzusetzen. Wer sich in diesem System besonders engagierte, konnte Hitlers Gunst und Einfluss gewinnen. Daraus entwickelte sich eine fatale Wirkung, weil Befehle nicht nur von Hitler von oben nach unten gegeben werden mussten. Es wurde auch sehr aktiv von unten dem „Führer entgegengearbeitet". Viele handelten auch in dem Glauben, dies sei zum Wohl der „Volksgemeinschaft". Auf diese Weise entstanden in verschiedenen Bereichen der Gesellschaft viele „kleine Führer", die dem Willen Hitlers entsprechen wollten. Die Durchsetzung des NS-Unrechtsstaates hatte also viele Unterstützer. Sie nutzten ihren Handlungsspielraum und ihre Machtbefugnisse bei der Judenverfolgung und der Ausbeutung anderer Länder weidlich aus. Das System wurde von den wenigsten kritisch hinterfragt. Viele waren aber auch eingeschüchtert, weil sie Strafen befürchteten.

Q1 Rede von Werner Willikens, Staatssekretär im preußischen Landwirtschaftsministerium, am 21.02.1934:
Jeder (...) weiß, dass der Führer sehr schwer von oben her alles das befehlen kann, was er für bald oder später zu verwirklichen beabsichtigt. Im Gegenteil, bis jetzt hat jeder an seinem Platz im neuen Deutschland dann am besten gearbeitet, wenn er sozusagen dem Führer entgegenarbeitet. (...) Wer aber dem Führer in seiner Linie und zu seinem Ziel richtig entgegenarbeitet, der wird bestimmt wie bisher so auch in Zukunft den schönsten Lohn darin haben, dass er eines Tages plötzlich die legale Bestätigung seiner Arbeit bekommt.

M1 Der Historiker Rüdiger Hachtmann erklärt, weshalb die Nationalsozialisten mit ihrer Herrschaftsstrategie so erfolgreich waren:
Am besten veranschaulicht man das Phänomen (...), wenn man sich die Praxis der mit Erziehung, *Selektion und *Repression beauftragten nationalsozialistischen Organisationen und Institutionen wie eine Vielzahl von teilweise grob-, meist jedoch engmaschigen Netzen vorstellt, die über die Bevölkerung geworfen wurden, diese zu „Volksgenossen" zu machen und auf die Ziele des NS (Nationalsozialismus) hinzulenken, und gleichzeitig Gemeinschaftsfremde zu erfassen und auszugrenzen. Einem einzigen Netz kann man relativ leicht entfliehen, einer Vielzahl von Netzen sehr viel schwieriger, zumal wenn diese laufend engmaschiger geflochten werden.

❶ Beschreibe, was das „Führerprinzip" mit der Verteilung von Machtbefugnissen im NS-Staat zu tun hatte.
❷ Erkläre, wie die Machtstruktur im NS-Staat aufgebaut war. Nutze dazu das Schaubild 1 und den Text.
❸ Überlege, warum es für die Menschen in einem Staat nachteilig ist, wenn eine Person mehrere Ämter gleichzeitig besetzt. Betrachte dazu z. B. die Ämter von Joseph Goebbels.
❹ Erläutere anhand von Q1 und dem Text, warum der NS-Staat trotz „Ämterchaos" seine Ziele effektiv umsetzen konnte.
❺ Untersuche M1 und erkläre, warum die Herrschaftsstrategie der Nationalsozialisten so erfolgreich war.

Methode

Propagandafotos untersuchen

Fotografien zeigen selten die Wirklichkeit so, wie sie ist. Sie bilden meist nur einen Ausschnitt der Realität ab und sollen eine bestimmte Botschaft vermitteln. Dies gilt vor allem für die Bilder aus der Zeit des NS-Regimes. Neben vielen anderen technischen Neuentwicklungen, wie z. B. dem Rundfunk und dem Film, nutzten die Nationalsozialisten auch die Fotografie für ihre Zwecke. Ihre Pressefotografen arbeiteten nach genauen Anweisungen.

Hitler hatte einen eigenen Fotografen, Heinrich Hoffmann. Dieser plante seine Fotos und setzte Hitler so in Szene.

Er veränderte z. B. die normale Aufnahmeperspektive und erzeugte so in seinen Bildern eine ganz bestimmte Wirkung. All diese Bilder wurden massenhaft verbreitet. Auf diese Weise sollte vor allem Hitlers Anspruch, als „Führer" dargestellt zu werden, der Bevölkerung als selbstverständlich erscheinen.

Bis heute ist das Bild, das die Menschen von Hitler haben, durch Hoffmanns Inszenierungen geprägt.

Mit den folgenden methodischen Fragen kannst du dir die Machart und Wirkung solcher Bilder bewusst machen.

Folgende Schritte helfen dir, Propagandafotos zu untersuchen:

Schritt 1 **Erster Eindruck**	■ Was ist dargestellt? ■ Welche Einzelheiten fallen dir auf (Personen, Kleidung, Gebäude)? ■ Wie wirkt das Bild auf dich?
Schritt 2 **Fragen zum Bildinhalt und zur Bildgestaltung**	■ Wohin wird das Auge zu Beginn der Betrachtung gelenkt? ■ Was ist dargestellt (Personen, Gegenstände, Symbole, Gebäude, ...)? ■ Wann und wo ist das Foto entstanden? ■ Welche Informationen enthält die Bildunterschrift? ■ Welche Personengruppen sind zu sehen und was soll der Betrachter über sie erfahren? ■ In welchem Größenverhältnis wird die Hauptperson abgebildet? ■ Aus welcher Perspektive wird die Hauptperson gezeigt (von oben, von unten, aus gleicher Höhe)?
Schritt 3 **Bildanalyse**	■ Was wollte der Fotograf mit diesem Foto dokumentieren? ■ Woran erkennt man, dass das Bild propagandistischen Zwecken dient? ■ Welches Gefühl löst das Bild aus? Welcher Eindruck wird erzeugt?

❶ ◘ Lies auf der rechten Seite das Lösungsbeispiel zu den einzelnen Schritten der Methode „Propagandafotos untersuchen".

❷ ◘ Bearbeite Bild 2 mithilfe der Schritte 1–3 nun alleine. Schreibe das Ergebnis in dein Geschichtsheft.

❸ ◘ Welche Wirkung wurde mit diesen beiden Bildern erzeugt? Erläutere dies anhand deiner Ergebnisse aus den Aufgaben 1 und 2.

❹ ◘ Erkläre den Zusammenhang zwischen Propagandafotos und der Errichtung der Diktatur.

1 – Hitler wahrend einer Rede in der Luitpoldarena anlässlich der „Totenehrung" der Opfer des Hitler-Putsches 1923 auf dem „Reichspartei-tag" vom 10. bis zum 16.09.1935. Hitler ist von hinten zu sehen. Im Bild-vordergrund sind SA-Angehörige mit Hakenkreuzstandarten abgebildet. Foto von Heinrich Hoffmann.

Nürnberg als Stadt der „Reichsparteitage"

Nürnberg wurde aus mehreren Gründen als Veranstaltungsort für die Reichsparteitage der NSDAP gewählt:

- Es hatte eine zentrale Lage im Deutschen Reich.
- Das Gelände des Luitpold-hains war für Großveranstal-tungen gut geeignet.
- Die Partei war in Franken gut organisiert.
- Nürnberg war eine ge-schichtsträchtige Stadt. Hier fanden im Mittelalter die Nürnberger Reichstage des „Heiligen Römischen Reiches Deutscher Nation" statt. Die NSDAP wollte so eine Ver-bindung zu den eigenen Reichsparteitagen herstellen.

Bei den Reichsparteitagen ging es nicht um politische Debatten. Es sollte vielmehr eine „Volks-gemeinschaft" inszeniert wer-den, die in Adolf Hitler ihren „Führer" gefunden hatte.

Lösungsbeispiel zu Bild 1:

Zum Schritt 1:

Man sieht Adolf Hitler von hinten erhöht auf einer Rednertribüne inmitten von Parteiange-hörigen in Uniform. Es fällt auf, dass Hitler quasi von uniformierten Parteisoldaten einge-rahmt wird.

Zum Schritt 2:

Das Foto zeigt Hitler während einer Rede in der Luitpoldarena auf dem „Reichsparteitag" im September 1935. Er ist von Massen an Parteiangehörigen umgeben. Alle tragen Uniform und stehen akkurat in Blöcken und Reihen in der Ebene unter ihm, hinter ihm und ganz hinten auf Tribünen. Laut Bildunter-schrift sind im Vordergrund SA-Angehörige mit Hakenkreuzstandarten zu sehen. Fahnen mit Hakenkreuzen begrenzen die Arena. Hitler ist kaum zu erkennen, da er von hinten zu sehen ist. Er dominiert dennoch durch seine erhöhte Position auf der Redner-tribüne und seine zentrale Anordnung im Bild das Geschehen. Das Foto ist von einer erhöhten Perspektive aufgenommen, wodurch die ganze Arena zu sehen ist. Der Bildunter-schrift ist zu entnehmen, dass das Foto zwi-schen dem 10. und 16.09.1935 von Heinrich Hoffmann aufgenommen wurde.

Zum Schritt 3:

Das Bild ist bewusst gestaltet. Es erzeugt durch die Darstellung der Menschenmenge den Eindruck, dass der Nationalsozialismus eine Massenbewegung ist, an deren Spitze ihr „Führer" Hitler steht. Auf ihn ist, wie man an seiner Position im Bild erkennt, alles aus-gerichtet. Das Bild wirkt durch die Menschen-massen Furcht einflößend. Sie sollen die Macht der Nationalsozialisten zeigen.

2 – Hitler im Stadion auf dem „Reichsparteitag" in Nürnberg vom 08. bis zum 14.09.1936. Links sind Angehörige der Hitlerjugend zu sehen. Foto von Heinrich Hoffmann.

Projekt: „NS-Volksgemeinschaft"

Wie umwarben die Nationalsozialisten die Menschen?

In diesem Projekt arbeitet ihr in Arbeitsgruppen selbstständig mit unterschiedlichen Fragestellungen zum Thema „Nationalsozialistische Volksgemeinschaft". Die folgenden Doppelseiten bieten einen Einstieg in ein Teilthema an. Weitere Informationen findet ihr in Büchern und im Internet. Wählt zunächst ein Teilthema aus der Übersicht unten und erarbeitet es dann in einer Arbeitsgruppe.

Am Ende des Projekts solltet ihr eure Arbeitsergebnisse zusammentragen und gemeinsam in einer PowerPoint-Präsentation, in einer Projektzeitung oder einer kleinen Ausstellung der Klasse und der Schulöffentlichkeit präsentieren.

Übersicht über die Projektthemen:
– Wie umwarben die Nationalsozialisten die Menschen?
– Welche Aufgabe hatte der Rundfunk?
– Wie ging der NS-Staat mit seinen Gegnern um?
– Wie wurde die Jugend beeinflusst?
– Welche Rolle war den Frauen zugedacht?

1 – Die NSDAP sichert die „Volksgemeinschaft". Werbeplakat von René Ahrlé, 1936.

* „Volksgemeinschaft"
Die Nationalsozialisten verstanden darunter eine „Blut- und Schicksalsgemeinschaft". Diese hatte sich dem Willen des „Führers" unterzuordnen.

* Deutsche Arbeitsfront (DAF)
Dies war eine nach der Zerschlagung der Gewerkschaften von der NSDAP gegründete Zwangsorganisation von Arbeitnehmern und Unternehmern.

Die „*Volksgemeinschaft"

Die Nationalsozialisten lehnten eine demokratische Ordnung wie die der Weimarer Republik ab. An ihre Stelle sollte eine nationalsozialistische „Volksgemeinschaft" treten, in der es keine gesellschaftlichen Unterschiede und verschiedenen Interessen geben sollte. Die Deutschen sollten sich um den „Führer" der NSDAP, Adolf Hitler, scharen und eine große, sich gegenseitig helfende Gemeinschaft werden. Die Nationalsozialisten behaupteten, dass zu dieser „Volksgemeinschaft" das ganze Volk gehören würde. In Wirklichkeit aber bestimmten sie allein, wer zur „Volksgemeinschaft" gehörte: Juden, Menschen mit Behinderungen, Sozialdemokraten und Kommunisten sowie alle weiteren Gegner des Regimes wurden von dieser „Volksgemeinschaft" von Anfang an ausgeschlossen und brutal verfolgt.

Sammlungen

Um die Not der Arbeitslosen zu lindern, veranstalteten die Nationalsozialisten groß angelegte Sammelaktionen. Das „Winterhilfswerk" war die bekannteste Einrichtung. Alle Deutschen sollten einmal im Monat auf ihren Sonntagsbraten verzichten und das Geld spenden. Aber nur ein Teil der Spendengelder erreichte die Bedürftigen. Mit dem anderen Teil wurde die Aufrüstung finanziert.

Freizeitangebote

An die Stelle der Gewerkschaften war die „*Deutsche Arbeitsfront" (DAF) getreten. Ihr war die nationalsozialistische Organisation „Kraft durch Freude" (KdF) untergeordnet. Diese machte umfangreiche Freizeitangebote, die bis dahin nur für einen kleinen Teil der Bevölkerung erschwinglich waren. So lockte sie Arbeiterinnen und Arbeiter mit Freizeitangeboten wie Wanderungen, Tagesausflügen und sogar Seereisen, die ausgesprochen günstig waren.

Q1   Hans-Jürgen Massaquoi (1926–2013) war Sohn einer weißen Mutter und eines schwarzen Vaters. In einem Buch über seine Kindheit in Deutschland schreibt er Folgendes über seine Schulzeit 1933:

Unser Klassenlehrer, Herr Schürmann, (...) versuchte ununterbrochen, uns zum Beitritt ins Jungvolk zu bewegen, (...). Allmählich gab einer nach dem anderen Schürmanns unerbittlichem Drängen nach und trat in die Hitlerjugend ein. (...) Eines Morgens, als ich an die Reihe kam, öffnete ich den Mund, um etwas zu sagen, doch Herr Schürmann schnitt mir das Wort ab: „Schon gut, du bist ja sowieso vom Jungvolk ausgeschlossen. (...) Ich dachte, du wüsstest, dass du nicht ins Jungvolk darfst, weil du Nichtarier bist. (...) Du weißt doch, dass dein Vater Afrikaner ist und dass Afrikaner und andere nicht europäische Menschen als Nichtarier gelten. Nichtariern ist es untersagt, der Hitlerjugend beizutreten." – „Aber ich bin doch Deutscher", schluchzte ich unter Tränen. „Meine Mutter sagt, dass ich Deutscher bin, so wie alle anderen."

Q2   Anfang November 1933 konnte man in einer Göttinger Zeitung folgenden Aufruf über eine Aktion des Winterhilfswerkes lesen:

Das Eintopfgericht – Tischkameraden der Nation. Der Sonntag ist der zweite Sonntag des Eintopfgerichtes. (...) Das Geheimnis der nationalsozialistischen Weltanschauung beruht in der Forderung, dass Gemeinnutz vor Eigennutz geht. (...) Deshalb wird die gesamte Bevölkerung Göttingens aufgerufen, sich ausnahmslos am Sonntag am Eintopfgericht und an der Sammlung zu beteiligen. SS-Männer werden die durch das Eintopfgericht ersparten Beträge in allen Haushaltungen einkassieren. (...) Die Volks-

2 – Werbung der deutschen Arbeitsfront für Reisen nach Italien mit der NS-Freizeitorganisation „Kraft durch Freude". Plakat, 1935.

genossen, die in Gaststätten das Eintopfgericht einnehmen, erhalten dort eine Quittung als Ausweis. Bei der Straßensammlung werden Ansteckblumen – Narzissen – als Ausweis abgegeben. Am Sonntag darf kein Göttinger ohne diese Ansteckblume angetroffen werden!

Q3   Die „Deutschland-Berichte" der verbotenen SPD, die in Prag erschienen, berichteten 1936:

Die Beliebtheit der KdF-Veranstaltungen ist sehr groß geworden. Auch der einfache Arbeiter kann sich solche Wanderungen leisten (...). Die KdF wird bei fast allen Volksgenossen als eine wirklich anerkennenswerte Leistung des Nationalsozialismus gewertet.

❶ Nennt die Gruppen, die Teil der „Volksgemeinschaft" sein durften bzw. davon ausgeschlossen waren.

❷ Beurteilt anhand von Q1 die Situation Hans-Jürgen Massaquois in der „Volksgemeinschaft".

❸ Untersucht Bild 1: Woran erkennt ihr, dass es ein Werbeplakat für die „Volksgemeinschaft" ist?

❹ Untersucht anhand von Q2, mit welchen Argumenten die Menschen dazu gebracht wurden, für das Winterhilfswerk zu spenden.

❺ Erklärt mithilfe von Q3 die Begeisterung der Menschen für die KdF-Veranstaltungen. Inwiefern spiegelt sich das in Gestaltung und Darstellung von Bild 2 wider?

❻ Versetzt euch in ein Ehepaar, das vor 1933 die SPD wählte. Führt zwischen ihnen ein Streitgespräch zu der Frage: „Soll man an KdF-Veranstaltungen teilnehmen?"

Welche Aufgaben hatte der Rundfunk?

1 – „Ganz Deutschland hört den Führer mit dem Volksempfänger". Werbeplakat, 1936.

Übertragung von Reden Hitlers

Am 12.11.1933 fanden Wahlen zum Reichstag statt. Nur die NSDAP stand zur Wahl. Zugleich sollten die Bürgerinnen und Bürger in einem Volksentscheid über den Austritt Deutschlands aus dem Völkerbund abstimmen. Am 11.11.1933 hielt Hitler eine Rede über den Rundfunk, die in alle Betriebe, Schulen, Restaurants und auf alle Plätze Deutschlands übertragen wurde.

Q1 Reichspropagandaminister Joseph Goebbels erklärte am 25.03.1933 vor leitenden Mitarbeitern des Rundfunks: Wir machen gar keinen Hehl daraus: Der Rundfunk gehört uns, niemandem sonst! Und den Rundfunk werden wir in den Dienst unserer Idee stellen und keine andere Idee soll hier zu Worte kommen. (...) Ich halte den Rundfunk für das allermodernste und für das allerwichtigste Massenbeeinflussungsinstrument, das es überhaupt gibt. (...) Ich bin der Meinung, dass der Rundfunk auf die Dauer überhaupt das Volk an allen öffentlichen Angelegenheiten teilnehmen lässt, dass es im Volksdasein überhaupt keinen großen Vorgang mehr geben wird, der sich auf zwei-, dreihundert Menschen begrenzt, sondern dass das Volk in seiner Gesamtheit daran teilnehmen muss. (...) Der Rundfunk muss uns diese hundert Prozent zusammentrommeln. Und haben wir sie einmal, muss der Rundfunk uns diese hundert Prozent halten, muss sie verteidigen, muss sie innerlich durchtränken mit dem geistigen Inhalt unserer Zeit, dass überhaupt niemand mehr ausbrechen kann. (...) Damit ist der Rundfunk wirklicher Dienst am Volk, ein Mittel zum Zweck, und zwar zu einem sehr hohen und idealen Zweck – ein Mittel zur Vereinheitlichung des deutschen Volkes in Nord und West und Süd und Ost. (...) Das ist das Geheimnis der Propaganda: den, den die Propaganda fassen will, ganz mit den Ideen der Propaganda zu durchtränken, ohne dass er überhaupt merkt, dass er durchtränkt wird.

✳ **Gleichschaltung**
Prozess der Vereinheitlichung des gesamten politischen und gesellschaftlichen Lebens. Die Gleichschaltung trug zur Machtausweitung des NS-Regimes bei.

✳ **Stentorstimme**
Stentor war ein Kämpfer in der griechischen Sage. Er steht seit der Antike sprichwörtlich für eine laute Stimme.

Der „Volksempfänger"

Die Nationalsozialisten verstanden früh, dass moderne Massenmedien wie Rundfunk und Film von großer Bedeutung waren, um die öffentliche Meinung zu beeinflussen und zu kontrollieren. Daher richteten sie ein eigenes Ministerium für „Volksaufklärung und Propaganda" ein. Dieses Ministerium nahm unter dem Leiter Joseph Goebbels zielstrebig die ✳Gleichschaltung der Presse und des Kulturbetriebs (s. S. 72) in Angriff: Verbindliche Sprachregelungen gaben Inhalte und Form der Berichterstattung vor. Ab 1936 wurde eine noch intensivere Verbreitung der staatlichen Propaganda durch den massenhaften Vertrieb eines billigen Radios, des „Volksempfängers", möglich. Die Nationalsozialisten befahlen das gemeinsame Anhören von „Führerreden" zu Hause, in Schulen, Betrieben und Parteigliederungen.

Q2 Das Göttinger Tageblatt berichtete über die Übertragung der Rede Hitlers am 11. November 1933:

Göttingen hört den Führer (...). Als die Luftschutzsirene vom Johanniskirchturm ihre gellende Stimme erhob, schwieg in ganz Göttingen der Lärm der Arbeit. Auf den Straßen verharrten die Fußgänger und Fahrzeuge 60 Sekunden in lautloser Stille. Alle Geschäfte schlossen ihre Pforten, alle Räder standen still. Dann erhoben die Glocken von den Türmen der Stadt ihre eherne Stimme und die Menschen stürmten zu den Lautsprechern: Des Volkes Führer begann zu 60 Millionen zu sprechen. In den Betrieben, bei den Behörden, in den Schulen, in allen Haushaltungen lauschte die Göttinger Bevölkerung der Mahnung des Führers an die Arbeiter der Stirn und der Faust. Die Stadt lag in dieser Stunde wie ausgestorben. Erst um 2 Uhr begann sich das Leben wieder zu regen. Der ganze Rest des Tages stand unter dem Eindruck dieser einzigartigen Kundgebung.

Q3 In einem Brief an den Philosophen Karl Löwith wird ihm 1937 über die Reaktion auf eine Rede Hitlers berichtet:

Als sie mich zu langweilen anfing, betrachtete ich die Gesichter der Umsitzenden. Als es immer toller wurde mit der Rede, sah ich plötzlich einen nett aussehenden jungen Mann mir gegenüber rot anlaufen, dann wieder blass werden, schließlich wurde er unruhig, erhob sich plötzlich und rief mit *Stentorstimme: „Ober, zahlen!" Das hatte die seltsamsten Wirkungen; an mehreren Tischen standen plötzlich andere Leute auf, ich selber wurde auch mit von der Aufbruchswelle erfasst und – wie man heute zu sagen pflegt – in geschlossener Formation verließen wir das Lokal.

2 – Männer vom Reichsarbeitsdienst in Bernau an Chiemsee hören eine Rede am „Volksempfänger". Foto, 1935.

❶ 🔲 Untersucht Q1 und haltet eure Ergebnisse schriftlich fest.
▶ *Nutzt dazu die Methode „Textquellen untersuchen" auf S. 278.*
❷ 🔲 Arbeitet die Bedeutung der Massenmedien für die Diktatur heraus. Erläutert dabei ihre Funktion am Beispiel des Radios. Nutzt dazu Q1, den Text und Bild 1.
❸ 🔳 Beurteilt die Aussagen von Goebbels zur Propaganda (Q1). Berücksichtigt seine Motive und Interessen.
❹ 🔲 Untersucht Q2 und erläutert, wie der Verfasser die Leser zu beeinflussen versucht.
❺ 🔲 Lest Q3 und beschreibt die Reaktionen der Zuhörer. Vermutet, worauf sie zurückzuführen sein könnten.
❻ 🔳 Vergleicht Q2 und Q3 miteinander. Achtet z. B. darauf, wie die Menschen dem Rundfunkbeitrag zuhören und wie sie darauf reagieren. Bezieht auch Bild 2 in eure Überlegungen mit ein.
▶ *Im Unterschied zur Propaganda in Q2 ...*
❼ 🔳 Erstellt eine Übersicht zu den Möglichkeiten der Nationalsozialisten, Menschen zu beeinflussen. Denkt auch an die Medien, die auf dieser Doppelseite nicht aufgeführt sind.

Wie ging der NS-Staat mit seinen Gegnern um?

1 – Sozialdemokratische Funktionäre und Gewerkschafter nach ihrer Verhaftung und Einlieferung in das Konzentrationslager Dachau. Sie mussten ein Schild mit der Aufschrift „Ich bin ein klassenbewusster SPD-*Bonze" tragen. Foto, 01.07.1933.

---

* **Bonze**
ist ein abwertender Ausdruck für Leute in Positionen mit Macht und Geltung. Sie kümmern sich nicht mehr um ihre eigentliche Arbeit, sondern nehmen nur deren Vorteile in Anspruch.

Volksgenosse, trittst Du ein, soll Dein Gruß „Heil Hitler" sein!

* **„Deutscher Gruß"**
Ab 1933 wurde die Begrüßung mit den Worten „Heil Hitler!" und das Heben des rechten Arms gebräuchlich.

* **Konzentrationslager**
(Abkürzung: KZ)
Dies bezeichnet das Netz von Massenlagern, mit dem die Nationalsozialisten Deutschland überzogen. Hier wurden Häftlinge misshandelt und ermordet. Neben sogenannten Stammlagern gab es eine Vielzahl von Arbeits-, Neben- und Außenlagern.

Die Überwachung der Bevölkerung

Alle Menschen, die die Nationalsozialisten als politische Gegner ansahen, wurden verfolgt, unterdrückt und ausgeschlossen. Bei der Bekämpfung der Gegner konnte sich das NS-Regime auf die Unterstützung vieler Bürger verlassen. Zu meldepflichtigen Verhaltensweisen gehörten z. B. Kritik an der NS-Herrschaft, eine fehlende Beflaggung an nationalsozialistischen Festtagen oder ein nicht erwiderter *„deutscher Gruß".

Die Verfolgung politischer Gegner

Der Sicherheitsdienst der SS, die Polizei und auch die Gestapo gingen den Hinweisen aus der Bevölkerung nach und konnten durch die „Verordnung zum Schutz von Volk und Staat" vom 28. Februar 1933 politische Gegner wie Kommunisten, Sozialdemokraten, linke Intellektuelle, SPD- und Gewerkschaftsfunktionäre festnehmen. Diese zeitlich unbegrenzte und ohne richterliche oder rechtsstaatliche Kontrolle durchgeführte Inhaftierung bezeichneten die Nationalsozialisten als „Schutzhaft". Diese

diente nicht irgendwelchen Schutzzwecken und auch nicht – wie häufig behauptet wurde – dem Schutz der Inhaftierten vor dem „Volkszorn", sondern der Verfolgung oder Vernichtung von Regimegegnern.

Menschenunwürdige Lebensbedingungen in Gefangenenlagern und KZs

Durch die zahlreichen Festnahmen waren die regulären Gefängnisse überfüllt. Die Nationalsozialisten errichteten daher überall im Reich Gefangenenlager in ehemaligen Fabrikhallen, Lagerschuppen und Kellern. Im ersten Jahr des NS-Regimes entstanden ca. 70 solcher Lager. Hierhin wurden ca. 100 000 Menschen verschleppt. NS-Verbände, SA- und SS-Einheiten quälten die Inhaftierten dort oft bis zum Tod. Am 22. März 1933 meldete die Zeitschrift „Völkischer Beobachter" offiziell die Einrichtung des ersten, auf Dauer eingerichteten *KZs in Dachau nordwestlich von München (s. Karte, S. 86). Verpflegung und Hygiene waren in diesen Lagern nur unzureichend. Ärztliche Versorgung gab es kaum. Zudem hatten die Nationalsozialisten

2 – * Zählappell im Konzentrationslager Buchenwald. Foto, ca. 1938–1941.

* Rosa Luxemburg, Karl Liebknecht führende Köpfe der Kommunistischen Partei Deutschlands (s. Seite 43)

ein perfides System von Strafen geschaffen. Dieses mussten die von schwerer Arbeit gezeichneten, halb verhungerten Menschen über sich ergehen lassen.

Q1 Die Gestapo begründete die Einweisung in die „Schutzhaft" folgendermaßen (1934):

Dankwart, geb. Pieper, geb. am 16.12.88 zu Löbau, Berlin, Strassmannstr. 4b wohnhaft, wurde festgenommen, weil er [der Schutzhäftling] am 25.11.1934 die Gräber der *Rosa Luxemburg und des Karl Liebknecht auf dem Zentralfriedhof Berlin-Friedrichsfelde mit Blumen geschmückt hat. Er hat dadurch auch äußerlich seine Sympathie zum Kommunismus (…) zum Ausdruck gebracht und sich bewusst in Gegensatz zu der heutigen Staatsform und zur nationalsozialistischen Weltanschauung gestellt. Sein Verhalten und seine Handlungsweise sind geeignet, die Öffentlichkeit zu beunruhigen. Das Geheime Staatspolizeiamt hat (…) Schutzhaft bis auf Weiteres angeordnet.

Q2 Der Politiker Hans Beimler aus Augsburg berichtete über seine KZ-Haft in Dachau:

Kaum hatte ich die Zelle betreten, da musste ich feststellen, dass ich nicht etwa in einer Gefängniszelle, sondern in einem ehemaligen *Abort eingesperrt war. (…) Während ich so auf der Kante der primitiv zusammengezimmerten Holzpritsche sitzend über mein weiteres Schicksal nachdachte, wurde die Tür meiner Zelle aufgestoßen und drei SS-Männer mit Händen auf dem Rücken, an der Spitze Steinbrenner, traten ein mit den Worten: „Jetzt haben wir dich, Hetzer, du Landesverräter, du Arbeiterverräter, du Bolschewistensau, du Bonze." Steinbrenner schlug mir dabei einige Male über den Kopf und über die Schultern. Nachdem er sich mit dieser Prozedur genügend in Wut geredet hatte, brüllte er mich an: „Zieh deine Jacke aus! Lass die Hose runter!" Und auf die Holzpritsche zeigend: „Leg dich 'nüber!"

* Abort
Dies ist eine andere Bezeichnung für „Toilette".

* Zählappell
Damit wurde zwei- bis dreimal pro Tag die Anwesenheit aller Gefangenen festgestellt. Der Appell diente der Schikane und wurde auch als Strafe verhängt. Das manchmal stundenlange Stehen bedeutete für die entkräfteten Häftlinge eine zusätzliche Strapaze.

❶ ▶ Nenne mithilfe des Textes und von Q1 Verhaltensweisen der Bevölkerung, die zur Verfolgung und Inhaftierung durch die Nationalsozialisten führen konnten.

❷ ▶ Erkläre mithilfe des Textes, von Bild 1 und Q1 den Begriff „Schutzhaft".

❸ ▶ Erläutere mithilfe des Textes sowie von Bild 2 und Q2 die Haftbedingungen in den Konzentrationslagern.

❹ ▶ Wähle mithilfe der Karte auf Seite 86 ein Konzentrationslager in der Nähe aus und bereite hierzu ein Kurzreferat vor.

❺ ▶ Erkundige dich in deinem Heimatort (Stadtarchiv, Stadtmuseum) nach (politischer) Verfolgung durch die Nationalsozialisten. Wähle eine Person aus und erstelle einen Steckbrief.

▶ Der Steckbrief soll folgende Aspekte genauer beleuchten: Leben und Wirken der Person vor 1933, Grund für die Verfolgung, Schicksal zur Zeit des NS-Regimes, Rehabilitation (Wiederherstellung der verletzten Ehre) nach dem Krieg.

Wie wurde die Jugend beeinflusst?

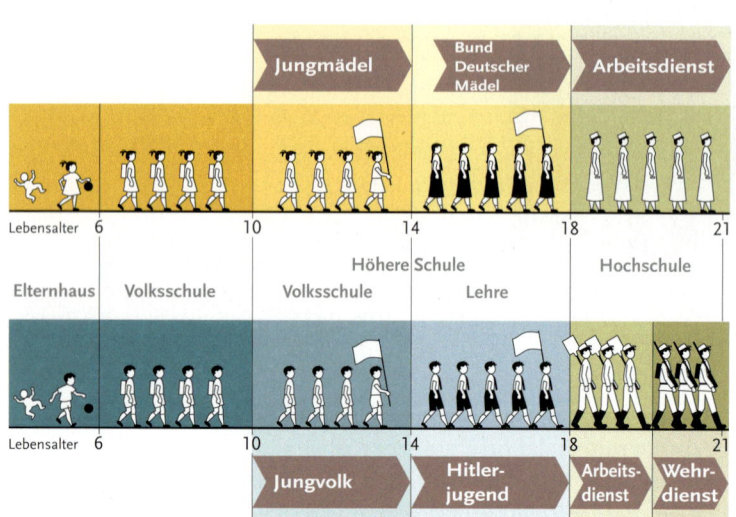

1 – Organisatorischer Aufbau des Lebenswegs der Jugend im System des NS-Staates.

2 – Mitgliederwerbung für den „Bund Deutscher Mädel". Plakat von 1937.

Hitlers neue Jugend

Der Nationalsozialismus hatte als totalitäres System die Erfassung aller Menschen und die „Gleichschaltung" der Gesellschaft zum Ziel. Dementsprechend wichtig war für die NS-Ideologie die Erziehung der Jugend. Hitler wollte systemtreue, willenlose Kinder und Jugendliche heranzüchten. Die körperliche Ertüchtigung spielte dabei eine wichtige Rolle. Die Jugend sollte einen kerngesunden Körper bekommen. Bei den Mädchen galt dies als Voraussetzung für die Geburt möglichst vieler gesunder Kinder und für die Jungen als Vorbereitung auf den Einsatz in der Armee. Nach der körperlichen Ertüchtigung kam „erst in zweiter Linie die Ausbildung der geistigen Fähigkeiten", wie Hitler in „Mein Kampf" schrieb.

Schon 1926 gründete die NSDAP die Hitlerjugend (HJ) als Jugendorganisation der Nationalsozialisten, 1930 den Bund Deutscher Mädel (BDM). Mit der Machtübernahme 1933 wurden alle anderen Jugendorganisationen verboten. Der Beitritt zu HJ und BDM wurde Pflicht, aber nicht alle durften Mitglieder werden. Als schwach oder krank geltende Kinder und auch Juden waren ausgeschlossen.

Organisation der Hitlerjugend

Bereits im Alter von zehn Jahren wurden die Kinder in staatliche Organisationen einbezogen. Elternhäuser und Kirchen sollten schon früh weniger Einfluss auf die Jugendlichen nehmen können. Am 20. April jedes Jahres waren die Zehnjährigen Hitlers „Geburtstagsgeschenk". An diesem Tag traten sie dem „Jungvolk" bzw. den „Jungmädeln" bei. Die Jugendlichen führten alle Gruppen der HJ und des BDM selbst. Als Mitglieder in den nationalsozialistischen Organisationen mussten sie sich einheitlich kleiden. Die HJ zog in den ersten Jahren der nationalsozialistischen Herrschaft viele Jugendliche an. Ihre Freizeitangebote und der Gemeinschaftsgeist waren für viele Mädchen und Jungen verlockend. Auch in der Schule hatte man als Mitglied Vorteile, beispielsweise gab es an zwei Tagen keine Hausaufgaben.

Q1 Ein ehemaliger Hitlerjugendführer erinnerte sich 1975:

Wenn andere von der Pimpfenzeit (Pimpfe sind Mitglieder des Deutschen Jungvolks) schwärmen, so kann ich diese Begeisterung nicht teilen. Ich habe beklemmende Erinnerungen. In unserem Fähnlein (kleinste Organisationseinheit im Deutschen Jungvolk) bestanden die Jungvolkstunden fast nur aus „Ordnungsdienst", das heißt aus sturem militärischen Drill. Auch wenn Sport oder Schießen oder Singen auf dem Plan stand, gab es erst immer „Ordnungsdienst": endloses Exerzieren mit „Stillgestanden", „Rührt euch", „Links um", „Rechts um", „Ganze Abteilung – kehrt" – Kommandos, die ich heute noch im Schlaf beherrsche. Zwölfjährige Hordenführer brüllten zehnjährige Pimpfe zusammen und jagten sie kreuz und quer über die Schulhöfe, Wiesen und Sturzäcker. Die kleinsten Aufsässigkeiten, die harmlosesten Mängel an der Uniform, die geringste Verspätung wurden sogleich mit Strafexerzieren geahndet – ohnmächtige Unterführer ließen ihre Wut an uns aus. Aber die Schikane hatte Methode: Uns wurde von Kindesbeinen an Härte und blinder Gehorsam eingedrillt. (...) Mit dreizehn hatte ich es geschafft: Ich wurde „Jungzugführer". (...) Eines Tages muckten sie auf. Nun war die Reihe an mir zu treten. Nach Dienstschluss um sechs Uhr abends knöpfte ich mir (...) die drei ärgsten „Rabauken" vor und „schliff" sie nach Strich und Faden (...). Ich brauchte nur zu brüllen, den Daumen auf und ab zu bewegen und die Liegestütze zu zählen (...). Die armen Kerle stöhnten, schwitzten, schnappten nach Luft – aber sie gehorchten. Ihr (Eigen-)Wille war gebrochen.

Q2 Gisela Richter erinnerte sich 2008 an ihre Zeit beim BDM:

Zu solch einer Jugend wollte ich gehören, die so viel bot, und wo man sich durch die Uniform von der Masse abheben konnte. (...) (Beim Sport) merkte ich, dass ich gewisse Fähigkeiten hatte und mich auszeichnen

3 – Jungen der Hitlerjugend bei einer Luftschutzübung mit Gasmasken. Foto, 1937.

konnte. Zu begeistern waren auch wir Mädchen mit Geländespielen, Schnitzeljagden, Fackelmärschen und Ähnlichem. (...) Ein tolles Erlebnis war für mich ein Zeltlager auf Rügen!
(...) Am eindrucksvollsten aber waren die Abende am Lagerfeuer! Es wurde viel gesungen mit Gitarrenbegleitung und Verse zeitgenössischer Dichter rezitiert. Darin wurde natürlich immer die Heimat, das Vaterland verherrlicht, Helden wurden verehrt. Dies alles verfehlte nicht seine Wirkung auf uns. Ich hatte immer das Gefühl, dass ich in eine Zeit hineingeboren war, die so groß und herrlich ist, wie sie es vorher noch nie gegeben hatte.

❶ Fasst mithilfe des Textes, von Bild 1 und Q1 den Lebensweg eines Jugendlichen im NS-Staat zusammen.

❷ Untersucht Bild 2 und erklärt anhand der Gestaltung und Darstellung die Botschaft des Plakats.

❸ Wertet die Schilderungen über die Zeit bei der Hitlerjugend und dem Bund Deutscher Mädel anhand von Q1 und Q2 aus. Überlegt, warum die Berichte so unterschiedlich ausfallen.

❹ Belegt mit Q1 und Bild 3, dass die Aktivitäten der Hitlerjugend der Kriegsvorbereitung dienten.

❺ „Wer die Jugend besitzt, hat die Zukunft!" Überlegt vor dem Hintergrund dieser Aussage und eurer Ergebnisse aus den vorherigen Aufgaben die Bedeutung der Erziehung für die Nationalsozialisten.

❻ Sammelt in der Stadtbibliothek und im Internet weitere Informationen zum Leben von Jugendlichen damals.

❼ Entwerft ein Lernplakat zur „Jugend im NS-Staat".

Welche Rolle war den Frauen zugedacht?

1 – Kurs für Babypflege.
Foto, um 1935.

Ablehnung der Emanzipation

Die Nationalsozialisten lehnten Frauen-emanzipation, Gleichberechtigung und Selbstständigkeit gegenüber dem Mann entschieden ab. Nach ihrer Meinung wurden in der Frauenbewegung Frauen gegen Männer aufgehetzt und von ihrer „natürlichen Bestimmung" abgehalten. Frauen wurde während der NS-Herrschaft außerdem das passive Wahlrecht und somit die Möglichkeit, selbst gewählt zu werden, abgesprochen.

NS-Ideal: Erziehung zur Hausfrau und Mutter

Zu den verpflichtenden Unterrichtsfächern für Mädchen zählten Hauswirtschaft, Handarbeiten, Säuglingspflege und „Rassenbiologie". Vor der Zulassung zur Oberstufe der höheren Schulen mussten Mädchen eine hauswirtschaftliche Prüfung ablegen. Sie mussten beweisen, dass sie trotz Abitur ihre für sie von den Nationalsozialisten vorgesehene eigentliche Aufgabe als Hausfrau und Mutter erfüllen würden. Auch das Studium der Mädchen wurde beschränkt. Nur 10 % der jährlich zugelassenen Studienanfänger durften Frauen sein. 1938 wurde das Pflichtjahr eingeführt. Das bedeutete, dass alle ledigen Frauen unter 25 Jahren, die in bestimmten Berufen arbei-

ten wollten, vorher ein Jahr in der Haus- und Landwirtschaft tätig sein mussten.

Ziel der Ehe: Kinder für die „Volksgemeinschaft"

Mit einem groß angelegten Programm förderten die Nationalsozialisten Eheschließungen. Seit Juni 1933 konnten Hochzeitspaare ein großzügiges Ehestandsdarlehen erhalten. Der zurückzuzahlende Betrag verminderte sich mit der Zahl der Kinder. Nach vier Geburten galt er als „abgekindert". Das Geld erhielten nur gesunde „arische" Paare, deren politische Einstellung im Sinne der Nationalsozialisten stimmte. In der Berufstätigkeit von Frauen sahen die Nationalsozialisten nur eine Ersatzbeschäftigung für Unverheiratete. Wenn Frauen überhaupt arbeiten sollten, dann nur in solchen Bereichen, die angeblich ihrer weiblichen Wesensart entsprachen, z. B. als Krankenschwester, Hausgehilfin oder Fürsorgerin. Aus leitenden Positionen wurden Frauen entlassen und die Arbeitsplätze mit Männern wieder besetzt. Verheiratete „arische" Frauen sollten im Idealfall nicht berufstätig sein, sondern möglichst viele „arische" Kinder gebären. Im Sinne dieser Politik wurde die Abtreibung als „Verbrechen an der Volksgemeinschaft" hart bestraft. Ab 1939 wurden kinderreiche Mütter

2 – Mutterkreuzträgerin mit ihrer Familie. Foto, um 1940.

3 – „Hilf auch Du mit!" Plakat, 1943.

mit dem *Mutterkreuz ausgezeichnet. Am Muttertag 1939 verlieh der Staat drei Millionen Frauen feierlich dieses neue Ehrenzeichen. Auch finanziell wurden kinderreiche Familien mit Kindergeld und Steuerfreibeträgen unterstützt.

Frauenarbeit im Krieg

Die Nationalsozialisten gingen davon aus, dass Deutschland früher oder später einen Krieg führen würde. Durch die Förderung des Kinderreichtums sollten mögliche Bevölkerungsverluste frühzeitig ausgeglichen werden. Ab September 1939 mussten Frauen mit Beginn des Zweiten Weltkriegs in der Industrie arbeiten und die einberufenen Männer ersetzen. So stieg die Zahl der weiblichen Arbeitskräfte bis 1944 von 4,6 auf 14,9 Millionen an. Das widersprach den Aussagen der Nationalsozialisten zur Rolle der Frau.

Q1 Hitler sagte am 8. September 1934 vor dem Reichsparteitag über die Rolle von Mann und Frau:
Wenn man sagt, die Welt des Mannes ist der Staat, die Welt des Mannes ist sein Ringen, die Einsatzbereitschaft für die Gemeinschaft, so könnte man vielleicht sagen, dass die Welt der Frau eine kleinere sei. Denn ihre Welt ist der Mann, ihre Familie, ihre Kinder und ihr Haus. Wo wäre aber die größere Welt, wenn niemand die kleine Welt betreuen wollte? Wie könnte die größere Welt bestehen, wenn niemand wäre, der die Sorgen um die kleinere Welt zu seinem Lebensinhalt machen würde? Nein: Die große Welt baut sich auf dieser kleinen Welt auf. Diese große Welt kann nicht bestehen, wenn die kleine Welt nicht fest ist.

* Mutterkreuz
Dies war ein Abzeichen als Auszeichnung in Bronze für vier Kinder, in Silber für sechs und in Gold für acht und mehr Kinder.

❶ ▪ Beschreibe mithilfe des Textes und von Bild 1 die Ausbildung junger Mädchen im Nationalsozialismus.

❷ ▪ Erkläre den Begriff „Ehestandsdarlehen" mit eigenen Worten.

❸ ▪ Erarbeite mithilfe des Textes und von Q1 das nationalsozialistische Rollenbild der Frau. Ziehe dann einen Vergleich zu heute.

❹ ▪ Beurteile, ob die Bilder 2 und 3 zu den Aussagen der Nationalsozialisten über die Rolle der Frauen passten.
  ▶ *In den beiden Bildern finden sich …*

❺ ▪ Schreibt für die Schulzeitung einen Bericht über die Politik der Nationalsozialisten gegenüber Frauen.

❻ ▪ Erkundigt euch, welche Hilfen es heute für kinderreiche Familien gibt.

Die Verfolgung der Juden

Auf welche Weise wurden Juden diskriminiert?

Zeittafel zur Verfolgung und Entrechtung der jüdischen Bevölkerung

1. April 1933: Aufruf zum allgemeinen Boykott jüdischer Geschäfte

7. April 1933: Gesetz zur Wiederherstellung des Berufsbeamtentums (Grundlage für die Entlassung „nichtarischer" Beamter)

April 1933: Jüdischen Ärzten wird die Zulassung zur Arbeit im Krankenhaus entzogen; jüdische Rechtsanwälte werden nicht mehr bei Gericht zugelassen.

Mai 1933: Jüdische Professoren und Notare müssen ihre Arbeit einstellen. Jüdische Arbeiter und Angestellte im öffentlichen Dienst verlieren ihre Arbeit.

September 1935: „Nürnberger Gesetze": Juden verlieren das Wahlrecht und den Zugang zu politischen Ämtern; Eheschließungen mit Nichtjuden werden verboten; Schriftleitergesetz: Entfernung der Juden aus Presseberufen

Herbst 1937: Verkauf jüdischer Unternehmen weit unter Wert an Nichtjuden („Arisierungen")

Oktober 1938: Reisepässe von Juden werden mit einem „J" versehen.

November 1938: Juden dürfen nicht mehr an deutschen Hochschulen studieren. Sie werden gezwungen, ihre Geschäfte im Einzelhandel und Handwerk aufzugeben.

Dezember 1938: Juden dürfen keine PKWs oder Motorräder mehr fahren. Ihre Führerscheine werden eingezogen. Die Nutzung öffentlicher Verkehrsmittel und der Kauf von Büchern oder Zeitschriften werden verboten; Juden müssen „Sara" oder „Israel" als zweite Vornamen tragen.

Januar 1939: Jüdische Zahnärzte, Tierärzte und Apotheker dürfen ihren Beruf nicht mehr ausüben.

Februar 1939: Juden müssen alle persönlichen Wertgegenstände aus Gold, Silber und Platin beim Staat abliefern.

September 1939: Juden müssen Rundfunkgeräte abgeben.

September 1941: Alle Juden müssen den „Judenstern" tragen.

1 – Aufruf zum Boykott jüdischer Geschäfte. Foto, 1. April 1933.

Der Beginn der Verfolgung

Die Nationalsozialisten begannen unmittelbar nach der Machtübergabe, die jüdischen Bürger zu entrechten und öffentlich zu demütigen. Am 1. April 1933 rief die NSDAP zum Boykott jüdischer Geschäfte auf. Jüdische Kinos und Theater sollten nicht mehr besucht werden. Firmen und Betriebe von jüdischen Eigentümern erhielten kaum Aufträge. Die Bürger wurden aufgefordert, sich nicht von Juden unterrichten, behandeln oder rechtlich vertreten zu lassen. Banken verweigerten oder kündigten Darlehen. Dadurch standen viele jüdische Händler vor dem wirtschaftlichen Ruin und mussten ihre Geschäfte aufgeben.

Die „Nürnberger Gesetze"

Im September 1935 führten die Nationalsozialisten ihren Parteitag in Nürnberg durch. Dort beschloss der Parteitag die

2 – Öffentliche Anprangerung eines jüdischen Geschäftsmannes und seiner nichtjüdischen angeblichen Geliebten durch SA-Männer. Foto, 27. Juli 1933.

3 – Hinweisschild am Eingang zum Strandbad Wannsee. Berlin, Foto, 1934.

„Nürnberger Gesetze". Sie waren die gesetzliche Grundlage, um den 520 000 deutschen Juden schrittweise ihre Rechte zu entziehen und sie aus dem öffentlichen Leben auszuschließen. Nun steigerten sich im täglichen Leben die Verfolgungen der Juden ständig. Deswegen wanderten bis 1938 über 220 000 jüdische Bürger aus. Ihnen folgten bis 1941 mehr oder minder unfreiwillig weitere 100 000 Juden.

Reaktionen der Bevölkerung

Die antijüdischen Gesetze verfehlten ihre Wirkung nicht. Viele Menschen verharmlosten das Vorgehen der Nationalsozialisten und leisteten kaum Widerstand.

Q1 Die „Nürnberger Gesetze" legalisierten im September 1935 die Diskriminierung von Juden. Nur noch „Reichsdeutsche" hatten alle Bürgerrechte:

Reichsbürgergesetz

– Reichsbürger ist nur der Staatsangehörige deutschen und artverwandten Blutes, der durch sein Verhalten beweist, dass er gewillt und geeignet ist, in Treue dem Deutschen Reich und Volk zu dienen.
– Nur der Reichsbürger kann als Träger der vollen politischen Rechte das Stimmrecht in politischen Angelegenheiten ausüben und ein öffentliches Amt bekleiden.

– Ein Jude kann nicht Reichsbürger sein. Ihm steht ein Stimmrecht in politischen Angelegenheiten nicht zu; er kann kein öffentliches Amt bekleiden.

Gesetz zum Schutz des deutschen Blutes und der deutschen Ehre

§ 1 Eheschließungen zwischen Juden und Staatsangehörigen deutschen und artverwandten Blutes sind verboten. Trotzdem geschlossene Ehen sind nichtig. (...)
§ 2 Außerehelicher Verkehr zwischen Juden und Staatsangehörigen deutschen und artverwandten Blutes ist verboten.
§ 3 Juden dürfen weibliche Staatsangehörige deutschen oder artverwandten Blutes unter 45 Jahren nicht in ihrem Haushalt beschäftigen.

❶ Nenne mithilfe des Textes, von Bild 1 und der Zeittafel Lebensbereiche, in denen jüdische Bürger ab 1933 eingeschränkt wurden.

❷ Stelle dir vor, du dürftest das Freibad in deinem Ort nicht besuchen, da dort das Hinweisschild wie auf Bild 3 angebracht ist. Schildere deine Gefühle vor dem Schwimmbad.

❸ Fasse den Inhalt der „Nürnberger Gesetze" (Q1) mit eigenen Worten zusammen.

❹ Überlege, welche Folgen ein Nichteinhalten der „Nürnberger Gesetze" haben konnte. Beachte die Bilder 2 und 3.

▶ *Denke auch über folgende Punkte nach: Einkauf der Lebensgrundlagen ohne Arbeit, Fortbewegung ohne Führerschein, kein Zugang zu Büchern, Zeitschriften und dem Rundfunk, Abgabe aller Wertgegenstände.*

❺ Ermittle, wie sich die Mehrheit der Bevölkerung gegenüber Juden verhielt. Vermute mögliche Gründe für dieses Verhalten.

Wie inszenierte der NS-Staat die Novemberpogrome?

1 – Die Synagoge in Dessau, die in der Pogromnacht vom 9. zum 10. November 1938 verwüstet wurde. Foto um 1920.

* **Pogrom**
Ausschreitungen und gewaltsame Verfolgung aus religiösen oder in Vorurteilen begründeten Absichten

* **konfiszieren**
beschlagnahmen von Gütern oder Geldmitteln ohne entsprechende Entschädigung

Die *Pogrome des 9./10. November 1938

Die Nationalsozialisten verschärften 1938 die Verfolgung der Juden. Angeblich staatenlose Juden wurden nach Polen ausgewiesen. Polen weigerte sich aber, diese Menschen aufzunehmen. Folglich mussten sie unversorgt auf einem Grasstreifen zwischen den Grenzen campieren. Der 17-jährige deutsche Jude Herschel Grynspan war empört über die Behandlung seiner vor wenigen Tagen ausgewiesenen Familie. Daraufhin erschoss er am 7. November 1938 einen Beamten der deutschen Botschaft, Ernst vom Rath, in Paris. Die nationalsozialistische Hetzpropaganda nahm das Attentat zum Anlass, die bis zu diesem Zeitpunkt größten Pogrome gegen die jüdische Bevölkerung in Deutschland zu organisieren. In der Nacht von 9. auf 10. November 1938 steckten SA-Trupps 267 Synagogen in ganz Deutschland in Brand. Feuerwehr und Polizei hatten die Anweisung, die Brände nicht zu löschen und die Brandstiftungen nicht zu verhindern. Jüdische Friedhöfe, Kaufhäuser, Anwaltsbüros und Wohnungen wurden ausgeraubt und verwüstet. Insgesamt wurden in dieser Pogromnacht

91 Juden getötet, 30 000 Juden festgenommen und einen Tag später in Konzentrationslager verschleppt.

Auch auf dem Gebiet des heutigen Sachsen-Anhalts wurden während der Pogromnacht mindestens 16 Synagogen von den Nationalsozialisten vollständig zerstört. Dabei kam es zu schweren Misshandlungen gegen Juden. Allein in Magdeburg wurden insgesamt 29 jüdische Geschäfte teilweise schwer verwüstet. Die Magdeburger Synagoge wurde am 10. November gesprengt. 113 Juden wurden während des Novemberpogroms in Magdeburg verhaftet, 1521 Magdeburger Juden fielen dem Holocaust zum Opfer. In Dessau wurden die Synagoge (s. Bild 1) und der jüdische Friedhof zerstört. Die in der Stadt verbliebenen Männer wurden in das KZ Buchenwald verbracht.

Weitere Schikanen

Die NS-Regierung beschloss, von den Juden als Entschädigung für die entstandenen Schäden eine Sondersteuer von 1 Milliarde Reichsmark zu verlangen. Außerdem beschlagnahmten die Nationalsozialisten die Versicherungen. Deshalb erhielten jüdische Bewohner keine Zahlungen für ihre

2 – Jüdische Männer werden nach dem Pogrom abgeführt. Oldenburg, 10.11.1938. Foto.

Schäden. Juden wurde jegliche wirtschaftliche Betätigung untersagt, jüdischen Kindern und Jugendlichen wurde der Besuch von Schulen oder Universitäten verboten. Es gab nur wenige Fälle von Hilfe und Solidarität mit den Betroffenen aus der Bevölkerung – und die beiden großen Kirchen schwiegen.

Q1 1988 erinnerte sich Arno Hamburger an seine Erlebnisse in der Pogromnacht in Nürnberg. Er war damals 15 Jahre alt:

Zuerst kamen die großen Ladengeschäfte dran; mit mitgebrachten Stangen wurden die Schaufenster eingeschlagen und der am Abend bereits verständigte Pöbel plünderte unter Anführung der SA die Läden aus. Dann ging es in die von Juden bewohnten Häuser. Schon vorher informierte nichtjüdische Hausbewohner öffneten die Türen. (…) Die (jüdischen) Wohnungen wurden angeblich nach Waffen durchsucht, weil am Tage vorher ein Waffenverbot für Juden veröffentlicht worden war. Glastüren, Spiegel, Bilder wurden eingeschlagen, Ölbilder mit den Dolchen zerschnitten, Betten, Schuhe, Kleider aufgeschlitzt, es wurde alles kurz und klein geschlagen. Die betroffenen Familien hatten am Morgen des 10. November meistens keine Kaffeetasse, keinen Löffel, kein Messer, nichts mehr. Vorgefundene Geldbeträge wurden *konfisziert, Wertpapiere und Sparkassenbücher mitgenommen. Das Schlimmste dabei waren die

schweren Ausschreitungen gegen die Wohnungsinhaber, wobei anwesende Frauen oft ebenso misshandelt wurden wie die Männer. Eine Anzahl von Männern wurde von den SA-Leuten unter ständigen Misshandlungen und unter dem Gejohle der Menge zum Polizeigefängnis getrieben.

Q2 Reichspogromnacht in Halle

Eve Kugler war 1938 sieben Jahre alt. Sie war Augenzeugin der Reichspogromnacht in Halle und berichtete 2023:
Meine ältere Schwester und ich standen in der Tür unseres Zimmers, als diese Nazis unsere Möbel umwarfen, Dinge zerbrachen und so weiter. Wir sahen zu, bis der örtliche Polizeichef uns in unseren Raum zurückdrängte und die Tür zumachte. Und er sagte: Die Mädchen müssen das nicht sehen. (…) (Einer bekannten) Familie gehörte ein Laden. Die Fenster waren alle zerborsten. Die Ware lag überall herum und die Glastische waren auch zerstört. (…) Die Nazis zündeten die Synagoge an, die Feuerwehr kam und sah zu, bis sie auf die Grundmauern abbrannte. Das war die Wirklichkeit der Kristallnacht.

---

❶ ▪ Beschreibe mithilfe des Textes die Vorbereitung der Pogrome am 9./10. November 1938 durch die Nationalsozialisten.

❷ ▪ Schildere mithilfe von Q1 und der Bilder den Ablauf der Pogromnacht.

❸ ▪ Arbeite anhand von Q1 und Q2 das Verhalten von Teilen der nichtjüdischen Bevölkerung heraus.

❹ ▪ Bewerte das Verhalten der nichtjüdischen Bevölkerung und der Kirche. Berücksichtige dabei, wie groß die Gefahr für sie selbst war und welche Hilfe sie hätten leisten können.

▶ *Teile der nichtjüdischen Bevölkerung blieben tatenlos, weil …*

Geschichte vor Ort

Wie geschah die Verfolgung der Juden in Sachsen-Anhalt?

1 – Jüdisches Bekleidungsgeschäft mit zerbrochenen Glasscheiben, Magdeburg, 10.11.1938.

Juden in Sachsen-Anhalt

In Sachsen-Anhalt lebten zu Beginn der 1930er-Jahre etwa 11 000 Juden. Viele waren seit 1871 vor allem aus Osteuropa zugewandert. Die meisten hatten sich in Magdeburg und Halle niedergelassen. 1933 waren gerade einmal 9 500 Juden in Sachsen-Anhalt verzeichnet. Davon 2 300 in Magdeburg und 1 200 in Halle. Gemessen an der Gesamtbevölkerung (ca. 3,9 Mio.) entsprach dies einem Anteil von nur 0,3 Prozent.

Beginn der Verfolgungen

In Halle waren antijüdische Boykottbewegungen schon seit dem Kaiserreich zu beobachten, die sich in der Zeit der Weimarer Republik verstärkten. In Dessau schleiften die dortigen Nationalsozialisten das Denkmal Moses Mendelssohns, eines jüdischen Philosophen.

Als Auftakt zur systematischen Verfolgung der Juden wurde seit April 1933 reichsweit zum *Boykott jüdischer Geschäfte aufgerufen, was dann auch in vielen Orten Sachsen-Anhalts geschah. Jüdische Kinos und Theater sollten nicht besucht werden. Firmen und Betriebe von jüdischen Eigentümern erhielten kaum Aufträge. Die Bürger wurden aufgefordert, sich nicht von Juden unterrichten, behandeln und rechtlich vertreten zu lassen. Banken verweigerten oder kündigten Darlehen, sodass viele jüdische Händler vor dem wirtschaftlichen Ruin standen und ihre Geschäfte aufgeben mussten.

Es zeigte sich aber schnell, dass sich dieses Vorgehen negativ auf die deutsche Gesamtwirtschaft auswirkte, und so stellten die Nationalsozialisten ihren „Judenboykott" vorerst ein. Zu willkürlichen Gewaltakten kam es jedoch auch weiterhin.

Die ständig stärker werdenden Beschimpfungen und Verfolgungen der Juden im täglichen Leben veranlassten bis 1938 über 220 000 jüdische Bürger, aus Deutschland auszuwandern.

Juden als Sündenböcke

Die von den Nationalsozialisten verbreiteten Vorurteile gegenüber den Juden wurden von vielen Deutschen geteilt oder hingenommen. Diese Vorurteile waren seit der Mitte des 19. Jahrhunderts in Deutschland immer wieder aufgekommen. Sie entstanden unter anderem aus Neid über den Erfolg von Juden in Handel und Bankgewerbe. Auch die herausragende Stellung jüdischer Gelehrter an den Universitäten erweckte Argwohn und Missgunst.

Obwohl die Juden mit 526 000 Personen nur eine Minderheit von 0,8 Prozent der deutschen Gesamtbevölkerung ausmachten, gelang es den Nationalsozialisten mit hasserfüllten Parolen, die Juden zu Sündenböcken zu machen.

Die „Nürnberger Gesetze"

Eine neue Stufe der Demütigung und Verfolgung war 1935 mit dem Erlass der „Nürnberger Gesetze" erreicht. Sie bildeten die Grundlage für die weitere Verfolgung der Juden. Nun waren die Bürger jüdischen Glaubens auch juristisch aus der „Volksgemeinschaft" ausgeschlossen. Vor jeder Eheschließung oder bei Bewerbungen musste der Nachweis der „arischen Abstammung" erbracht werden. Den Juden wurde es verboten, Bibliotheken, Theater, Kinos und Badeanstalten zu besuchen. Auch Parkanlagen und öffentliche Verkehrsmittel blieben ihnen zunehmend verwehrt. Durch den

„Reichsverband der jüdischen Kulturbünde in Deutschland", gegründet 1935, kontrollierten die Machthaber die jüdischen Kultur- und Sportvereinigungen noch mehr.

Der Judenhass in der deutschen Geschichte

Über die Juden werden viele Gräuelmärchen verbreitet. Das bekannteste ist die These, dass sich das Judentum gegen den Rest der Welt verschworen habe. Hauptursache hierfür ist die Behauptung, dass hinter den Problemen der Welt die Juden mit ihrem Geschick im Umgang mit Geld steckten. Außerdem seien sie, so eine weitere These, die Mörder Jesu Christi. An diese Dinge wurde schon im Mittelter geglaubt. Martin Luthers Judenhass am Ende des Mittelalters knüpfte daran an. Seine Hassreden gegen die Juden werden als zentrale Schnittstelle gesehen, mit der der Judenhass des Mittelalters in die Moderne transportiert wurde. Juden wurden in zum bösen Prinzip erklärt, zum ökonomisch Schädlichen und göttlich Verdorbenen. Der Judenhass mit seinen Erzählungen wurde zum Schlüssel für alle möglichen negativen Erscheinungen. Daran knüpfte dann auch der moderne Antisemitismus an: Der Umbruch der Industrialisierung im 19. Jahrhundert mit alle seinen negativen Folgen für die Menschen machte erneut die Juden zu den Hauptschuldigen am gesellschaftlichen Elend. Nun wurde der Hass gegen die Juden biologisch verbrämt und die entstehende Rassentheorie trat, vor allem gefördert durch die Nationalsozialisten, ihren vernichtenden Siegeszug durch Europa und die Welt an.

M1 Das Leben der Juden in Sachsen-Anhalt

Max Schwab und sein Zwillingsbruder Günther wurden 1932 in Halle geboren. Der Vater Julius war ein angesehener Pferde- und Viehhändler der Stadt, die Mutter … Das Leben der kleinen Familie sollte sich nach der Machtergreifung Hitlers komplett ändern. Einen tiefen Einschnitt bildete

2 – Heute erinnert ein Stolperstein am Riebeckplatz in Halle an Julius Schwab. (s. M1). Foto, o. J.

dabei die Pogromnacht 1938. Wie viele andere jüdische Männer wurde auch Vater Julius in dieser verhaftet und zunächst in das Konzentrationslager Buchenwald gebracht. Auch für die Zwillinge brannte sich der Tag tief ins Gedächtnis ein. Beide waren Schüler der 1. Klasse. Max Schwab erinnert sich: „Als wir am 10. November in die Schule kamen, sagte uns die Lehrerin unter Tränen, dass wir nicht wiederkommen dürfen."

Vater Julius war nach sechs Wochen mit der Auflage, dass er Deutschland verlassen müsse, aus dem KZ Buchenwald entlassen worden. Die Familie hatte ihm ein Visum für Holland besorgt. An der Grenze dorthin musste er die deutsche Staatsbürgerschaft aufgeben und bestritt seinen Lebensunterhalt nunmehr als Butler. Doch auch diese kurze Zeit in Amsterdam nahm ein jähes Ende. Über das Durchgangslager Westerborg wurde er nach Auschwitz deportiert, wo er unmittelbar nach seiner Ankunft 1942 vergast wurde. (…)

Heute ist Max Schwab das älteste jüdische Gemeindemitglied der Stadt, die momentan etwa 300 Mitglieder zählt.

❶ ◪ Untersuche Bild 1. Erläutere, was die Nationalsozialisten mit dem Boykott erreichen wollten.

❷ ◪ Arbeite anhand des Textes heraus, woran die Nationalsozialisten bei der Judenverfolgung anknüpfen konnten.

❸ ◪ Erläutere, warum die Nationalsozialisten die Juden als Sündenböcke hinstellten. Gibt es auch heute Beispiele für dieses Vorgehen?

❹ ◪ „Der Antisemitismus wurde von den Nationalsozialisten geschaffen." Nimm anhand des Textes Stellung zu dieser These.

❺ ◪ Erläutere Bild 2. Finde heraus, ob es auch an deinem Wohnort „Stolpersteine" gibt.

Täter, Opfer, Zuschauer

Schauplatz Geschichte

Einen Tag nach dem Pogrom, am 10.11.1938, wurden in Baden-Baden 52 deutsche Männer jüdischen Glaubens festgenommen. Unter den Augen zahlreicher Zuschauer wurden sie zum Bahnhof und dann in das Konzentrationslager Dachau gebracht.

Teilt euch in Gruppen auf und bearbeitet eine der Aufgaben.

Wahlaufgaben

❶ ◾ Lasst dieses Bild zunächst auf euch wirken. Identifiziert dann auf dem Bild Täter, Opfer und Zuschauer.

❷ ◾ Versucht, den einzelnen Personen in dem Bild eine Stimme zu geben (Juden, Bewacher, Fotograf, Zuschauer). Was könnten sie gesagt oder gedacht haben?

❸ ◾ Die Eltern am Rande erklären ihren Kindern, was sich ereignet.

❹ ◾ „Davon haben wir nichts gewusst", behaupteten viele Menschen nach dem Ende der Herrschaft der Nationalsozialisten. Diskutiert diese Behauptung und schreibt dazu vor dem Hintergrund dieser Aufnahme eine Stellungnahme. Reicht euer Wissen als Basis für eine Stellungnahme aus?

❺ ◾ Informiert euch im Archiv eures Heimatortes über den 9. und 10. November 1938. Vergleicht euer Ergebnis mit den Informationen auf den Seiten 78–81. Gibt es Parallelen oder Unterschiede?

1 – SS-Mannschaften und Polizisten treiben jüdische Bürger Baden-Badens durch die Straßen der Stadt. Foto, 10.11.1938.

Gab es noch andere Opfer der NS-Diktatur?

1 – Blick in die Gaskammer der ehemaligen Tötungsanstalt Pirna-Sonnenstein. Der Lichtkranz in der heutigen Gedenkstätte symbolisiert die Tür, die zum Raum führt, in dem die Menschen ermordet wurden. Foto, 2020.

※ **Aktion T4**
Eine Bezeichnung für den systematischen Massenmord an mehr als 70 000 Menschen mit körperlichen, geistigen und seelischen Behinderungen in Deutschland von 1940 bis 1941 unter Leitung der Zentraldienststelle T4. „T4" ist die Abkürzung für die Adresse der damaligen Zentraldienststelle T4 in Berlin: Tiergartenstraße 4.

※ **„Euthanasie"**
Damit war die Herbeiführung des Todes von unheilbar Kranken gemeint. Im Nationalsozialismus sollte der Begriff die Ermordung von Menschen mit psychischer Erkrankung oder Behinderung verschleiern.

※ **Sinti und Roma**
Dies sind die Namen für weltweit verbreitete Minderheitengruppen. Diese sind besonders durch ihre Sprache, das Romanes, kulturell verbunden. Die Sinti finden sich vor allem in Mittel- und Westeuropa.

Menschen mit psychischer Erkrankung oder Behinderung und altersschwache Menschen

Ende 1939 radikalisierten die Nationalsozialisten ihre Politik gegenüber Menschen mit psychischer Erkrankung oder Behinderung. Auf Befehl Hitlers sollten sie im Rahmen der „※Aktion T4" den „Gnadentod" erhalten. Ihr Leben galt in den Augen der Nationalsozialisten als „unwert".

Die Vernichtungsaktion wurde ab 1940 von staatlichen Behörden und zahlreichen Ärzten geplant und durchgeführt. Zu diesem Zweck entstanden sechs Tötungsanstalten. Hier wurden bis zum Sommer 1941 mehr als 70 000 Menschen ermordet. Die Opfer galten als psychisch krank oder körperlich und geistig behindert. Aber auch altersschwache Bewohner von Alten- und Pflegeheimen wurden systematisch getötet.

Zu den „※Euthanasie"-Anstalten gehörten Pirna-Sonnenstein (Sachsen), Grafeneck (Baden-Württemberg), Brandenburg an der Havel, Hartheim (bei Linz, Oberösterreich), Bernburg (Sachsen-Anhalt) und Hadamar (Hessen).

Allein in der Anstalt Pirna-Sonnenstein wurden von Ende Juni 1940 bis zum 23. August 1941 insgesamt 13 720 Menschen durch Gas getötet. Sie stammten vor allem aus Sachsen, Thüringen, Franken, dem Sudetenland, Schlesien sowie aus Ost- und Westpreußen.

Die Leitung der Tötungen lag in den Händen von Ärzten. Unter dem Vorwand, sie müssten duschen, wurden die Menschen oft noch am selben Tag in die Gaskammer geführt und mit Kohlenmonoxid vergast. Anschließend verbrannte man die Leichen. Den Angehörigen wurde im Nachhinein eine Sterbeurkunde mit gefälschter Todesursache und ein standardisierter Brief über den plötzlichen Tod des Ermordeten zugestellt.

Am 24. August 1941 ließ Hitler die „Aktion T4" stoppen, weil es immer mehr Proteste von Angehörigen und der Kirchen gab. Tatsächlich wurde das Morden aber fortgesetzt. Man ließ die Menschen systematisch verhungern, gab ihnen zu hoch dosierte Medikamente oder tötete sie heimlich. Auf diese Weise starben bis 1945 weitere 30 000 Menschen.

Verfolgung Homosexueller

Homosexualität galt den führenden Nationalsozialisten als „Entartung" menschlicher Sexualität. Homosexuelle wurden systematisch verfolgt, zu Gefängnisstrafen verurteilt oder in Konzentrationslager verbracht. Hier wurden sie als Außenseiter mit einem rosa Winkel gebrandmarkt.

Sinti und Roma

Mehr als 25 000 ※Sinti und Roma wurden aus ganz Europa in Vernichtungslager gebracht und getötet. Nach dem Entzug der Bürgerrechte im Jahr 1935 konnten die Sinti und Roma in Deutschland jederzeit verhaftet und in Lager eingesperrt werden.

Von den 30 000 Sinti und Roma, die 1939 in Deutschland lebten, überlebten nur 5 000 das Ende der nationalsozialistischen Gewaltherrschaft.

Seit den Olympischen Spielen 1936 wurden die in Berlin lebenden Roma und Sinti in ein mit Stacheldraht eingezäuntes Lager in Berlin-Marzahn gebracht.

Zeugen Jehovas

Die Glaubensgemeinschaft, zu der sich 1933 etwa 25 000 Menschen bekannten, wurde bereits 1933 verboten. Trotzdem setzten sie ihre Zusammenkünfte und den Vertrieb ihrer Zeitschrift „Der Wachtturm" im Untergrund fort. Die Zeugen Jehovas verweigerten den Hitlergruß und wie schon im Ersten Weltkrieg jeglichen Kriegsdienst. Sie weigerten sich auch, Mitglied in den Organisationen der NSDAP zu werden. 1936 protestierten sie mit einer Flugblattaktion gegen die Einschränkung ihrer Glaubensfreiheit. Das NS-Regime antwortete mit der Zerschlagung ihrer Organisation. Etwa 10 000 Angehörige der Zeugen Jehovas wurden verhaftet. 2 000 kamen in ein KZ, das viele nicht überlebten. Wegen der Verweigerung des Kriegsdienstes wurden 250 Zeugen Jehovas hingerichtet.
In Herne beteiligte sich die Familie Gotthold 1936 an der Verteilung von Flugblättern und wurde deswegen verhaftet. Nach ihrer Freilassung hielt die Familie an ihrer Glaubensüberzeugung fest und verteilte weiter den „Wachtturm". Helene Gotthold wurde deswegen vom Volksgerichtshof wegen Wehrkraftzersetzung im August 1944 zum Tode verurteilt und hingerichtet.
Die Zeugen Jehovas forderten für sich das Recht auf uneingeschränkte Religionsausübung. In der Verfolgung durch die Nationalsozialisten sahen sie eine Prüfung ihrer Glaubenstreue.

2 – Im Oktober 2012 wurde in Berlin ein Denkmal für die von den Nationalsozialisten ermordeten Sinti und Roma eingeweiht. „Dieser Völkermord hat tiefe Spuren hinterlassen und noch tiefere Wunden", sagte Bundeskanzlerin Angela Merkel bei der Einweihung. Das Denkmal sei ein Spiegel unendlicher Trauer. Foto, 2012.

angriffe begannen, durften wir nicht in die Luftschutzbunker. Unsere Männer hoben Gräben auf dem freien Felde aus, in denen wir uns dann verkrochen. Alle meine Angehörigen bis auf meinen Mann und meine Kinder sind nach Auschwitz abtransportiert worden und nicht wiedergekommen. (...) Das Lager lag direkt an der Bahnstrecke Marzahn-Werneuchen. Manchmal warfen uns die Menschen aus den vorbeifahrenden Zügen Brot, Kohlköpfe oder auch Kohlen zum Heizen herunter, denn auch sie wussten, wie wir leiden mussten.

Q1 Eine Überlebende des Lagers Berlin-Marzahn berichtete 1999:
Wir erhielten alle einen „Zigeuner-Ausweis", der sich von allen anderen Ausweisen und Pässen unterschied. Er war mit einem großen „Z" gestempelt und trug neben dem Passbild noch den Abdruck des rechten Zeigefingers. Auch unsere Lebensmittelkarten und Haushaltskarten, die wir später erhielten, waren mit „Z" gekennzeichnet. Die für uns vorgesehenen Rationen waren wesentlich schlechter als für die nicht rassisch Verfolgten (...). Als die Bomben-

❶ ▪ Nenne mithilfe des Textes und von Q1 weitere Personengruppen, die von den Nationalsozialisten ausgegrenzt und verfolgt wurden.
❷ ▪ Beschreibe mithilfe von Bild 1 und des Textes, mit welchen Maßnahmen die Nationalsozialisten gegen diese Personengruppen vorgingen.
❸ ▪ Ermittle, wie die Nationalsozialisten ihre Maßnahmen gegen diese Personengruppen begründeten.
❹ ▪ Finde heraus, ob es einen Widerstand in der Bevölkerung gegen diese Maßnahmen gab. Unterscheide dabei zwischen den genannten Personengruppen.
❺ ▪ Untersucht, inwieweit Sinti und Roma auch heute noch diskriminiert werden.

Die Shoah

Welchen Zweck hatte die Wannsee-Konferenz?

Konzentrationslager (KZ):

■ 1939 bestehendes Stammlager

■ später errichtetes Stammlager

■ Vernichtungslager

○ sonstiges Konzentrationslager, Außenstelle oder Zwangsarbeitslager (Auswahl)

Dachau Name eines KZ

▬ Deutsches Reich 1937

▬ bis 1939 in das Deutsche Reich integrierte Gebiete

▬ im Zweiten Weltkrieg (bis Ende 1942) in das Reich ein- und angegliederte Gebiete

1 – Konzentrations- und Vernichtungslager während der Zeit des Nationalsozialismus.

* Reinhard Heydrich (1904–1942) war stellvertretender Reichsprotektor in Böhmen und Mähren, Chef des Sicherheitsdienstes, der Sicherheitspolizei und Leiter des Reichssicherheitshauptamtes. Er war zuständig für die Verfolgung und Vernichtung der Juden Europas und damit verantwortlich für zahlreiche Kriegsverbrechen. Er starb im Juni 1942 bei einem Attentat in Prag.

„Geheime Reichssache"

Mit diesem Stempel wurden jene Dokumente versehen, die den geplanten Massenmord an 11 Millionen Juden zum Inhalt hatten.

Am 20. Januar 1942 fand eine Dienstbesprechung für Staatssekretäre aus den wichtigsten Reichsministerien in einer Villa am Berliner Wannsee statt. Auf Befehl Hitlers und Görings berieten sie unter Leitung von *Reinhard Heydrich über die „Endlösung der Judenfrage". Dem NS-Rassenwahn war bereits etwa eine halbe Million Menschen in Polen und der UdSSR zum Opfer gefallen. Die Konferenz befasste sich nun auf Wunsch Görings mit der organisatorischen, sachlichen und materiellen Abwicklung für eine „Gesamtlösung der Judenfrage im deutschen Einflussgebiet von Europa". Adolf Eichmann, Mitarbeiter von Heydrich, führte Protokoll bei der Planung dieses Völkermordes. Es ist 15 Seiten lang und fasst die Ergebnisse des Treffens zusammen. Das originale Protokoll wurde vor Kriegsende vernichtet, später entdeckte man aber eine Abschrift (s. Bild 3).

Die Folgen der Wannsee-Konferenz

In dem Protokoll wurde aufgelistet, wie viele Juden aus welchen Ländern Europas Zug um Zug in Durchgangsghettos in den Osten deportiert werden sollten. Für die Arbeitsfähigen plante man die Vernichtung durch Arbeit, z. B. im Straßenbau oder in Industriebetrieben nahe der Konzentrationslager. Die Unterbringung erfolgte in den Arbeits- und Vernichtungslagern. Diese Lager hießen nach ihren Standorten Auschwitz, Treblinka, Majdanek, Sobibor, Belzec und Chelmno. Sie befanden sich auf dem Gebiet des von Deutschland besetzten Polens. Sie wurden von der SS bewacht und verfügten über Bahnanschluss, Baracken, Gaskammern und Krematorien.

2 – Die Villa am Wannsee, in der die Besprechung am 20. Januar 1942 stattfand.

Land	Zahl
A. Altreich	131.800
Ostmark	43.700
Ostgebiete	420.000
Generalgouvernement	2.284.000
Bialystok	400.000
Protektorat Böhmen und Mähren	74.200
Estland – judenfrei –	
Lettland	3.500
Litauen	34.000
Belgien	43.000
Dänemark	5.600
Frankreich / Besetztes Gebiet	165.000
Unbesetztes Gebiet	700.000
Griechenland	69.600
Niederlande	160.800
Norwegen	1.300
B. Bulgarien	48.000
England	330.000
Finnland	2.300
Irland	4.000
Italien einschl. Sardinien	58.000
Albanien	200
Kroatien	40.000
Portugal	3.000
Rumänien einschl. Bessarabien	342.000
Schweden	8.000
Schweiz	18.000
Serbien	10.000
Slowakei	88.000
Spanien	6.000
Türkei (europ. Teil)	55.500
Ungarn	742.800
UdSSR	5.000.000
Ukraine 2.994.684	
Weißrußland aus-	
schl. Bialystok 446.484	
Zusammen: über	11.000.000

3 – Auflistung aus dem Protokoll zur Wannsee-Konferenz. Dieser Auszug stellt die Anzahl der in den aufgelisteten Ländern lebenden Juden fest und zeigt gleichzeitig, wie viele Juden der NS-Staat zu töten beabsichtigte.

Q1 Protokoll der Besprechung über die Verwirklichung der geplanten „Endlösung der Judenfrage" vom 20.01.1942:

III. Anstelle der Auswanderung ist nunmehr als weitere Lösungsmöglichkeit nach entsprechender vorheriger Genehmigung durch den Führer die Evakuierung der Juden nach dem Osten getreten. (...) Unter entsprechender Leitung sollen im Zuge der Endlösung die Juden in geeigneter Weise im Osten zum Arbeitseinsatz kommen. In großen Arbeitskolonnen, unter Trennung der Geschlechter, werden die arbeitsfähigen Juden straßenbauend in die Gebiete geführt, wobei zweifellos ein Großteil durch natürliche Verminderung ausfallen wird. Der allfällig endlich verbleibende Restbestand wird, da es sich bei diesem zweifellos um den widerstandsfähigsten Teil handelt, entsprechend behandelt werden müssen, da dieser, eine natürliche Auslese darstellend, bei Freilassung als Keimzelle eines neuen jüdischen Aufbaues anzusprechen ist. (...) Im Zuge der praktischen Durchführung der Endlösung wird Europa von Westen nach Osten durchkämmt.

❶ ▪ Arbeite anhand der Karte die Unterschiede zwischen den Konzentrationslagern heraus. Berücksichtige hierbei die in der Legende genannten Arten von Konzentrationslagern und ihre Lage.

❷ ▪ Zufällig wurde eine Abschrift des Protokolls der sogenannten Wannsee-Konferenz nach dem Krieg entdeckt. Erkläre unter diesem Blickwinkel die besondere Bedeutung der Gedenkstätte „Haus der Wannsee-Konferenz" heute. Die Bilder und Dokumente dieser Doppelseite sowie die Homepage der Gedenkstätte helfen dir dabei.

❸ ▪ Analysiere Q1 und Bild 3 bezüglich der Fakten und der Sprache. Bewerte anschließend die Wortwahl. Ermittle Formen der Verfolgung und den „Code" der NS-Sprache (Wortwahl und Bedeutung).

❹ ▪ Die „Endlösung der Judenfrage" war ein Völkermord. Darunter ist die Vernichtung nationaler, ethnischer, religiöser oder durch ihre Kultur bestimmter Gruppen durch Tötung, psychische und physische Gewalt sowie Entzug menschenwürdiger Lebensbedingungen zu verstehen. Völkermord ist eine schwerwiegende Straftat nach nationalem und internationalem Recht. Begründet in Kleingruppen die besondere Verantwortung Deutschlands angesichts der ca. 6 Millionen getöteten Juden in der Zeit des Nationalsozialismus.

Was geschah in den Konzentrationslagern?

Erläuterungen zur Grafik:

„Bibelforscher"
Häftlinge, die zumeist der Religionsgemeinschaft der Zeugen Jehovas angehörten. Diese gerieten u. a. in Konfrontation mit dem NS-Regime, weil sie den Militärdienst strikt ablehnten.

„Asoziale"
So wurden im NS-Staat verschiedene Gruppen bezeichnet, die außerhalb der „Volksgemeinschaft" (s. S. 66/67) standen und deshalb ausgegrenzt wurden. Hierzu gehörten z. B. Obdachlose, Bettler, Landstreicher, Wanderarbeiter, Umherziehende (Sinti, Roma, Jenische, s. S. 84), Prostituierte und Zuhälter.

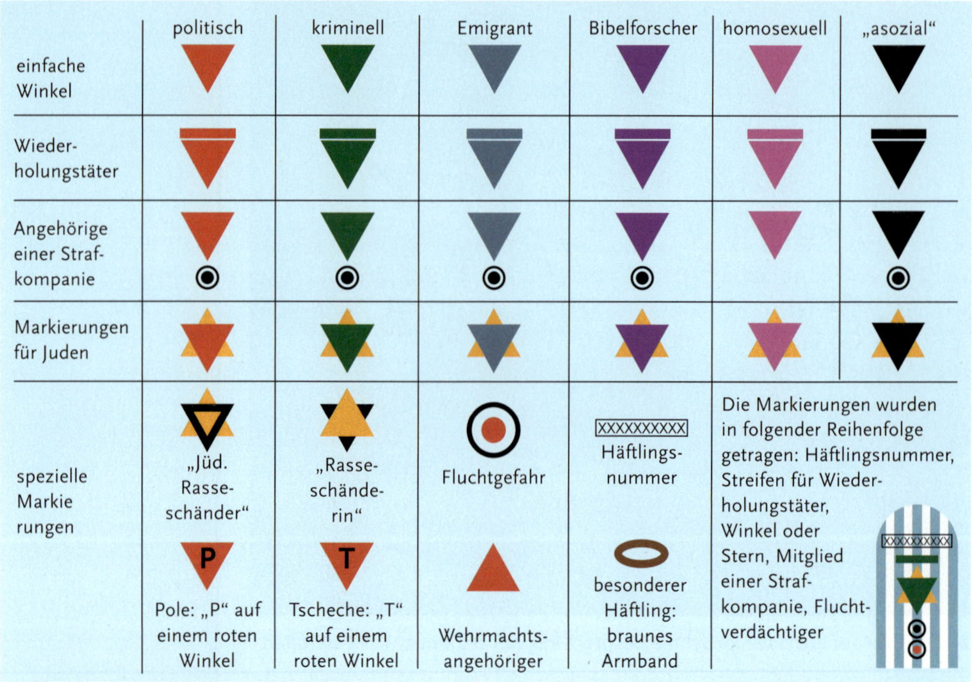

✳ **Krematorium**
Anlage zur Verbrennung von Leichen

	politisch	kriminell	Emigrant	Bibelforscher	homosexuell	„asozial"
einfache Winkel	▽	▽	▽	▽	▽	▽
Wiederholungstäter	▽	▽	▽	▽	▽	▽
Angehörige einer Strafkompanie	▽◉	▽◉	▽◉	▽◉		▽◉
Markierungen für Juden	✡	✡	✡	✡	✡	✡
spezielle Markierungen	„Jüd. Rasseschänder"	„Rasseschänderin"	Fluchtgefahr	Häftlingsnummer ⬡⬡⬡⬡⬡⬡⬡⬡		Die Markierungen wurden in folgender Reihenfolge getragen: Häftlingsnummer, Streifen für Wiederholungstäter, Winkel oder Stern, Mitglied einer Strafkompanie, Fluchtverdächtiger
	Pole: „P" auf einem roten Winkel	Tscheche: „T" auf einem roten Winkel	Wehrmachtsangehöriger	besonderer Häftling: braunes Armband		

1 – Tabelle über die von den Nationalsozialisten verwendetet Häftlinge in Konzentrationslagern.

Der Mensch wird zur Nummer

Das Deutsche Reich war seit 1933 mit einem Netz aus Haupt- und Nebenlagern überzogen worden. Die sieben Hauptlager waren Dachau, Flossenbürg, Sachsenhausen, Buchenwald, Bergen-Belsen, Ravensbrück und Mauthausen. Hinzu kamen noch mehr als 1000 Außenlager. Häftlinge kamen zur Bestrafung, „Umerziehung", Ausbeutung ihrer Arbeitskraft und aus rassistisch sowie politisch motivierten Gründen in Konzentrationslager (KZ). Nach der Ankunft wurden sie kahl geschoren, bekamen eine Nummer eintätowiert, mussten blau-weiß gestreifte Häftlingskleidung anlegen und in überfüllte Baracken einziehen.

Die täglichen Nahrungsrationen waren gering und reichten bei der schweren körperlichen Arbeit zum Überleben nicht aus. Jeden Tag gab es nur dünne Suppe, dazu meist verschimmeltes Brot, wenig Wurst, Margarine und Marmelade.

Die Vernichtungslager

Einige Konzentrationslager waren reine Vernichtungslager (s. Karte S. 86). Dort wurden die Menschen massenweise in Zügen wie Tiere ins Lager gebracht. Nach ihrer Ankunft wurden sie gleich an der Rampe von Ärzten in Augenschein genommen und sofort „sortiert". Die noch Arbeitsfähigen mussten nach rechts und die Todeskandidaten nach links gehen. Diesen Vorgang nannte man damals „Selektion". Die noch Arbeitsfähigen wurden durch Arbeit vernichtet, z. B. in Industriebetrieben oder bei Straßenbauarbeiten in der Nähe. Die zweite Gruppe wurde in die Gaskammern geführt. Das größte Konzentrationslager war Auschwitz. Für die schnelle Tötung der Menschen in diesem und den anderen Vernichtungslagern hatte der Pharma- und Chemiekonzern IG Farben ein Gas entwickelt , das billig war und in kurzer Zeit viele Menschen töten konnte – Zyklon B. Aber auch Dieselabgase wurden in den Gaskammern verwendet. In einer Kammer konnten bis zu 1000 Menschen vergast werden.

2 – SS-Offiziere in Auschwitz. Von links: Dr. Josef Mengele (1911–1979), Rudolf Höß (1900–1947), Josef Kramer (1906–1945) und Anton Thumann (1912–1946)

Der Kampf ums Überleben

Die KZ-Insassen waren der Willkür des Wachpersonals schutzlos ausgeliefert. Die Lager waren mit Stacheldrahtzäunen, Wachtürmen und Wassergräben gesichert. Fluchtversuche endeten zumeist tödlich. Der Kampf ums tägliche Überleben, die ständige Angst vor Schikanen und Schlägen durch die Wachmannschaften, Krankheiten und Schwäche sowie der ständige Hunger machten den Häftlingsalltag zur Hölle.

Das Arbeits- und Vernichtungslager Auschwitz

Auschwitz in der Nähe von Krakau im Süden des von Deutschland besetzten Polens war das größte Konzentrationslager. Es steht bis heute stellvertretend für einen systematisch durchgeführten Völkermord – die Shoah, auch Holocaust genannt. Man schätzt, dass in Auschwitz mehr als eine Million Menschen getötet wurde. Die meisten waren Juden aus ganz Europa. Unter dem Lagerkommandanten Rudolf Höß (s. Bild 2). wurde Auschwitz zu einer Todesfabrik ausgebaut.

Q1 Der Lagerkommandant Höß beschrieb 1946 den Vernichtungsvorgang:
Die zur Vernichtung bestimmten Juden wurden möglichst ruhig – Männer und Frauen getrennt – zu den *Krematorien geführt. Im Auskleideraum wurde ihnen durch die dort beschäftigten Häftlinge des Sonderkommandos in ihrer Sprache gesagt, dass sie hier nun zum Baden und zur Entlausung kämen, dass sie ihre Kleider ordentlich zusammenlegen sollten und vor allem den Platz zu merken hätten, damit sie nach der Entlausung ihre Sachen schnell wiederfinden könnten. (...) Nach der Entkleidung gingen die Juden in die Gaskammer, die, mit Brausen und Wasserleitungsröhren versehen, völlig den Eindruck eines Baderaums machte. (...) Das ging fast immer ganz ruhig, da die Ängstlichen und das Verhängnis vielleicht Ahnenden von den Häftlingen des Sonderkommandos

beruhigt wurden. (...) Die Tür wurde nun schnell zugeschraubt und das Gas sofort durch die bereitstehenden Desinfektoren in die Einwurflöcher durch die Decke der Gaskammer in einen Luftschacht bis zum Boden geworfen. Durch das Beobachtungsloch in der Tür konnte man sehen, dass die dem Einwurfschacht am nächsten Stehenden sofort tot umfielen. (...) Die anderen fingen an zu taumeln, zu schreien und nach Luft zu ringen. Das Schreien ging aber bald in Röcheln über und in wenigen Minuten lagen alle. Nach spätestens 20 Minuten regte sich keiner mehr. (...) Den Leichen wurden nun durch das *Sonderkommando die Goldzähne entfernt und den Frauen die Haare abgeschnitten. Hiernach wurden sie durch den Aufzug nach oben gebracht vor die inzwischen angeheizten Öfen.

* **Sonderkommando** So wurden die Arbeitskommandos genannt, die aus Häftlingen bestanden. Sie wurden dazu gezwungen, die Ermordung der Deportierten vorzubereiten, die Leichen auszuplündern und zu verbrennen.

❶▶ Nenne mithilfe von Bild 1 die verschiedenen Häftlingsgruppen im KZ.
❷▶ Beschreibe mithilfe des Textes den Alltag der Häftlinge im KZ.
❸▶ Werte Q1 anhand der folgenden Kriterien aus:
  – Haltung des Schreibers zum Geschehen,
  – Darstellung des Vernichtungsvorgangs,
  – Beschreibung der Aufgaben des „Sonderkommandos",
  – Reaktion der Opfer.
❹▶ Bildet Gruppen und recherchiert zu den Lebensläufen der Personen in Bild 2. Tragt eure Ergebnisse der Klasse vor und beurteilt die Rolle dieser Personen im Nationalsozialismus.
❺▶ Am 27. Januar 1945 wurde das KZ Auschwitz befreit. Seit 2005 ist dieser Tag dem Gedenken an die Opfer des Nationalsozialismus gewidmet. Recherchiert, wie dieser Gedenktag begangen wird und bewertet seine Bedeutung.

Konzentrationslager in Sachsen-Anhalt

1 – Gedenktafel am ehemaligen KZ-Außenlager der KZ Ravensbrück und Buchenwald in den Polte-Rüstungswerken Magdeburg, Foto, 2020.

Errichtung von Konzentrationslagern

Gleich nach ihrer Machtübernahme 1933 sperrten die Nationalsozialisten Kommunisten, SPD-Anhänger und viele andere in sogenannte „wilde" Lager. Diese Lager wurden in alten Fabriken, stillgelegten Arbeits- und Zuchthäusern oder auf ehemaligen Truppenübungsplätzen errichtet. Ab 1934 wurden diese Lager nach und nach aufgelöst. An ihrer Stelle errichteten die Nationalsozialisten ab 1933 Konzentrationslager (KZ). Ein Beispiel für ein früh entstandenes Konzentrationslager ist das aus einem ehemaligen Zuchthaus entstandene Lager Lichtenburg in Prettin (bei Wittenberg). Bei Halberstadt entstand 1944 das Lager Langenstein-Zwieberge als Außenlager des KZ Buchenwald. Etwa 7 000 Häftlinge sollten zur unterirdischen Produktion von Rüstungsgütern ein Stollensystem graben. Viele Häftlinge starben an den unmenschlichen Arbeitsbedingungen. In diesen Konzentrationslagern wurden Menschen eingesperrt, die von den Nationalsozialisten aus politischen, religiösen oder rassischen Gründen verfolgt wurden. Nach Kriegsbeginn nahm die Zahl der Häftlinge enorm zu, weil viele Menschen aus den eroberten Ländern in die Lager verschleppt wurden.

Konzentrationslager in Sachsen-Anhalt

Auf dem Gebiet des heutigen Sachsen-Anhalts gab es keine reinen Vernichtungslager, aber zahlreiche Konzentrations- und Arbeitslager. So gab es Lager bei Genthin, Magdeburg, Leitzkau, Dessau, Wittenberg, Ballenstedt, Wölfen, Schkopau und Spergau. Außerdem unterhielten viele Betriebe Außenlager der KZ Buchenwald und Ravensbrück, deren Häftlinge an die jeweiligen Firmen „vermietet" wurden.

Billige Arbeitskräfte: KZ-Häftlinge

Für die Rüstungskonzerne in der Provinz Sachsen und in Anhalt waren auch die seit 1942 eingesetzten KZ-Häftlinge billige Arbeitskräfte. Durch das Beispiel des Krupp-Konzerns und der IG Farben angeregt, bemühten sich viele Betriebe um die Einrichtung von Außenlagern der KZ-Hauptlager Auschwitz, Buchenwald und des Frauenlagers Ravensbrück in der Nähe ihrer Werke. Den Häftlingen wurde kein Arbeitslohn gezahlt. Stattdessen wurden nur „Leihgebühren" an das jeweilige Hauptlager entrichtet – vier bis acht Reichsmark pro Häftling und Tag. In Magdeburg wurde das erste KZ-Außenlager am 18. Juni 1944 für die Braunkohle und Benzin-AG (Bra-BAG) in Rothensee mit 800 Häftlingen aus Auschwitz und Buchenwald errichtet. Die meisten von ihnen waren ungarische Juden. Drei Monate später war ihre Zahl bereits auf 1 829 angewachsen. Der Polte-Konzern (Maschinenbau und Munitionsherstellung) unterhielt Ende Januar 1945 ein KZ-Außenlager mit 2 998 Häftlingen aus Buchenwald und Ravensbrück (s. Bild 1). In Wernigerode wurde 1943 das am Veckenstedter Weg gelegene Zwangsarbeitslager in ein Außenlager des KZ Buchenwald umgewandelt. 800 KZ-Insassen wurden im Rautalwerk zur Produktion elektrischer Anlagen gezwungen. Auch auf dem Betriebsgelände der Filmfabrik Wölfen richtete die SS auf Antrag der Firma ein Außenlager des KZ Ravensbrück ein.

M1 Ein Beispiel: Das KZ Langenstein-Zwieberge bei Halberstadt

Die Gedenkstätte erinnert an die Häftlinge des KZ-Außenlagers Langenstein-Zwieberge:

Im März 1944 lagen im Reichsministerium für Rüstung und Kriegsproduktion erste Planungen zur Errichtung eines unterirdischen Stollensystems mit einer Grundfläche von bis zu 60 000 m² und einer Gesamtlänge von 13 km vor. Unter dem Decknamen „Malachit" sollte die Produktion der Junkers Flugzeug- und Motorenwerke unter Tage verlagert werden. Zur Unterbringung der benötigten Arbeitskräfte ließ die SS im April 1944 nahe des Ortes Langenstein an den Zwiebergen ein Außenlager des KZ Buchenwald errichten. Als Unterkünfte für die eintreffenden Häftlingstransporte dienten zunächst ein Nebengebäude des Gasthofes „Landhaus" sowie eine am Ortsrand gelegene Feldscheune. Ab August 1944 stand ein Barackenlager zur Unterbringung von 2 000 Häftlingen zur Verfügung, in dem mehr als 5 000 Menschen zusammengepfercht wurden.

Unter der Bezeichnung B2/Malachit mussten sie von April 1944 bis April 1945 ein 13 km langes Stollensystem in die Thekenberge bei Halberstadt (Sachsen-Anhalt) treiben. Infolge der körperlichen Strapazen und der mangelhaften Ernährung starben innerhalb von nur zwölf Monaten nahezu 2 000 Häftlinge.

Am 9. April 1945, mit weiterem Vorrücken der Alliierten, gab die SS-Führung das Lager auf. 3 000 noch gehfähige Häftlinge wurden auf einen Todesmarsch getrieben, den nur etwa 500 von ihnen überlebten. Wenige Tage später erreichten US-amerikanische Truppen Langenstein. Sie befreiten die rund 1 400 in Zwieberge verbliebenen Gefangenen und brachten die entkräfteten Menschen in einem Feldlazarett im Innenhof einer Halberstädter Kaserne unter.

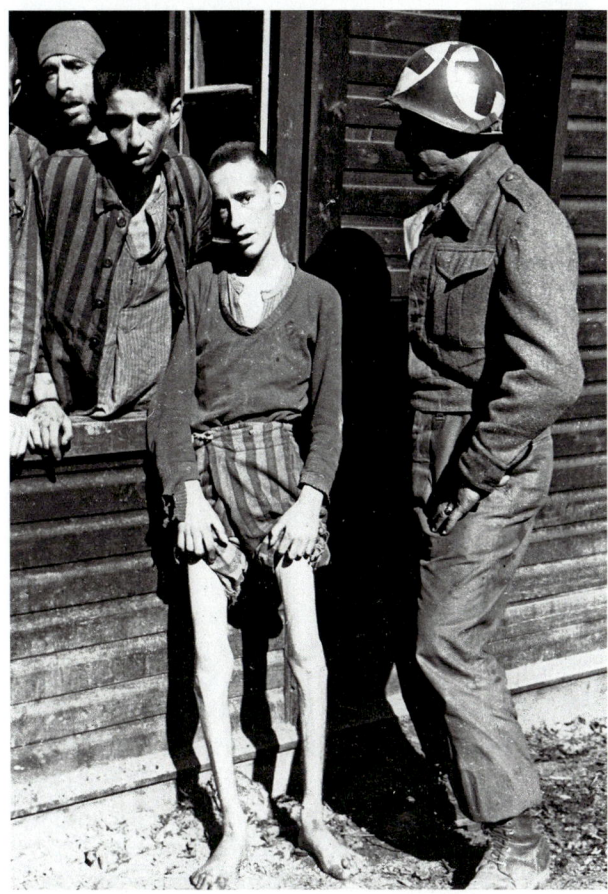

2 – Ein US-Sergeant spricht mit einem soeben befreiten, unterernährten Häftling des KZ Langenstein-Zwieberge. Der Häftling wog 45 Kilo. Foto, 19.04.1945.

❶ ⬛ Recherchiere zum KZ in den Polte-Rüstungswerken (Bild 1) und finde heraus, wofür die Häftlinge in den Konzentrationslagern eingesetzt wurden.

❷ ⬛ Sieh dir die Bilder 1 und 2 an und schreibe unter Zuhilfenahme der Texte einen Kurzbericht über die Lebensbedingungen im Lager Langenstein-Zwieberge.

❸ ⬛ Erkundigt euch nach einer Gedenkstätte zur Geschichte des Nationalsozialismus in eurer näheren Umgebung und bereitet einen Besuch dieser Gedenkstätte vor.

❹ ⬛ Falls ihr keine Gedenkstätte in eurer Nähe auffindet, bereitet einen Besuch der Gedenkstätte Langenstein-Zwieberge vor:
Gedenkstätte KZ Langenstein-Zwieberge
Vor den Zwiebergen 1
38895 Langenstein
Tel. 03941-56 73 24
gedenkstaette-langenstein.sachsen-anhalt.de
Nehmt die Methodenseite „Gedenkstätten besuchen" auf S. 146/147 zu Hilfe.

❺ ⬛ Präsentiert die Ergebnisse eures Besuchs in Form einer Wandzeitung oder einer kleinen Ausstellung.

Wie geschah der Völkermord an den europäischen Juden?

1 – Juden im Warschauer Ghetto werden vor dem Abtransport ins Vernichtungslager Treblinka von SS-Offizieren verhört. Foto, 1943.

✱ eliminatorisch
auf Ausmerzung bzw. vollständige Beseitigung abzielend

✱ Treblinka
war ein reines Vernichtungslager im deutsch besetzten Polen. Die Gesamtzahl der zwischen Juli 1942 und August 1943 hier ermordeten Menschen liegt deutlich über 700 000 und wird sogar auf über eine Million Menschen geschätzt.

Die Shoah (Holocaust)

Millionen Juden und weitere Angehörige sogenannter minderwertiger Rassen gerieten unter deutsche Herrschaft, als die Wehrmacht ihre Heimatländer besetzte. Damit verschlechterte sich ihre Situation dramatisch. In den besetzten Gebieten zwangen die Deutschen die jüdische Bevölkerung zum Umzug in spezielle „Judenbezirke" (Ghettos), wo sie verstärkt der Kontrolle und dem Terror des deutschen Regimes ausgesetzt waren. Dort starben bereits Tausende durch Hunger und Krankheiten. Aus den Ghettos wurden die Juden, zusammengepfercht in Viehwaggons, zu den Vernichtungslagern in abgelegenen Gegenden Polens transportiert. In Auschwitz (s. S. 88/89) begutachteten SS-Ärzte die Angekommenen und „selektierten" sie, d. h., sie sonderten die zur Schwerstarbeit in den benachbarten Fabriken vorgesehenen Menschen von den anderen aus. Die nicht Arbeitsfähigen, etwa vier Fünftel der Menschen eines Transportzuges, wurden sofort in den Gaskammern ermordet. In Vernichtungslagern wie Auschwitz-Birkenau starben bis 1945 sechs Millionen jüdische Menschen – es waren Todesfabriken. Diese Lager kosteten aber auch anderen das Leben, zum Beispiel Sinti und Roma oder Anhängern der Zeugen Jehovas.

Die Ermordung von Millionen Juden in Vernichtungslagern folgte auf die Phase der Entrechtung und Verfolgung. Sie war die konsequente Umsetzung der NS-Rassenideologie. Die Deportation der Juden, Sinti und Roma in die Vernichtungslager begann 1941, die Massenvergasungen 1942. Den Völkermord an den Juden verschleierten die Nationalsozialisten mit dem Begriff „Endlösung". Die Geschichtsschreibung spricht von Holocaust (griech. „totale Verbrennung"). Überlebende Juden nennen die Ereignisse meist Shoah (hebr. „Katastrophe"). Sie gilt als einmaliges Verbrechen und als Zivilisationsbruch, weil hier staatlich legitimierter und industrieller Massenmord begangen wurde. Außerdem wurden dabei die Grundlagen menschlichen Zusammenlebens und das Vertrauen in die Vernunft des Menschen aufgehoben.

Beschlossen wurde der Holocaust auf der Wannsee-Konferenz vom 20.01.1942, auf der die Koordination eines systematischen Mordes an allen Juden Europas abgesprochen wurde (s. S. 86/87). Zum Zeitpunkt der Konferenz am Wannsee war bereits über eine halbe Million Menschen ermordet worden.

Mittäterschaft

Insgesamt fielen der Shoah ca. sechs Millionen europäische Juden zum Opfer, darunter ca. 1,5 Millionen Kinder. Nur ca. 10 000 deutschen Juden gelang es, sich zu verstecken oder zu fliehen. Viele, die von den Verbrechen an den Juden wussten oder etwas ahnten, schwiegen. Auch wenn es Menschen gab, die sich gegen die NS-Regierung stellten, erfuhren die Juden insgesamt nur wenig Hilfe aus der Bevölkerung. Die Planung und Durchführung der sogenannten „Endlösung" wäre nicht möglich gewesen, hätten sich daran nur die NS-Spitzen beteiligt. Eine solche Unternehmung erforderte auch die Mithilfe der mittleren und unteren Führungsebenen, also der Männer und Frauen, die in den Kommunen, Behörden, Polizeidienststellen und Verkehrsbetrieben des Deutschen Reiches sowie in den Konzentrations- und Vernichtungslagern arbeiteten. Auch die Vertreter der Kirchen protestierten nur in wenigen Fällen gegen die Verfolgungen und den Massenmord.

2 – Die Ermordung der europäischen Juden.

Q1 Bericht von Sol Liber, geb. 1923, der m Mai 1943 vom Warschauer Ghetto ins Vernichtungslager *Treblinka gebracht wurde, aber überlebte:

Man wurde in den Transporter hineingestoßen, man hatte keine Luft zum Atmen, es gab kein Wasser, es gab gar nichts. Und für viele war dies das Ende. Einige der Menschen aus unserem Transporter versuchten, die Köpfe aus dem Zug zu strecken, um herauszufinden, wohin wir fuhren. Aber auf einigen Begleitfahrzeugen dieses Transports hatten sie Gewehre und so wurden die Menschen, die ihre Köpfe herausgestreckt hatten, einfach ins Genick geschossen. Kinder und Frauen waren auch dabei. Als wir in Treblinka ankamen, trug man als Erstes die Kinder weg. Und die Mütter schrien. Es nützte ihnen aber gar nichts. Die Kinder wurden auf die andere Seite des Zauns gebracht und ich weiß nicht, was mit ihnen geschehen ist.

M1 Der US-amerikanische Politikwissenschaftler Daniel Goldhagen schrieb 1996 über das Verhältnis der einfachen Deutschen zum Holocaust:

Hätten die ganz gewöhnlichen Deutschen die *eliminatorischen Ideale ihrer Führung nicht geteilt, dann hätten sie dem sich stetig verschärfenden Angriff auf ihre jüdischen Landsleute und Brüder mindestens ebenso viel Widerstand und Verweigerung entgegengesetzt wie den Angriffen ihrer Regierung gegen die Kirchen oder dem sogenannten Euthanasieprogramm. Wie bereits erörtert, zuckten die Nationalsozialisten (...) zurück, wenn sie auf breiteren und ernsthaften Widerstand stießen. Hätten sie es mit einer deutschen Bevölkerung zu tun gehabt, die Juden als Menschen wie alle anderen auch betrachtet und in ihnen Brüder und Schwestern gesehen, dann wäre den Nationalsozialisten ihre Vernichtungspolitik kaum gelungen.

❶ 🔲 Erläutere die Maßnahmen gegenüber den europäischen Juden anhand des Bildes, von Q1 und des Textes und bewerte sie.

❷ 🔲 Erkläre anhand des Textes und der Karte die geografische Lage der Vernichtungslager.

▶ *Warum gibt es keine Vernichtungslager auf deutschem Gebiet?*

❸ 🔲 Die dritte Person von rechts auf Bild 1 ist der SS-Mann Heinrich Klaustermeyer. Recherchiere im Internet seinen Lebenslauf und trage der Klasse vor.

▶ *Beurteilt sein Handeln.*

❹ 🔲 Begründe, warum es sich beim Holocaust um einen Völkermord und um ein historisch einmaliges Verbrechen handelt.

❺ 🔲 Lies M1 und arbeite die Aussage Goldhagens heraus. Nimm Stellung dazu.

❻ 🔲 Diskutiert, warum die Frage nach Schuld und Verantwortung der Deutschen auch heute noch aktuell ist.

Wer leistete Widerstand gegen den NS-Staat?

1 – Die Geschwister Hans (1918–1943) und Sophie (1921–1943) Scholl – hier mit Christoph Probst (rechts) – von der „Weißen Rose". Alle wurden am 22. Februar 1943 in München-Stadelheim hingerichtet.

Georg Elser (1903–1945)

Clemens August Graf von Galen (1878–1946)

✳ Tyrannis
war eine gewaltsam errichtete Herrschaftsform im antiken Griechenland; sie ist durch Willkür und Unterdrückung gekennzeichnet.

Zwischen Zweifel und Hoffen

Anders als in den von Deutschland besetzten Ländern dauerte es im eigenen Land lange, bis sich Anzeichen von aktivem Widerstand in der Öffentlichkeit zeigten. Viele Menschen

- fürchteten sich vor Verfolgung und Bestrafung,
- hatten Bedenken, gegen die eigene Regierung zu kämpfen,
- glaubten durch die NS-Propaganda, für die richtige Sache einzustehen.

Dies führte dazu, dass erst mit der Wende des Krieges 1943 ein zielführender Widerstand geübt wurde.

Georg Elser

Der Schreiner Georg Elser aus Königsbronn in Württemberg verübte bereits am 8. November 1939 allein ein Attentat auf Hitler. Mit einer selbst gebauten Bombe versuchte er, Hitler zu töten, während dieser eine Rede im Bürgerbräukeller in München hielt. Das Attentat misslang, da Hitler den Raum früher verließ. Nach jahrelanger Haft wurde Georg Elser im April 1945 im KZ Dachau ermordet.

Widerstand aus christlichen Motiven

Die Kirchen schwankten zwischen Duldung und Widerstand gegen das NS-Regime. Es waren Einzelne, die öffentlich gegen die Verfolgung von Mitmenschen, „Euthanasie" und Rassenlehre eintraten. Die evangelischen Pastoren Martin Niemöller, Paul Schneider und die katholischen Geistlichen Rupert Mayer und Bernhard Lichtenberg sind die Bekanntesten unter ihnen. Für ihren Widerstand wurden sie jahrelang in Konzentrationslagern gefangen gehalten. Die beiden großen Amtskirchen leisteten jedoch keinen offenen Widerstand. Der Bischof von Münster, Clemens August Graf von Galen, prangerte 1941 in seinen Predigten den Mord an psychisch Kranken und Behinderten an: „Jetzt sind es die Unproduktiven", rief er. „Wann sind die anderen an der Reihe?" Da er bei der Bevölkerung sehr beliebt war, wagte es die NS-Führung nicht, ihn zu verhaften. Auch der evangelische Bischof Theophil Wurm verurteilte wie von Galen die Tötung von psychisch Kranken und Behinderten in seinen Predigten. Beide konnten erreichen, dass die Tötungen zeitweise eingestellt wurden.

Die „Weiße Rose"

Ab dem Sommer 1942 verteilten die Mitglieder einer Münchner Studentengruppe Flugblätter, die zum Widerstand gegen das NS-Regime aufriefen. Die Gruppe nannte sich „Weiße Rose". Zu dieser Gruppe gehörten die Geschwister Sophie und Hans Scholl, ihre Freunde Willi Graf, Christoph Probst und Alexander Schmorell sowie der Münchner Professor Kurt Huber. Am 18. Februar 1943 wurden die Geschwister Scholl und ihre Freunde verhaftet. Ein Mitarbeiter der Universität hatte beobachtet, wie sie Flugblätter an ihrer Universität ausgelegt hatten. Die Geschwister Scholl und Christoph Probst wurden zum Tode verurteilt und am 22. Februar hingerichtet. Einige Monate später wurden auch Kurt Huber, Alexander Schmorell und Willi Graf zum Tode verurteilt und getötet.

*Swingjugend und Edelweiß-Piraten

Jugendliche organisierten sich während des Krieges in vielen deutschen Städten in Cliquen. Sie trafen sich in Cafés oder Klubs, um Swingmusik zu hören. Diese Musik war von den Nationalsozialisten verboten worden. So protestierte die Swingjugend in Hamburg mit langem Haarschnitt, mit einer bewusst lässigen Kleidung und besonderen Abzeichen dagegen, dass der Staat sie bevormundete.

Im rheinisch-westfälischen Industriegebiet trafen sich Jugendliche aus dem Arbeitermilieu. Sie lehnten den Drill und die wachsende Militarisierung der Hitlerjugend ab. Sie wurden „Edelweiß-Piraten" genannt, weil sie als Erkennungszeichen eine Edelweiß-Anstecknadel trugen. In Köln wurden 13 Jungen der Edelweiß-Piraten am 10. November 1944 von der Gestapo gehängt.

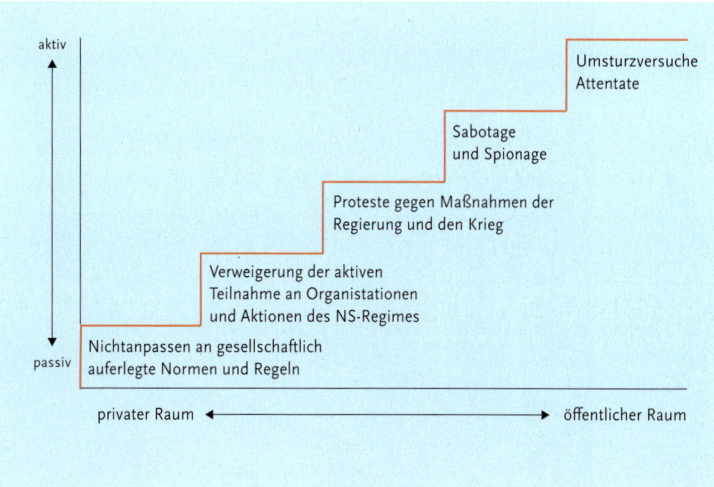

2 – Stufen abweichenden Verhaltens 1933–1945, entwickelt von dem Historiker Detlev Peukert.

Q1 In seiner Vernehmung sagte Georg Elser:
(D)er von mir seit Herbst 1938 vermutete unvermeidliche Krieg beschäftigte stets meine Gedankengänge. (...) Die von mir angestellten Betrachtungen zeitigten das Ergebnis, dass die Verhältnisse in Deutschland nur durch eine Beseitigung der augenblicklichen Führung geändert werden könnten. (...) Ich wollte ja auch durch meine Tat noch größeres Blutvergießen verhindern.

Q2 In dem letzten Flugblatt der „Weißen Rose" vom Februar 1943 hieß es unter dem Eindruck der Niederlage der deutschen Truppe bei der russischen Stadt Stalingrad:
Erschüttert steht unser Volk vor dem Untergang der Männer von Stalingrad. (...) Wollen wir den niederen Machtinstinkten einer Parteiclique den Rest der deutschen Jugend opfern? Nimmer mehr! Der Tag der Abrechnung ist gekommen, der Abrechnung der deutschen Jugend mit der verabscheuungswürdigsten *Tyrannis, die unser Volk je erduldet hat. Im Namen der deutschen

Jugend fordern wir vom Staat Adolf Hitlers die persönliche Freiheit, das kostbarste Gut des Deutschen, zurück, um das er uns in der erbärmlichsten Weise betrogen (hat).

* Swing
Stilrichtung des Jazz; in den 1920er-Jahren in den USA entstanden

❶ 🔳 Erläutere mithilfe von Q1, wie Georg Elser sein Attentat begründet.
❷ 🔳 Beschreibe mithilfe des Textes den Widerstand aus christlichen Motiven.
❸ 🔳 Werte Q2 aus und erkläre, was die Mitglieder der „Weißen Rose" anprangerten.
❹ 🔳 Ordne den auf dieser Seite beschriebenen Widerstand der Grafik in Bild 2 zu.
❺ 🔳 Beschreibe die Mittel, welche die auf dieser Doppelseite beschriebenen Personen nutzten, um Widerstand zu leisten.
❻ 🔳 Führe eine Recherche über Widerstandskämpfer aus deiner Heimatregion durch.
▶ *Straßennamen, Namen für öffentliche Gebäude, Stolpersteine und Denkmäler im Ort können dir hierbei helfen.*
❼ 🔳 Der Historiker Richard Löwenthal schrieb 1982: „Der deutsche Widerstand (...) war immer die Leistung einer Vielzahl zersplitterter (...) Minderheiten – niemals eine Massenbewegung mit umwälzender Wirkung." Beurteile die Aussage. Gehe dabei auch auf Möglichkeiten und Grenzen des Widerstands ein.

Wie kam es zum militärischen Widerstand?

1 – Die zerstörte Lagerbaracke nach dem Attentat am 20. Juli 1944. Foto, 1944.

Claus Schenk Graf von Stauffenberg (1907–1944)

Helmuth James Graf von Moltke (1907–1945)

Ziviler und militärischer Widerstand

Die Niederlage von Stalingrad, die geglückte Invasion der Alliierten in der Normandie am 6.6.1944 („D-Day") und der Massenmord an den Juden in den Vernichtungslagern bedeuteten einen Wendepunkt für die Widerstandskämpfer. Bisher war der Widerstand auf vereinzelte Gruppen und mehr oder weniger erfolgreiche Einzelaktionen beschränkt gewesen (vgl. S. 94–95). Jetzt planten Militärs, Diplomaten und Beamten eine gemeinsame Aktion. Mit einem Attentat und Staatsstreich sollten Hitler und sein Regime beseitigt werden. Zivile Widerstandsgruppen um den ehemaligen Leipziger Oberbürgermeister Carl Friedrich Goerdeler (s. VIP auf S. 97) und den Gutsbesitzer und Juristen Helmuth James Graf von Moltke („Kreisauer Kreis") berieten dazu über eine neue staatliche Ordnung nach dem Sturz Hitlers. Sie standen in Verbindung mit dem militärischen Widerstand. Dieser hatte sich um den 1938 entlassenen Generaloberst Ludwig Beck gebildet. Es waren vor allem jüngere Wehrmachtsoffiziere, die den Widerstand trugen. Nachdem schon mehrere Attentatsversuche auf Hitler gescheitert waren, plante eine Gruppe um Oberst Claus Schenk Graf von Stauffenberg das Unternehmen „Walküre".

Der 20. Juli 1944

Am 20. Juli 1944 wurde Stauffenberg zu einer Besprechung mit Hitler nach Ostpreußen gerufen. Bei dem Treffen stellte er eine Aktentasche mit einer Bombe neben Hitler ab. Dann verließ er den Raum, um nach Berlin zu fliegen. Von dort sollte Stauffenberg den Umsturz selbst leiten. Die Bombe explodierte und tötete mehrere Menschen. Aber Hitler wurde nur leicht verletzt. Die meisten Generäle stellten sich nach dem Attentat auf Hitlers Seite. Deshalb brach der Umsturzversuch schnell zusammen. Stauffenberg und andere beteiligte Offiziere wurden noch in der Nacht des 20. Juli erschossen.
In den nächsten Monaten verhaftete die Gestapo über 5 000 Personen, die an dem Umsturzplan beteiligt waren. Viele wurden vom Volksgerichtshof zum Tode verurteilt.

Q1 Die Gruppe des 20. Juli hatte im Sommer 1944 einen Aufruf entworfen, in dem sie ihre Ziele nannte:
Deutsche! Hitlers Gewaltherrschaft ist gebrochen. (...) Um sich in der Macht zu halten, hat er eine Schreckensherrschaft errichtet. (...) Zahllose Deutsche, aber auch Angehörige anderer Völker, schmachten seit Jahren in Konzentrationslagern, den größten Qualen ausgesetzt und häufig schrecklichen Foltern unterworfen. (...) Unser Ziel ist die wahre, auf Achtung, Hilfsbereitschaft und soziale Gerechtigkeit gegründete Gemeinschaft des Volkes. Wir wollen Gottesfurcht anstelle von Selbstvergottung, Recht und Freiheit anstelle von Gewalt und Terror, Wahrheit und Sauberkeit anstelle von Lüge und Eigennutz. (...) Wir wollen mit besten Kräften dazu beitragen, die Wunden zu heilen, die dieser Krieg allen Völkern geschlagen hat, und das Vertrauen zwischen ihnen neu zu beleben. (...) Wir wollen der Hoffnungslosigkeit, dass dieser Krieg noch unendlich weitergehen müsse, ein Ende machen. Wir erstreben einen gerechten Frieden.

VIP

„Es ist eine fantastische Illusion, einen dauerhaften Frieden auf einen Pakt mit dem Teufel zu gründen."

Name: Carl Friedrich Goerdeler

Lebensdaten: 31. Juli 1884 – 2. Februar 1945

Familie: Goerdeler stammte aus einer gutbürgerlichen, konservativen Beamtenfamilie.

Jugend/Schule/Ausbildung:
- Ab 1891 besuchte er das Gymnasium in Marienwerder (Abitur 1902).
- Von 1905 bis 1911 studierte er u. a. in Königsberg Rechtswissenschaften.

Werdegang:
- Goerdeler trat 1912 in den Staatsdienst in Solingen ein.
- Im Ersten Weltkrieg diente er als Offizier in Weißrussland.
- 1920 wurde er in Königsberg Zweiter Bürgermeister und 1930 Oberbürgermeister von Leipzig.
- Der Monarchist Goerdeler lehnte die parlamentarische Demokratie ab. Er war Mitglied der antidemokratischen Deutschnationalen Volkspartei.
- Goerdeler war ein wirtschaftspolitischer Fachmann. Ende 1931 ernannte der Reichskanzler ihn daher zum Reichspreiskommissar, um die Preise zu überwachen.
- Obwohl er kein Mitglied der NSDAP war, wurde er 1934 erneut Reichspreiskommissar.
- Goerdeler kritisierte schon bald die Wirtschafts- und Finanzpolitik der Nationalsozialisten. Er wurde daraufhin von Hitler als Reichspreiskommissar entlassen.
- 1937 entfernten die Nationalsozialisten in Leipzig das Denkmal des jüdischen Komponisten Mendelssohn Bartholdy. Daraufhin trat Goerdeler aus Protest als Oberbürgermeister zurück.
- Mit Ausbruch des Zweiten Weltkriegs führte Goerdeler mit Generaloberst Ludwig Beck den zivilen Widerstand gegen Hitler an.
- Die „Goerdeler-Gruppe" wollte Hitler stürzen und machte Pläne für eine Neuordnung Deutschlands nach Kriegsende. Ihnen schwebte ein autoritäres Reich wie unter Bismarck oder eine neue Monarchie vor.
- Kurz vor dem Stauffenberg-Attentat musste Goerdeler vor der Gestapo flüchten. Er wurde aber bald verraten und verhaftet. Am 8. September 1944 verurteilte man ihn zum Tode. Nach mehrmonatigen Verhören wurde er am 2. Februar in Berlin-Plötzensee hingerichtet.

Besonderheiten:
Carl Friedrich Goerdeler lehnte politischen Mord, also ein Attentat, aus moralischen Gründen ab.

Was bleibt:
Die historische Gestalt Goerdelers ist heute umstritten. Viele Unterdrückungsmaßnahmen gegen Juden nahm er ohne Protest hin. Zahlreiche Verordnungen zum Ausschluss von Juden aus dem öffentlichen Leben hat er selbst unterzeichnet. Andererseits besuchte er nach dem nationalsozialistischen Boykott im April 1933 demonstrativ jüdische Geschäfte.

❶ Untersuche in Q1, wie die Widerstandskämpfer ihren Schritt begründen. Welche Ziele nennen sie?

❷ Das Zitat oben stammt von Carl Friedrich Goerdeler. Er äußerte den Satz nach Bekanntwerden des Münchner Abkommens (s. S. 99). Erläutere ihn.

❸ Erläutere anhand des Steckbriefs, warum Goerdeler heute kritisch gesehen wird. Nimm anschließend dazu Stellung.

Worin bestand Hitlers „Außenpolitik"?

Voraussetzungen für einen Krieg

Hitlers weltanschauliche Überzeugungen liefen im Kern darauf hinaus, dass Deutschland unter nationalsozialistischer Führung einen neuen Krieg führen würde. Viele Menschen verschlossen vor dieser Einsicht ihre Augen. Hitler behauptete bereits 1925 in seinem Buch „Mein Kampf" (s. S. 58 f.), dass die Deutschen Angehörige einer Herrenrasse seien und das Recht hätten, ihren Lebensraum auf Kosten angeblich niedriger Rassen mit Gewalt, also durch Krieg, zu erweitern. Deutschland habe eine zu kleine Fläche, um das eigene Volk zu ernähren. Offen nannte er „Russland und die ihm untertanen Randstaaten" als Ziele seiner Kriegspolitik. Eng verbunden mit dieser Lebensraumideologie war Hitlers Judenhass (s. S. 58). Bis 1938 verschleierte Hitler aber seine Absichten und hielt „Friedensreden".

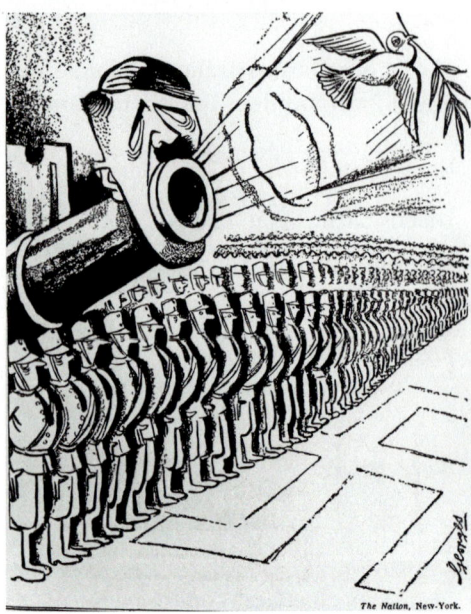

The Nation, New-York.

1 – Karikatur aus der amerikanischen Zeitschrift „The Nation" zu Hitlers „Friedensrede" vom 17. Mai 1933 im Deutschen Reichstag.

Friedensreden und Aufrüstung

* Revision
   Prüfung, Änderung.

Q1 Kurz nach der Machtübertragung erklärte Adolf Hitler am 17. Mai 1933 vor dem Reichstag:

... Indem wir in grenzenloser Liebe und Treue an unserem eigenen Volkstum hängen, respektieren wir die nationalen Rechte auch der anderen Völker aus dieser selben Gesinnung heraus und möchten aus tief innerstem Herzen mit ihnen in Frieden und Freundschaft leben. ... Die deutsche Regierung wünscht sich über alle schwierigen Fragen politischer und wirtschaftlicher Natur mit den anderen Nationen friedlich und vertraglich auseinanderzusetzen. Sie weiß, dass jeder militärische Akt in Europa, auch im Falle seines vollständigen Gelingens, gemessen an seinen Opfern in keinem Verhältnis steht zu möglichem, endgültigem Gewinn. ...

Noch in vielen anderen Reden zwischen 1933 und 1938 betonte Hitler seinen Willen zum Frieden. Aber bereits drei Tage nach seiner Ernennung zum Reichskanzler versprach er der Reichswehrführung, auf-

zurüsten und die allgemeine Wehrpflicht einzuführen. Dies geschah im März 1935. Er deutete seine Absicht an, neuen „Lebensraum" im Osten zu erobern.

1938 formulierte Hitler in einer geheimen Rede vor deutschen Verlegern unverblümt seine Methoden: Durch die Betonung des deutschen Friedenswillens habe er Deutschland die Zeit zum Aufrüsten verschafft. Nun müsse er das Volk auf einen Krieg vorbereiten.

* Revision des Versailler Vertrages

Durch viele Einzelaktionen hatte Hitler den Versailler Vertrag (s. S. 36/37) verletzt: die Stationierung deutschen Militärs im Rheinland 1936 und an der Ruhr, die neue Aufrüstung und Erhöhung der Truppenstärke, der Bruch von Zahlungsverpflichtungen. Doch die Lage in Europa hatte sich seit dem Ersten Weltkrieg wirtschaftlich und politisch so entwickelt, dass die ehemaligen Hauptgegner Frankreich und Großbritannien an einem Konflikt mit Deutschland nicht interessiert waren.

2 – Die Erweiterung des deutschen Machtbereichs nach 1938.

„*Appeasement-Politik"

Großbritannien und Frankreich wollten einen möglichen Krieg unter allen Umständen vermeiden. Am 12. März 1938 nahmen sie selbst den „Anschluss" Österreichs und die ihm folgende brutale Verfolgung von Juden und Regimegegnern hin. Die Regierungen in Großbritannien und Frankreich fürchteten den Ausbruch eines neuen großen Krieges und hofften, diese Gefahr zu bannen, indem sie Deutschland so weit wie möglich gewähren ließen. Hitler war daher bemüht, bei jedem seiner Schritte zu versichern, dies sei nun die letzte Forderung Deutschlands gewesen. So wurde zunächst nichts gegen die aggressive Politik Deutschlands unternommen.

Münchener Abkommen

Bereits im Mai 1938 drohte Hitler erneut mit Krieg, um seine Forderungen nach Abtretung des – vor allem von Deutschen besiedelten – Sudetenlandes durch die Tschechoslowakei an Deutschland durchzusetzen. Daraufhin trafen sich die Regierungschefs Italiens, Frankreichs, Großbritanniens und Deutschlands im September 1938 in München. Die betroffene Tschechoslowakei wurde nicht eingeladen. Im Münchener Abkommen (29.9.1938) billigten die drei Mächte die deutschen Forderungen nach Abtretung des Sudetenlandes und vereinbarten dafür mit Deutschland den Fortbestand der restlichen Tschechoslowakei. Diese musste die Münchener Entscheidung ohnmächtig hinnehmen. Es schien, als ob durch das britische und französische Entgegenkommen gegenüber Hitler der Frieden in Europa noch einmal gerettet worden sei.

„Protektorat" Böhmen und Mähren

Entgegen Hitlers Versicherung, nach dem „Anschluss" des Sudetenlandes keine Gebietsansprüche mehr zu stellen, überfielen deutsche Truppen am 15. März 1939 die Rest-Tschechoslowakei. Böhmen und Mähren wurden als „Protektorat" dem Reich ebenso eingegliedert wie das Memelland. Die Slowakei wurde ein „selbstständiger" Staat unter deutscher Oberhoheit.

* Appeasement-Politik (engl. = Beschwichtigung): Der Begriff bezeichnet die englische Beschwichtigungspolitik gegenüber Hitler, wie sie vor allem im Münchener Abkommen 1938 zum Ausdruck kam.

---

❶◼ Schildere, wie Hitler im Mai 1933 seine künftige Politik erklärt.

❷◼ Interpretiere die Karikatur (Bild 1). Setze sie in Beziehung zu Q1.

❸◼ Versetze dich in die Lage eines Tschechen / einer Tschechin und beurteile das Münchener Abkommen.

❹◼ Beschreibe die Vorgehensweise Hitlers und bewerte die europäischen Reaktionen.

Wie rüstete der NS-Staat auf?

1–Reichsparteitag der NSDAP Nürnberg 1938, Vorführung der Wehrmacht, Panzerkampfwagen. Foto, 1938.

✳ Vierjahresplan
Dies bedeutet, dass vom Staat innerhalb von vier Jahren bestimmte wirtschaftliche Ziele erreicht werden sollten.

Aufrüstung seit 1933

Durch staatlich gesteuerte ✳Vierjahrespläne richteten die Nationalsozialisten alle wirtschaftlichen Maßnahmen auf die Rüstung aus. Die Bewirtschaftung der Rohstoffeinfuhren und die besondere Förderung der Produktion einheimischer Rohstoffe und Ersatzstoffe sollten die deutsche Wirtschaft unabhängig von Einfuhren machen. Nach 1936 stellten die immer stärker werdenden staatlichen Lenkungsmaßnahmen die Industrieproduktion fast ausschließlich in den Dienst der Aufrüstung. Die Versorgung der Bevölkerung wurde bewusst nachrangig behandelt. Statt der dringend benötigten Wohnungen wurden die Mittel der Bauindustrie überwiegend für rüstungswichtige Objekte eingesetzt. 1939 wurden im Deutschen Reich 100 000 Wohnungen weniger fertiggestellt als 1929.

Nationalsozialisten und Industrie

Die innere Ordnung in den Industriebetrieben hatten die Nationalsozialisten durch die Zerschlagung der Gewerkschaften 1933 in ihrem Sinne geregelt. Der Einsatz der Gestapo (s. S. 70) in den Rüstungsbetrieben brach jeden Widerstand gegen die Aufrüstungspolitik. Die Unternehmer, seit 1934 „Führer des Betriebes" mit alleiniger Entscheidungsgewalt, arbeiteten im Rahmen der Vierjahrespläne eng mit den Nationalsozialisten zusammen. Die deutsche Rüstungs- und Schwerindustrie waren besonders an den Militärprogrammen Hitlers interessiert, da hier die größten Aufträge ergingen. Die politische Zielsetzung der Nationalsozialisten wurde daher auch aktiv unterstützt oder doch zumindest als notwendiges Übel mitgetragen. Manche wirtschaftliche Maßnahme, die als positive Errungenschaft dargestellt wurde, entsprang der nationalsozialistischen Vorbereitung auf den geplanten Krieg.

Kriegsproduktion in Sachsen-Anhalt

Die hoch entwickelte Industrie Mitteldeutschlands wurde unter den Nationalsozialisten vornehmlich unter dem Gesichtspunkt ihrer militärpolitischen Ziele ausgebaut. Dem diente zum Beispiel die Umrüstung des Leuna-Werkes auf die

Gewinnung flüssigen Treibstoffs aus Kohle. In Magdeburg und Zeitz entstanden Werke der Braunkohle-Benzin-AG (BraBAG). Das Buna-Werk bei Schkopau diente der Produktion synthetischen Kautschuks. An verschiedenen Standorten in Sachsen-Anhalt wurde auch die Flugzeugindustrie ausgebaut, darunter Dessau und Halberstadt mit den Junkers-Werken und Oschersleben mit der AGO (Flugzeugtypen Heinkel, Arado und Focke-Wulf).

Mit Beginn des Zweiten Weltkriegs 1939 wurden alle nichtmilitärischen Maßnahmen, wie z. B. der Bau des Mittellandkanals und der Bau von Autobahnbrücken für die Autobahn Halle – Magdeburg, zurückgestellt. Das heutige Sachsen-Anhalt wurde zu einer der Haupträstungsschmieden Hitlerdeutschlands. Leuna fertigte synthetischen Stickstoff zur Sprengstoffherstellung, Roßlau produzierte Pionierboote, Halle Infanteriegeschütze, Weißenfels Soldatenstiefel und Wittenberg Munition. In Dessau entwickelten die Junkers-Werke mit der JU 88 den damals modernsten und schnellsten Sturzkampfbomber ("Stuka"). Allein die in Magdeburg ansässige Firma Krupp-Gruson erhöhte ihren Umsatz in der Panzer- und Geschützproduktion von 26,5 Millionen RM 1938/39 auf 88,4 Millionen RM 1941/42.

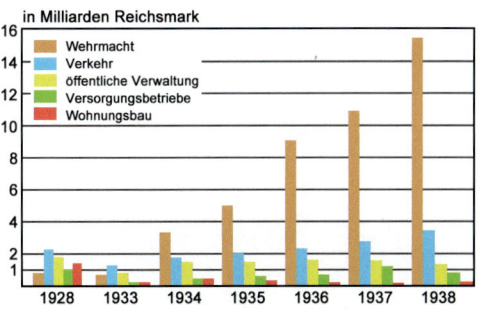

in Milliarden Reichsmark

- Wehrmacht
- Verkehr
- öffentliche Verwaltung
- Versorgungsbetriebe
- Wohnungsbau

2 – Die öffentlichen Ausgaben im Deutschen Reich

in sich schlösse. Wenn kein dem deutschen Rassekern entsprechendes politisches Ergebnis auf dem Gebiet des Raumes vorläge, so sei das eine Folge mehrhundertjähriger historischer Entwicklung und bei Fortdauer dieses politischen Zustandes die größte Gefahr für die Erhaltung des deutschen Volkstums auf seiner jetzigen Höhe. (...) Die deutsche Zukunft sei daher ausschließlich durch die Lösung der Raumnot bedingt, eine solche Lösung könne naturgemäß nur für eine absehbare, etwa ein bis drei Generationen umfassende Zeit gesucht werden. Zur Lösung der deutschen Frage könne es nur den Weg der Gewalt geben, dieser niemals risikolos sein.

Q1 Zusammenfassung des Treffens Hitlers mit den Befehlshabern der Streitkräfte am 5.11.1937 (Hossbach-Protokoll, Auszug):

Der Führer führte sodann aus: Das Ziel der deutschen Politik sei die Sicherung und die Erhaltung der Volksmasse und deren Vermehrung. Somit handele es sich um das Problem des Raumes. Die deutsche Volksmasse verfüge über 85 Millionen Menschen, die nach der Anzahl der Menschen und der Geschlossenheit des Siedlungsraumes in Europa einen in sich so fest geschlossenen Rassekern darstelle, wie er in keinem anderen Land wieder anzutreffen sei und wie er andererseits das Anrecht auf größeren Lebensraum mehr als bei anderen Völkern

❶ Analysiere Q1 und arbeite heraus:
   a) Was hielt Hitler für das Hauptproblem der deutschen Politik in den 1930er-Jahren?
   b) Wie möchte er dieses Problem lösen?

❷ Betrachte Bild 1 und erläutere, was die Nationalsozialisten mit diesen Aufführungen beabsichtigten. Ziehe den Text hinzu.

❸ Untersuche die Grafik und erläutere die Entwicklung der Ausgaben für die Wehrmacht im Vergleich zu den anderen öffentlichen Ausgaben.

▶ *Vermute, warum die Ausgaben für Verkehr nach 1933 stiegen.*

❹ Beschreibe mithilfe des Textes die Zusammenarbeit von Schwerindustrie und Nationalsozialisten.

❺ Notiere Stichworte für einen kurzen mündlichen Bericht mit dem Thema „Rüstungsschmiede Sachsen-Anhalt".

❻ Erläutere, wie die Ziele Hitlers in Q1 und die Aufrüstungspolitik den Ausbruch des Zweiten Weltkriegs beeinflussten.

Wie kam es zum Zweiten Weltkrieg?

1 – Nach dem Überfall auf Polen am 01.09.1939 rücken Truppen der deutschen Wehrmacht weiter ins Landesinnere vor. Foto, 03.09.1939.

1.9.1939: Deutscher Angriff auf Polen
3.9.1939: Kriegserklärung Großbritanniens und Frankreichs an Deutschland
10.5.1940: Deutscher Angriff gegen Belgien, die Niederlande, Luxemburg und Frankreich
22.6.1940: Waffenstillstand zwischen Deutschland und Frankreich
22.6.1941: Deutscher Angriff gegen die Sowjetunion
7.12.1941: Japanischer Angriff auf den amerikanischen Stützpunkt Pearl Harbor auf Hawaii, Kriegserklärung der USA und Großbritanniens an Japan
11.12.1941: Kriegserklärung Deutschlands an die USA
31.1.1943: *Kapitulation der 6. deutschen Armee in Stalingrad
6.6.1944: *Invasion amerikanischer und britischer Soldaten in Nordwestfrankreich
7./8.5.1945: Unterzeichnung der deutschen Kapitulation in Reims und Berlin

2 – Zeittafel Zweiter Weltkrieg.

---

* **Kapitulation**
Aufgabe aller Kriegshandlungen einer Truppe in aussichtsloser Lage

* **Invasion**
Einmarsch

Überfall auf Polen

Ohne Kriegserklärung überschritten deutsche Truppen am 1.9.1939 die polnische Grenze. Großbritannien und Frankreich erklärten Deutschland daraufhin den Krieg, konnten aber Polen nicht mehr rechtzeitig zu Hilfe kommen. Nach 18 Tagen war Polen besiegt. Bereits am 17.9.1939 marschierte auch die Sowjetunion in Polen ein und besetzte Ostpolen bis zur Weichsel. Dies entsprach dem Abkommen vom August 1939.

Der Krieg im Westen

Bis 1941 schien es, als ob Deutschland bald ganz Europa beherrschen würde. Nach dem Sieg über Polen eroberten deutsche Truppen ab April 1940 Dänemark und Norwegen, um die Zufuhr wichtiger Erzlieferungen nach Deutschland zu sichern.
Im Mai 1940 befahl Hitler den Angriff auf Frankreich. Panzertruppen brachen die Neutralität Belgiens und der Niederlande und stießen durch Belgien nach Frankreich vor. Fallschirmjäger und Panzertruppen besetzten die Niederlande. Am 22.6.1940 kapitulierten die französischen Truppen. Erst in letzter Minute entging eine britische Armee, durch eine groß angelegte Rettungsaktion, der Vernichtung durch deutsche Truppen bei Dünkirchen in Nordfrankreich. In allen eroberten Gebieten errichteten die Deutschen eine brutale Besatzungsherrschaft. Dabei waren Einheiten der SS und der Polizei, aber auch reguläre Truppen eingesetzt. Sie verfolgten insbesondere Juden, verschleppten sie in Konzentrationslager oder ermordeten sie an Ort und Stelle.

Angriff auf die Sowjetunion

Als Hitler Frankreich besiegte, war er auf dem Höhepunkt seiner Macht. Die deutsche Bevölkerung bejubelte die Erfolge. Auch die deutsche Seite hatte hohe Verluste. Sie wurden heruntergespielt und hingenommen.

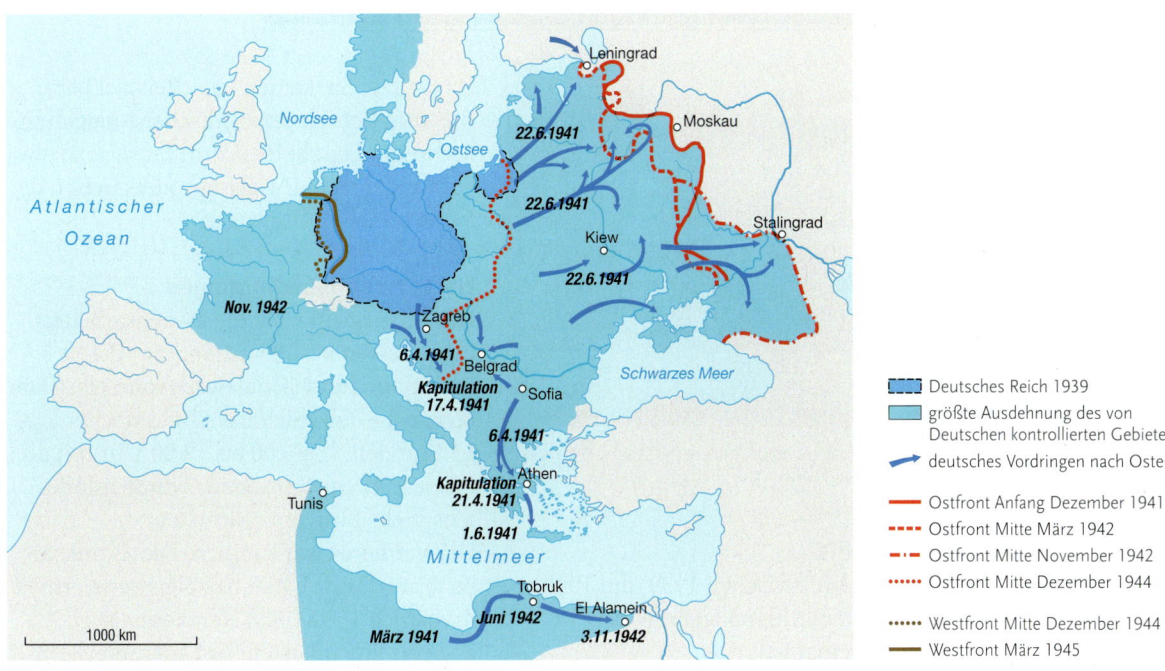

3 – Größte Ausdehnung des deutschen Machtbereichs und Frontverlauf bis 1945.

Einzig Großbritannien unter seinem neuen Premier Winston Churchill leistete auch nach der erlittenen Niederlage von Dünkirchen Widerstand.

Am 22.6.1941 überfiel die deutsche Wehrmacht auf Weisung Hitlers überraschend auch die Sowjetunion und eröffnete damit eine zweite Kriegsfront. Bis zu diesem Angriff hatte die Sowjetunion Rohstoffe, Erze und Getreide an Deutschland geliefert. Es schien so, als ob die Nationalsozialisten auch die Sowjetunion durch einen *Blitzkrieg besiegen könnten. Aber als 1941 der Winter einbrach, hatte der deutsche Vormarsch ein Ende.

Kriegseintritt der USA

Japan, auf dessen Hilfe Hitler gesetzt hatte, griff am 7.12.1941 die US-Marine in Pearl Harbor auf Hawaii an und eroberte in der Folgezeit große Teile des Pazifikraums. Hitler hatte sich auf Japans Hilfe verlassen und erklärte am 11.12.1941 auch den USA den Krieg, um Japan zu unterstützen. Die USA waren bereits seit 1939 indirekt am Krieg gegen Deutschland beteiligt, weil sie Großbritannien mit Rüstungsgegenständen belieferten. Seit März 1941 konnte Großbritannien amerikanische Kriegsmaterialien in unbegrenzter Höhe und ohne Gegenleistung erhalten. Mit dem Kriegseintritt Japans und der USA wurde der europäische Krieg an der Jahreswende 1941/42 zum Weltkrieg.

* **Blitzkrieg**
Bezeichnung für einen sehr schnellen und erfolgreichen Angriffskrieg

❶ 🔲 Bestimme mit der Karte 3 den Zeitpunkt der größten Ausdehnung des deutschen Machtbereichs.

❷ 🔲 Die Sowjetunion war ein wichtiger Rohstofflieferant für die Kriegsindustrie Deutschlands. Stelle Vermutungen an, warum Hitler trotzdem die Sowjetunion angriff (s. S. 98–103).

❸ 🔲 Beurteile die Folgen des Angriffs auf die Sowjetunion und die Kriegserklärung an die USA für den Verlauf des Zweiten Weltkriegs und für die Gegenwart.

❹ 🔲 Erläutere, ab wann der Krieg zu einem Weltkrieg wird.

❺ 🔲 Lege einen Portfolioeintrag zu den Ursachen und dem Verlauf des Zweiten Weltkriegs an.

❻ 🔲 Ermittele im Internet die am Zweiten Weltkrieg beteiligten Staaten. Trage sie in eine Weltkarte (Skizze) ein.

 Video

Geschichte vor Ort

Zwangsarbeit im Zweiten Weltkrieg

1 – Sowjetische Frauen als zwangsverpflichtete „Ostarbeiterinnen" im Durchgangslager Wilhelmshagen. Foto, 1942.

Zwangsarbeit

Die Kriegsjahre zwischen 1939 und 1945 führten in Deutschland zu erheblichem Arbeitskräftemangel.

Wehrmacht und SS zogen die meisten Männer zum Kriegsdienst ein. Diese fehlten den Wirtschaftsbetrieben nun als Arbeitskräfte. Dieser Engpass konnte auch nicht durch die zunehmende Frauenarbeit ausgeglichen werden. Um den Zusammenbruch der Wirtschaft zu vermeiden, wurden Menschen aus ganz Europa verschleppt und zusammen mit Kriegsgefangenen als Zwangsarbeiter in den deutschen Wirtschaftsbetrieben eingesetzt.

Auch auf dem Gebiet des heutigen Sachsen-Anhalt wurden sie zusammen mit KZ-Häftlingen zur Arbeit in Rüstung und Landwirtschaft gezwungen.

In einem Außenlager des KZ Buchenwald in Langenstein-Zwieberge bei Halberstadt etwa mussten sie unterirdische Produktionsstätten für die Rakete V2 in den Harz treiben. Allein dabei verloren 1885 Häftlinge ihr Leben.

Ostarbeiter

Ab Juni 1941 stieg die Zahl der Zwangsarbeiter durch die sogenannten „Ostarbeiter" aus der Sowjetunion erheblich. 1942 belief sich ihre Gesamtzahl auf 6 Millionen, 1944 sogar auf 7,8 Millionen, damals etwa ein Drittel der Beschäftigten, von denen allein 2,8 Millionen aus der Sowjetunion

stammten. Sie kamen zum Beispiel beim Bau und Betrieb unterirdischer Anlagen in mehreren Harzhöhlen zum Einsatz, so etwa bei Langenstein-Zwieberge oder auch in der Heimkehle bei Uftrungen.

Harte Arbeitsbedingungen

Die Arbeitszeiten für die Zwangsarbeiterinnen waren besonders lang. Im Ika-Ernemann- und Goehlewerk von Zeiss-Ikon betrug die einschichtige Arbeit wochentags 13 Stunden, von 6.00 bis 19.00 Uhr mit drei Pausen. Auch sonnabends wurde mindestens sechs Stunden gearbeitet.

Der Verdienst war kärglich. Die Zwangsarbeiterin Hanka Batier beispielsweise erhielt monatlich 108,51 RM Nettolohn. Nach Abzug von Pflichtkosten für Lagerunterkunft und Lagerverpflegung wurden ihr aber nur 63,51 RM ausgezahlt. Davon war aber auch die Verpflegung am Arbeitsplatz, Kleidung und alles andere zu bestreiten. Diese Dinge waren für „Fremdarbeiter" besonders teuer, da sie keine Lebensmittelkarten bzw. Kleider- und Seifenkarten erhielten. Bei Krankheit wurde kein Lohn bezahlt und Verpflegungskosten und Miete wurden vom nächsten Monatslohn abgezogen. In vielen anderen Betrieben gab es besonders nach 1943 noch weniger Lohn.

Unzumutbare Unterkünfte

Die „Fremdarbeiter" waren meist in Barackenlagern untergebracht. Im Lauchhammerwerk Gröditz, einem der führenden Rüstungsbetriebe Sachsens, gab es 14 dieser Lager. Das Ostarbeiterlager war mit Stacheldraht eingezäunt, es grenzte direkt an das Werk. Eine etwa 160 qm große Baracke war mit mindestens 60–70 sowjetischen Zwangsarbeitern belegt; in einem Raum wohnten mindestens zehn Menschen.

Q1 **Max Kirsten hatte als Reparaturschlosser im Barackenlager gearbeitet:**
... Die Wohnbedingungen in den Baracken waren unmenschlich. Es gab keine Bettwäsche, einfache Bretter und darauf Stroh.

Das waren die Bettstellen. Zwei Decken hatte jeder, eine zum Zudecken, die andere mussten sie auf das Stroh legen, wenn sie nicht direkt darauf liegen wollten. Sie konnten sich auch nirgendwo anders als in diesem Raum aufhalten. (...)

Q2 Wilhelm Chittan war Pförtner im Goehlewerk. Er sagte in einem Prozess aus:

... Gegen 19 Uhr gingen wir am Pieschner Friedhof vorbei. Die dortigen Geschäftsleute gaben den „Ostmädeln" einige Lebensmittel. Als wir am Lager ankamen, nahm der Oberlagerführer K. den Mädchen alles weg, was sie erhalten hatten. Sie hatten sich gefreut, sich endlich mal satt essen zu können. Der Lagerführer verweigerte ihnen auch das Abendessen. Ich informierte den Abteilungsleiter ... Er brüllte in den Apparat: Herr Oberlagerführer K. war vollkommen im Recht. Es ist Gestapobestimmung, dass die Ostarbeiterinnen nicht die Geschäftsleute anbetteln dürfen. Dafür müssen sie bestraft werden. Ich wurde eine Woche später in einem Werkschutzbericht dafür zur Ordnung gerufen.

Q3 Auszug aus einer Regierungsverordnung vom 27. August 1943 zum Verhalten der „Ostarbeiter":

... § 1 Ostarbeiter dürfen ihren Arbeits- und Aufenthaltsort nicht verlassen ... § 2 Die Benutzung öffentlicher Verkehrsmittel über den Ortsbereich hinaus ist Ostarbeitern verboten ... § 3 Ostarbeitern ist der Ausgang und der Aufenthalt außerhalb der Unterkünfte ... vom 1. April bis 30. September zwischen 21 und 5 Uhr, ... vom 1. Oktober bis 31. März zwischen 20 und 6 Uhr verboten ... § 5 Der Besuch von Gaststätten ist Ostarbeitern untersagt ... § 6 Deutsche, die die Nichteinhaltung der Vorschriften ... pflichtwidrig fördern oder dulden, werden ebenfalls mit Geldstrafen bis zu 150 RM bestraft, ...

2 – Aus dem Osten stammende Zwangsarbeiter und Zwangsarbeiterinnen einer Rüstungsfabrik bei Berlin mit den im Mai 1944 eingeführten „Volkstumsabzeichen", die ihre jeweilige Herkunft kennzeichnen sollen. Foto, 1944.

Brutale Strafen

„Ostarbeitern" war auch der Zugang zu Luftschutzbunkern verboten. Daher fielen viele von ihnen auch den Bombardierungen der mitteldeutschen Rüstungszentren 1944 und 1945 zum Opfer. Ab 17. Dezember 1943 galten ähnlich lautende Verordnungen auch für polnische Zwangsarbeiter. Bei geringsten Verstößen gegen Arbeitsanweisungen, Lagerdisziplin und Verhaltensordnungen wurden die Zwangsarbeiter streng bestraft. Essensentzug, Bunkerhaft und körperliche Misshandlungen waren üblich. In der Gießerei Krautheim wurde ein Kriegsgefangener erschossen, der aus einer Miete eine Handvoll Kartoffeln mitgenommen hatte.

Entschädigungsfonds der deutschen Industrie

Seit dem Jahr 2000 werden noch lebende ehemalige Zwangsarbeiter aus der Stiftung „Erinnerung, Verantwortung, Zukunft" unterstützt, die durch ein Bundesgesetz errichtet wurde. Etwa 4,2 Milliarden Euro wurden bis Ende 2005 an 1,6 Millionen Empfänger ausgezahlt. Die Mittel brachten die Industrie und die Bundesrepublik Deutschland je zur Hälfte auf.

❶ Erkundige dich in deinem Heimatort, ob in Fabriken und auf Bauernhöfen Zwangsarbeiter oder KZ-Häftlinge eingesetzt waren.

❷ Erkundige dich nach dem Schicksal von Zwangsarbeitern in deiner Gegend.

❸ Schildere das Leben der Zwangsarbeiter.

❹ Notiere mögliche Gründe dafür, dass nur wenige Deutsche versuchten, diesen Menschen zu helfen.

❺ Schaut euch die Onlinedokumentation des Deutschen Historischen Museums zum Thema „Zwangsarbeit" an und berichtet darüber. https://www.dhm.de/lemo/ Suchbegriff: ZwangsarbeitKriegsbeginn (Überfall Polens)

Der Zweite Weltkrieg und die Folgen

Wie kam es zur deutschen Niederlage?

1 – Leichen gefallener deutscher Soldaten der 6. Armee vor Stalingrad. Foto, Februar 1943.

Q1 In einem geheimen Lagebericht der Gestapo wird die Reaktion auf die Nachricht von der Niederlage bei Stalingrad in der deutschen Bevölkerung beschrieben:

... Die Meldung ... hat im ganzen Volk ... eine tiefe Erschütterung ausgelöst ... In erster Linie ist es die Höhe der Blutopfer, nach der die Bevölkerung fragt ... Die einen erklären, die Gefangenschaft sei schlimmer als der Tod, weil die Bolschewisten die lebend in ihre Hände gelangten Soldaten unmenschlich behandeln würden. Andere wiederum meinen, es sei doch ein Glück, dass nicht alle gefallen seien, so sei doch noch Hoffnung, dass später einmal ein Teil von ihnen in die Heimat zurückkehre ... Allgemein ist die Überzeugung vorhanden, dass Stalingrad einen Wendepunkt des Krieges bedeute. ...

* Stalingrad
Seit 1961 umbenannt in Wolgograd. Die Großstadt liegt im Südwesten Russlands.

Friedrich Paulus (geb. 23.09.1890, gest. 01.02.1957), Feldmarschall und Oberbefehlshaber der 6. Armee vor Stalingrad, wurde 1953 aus der Kriegsgefangenschaft entlassen und ließ sich in der DDR nieder. Foto.

Stalingrad

Im Osten wurde der deutsche Vorstoß gestoppt. Bei *Stalingrad an der Wolga entbrannte eine erbitterte Schlacht, in deren Verlauf im November 1942 280 000 deutsche Soldaten eingekesselt wurden. Die Kesselschlacht von Stalingrad tobte zwei Monate lang. Sowohl die Kämpfe als auch die furchtbare Kälte (−31 °C) forderten auf beiden Seiten zahlreiche Opfer. Die Bitte des kommandierenden Generals Paulus, einen Ausbruch unternehmen oder kapitulieren zu dürfen, wurde von Hitler in Berlin abgelehnt. Die Luftunterstützung für die Eingekesselten schlug aber weitgehend fehl. Die Luftwaffe verlor etwa 8000 Mann und rund 500 Flugzeuge.
Ende Januar 1943 gaben die völlig entkräfteten deutschen Truppen auf. Hitler sprach von „Feigheit vor dem Feind". Etwa 146 000 Soldaten waren allein auf deutscher Seite ums Leben gekommen. Die Verluste auf sowjetischer Seite werden auf etwa 400 000 Mann geschätzt. Darüber hinaus kamen 50 000 Bewohner Stalingrads durch die deutsche Belagerung ums Leben. Weitere 65 000 Menschen wurden als Zwangsarbeiter nach Deutschland verschleppt. Die Stadt selbst wurde völlig zerstört.
In der deutschen Bevölkerung wuchs die Überzeugung, dass Deutschland den Krieg nicht mehr gewinnen könne.

Deutscher Angriff auf Coventry

Die deutsche Luftwaffe hatte im August 1940 mit der Bombardierung englischer Städte den Luftkrieg gegen die Zivilbevölkerung eröffnet. Sie erreichte ihren zerstörerischen Höhepunkt noch im selben Jahr mit dem Bombardement der Stadt Coventry in der Nacht vom 14. zum 15. November. Bereits einen Monat später schlug die britische Luftwaffe mit ihrem ersten Flächenbombardement massiv zurück. Auf die Stadt Leipzig warfen in der Nacht des 4. Dezember 1943 400 Kampfflugzeuge etwa 900 Sprengbomben, 90 000 Stabbrandbomben, 1700 Phosphorbomben und 18 schwere Luftminen ab.
Die Bombardierung der deutschen Großstädte konfrontierte die deutsche Zivilbevölkerung erstmals mit dem ganzen Ausmaß der Gräuel dieses Krieges. Die psychologische Wirkung war verheerend. Die von der Propaganda verbreiteten Durchhalteparolen fanden immer weniger Resonanz.

2 – Zerstörungen in Magdeburg nach einem Bombenangriff am 18. April 1945.

3 – Die Soldaten der 6. Armee. 108 000 Mann gingen in russische Kriegsgefangenschaft. 40 000 von ihnen starben noch auf dem Weg in die Lager an Erschöpfung. Weitere Zehntausende fielen dort Krankheiten zum Opfer. Bis 1956 kehrten nur noch 6 000 von den ehemals 280 000 Soldaten nach Deutschland zurück. Foto.

Luftkrieg über Sachsen-Anhalt

Mitteldeutschland war in den ersten Kriegsjahren von direkten Kriegseinwirkungen noch weitgehend verschont geblieben. Auch hier kam es ab 1944 zu schweren Zerstörungen. Halberstadt, Halle, Merseburg, Dessau, Zeitz, Zerbst, Bernburg und besonders Magdeburg wurden schwer zerstört. Unter der Zivilbevölkerung gab es hohe Verluste.

Q2 Brief von Gisela S. an ihre Eltern über die Bombardierung Dresdens in der Nacht vom 13. auf den 14. Februar 1945, 25.2.1935:

Beißender Qualm ließ uns nicht atmen, nur unsere Mundtücher (zwei Tage vorher hatte ich sie noch auf Tantes Rat angefertigt), die wir nass machten, retteten uns vor dem Ersticken. Die Augen brannten von dem Rauch und Qualm wie Feuer, trotzdem wir Schutzbrillen aufhatten. Die Bomben krachten und wummerten so um uns her, unaufhörlich. Der Luftdruck war so riesengroß, dass er uns einfach an die Wand presste. Man hatte das Gefühl, dass das Haus dauernd in die Höhe gehoben würde und mit einem unerhörten Bums auf die

Erde wieder fallen gelassen würde. Wir machten alle dann stets automatisch den Mund auf, sonst wäre einem vielleicht das Trommelfell geplatzt.

Alle Villen um uns herum standen in Flammen, eine Luftmine ging 20 Meter vor unserem Haus nieder, riss einen Teil unseres Daches ab, warf die restlichen verbliebenen Fensterscheiben mitsamt den Fensterrahmen weit in den Garten hinaus.

4 – London nach einem deutschen Luftangriff am 15.09.1940. Foto.

❶ 🔲 Im Text „Stalingrad" stehen viele Zahlen. Schildere die menschlichen Schicksale, die sich dahinter verbergen. Notiere Stichworte.

❷ 🔲 Bewerte die Rolle Hitlers in den Geschehnissen um die Schlacht von Stalingrad.

❸ 🔲 Beschreibe die Grundstimmung in der Bevölkerung, wie sie in Q1 deutlich wird.

❹ 🔲 Erkläre die unterschiedlichen Einschätzungen des Schicksals deutscher Soldaten in russischer Gefangenschaft (Q1).

❺ 🔲 Recherchiere zum Luftangriff auf Dresden (Q2) und trage die Ergebnisse der Klasse vor.

❻ 🔲 Informiert euch, ob auch euer Wohnort Ziel von Luftangriffen gewesen ist.

❼ 🔲 Erkläre, welches Ziel die Alliierten mit ihrer Bombardierung verfolgten.

❽ 🔲 Beurteilt die Art der Kriegsführung beider Seiten aus heutiger Sicht.

Methode

Reden analysieren

Die Analyse einer Rede gleicht einer Textanalyse. Sie unterscheidet sich aber von dieser dadurch, dass der Text vor einem Publikum, also vor Zuhörern, vorgetragen wird. Bei einer Redeanalyse schaut man sich formale und inhaltliche Aspekte einer Rede an, aber auch die dahinterstehende Absicht. Diese besteht darin, dass der Redner die Zuhörer in seinem Sinne beeinflussen möchte. Redner argumentieren in der Regel für oder gegen eine bestimmte Meinung und fordern die Zuhörer zu einer bestimmten Handlung auf. Es ist günstig, bei der Analyse den Redner auch zu sehen, also einen Film dieser Rede anzuschauen. So können das Auftreten des Redners und dessen Wirkung auf die Zuhörer eingeschätzt werden. Es kann z. B. beobachtet werden, wie der Redner den Kontakt mit den Zuhörern aufnimmt und welche Rolle Mimik, Gestik und Körpersprache dabei spielen. Es kann auch beurteilt werden, ob der Redner unsicher ist oder Selbstbewusstsein und Kompetenz vermittelt. Von Bedeutung ist auch, ob der Redner von einem Manuskript abliest oder frei spricht.

Folgende Hinweise helfen euch bei der Analyse:

Schritt 1 **Die äußeren Bedingungen klären**	■ Wer ist der Redner (Name, ggf. Amt, Stellung, biografische Angaben)? ■ Wann und wo wurde die Rede gehalten? ■ An wen ist die Rede gerichtet (direkte und indirekte Adressaten)? ■ Was ist der Anlass der Rede? ■ Was ist das Thema der Rede? ■ Auf welchen historischen Zusammenhang bezieht sich die Rede (Epoche, Ereignis, Person, Prozess, Konflikt)?
Schritt 2 **Den Inhalt zusammenfassen**	■ Was sind die wesentlichen Textaussagen? ■ Welche Position vertritt der Redner? ■ Was möchte der Redner erreichen?
Schritt 3 **Die stilistischen Mittel bewerten**	■ Welche sprachlich-stilistischen Mittel wurden eingesetzt? ■ Welche Körpersprache verwendet der Redner? ■ Welches Verhältnis stellt der Redner zum Publikum her?
Schritt 4 **Die Rede auswerten**	■ Welche moralische Haltung liegt der Rede zugrunde? ■ Lassen sich Widersprüche bzw. Fehler in der Rede feststellen? ■ Wie ist die Wirkung der Rede im Saal? ■ Welche Wirkung hatte die Rede darüber hinaus?

❶ ▣ Recherchiere zur Person Joseph Goebbels (Bild 2), vor allem zu seiner Tätigkeit im „Dritten Reich".

❷ ▣ Sieh dir den Film an und vollziehe die Schritte 1–4 zu seiner Beurteilung. Es handelt sich um einen Ausschnitt und kann abgerufen werden unter: https://www.youtube.com/watch?v=8e19p7RfDMk

❸ ▣ Untersuche nach diesem Schema den Film einer anderen Rede aus der NS-Zeit, z. B.: https://www.criticalpast.com/de/video/65675047313_Adolf-Hitler_Adressen-Menschen_Soldaten-März_Tanks-voraus

1 – Reaktion des Publikums bei der „Sportpalastrede" von Reichspropagandaminister Joseph Goebbels.

Die „Sportpalastrede" – Aufruf zum „totalen Krieg"

Die „Sportpalastrede" gilt als schlimmes Musterbeispiel der Nazipropaganda. Hintergrund der Rede ist die Niederlage der 6. Armee der Wehrmacht, die am 2. Februar 1943 unter General Paulus in Stalingrad vor der Roten Armee der Sowjetunion kapitulierte.
Die Schlacht dauerte von August 1942 bis 2. Februar 1943, als die 6. Armee unter General Paulus kapitulierte. Die Armee umfasste etwa 250 000 Soldaten. Etwa 150 000 deutsche Soldaten waren der Kälte, dem Hunger und den Kämpfen zum Opfer gefallen (s. auch S. 107 Randspalte).
Der NS-Staat geriet aufgrund dieser Niederlage in seine bislang größte Krise. Es war die Wende des Krieges. Die Rote Armee war nun auf der Siegerstraße und begann ab diesem Zeitpunkt, nach Westen vorzurücken. Goebbels feierte den Untergang der 6. Armee als „großes Heldenopfer" und wollte die Bevölkerung zu einer letzten großen Kraftanstrengung mobilisieren, die ungeachtet aller Opfer, die sie bringen würde, doch noch zum Sieg Deutschlands führen sollte.

2 – Joseph Goebbels (1897–1945), Reichsminister für Volksaufklärung und Propaganda.

Lösungsbeispiel (Sportpalastrede)

Zum Schritt 1:
Der Redner Joseph Goebbels war Propagandaminister der Regierung des „Dritten Reiches". Die Rede wurde 18.2.1943 im Berliner Sportpalast gehalten und dauerte insgesamt 108 Minuten. Anwesend waren 14 000 ausgesuchte Menschen. Da das Radio die Rede übertrug, wurde sie in ganz Deutschland gehört. Anlass war die Kapitulation der 6. Armee der Wehrmacht in Stalingrad am 2.2.1943. Goebbels versucht mit der Rede, das deutsche Volk trotz der Niederlagen der Wehrmacht zum bedingungslosen Kampf zu treiben.

Zum Schritt 2:
Goebbels weist die Behauptung der britischen Regierung zurück, dass das deutsche Volk kriegsmüde sei. Durch manipulative Fragen an das Publikum, das diese mit „Ja" beantwortet, meint er, dokumentieren zu können, dass das deutsche Volk zum „totalen Krieg" bereit sei und eine zum äußersten Krieg bereite „Volksgemeinschaft" darstelle.

Zum Schritt 3:
Goebbels bedient sich eines hemmungslos aggressiven und diffamierenden Stils, der eine grenzenlose Hetze gegen die Alliierten zum Inhalt hat. Stilmittel sind auch lautes Geschrei und extreme Gesten.

Zum Schritt 4:
Der Rede liegt die menschenverachtende und extrem nationalistische Grundhaltung der Nationalsozialisten zugrunde. Oberflächlich stellt er durch seine Suggestivfragen eine Einheit zwischen Redner und Publikum her. Die Wirkung der Rede war aber nicht wie von Goebbels gewünscht, vor allem nicht bei den Menschen außerhalb des Saales.

Wie war die Bilanz des Zweiten Weltkriegs?

1 – Deutsche Soldaten gehen in amerikanische Kriegsgefangenschaft, 1945.

Die Bilanz des Schreckens

Der Zweite Weltkrieg kostete rund 57 Millionen Menschen das Leben: etwa 26,75 Millionen Soldaten und rund 30,25 Millionen Zivilisten. Hinzu kamen 35 Millionen Verwundete und drei Millionen Vermisste. Die deutschen Verluste betrugen insgesamt rund 7,8 Millionen Tote, unter denen die 3,8 Millionen Zivilisten überwiegend bei den Luftangriffen auf deutsche Städte und auf der Flucht bzw. bei der Vertreibung aus den östlichen Kriegsgebieten den Tod gefunden hatten. Auf der Flucht vor den deutschen Truppen waren zuvor bereits etwa 7 Millionen Russen und 4,2 Millionen Polen ums Leben gekommen. Die höchsten Verluste trug die Rote Armee mit etwa 13,6 Millionen Toten. Allein die Sowjetunion hatte also insgesamt etwa 20,6 Millionen Tote zu beklagen. Aber auch in Ostasien waren die Verluste enorm: Den japanischen Angriffen fielen allein in China etwa 5,4 Millionen Zivilisten und 6,4 Millionen Soldaten zum Opfer. Die Japaner selbst verloren etwa 1,2 Millionen Soldaten. Briten und Amerikaner hatten etwa 326 000 bzw. 259 000 Gefallene.

Kriegsgefangene

Von den 5,3 Millionen sowjetischen Gefangenen kamen etwa drei Millionen in deutschen Lagern ums Leben. Am Ende des Zweiten Weltkriegs gerieten alle deutschen Soldaten in Gefangenschaft, etwa 6 Millionen Soldaten kamen in britische und amerikanische Gefangenschaft. Sie wurden relativ schnell entlassen und bis auf Ausnahmen gut behandelt. Die 3,1 Millionen Gefangenen in sowjetischer Gefangenschaft hatten erheblich mehr zu leiden. Die katastrophale Versorgungslage und die harte Zwangsarbeit führten dazu, dass nach Schätzungen etwa eine Million Gefangene starb. Die letzten sowjetischen Kriegsgefangenen wurden 1955 nach Westdeutschland entlassen.

Kosten und Zerstörungen

Die Rüstungskosten des Krieges werden auf etwa 1 500 Milliarden Dollar geschätzt. Die weltweiten Schäden sind nie berechnet worden.

Deutschland war mit dem Kriegsende ein Trümmerfeld: Nahezu 5 Millionen Wohnungen waren zerstört oder, vor allem in den großen und größeren Städten, Fabriken und Verkehrswege zerbombt.

Die wirtschaftlichen und sozialen Folgen

Die unmittelbaren Auswirkungen des Zweiten Weltkriegs auf die europäische Wirtschaft waren verheerend. Die zerstörten Kommunikationsnetze behinderten den Transport von Rohstoffen und Fertigprodukten. Die unregelmäßige Versorgung der Industrien und Schäden am Produktionsapparat führten zum Produktionsstillstand, wodurch die Kaufkraft sank, während der Bedarf an zahlreichen Gütern wuchs. Selbst in den siegreichen Ländern wurden die Lebensmittel auch nach Kriegsende weiter rationiert und durch den Schwarzmarkt kam es zu gefährlichen sozialen Ungerechtigkeiten. Verbrechen, Jugendkriminalität und Prostitution entwickelten sich. Der gleichzeitige Wiederaufbau der Häuser und Wohnungen, der Unternehmen und der Verkehrswege drohte, die nationalen Volkswirtschaften zu ersticken.

M1 Die Kriegsfolgen für die Juden in Deutschland

Von den in Deutschland vor 1933 lebenden 515 000 Juden hatten nach 1945 schätzungsweise 5 000 bis 9 000 in der „Illegalität" überlebt. Etwa 14 000 waren wegen ihres Zusammenlebens mit nichtjüdischen Ehepartnern ebenfalls der Massenvernichtung entgangen. Ungefähr 8 000 bis 9 000 hatten Todesmärsche, Konzentrationslager und Transporte überstanden.
Die überlebenden Juden waren nach dem Ende des Krieges überwiegend in Lagern für „displaced persons" untergebracht. Dieser englische Begriff wurde verwendet für eine „Person, die nicht an diesem Ort beheimatet ist", in der Regel Menschen, die auf dem Weg in ihre Heimat waren. 1946 betraf das etwa 74 000 Menschen, darunter etwa 15 000 deutsche Juden. In der Bundesrepublik Deutschland lebten in den 1950er- und 60er-Jahren etwa 20 000 bis 30 000

2 – Überlebende eines Konzentrationslagers, Juni 1945.

Menschen jüdischen Glaubens. Dabei handelte sich größtenteils um Ältere und Kranke, die nicht in die USA oder nach Palästina emigrieren konnten.
Dennoch entwickelte sich in Deutschland ein neues jüdisches Gemeindeleben, wobei die Juden zumeist osteuropäischer Herkunft waren und die Repräsentanz überwiegend von deutschen Juden besetzt war.

---

❶ Kläre den Begriff „displaced persons" (DP) und erläutere, wer so bezeichnet wurde.

❷ Beschreibe die wirtschaftlichen und sozialen Folgen des Krieges für Europa.

❸ Der Zweite Weltkrieg war der größte Krieg in der Menschheitsgeschichte. Er hat bis heute Auswirkungen. Geht in eurem Heimatort auf Spurensuche (z. B. Denkmäler, Gedenktafeln an Häusern, „Stolpersteine", Erinnerungsorte wie Zwangsarbeitslager usw.). Berichtet darüber in der Klasse.

❹ Beschreibe anhand von M1 die Lage der Juden in Deutschland nach dem Krieg. Ziehe Informationen aus dem Internet hinzu.

❺ Begründe dann, warum es unter den Juden in Europa den starken Wunsch gab, einen eigenen Staat zu gründen (Israel).

Wie sieht der Rechtsextremismus heute aus?

1 – Rechtsextremistische Demonstration in Dortmund unter dem Motto „Europa erwache". Foto, 2018.

2 – Standarte der NSDAP 1933.

Extremistische Gruppen in Deutschland

In Deutschland gibt es nach wie vor eine große extremistische Szene. Neben den politischen Formen des Extremismus – Rechtsextremismus und Linksextremismus – hat der religiöse Extremismus aufgrund des Anwachsens islamistischer Gruppierungen und erfolgter terroristischer Anschläge verstärkt öffentliche Aufmerksamkeit erhalten. Allen Formen des Extremismus ist gemeinsam, dass sie die Demokratie als politisches System ablehnen.

Der Rechtsextremismus

Nach Untersuchungen des Verfassungsschutzes ist die Zahl von Rechtsextremisten im Jahr 2022 mit 38 800 Personen gegenüber dem Jahr 2021 (33 900) um 4 900 Personen gestiegen. Die Zahl der gewaltorientierten Rechtsextremisten hat sich mit rund 14 000 Personen gegenüber den Vorjahren erneut erhöht. Im Vergleich zum Jahr 2021 (20 201) stieg die Gesamtzahl der rechtsextremistischen Straf- und Gewalttaten im Jahr 2022 um 3,8 Prozent auf 20 967 Delikte. Die rechtsextremistische Szene besteht vor

allem aus Parteien, parteiunabhängigen beziehungsweise parteiungebundenen Strukturen – hierzu zählen unter anderem Kameradschaften, Vereine und Verlage. Hinzu kommt ein weitgehend unstrukturiertes rechtsextremistischen Personenpotenzial, worunter alle organisationsungebundenen Rechtsextremisten zusammengefasst werden, zum Beispiel die subkulturell geprägten Rechtsextremisten oder Gewalttäter.

Die „Alternative für Deutschland" (AfD)

Die AfD ist der wichtigste politische Faktor in der Rechtsextremismusszene Deutschlands. Bei ihr handelt es sich um eine rechte und in Teilen rechtsextreme politische Partei. Sie wurde 2013 als euroskeptische und nationalliberale Partei gegründet und radikalisierte sich daraufhin so, dass mittlerweile ganze Landesverbände (Sachsen, Sachsen-Anhalt, Thüringen) vom Verfassungsschutz als rechtsextrem eingestuft werden. In der Öffentlichkeit wird diskutiert, ob nicht die ganze Partei als verfassungsfeindlich ist und deshalb verboten werden muss.

Widerstand gegen Rechtsextremismus

Der Aufstieg des Rechtsextremismus und der AfD wird in Deutschland nicht unwidersprochen hingenommen. Im Januar 2024 fand ein geheimes Treffen hochrangiger AfD-Politiker, Neonazis und anderer Mitglieder der rechten Szene statt, bei dem über massenhafte Zwangsvertreibung von Menschen mit Migrationsgeschichte diskutiert wurde. Dieses Treffen wurde von Journalisten aufgedeckt und an die Öffentlichkeit gebracht. Daraufhin demonstrierten in ganz Deutschland Hunderttausende von Menschen gegen Hass und Rassismus. Zivilgesellschaftliche Bündnisse, demokratische Parteien und Gewerkschaften organisierten Demonstrationen und Kundgebungen gegen rechtsextremistische und menschenverachtende politische Positionen.

M1 Zitate von AfD-Funktionären

„Wer Homosexualität auslebt, dem droht dafür eine Gefängnisstrafe ... Das sollten wir in Deutschland auch machen!" – Andreas Gehlmann

„Wir sollten eine SA gründen und aufräumen!" – Andreas Geithe

„Wer versucht, die AfD zu richten, den richtet die AfD!" – Hans-Thomas Tillschneider

„Das große Problem ist, dass man Hitler als das absolut Böse darstellt." – Björn Höcke

„Das Pack erschießen oder zurück nach Afrika prügeln." – Dieter Görnert

„Immerhin haben wir jetzt so viele Ausländer im Land, dass sich ein Holocaust mal wieder lohnen würde." – Marcel Grauf

„Abschiebung der Antifa nach Buchenwald" – Mirko Welsch, AfD

M2 Grundüberzeugungen der Rechtsextremisten

1. Die Idee von der natürlichen Ungleichheit der Menschen, vor allem
- dass die „nordeuropäischen Rassen" von Natur aus höher stehen als andere, „minderwertige" Menschen (Rassismus);
- dass auch Mann und Frau von Natur aus nicht gleichberechtigt sind;

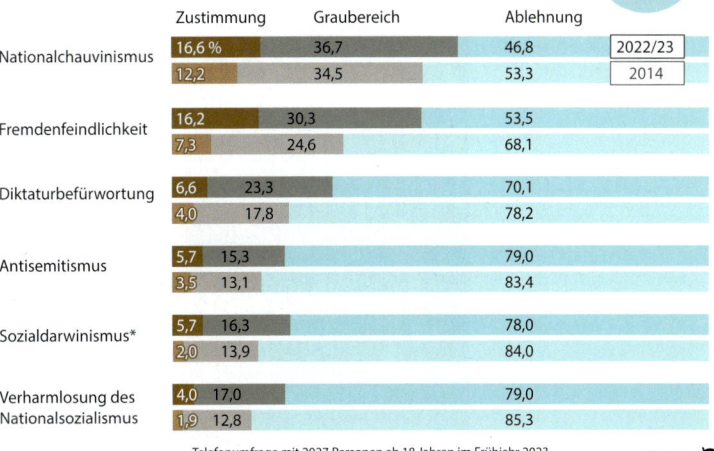

Rechtsextremismus in Deutschland

Rechtsextreme Einstellungen in der deutschen Bevölkerung, in Prozent

	Zustimmung	Graubereich	Ablehnung	
Nationalchauvinismus	16,6 %	36,7	46,8	2022/23
	12,2	34,5	53,3	2014
Fremdenfeindlichkeit	16,2	30,3	53,5	
	7,3	24,6	68,1	
Diktaturbefürwortung	6,6	23,3	70,1	
	4,0	17,8	78,2	
Antisemitismus	5,7	15,3	79,0	
	3,5	13,1	83,4	
Sozialdarwinismus*	5,7	16,3	78,0	
	2,0	13,9	84,0	
Verharmlosung des Nationalsozialismus	4,0	17,0	79,0	
	1,9	12,8	85,3	

Telefonumfrage mit 2027 Personen ab 18 Jahren im Frühjahr 2023
Quelle: Friedrich-Ebert-Stiftung   *Gesellschaftstheorie vom Recht des Stärkeren   rundungsbed. Differenzen

016468
Globus

3 – Einstellung zum Rechtsextremismus 2023.

- dass man auf Deutschland extrem stolz sein kann (Nationalismus);
- dass der Stärkere immer das Recht hat, sich durchzusetzen (Sozialdarwinismus).

2. Die Idee von der Gewaltanwendung als wichtigstem Mittel bei der Lösung von Streitigkeiten zwischen Menschen und Staaten, vor allem
- die Betonung autoritärer Umgangsformen;
- die Ablehnung demokratischer Willensbildung in gewählten Parlamenten;
- das Eintreten für autoritäre Staatsformen oder das „Führertum";
- das Recht der „Höherwertigen", gegen Andersdenkende auch Gewalt anzuwenden.

Als politische Extremisten werden Menschen bezeichnet, die die bestehende Ordnung gewaltsam oder mit undemokratischen Mitteln in ihrem Sinne verändern wollen. Rechtsextremisten wollen dies.

❶ Erkläre anhand der Bilder 1 und 2 und von M1, inwiefern der heutige Rechtsextremismus an den Nationalsozialismus anknüpft.

❷ Erläutere anhand von Bild 3 (Grafik), wie sich die Einstellung der deutschen Bevölkerung zum Rechtsextremismus entwickelt hat.

❸ Diskutiert und bewertet diese Entwicklung.

❹ Zeige auf, warum der Rechtsextremismus mit dem Grundgesetz nicht vereinbar ist (Text, M1, M2).

❺ Begründe anhand der Materialien dieser Seite, warum der Rechtsextremismus die größte Gefahr für die Demokratie darstellt.

❻ Schätze ein, ob es in Deutschland genügend Widerstand gegen den Rechtsextremismus gibt.

Über den Tellerrand geschaut

Wie kam es in Spanien zu einem Bürgerkrieg?

1 – Auf dem Banner im republikanischen Madrid stand: „Sie kommen nicht durch! Madrid wird der Sarg des Faschismus sein." Foto, 1937.

Francisco Franco
(1892–1975)

Verhärtete Fronten

Nach mehreren Jahren der Diktatur kam es in Spanien 1931 zur sogenannten Zweiten Republik. Bei den Wahlen siegten vor allem reformfreudige Parteien der Linken und der liberalen Mitte. Sie verabschiedeten im Sommer 1932 ein Reformgesetz, durch das Grundbesitzer mit Entschädigung enteignet wurden. Das frei gewordene Land sollte die Agrarbevölkerung erhalten. Damit hatte sich die Republik bei den Großgrundbesitzern keine Freunde gemacht. Das galt auch für die katholische Kirche und das Militär. Durch neue Gesetze hatten beide deutlich an Macht eingebüßt.

Als 1933 nach Neuwahlen die konservativen Rechten siegten und ein Regierungsbündnis mit der faschistischen Falange-Partei eingingen, machten sie sofort einen Großteil der Reformgesetze rückgängig. Die linken Parteien riefen daraufhin zu Generalstreiks auf, die sich 1934 teilweise zu sozialen Aufständen weiterentwickelten. Diese wurden von der Regierung und dem Militär blutig niedergeschlagen. Die politischen Fronten waren nun verhärtet, es kam zu einer Radi-

kalisierung von Rechten und Linken. 1936 gab es erneut Neuwahlen, bei denen die sogenannte Volksfront eine große Mehrheit erhielt. Das neue Regierungsbündnis bestand nun aus Sozialisten, Kommunisten, der republikanischen Linken und regionalen Kräften.

Militärputsch und Bürgerkrieg

Eine nationale Front aus katholischen Konservativen, Monarchisten, Rechtsrepublikanern und Faschisten lehnte die Volksfront-Regierung entschieden ab. Unter General Francisco Franco kam es daher am 17. Juli 1936 zu einem Militärputsch. Dieser mündete in einen Bürgerkrieg, der bis Ende März 1939 dauern sollte.

Internationale Unterstützung

Schnell konnte die nationale Front unter Franco weite Teile des Landes einnehmen. Im Oktober 1936 wurde er Oberbefehlshaber sowie Staats- und Regierungschef. Aber gerade in großen Städten wie Barcelona oder Madrid traf er auf erheblichen Widerstand. Der Bürgerkrieg wäre anders ausgegangen, wenn Hitler-Deutschland und das faschistische Italien Franco nicht mit Soldaten und Waffen unterstützt hätten. Hitler schickte Franco die „Legion Condor", die mit modernsten Waffen neue Kriegstaktiken testen konnte. Die Volksfront erhielt nur wenig internationale Unterstützung von der UdSSR. Im Frühjahr 1939 kapitulierten auch Barcelona und Madrid. Am 1. April 1939 erklärte Franco den Bürgerkrieg für beendet. Es begann die Franco-Diktatur, die erst mit seinem Tod 1975 endete.

❶ ▪ Beschreibe, welche Rolle die Agrarpolitik für den Ausbruch des Bürgerkriegs spielte.
❷ ▪ Nenne die politischen Blöcke, die sich in Spanien gegenüberstanden, und die Gründe dafür.
❸ ▪ Erkläre, wie es zum Bürgerkrieg kam.
❹ ▪ Überlege, weshalb Hitler Franco in dem Bürgerkrieg unterstützte.

Das kann ich …

Herrschaft und Alltag in der nationalsozialistischen Diktatur

Wichtige Begriffe

„Führerprinzip"   Rassismus
Antisemitismus   „Volksgemeinschaft"
„Volksempfänger"   Konzentrationslager
Vernichtungslager   Pogrom
„Euthanasie"   Appeasement-Politik
Vernichtungskrieg   Rechtsextremismus
Besatzung   Zwangsarbeit
Shoah – Holocaust   Widerstand

Wissen und erklären

❶ Notiere die wichtigen Begriffe jeweils auf eine Karteikarte und erkläre sie auf der Rückseite.

❷ Aus welcher Quelle in diesem Kapitel stammt der folgende Auszug: „Wir deutschen Sozialdemokraten bekennen uns (...) feierlich zu den Grundsätzen der Menschlichkeit und Gerechtigkeit, der Freiheit und des Sozialismus. (...) Kein Ermächtigungsgesetz gibt ihnen die Macht, Ideen, die ewig und unzerstörbar sind, zu vernichten." Gib die Fundstelle an und erkläre den historischen Zusammenhang.

❸ Nenne Maßnahmen, mit denen die Nationalsozialisten 1933–1934 ihre Diktatur errichteten.

❹ Erläutere, auf welche Weise die Diskriminierung und Verfolgung der Juden erfolgte.

Anwenden

❺ Untersuche die Karikatur des amerikanischen Karikaturisten Daniel Fitzpatrick. Beschreibe, wie der Künstler Hitler darstellt und worauf er mit der roten Farbe der Hand und des Gesichts aufmerksam machen möchte.

❻ Erläutere die außenpolitische Vorgehensweise von Hitler und gehe auf seine Ziele ein.

❼ Erläutere den Zusammenhang zwischen der Expansions- und Eroberungspolitik Deutschlands im Zweiten Weltkrieg und der NS-Ideologie.

Beurteilen und handeln

❽ Beurteile die Aussage: „Die Machtübertragung an die Nationalsozialisten mit Adolf Hitler an der Spitze 1933 war kein ‚Betriebsunfall', sondern von den politischen Eliten gewollt." (M1, Q1)

❾ Heute gewinnen rechtspopulistische und rechtsextreme Parteien mit fremdenfeindlichen Parolen bei Wahlen Erfolge. Nur wer die Geschichte kennt, kann diesen Parteien entgegentreten.
Nimm Stellung zu dieser Aussage.

1 – Karikatur

M1 Die Süddeutsche Zeitung schrieb am 20.03.1983 über das nationalsozialistische Regime:

Terror gegenüber dem politischen Gegner, willkürliche Verhaftungen, Konzentrationslager, Judenverfolgung, Parteienverbot, Auflösung der Gewerkschaften, Aufhebung aller Macht für eine einzige Partei – dies alles war bereits 1933. Das war kein Regime, das gut anfing und sich später verirrte.

Q1 Reichspropagandaminister Joseph Goebbels sagte vor ausgewählten deutschen Pressevertretern am 05.04.1940:

Bis jetzt ist es uns gelungen, den Gegner über die eigentlichen Ziele Deutschlands im Unklaren zu lassen, genauso wie unsere innenpolitischen Gegner bis 1932 gar nicht gemerkt haben, wohin wir steuerten, dass der Schwur auf die Legalität (Gesetzestreue) nur ein Kunstgriff war. Wir wollten legal an die Macht kommen, aber wir wollten sie doch nicht legal gebrauchen. (...) Man hätte uns ja erdrücken können so schwer war das nicht. Aber man tat es nicht. Man hätte 1925 ein paar von uns in Haft nehmen können, und alles wäre aus und zu Ende gewesen. Nein, man hat uns durch die Gefahrenzone hindurchgelassen.

▶ Teste dich

Hier spielt die Geschichte …

Kreuzworträtsel – Teste dein Wissen!

Einführung

In diesem Kapitel hast du dich ausführlich mit der Zeit des Nationalsozialismus, des Zweiten Weltkriegs und der Shoah befasst.

Mit diesem Kreuzworträtsel kannst du wichtige Begriffe, Ereignisse, Orte oder Namen wiederholen und festigen. Beantworte dazu die 15 Rätselfragen unten. Wenn du dir bei den Antworten nicht sicher bist, lies noch einmal die Texte auf den in Klammern angegebenen Seiten. Trage deine Lösungen dann in das Gerüst auf Seite 183 ein (ä = ae, ü = ue). Die Zahl gibt an, an welcher Stelle du die jeweilige Lösung notieren musst.

Vorbereitung

Du solltest nicht in dein Buch schreiben. Kopiere daher die Seite 117. Du kannst auch eine Klarsichtfolie auf die Seite legen und deine Antworten mit einem Folienstift eintragen.

Rätselfragen

1. Am 23.03.1933 wurde mit diesem Gesetz der Reichstag entmachtet. (S. 57)
2. An diesem Ort wurden 1935 die Gesetze zur Entrechtung von Juden verabschiedet und 1946 die Prozesse gegen führende Nationalsozialisten durchgeführt. (S. 65, 76/77)
3. Das Münchner Abkommen zwang die Tschechoslowakei zur Abtretung dieses Gebiets. (S. 99)
4. Als dieser am 02.08.1934 starb, wurde Hitler auch Reichspräsident und Oberbefehlshaber des Militärs. (S. 58)
5. Joseph Goebbels nannte sich Minister für Reichsaufklärung und … (S. 109)
6. Die Niederlage an diesem Ort brachte 1943 den Wendepunkt für die bis dahin siegreiche deutsche Armee. (S. 106)
7. Auf der …-Konferenz wurde der Völkermord an den europäischen Juden geplant. (S. 86/87)
8. Kinderreiche Mütter wurden ab 1939 mit dem … ausgezeichnet. (S. 74/75)
9. Eine Münchner Studentengruppe, die ab 1942 auf Flugblättern zum Widerstand aufrief. (S. 94)
10. 1939 schloss Hitler einen Pakt mit … (S. 102/103)
11. Den deutschen Einmarsch in Österreich nannten die Nationalsozialisten … (S. 99)
12. Nach dem Angriff Japans auf … erklärte Deutschland im Dezember 1941 den USA den Krieg. (S. 103)
13. Er wollte im Juli 1944 Hitler durch ein Bombenattentat töten. (S. 96)
14. So bezeichnet man die Landung der Alliierten 1944 in der Normandie. (S. 96)
15. Sie werden überall in Deutschland verlegt und erinnern an die vielen Opfer der Nationalsozialisten. (S. 81)

Tipp: Du kannst ganz leicht selbst ein solches Rätsel basteln und deine Klassenkameradinnen und -kameraden damit testen. Blättere dazu die Seiten von Kapitel 2 durch und notiere dir Begriffe, Ereignisse sowie Orts- oder Personennamen, die dir wichtig erscheinen.
Ordne sie dann senkrecht und waagerecht zu einem Rätsel an. Formuliere anschließend entsprechende Fragen und versieh diese mit Nummern. Fertige nun ein Kreuzworträtselgerüst mit leeren Kästchen an. Du kannst dazu auch die kostenlose Website „www.xwords-generator.de" nutzen.

Hier waren Deutschland und Europa bis zum 12. November 1989 um 7:58 Uhr geteilt.

3 Deutsch-deutsche Verflechtungen

Dieses Bild wurde im Jahr 2019 aufgenommen. Es zeigt das Schild des Grenzdenkmals Hessendamm bei Aue-Fallstein im Landkreis Harz in Sachsen-Anhalt. Im Hintergrund befindet sich ein Wachturm, der als Mahnmal zur Erinnerung an die deutsche Teilung erhalten blieb. Deutschland war von 1949 bis 1989 geteilt und es existierten vier Jahrzehnte lang zwei deutsche Staaten. Bundesrepublik und DDR waren nicht nur durch eine fast unüberwindliche Grenze, sondern auch durch entgegengesetzte politische und wirtschaftliche Systeme getrennt, die in sich feindlich gegenüberstehende Machtblöcke eingebunden waren. Dennoch ist die Geschichte der deutschen Teilung nicht nur eine Geschichte von Gegensätzen, sondern auch von Verflechtungen und Verbindungen.

Wie entwickelte sich die deutsche Teilung bis zur Wiedervereinigung?

3 Deutsch-deutsche Verflechtungen

1 – Deutschland seit 1945.

Nach dem Zweiten Weltkrieg teilten die Alliierten das besiegte Deutschland in eine französische, eine amerikanische und eine sowjetische Besatzungszone auf. Die Widersprüche zwischen den westlichen Alliierten und der Sowjetunion waren im Kampf gegen Nazideutschland zurückgestellt worden. Nach dem Krieg gerieten sie wieder in den Vordergrund und waren der direkte Auslöser für die Teilung des deutschen Staates. In der deutschen Bevölkerung blieb jedoch während der ganzen Zeit der Teilung der Wunsch nach einem gemeinsamen Deutschland bestehen. Sehr viele Westdeutsche hatten Verwandte und Bekannte in der DDR und umgekehrt. So blieb eine gewisse Verbundenheit erhalten. Dies war auch für die Zeit nach dem Mauerbau der Fall, sodass die Hoffnung auf eine baldige Wiedervereinigung bestehen blieb. Die Konkurrenz und die Spannungen zwischen beiden deutschen Staaten gingen nicht von der Bevölkerung aus, sondern von der Politik und den Regierungen der beiden Staaten um die bessere Ideologie und das bessere System.

Am Ende des Kapitels kannst du folgende Fragen beantworten:

- Welche Auswirkungen hatte die Zeit des Nationalsozialismus auf Nachkriegsdeutschland?
- Welche Rolle spielten die Parteien in der West- und in der Ostzone?
- Wie kam es zur Gründung von BRD und DDR?
- Warum banden sich die BRD an die Westmächte und die DDR an die Sowjetunion?
- Warum wurden die beiden deutschen Staaten durch eine Mauer getrennt?
- Wovon war der Alltag in beiden deutschen Staaten geprägt?
- Wie war die Verbundenheit zwischen den Menschen in beiden deutschen Staaten?
- Wie kam es zur Wiedervereinigung Deutschlands?
- Wie kann man gewinnbringend einen Gedenkstättenbesuch durchführen?

17.07.1945–02.08.1945	20.11.1945–01.10.1946	24.06.1948–12.05.1949	1949
Potsdamer Konferenz	Nürnberger Prozesse gegen die Hauptkriegsverbrecher	Blockierung Westberlins durch die Sowjetunion	Gründung zweier deutscher Staaten: Bundesrepublik Deutschland und DDR

Opa, sag mal …

Stella: Hallo Opa, ich bin irgendwie gerade ziemlich frustriert. Du kennst doch die ukrainische Familie, die über uns im Haus wohnt. Sie sind jetzt schon über zwei Jahre in Deutschland und hoffen doch jeden Tag, wieder zurückgehen zu können.

Opa: Da hast du recht, Kleine, mehrere Jahre tobt nun zwischen Russland und der Ukraine dieser furchtbare Krieg – für viele ist es im Alltag schon so etwas wie normal geworden. Aber warum genau bist du heute frustriert?

Stella: Weil ich gestern mit Alina auf der Treppe saß und sie mich plötzlich fragte: „Warum sind Kriege eigentlich da?". Ich stotterte daraufhin irgendetwas vor mich hin, aber eine richtige Erklärung konnte ich ihr nicht geben.

Opa: Mich erinnert diese Frage gerade an ein Lied meines Lieblingssängers. Es heißt auch „Wozu sind Kriege da?" Komm, ich spiele dir das mal vor.

Stella: Ach, ich weiß, mein Opa und sein Udo Lindenberg. Dann zieh dir aber auch wieder die grünen Socken an.

Opa: Ich mag Udo Lindenberg eigentlich nicht nur wegen seiner coolen Art und seiner witzigen Lieder, sondern vor allem auch für seinen Mut, nie an der Wiedervereinigung gezweifelt zu haben. Immer wieder hatte er sich in den 1970er- und 80er-Jahren bemüht, in der damaligen DDR auftreten zu können, und damit das Eis zwischen beiden Staaten etwas zum Schmelzen zu bringen.

Stella: Ach ja, wir haben übrigens im Musikunterricht auch zwei Lieder von ihm durchgenommen – „Sonderzug nach Pankow" und „Mädchen aus Ostberlin". Ich glaube, unsere Musiklehrerin Frau Hänsel ist auch ein Lindenberg-Fan.

Opa: Ja, mit Musik, mit Liedern und Texten kann man viel bewegen. Diese 40 Jahre geteiltes Deutschland waren eine schmerzhafte Zeit für viele Menschen auf beiden Seiten. Da gab es jede Menge Familien, die sich gar nicht oder nur mit Sondererlaubnis sehen durften. Es war eine Zeit des Kalten Krieges. Man sprach nicht miteinander und man traf sich nicht – jedenfalls nicht auf politischer Ebene. Der damalige Staatschef Erich Honecker war z. B. nur ein einziges Mal in der BRD – 1987 in Wuppertal. Genau dort schenkte Udo Lindenberg ihm übrigens eine Gitarre, auf der „Gitarren statt Knarren" stand.

Stella: Ah, ich dachte, er hätte ihm eine Lederjacke geschenkt.

Opa: Ja, meine Schlaue, die hatte er ihm tatsächlich im Vorfeld per Post geschickt, worauf Honecker ihm dann eine Schalmei zurückschickte.

Stella: Was ist denn eine Schalmei?

Opa: Das ist ein Blasinstrument. Vielleicht hat euer Jugendchor an der Schule eine. Frag doch mal deine Frau Hänsel.

Stella: Ach, wenn man doch mit einfachen Friedenssymbolen etwas bewegen könnte …

---

❶ ▪ Lest das Gespräch zwischen Stella und Opa mit verteilten Rollen. Bezieht das Gespräch auf das Thema des Kapitels.

❷ ▪ Untersuche die Karte und erörtere die Folgen, die sich aus den neuen Staatsgrenzen für Deutschland ergaben.

Wie versuchte man, mit den NS-Verbrechen umzugehen?

1 – Nürnberger Prozess gegen die Hauptkriegsverbrecher (14.11.1945–01.10.1946). Foto, 1946. Blick auf die Angeklagten.

Aufarbeitung des Nationalsozialismus

Die Alliierten wollten den Militarismus und das nationalsozialistische Denken in Deutschland so schnell wie möglich beseitigen. So führten sie zum Beispiel die Menschen an den Leichen ermordeter KZ-Insassen vorbei, um die Grausamkeiten der nationalsozialistischen Herrschaft zu verdeutlichen.

Die Entnazifizierung verlief in den Besatzungszonen unterschiedlich: In der sowjetischen Besatzungszone wurden bis 1948 etwa 520 000 Personen aus ihren Stellen entfernt. Oft wurde die Entnazifizierung auch genutzt, um politische Gegner auszuschalten.

In den Westzonen mussten die zwölf Millionen ehemaligen Mitglieder der NSDAP einen umfangreichen Fragebogen zu ihrer Tätigkeit im NS-Regime ausfüllen. Spruch-kammern stellten mithilfe von fünf Abstufungen von „unbelastet" über „Mitläufer" bis „Hauptschuldiger" den Grad ihrer Verstrickung fest. Dabei kam es auch zu Fehlentscheidungen in Bezug auf die Schuld und das Strafmaß. Unbeteiligte wurden fälschlicherweise bestraft, Schuldige beschafften sich Papiere, in denen ihnen Dritte ihre angebliche Unschuld bescheinigten. Die Spruchkammern stellten mit der Einstufung „unbelastet" oder „Mitläufer" den „✲Persilschein" aus. Im Laufe des Jahres 1948 kam der Entnazifizierungsprozess zum Erliegen, auch weil Fachkräfte in Wirtschaft und Verwaltung fehlten. Viele ehemalige Nationalsozialisten konnten daher hohe Ämter in Industrie und Verwaltung der Bundesrepublik besetzen. Andere setzten sich nach Südamerika oder in arabische Länder ab, ohne angeklagt zu werden.

Der Auschwitzprozess in Frankfurt

In der westdeutschen Bevölkerung fand bis weit in die 1960er-Jahre hinein keine große Auseinandersetzung mit den Verbrechen des Nationalsozialismus zwischen 1933 und 1945 statt. Noch im Jahre 1952 hielten es beispielsweise 37 Prozent der Deutschen für besser, wenn in Deutschland keine Jüdinnen und Juden lebten. Auf Initiative des hessischen Generalstaatsanwalts Fritz Bauer kam es zur Anklage gegen das Personal des Vernichtungslagers Auschwitz. Während des Auschwitzprozesses in Frankfurt von 1963 bis 1965 konnte die deutsche Bevölkerung in den Zeitungen die Aussagen von zahlreichen Überlebenden lesen und sich ein Bild von der nationalsozialistischen „Tötungsindustrie" machen. Am Ende des Prozesses wurden sechs der 22 Angeklagten für über 15 000 dokumentierte Morde verurteilt. Der Prozess prägte die Debatte um die deutsche Nazivergangenheit nachhaltig. Eine umfassende gesellschaftliche Auseinandersetzung mit der NS-Vergangenheit Deutschlands begann jedoch erst ab dem Ende der 1960er-Jahre mit dem Beginn der Studenten- und Schülerbewegung.

Entnazifizierung in der DDR

In der sowjetischen Besatzungszone (SBZ) wurden ungefähr 80 000 ehemalige Nationalsozialisten von sowjetischen Militärtribunalen zu langjährigen Zuchthausstrafen oder gar zum Tode verurteilt. 1948 galt die Entnazifizierung als abgeschlossen, die Prozesse gegen NS-Belastete wurden zu DDR-Zeiten jedoch fortgeführt – zum Teil in publikumswirksamen Schauprozessen.

M1 Die Waldheimer Prozesse, 21.4. bis 29.6.1950:
Mehrere Strafkammern des Landgerichts Chemnitz verhandelten in Waldheim (Sachsen) gegen 3442 von sowjetischen Behörden überstellte Personen, denen Kriegs- bzw. nationalsozialistische Verbrechen vorgeworfen wurden. (...) Die meisten Verhandlungen fanden hinter geschlosse-

2 – April 1943: Im Warschauer Ghetto wird eine Gruppe jüdischer Menschen aus den Häusern vertrieben und ins Vernichtungslager Treblinka gebracht, wo sie alle ermordet werden. Der SS-Mann rechts mit der Maschinenpistole ist Josef Blösche, der im Ghetto schwere Verbrechen begangen hat.

nen Türen im Haftkrankenhaus statt, nur die öffentlich wirksamen vor Publikum im Waldheimer Rathaussaal. (Die Prozesse) wurden nicht von den Justizbehörden der DDR vorbereitet, sondern unterlagen der direkten Kontrolle der ZK-Abteilung „Staat und Recht", die SED-Spitze entschied unmittelbar über den Ablauf bzw. man kann sagen über die Missachtung gesetzlicher Bestimmungen. (...) Überwiegend wurden die Waldheimhäftlinge aufgrund ihrer Mitgliedschaft in diversen Organisationen der NS Zeit verurteilt (...), ohne dass ein Nachweis an einer Beteiligung an einem Verbrechen erbracht wurde. (...) Allerdings soll dies nicht davon ablenken, dass es auch sehr wohl Menschen unter den Verurteilten gab, die sich auch im strengen strafrechtlichen Sinne fürchterlicher Verbrechen schuldig gemacht hatten (...).
Urteile: Freiheitsstrafe bis 5 Jahre: 14; 5–10 Jahre: 371; 10–15 Jahre: 916; 15–25 Jahre: 1829; Lebenslänglich: 146; Todesstrafe: 32.

❶ Recherchiere zu den Nürnberger Prozessen (Bild 1) und trage deine Ergebnisse der Klasse vor. Achte dabei besonders auf die angeklagten Personen und auf Ziele und Ergebnisse des Prozesses.

❷ Schätze die Bedeutung des Auschwitzprozesses für die Entwicklung der Bundesrepublik ein.

❸ Bewerte die Handlungsweise Fritz Bauers.

❹ Vergleiche die unterschiedlichen Entnazifizierungsverfahren in SBZ/DDR und BRD.

❺ Recherchiere hierzu den Lebenslauf von Josef Blösche (Bild 2). Schätze ein, ob die DDR-Strafbehörden in seinem Fall angemessen gehandelt haben.

Welche neuen Parteien, Länder und Bezirke gab es?

1 – Plakat der CDU zu den Bundestagswahlen, 1949.

2 – Wahlplakat der SPD, 1946.

3 – Wahlplakat der SED, 1947.

Parteien in den Westzonen

Die Alliierten genehmigten die Gründung von Parteien, die schon in der Weimarer Republik bestanden hatten: die Kommunistische Partei Deutschlands (KPD), die Sozialdemokratische Partei Deutschlands (SPD) und das Zentrum, in dem in der Weimarer Zeit vor allem Katholiken organisiert waren. Die Freie Demokratische Partei (FDP) war ein Zusammenschluss von zwei liberalen Parteien der Weimarer Republik. Eine echte Neugründung war die Christlich-Demokratische Union (CDU), in der sich evangelische und katholische Christen aller Schichten zusammenschlossen. Bei den ersten freien Wahlen 1946/1947 in den westlichen Besatzungszonen erhielt die CDU ca. 38 Prozent und die SPD ca. 35 Prozent der Stimmen.

Parteien in der SBZ

In der sowjetischen Besatzungszone (SBZ) zwang die sowjetische Besatzungsmacht 1946 die KPD und die SPD, sich zu einer gemeinsamen Partei, der Sozialistischen Einheitspartei Deutschlands (SED), zu vereinigen. Bei den letzten freien Wahlen in der SBZ kam die SED 1946 auf ca. 49 Prozent der Stimmen. In der SED verloren die Sozialdemokraten bald an Macht. Bei späteren Wahlen sicherte sich die SED über eine Einheitsliste, den „antifaschistisch-demokratischen Block", nach sowjetischem Vorbild immer die Mehrheit der Stimmen.

Dieser Block bestand aus KPD, SPD, CDU und LDPD (Liberaldemokratische Partei Deutschlands). 1948 traten ihm die DBD (Demokratische Bauernpartei Deutschlands) und die NDPD (Nationaldemokratische Partei Deutschlands) bei. Die Gründung dieser beiden Parteien war von der sowjetischen Besatzungsmacht vorangetrieben worden, um CDU- und LDPD-Wähler abzuwerben. Alle Parteien bildeten mit den Massenorganisationen, die politisch eingebunden waren, die „Nationale Front". Von einer Konkurrenz unabhängiger Parteien konnte keine Rede mehr sein.

Besatzungszonen und
Sektoren von Berlin:
- Amerikanisch
- Britisch
- Französisch
- Sowjetisch

1945 Gründungsjahr der
Länder in den Westzonen
und in der SBZ

— Grenze zwischen
Westzonen und SBZ
seit 1.7.1945

— Oder-Neiße-Linie
seit Juli 1945

----- Grenzen der Länder

B. = Belgien
L. = Luxemburg

4 – Ländergründungen in den Besatzungszonen Deutschlands. 1945–1947.

— Grenze zwischen Westzonen
und SBZ seit 1.7.1945

— Oder-Neiße-Linie
seit Juli 1945

▮▮▮ Berlin unter
Viermächtestatus

▮ Ost-Berlin seit 1949
Hauptstadt der DDR

— Bezirksgrenzen in der DDR
1952 bis 1990

----- Grenze des Bundeslands
Sachsen seit 1990

5 – Die neuen Bezirke der DDR. 1952. Chemnitz
wurde am 10.05.1953 nach dem Willen der SED in
Karl-Marx-Stadt umbenannt.

Die Gliederung der DDR in Bezirke

In der DDR wurden 1952 die bisherigen Länder aufgelöst und durch 14 neue Bezirke ersetzt. Ostberlin wurde im Jahr 1961 den Bezirken gleichgestellt. Bei der Aufgabenverteilung zwischen Zentralstaat, Bezirk und Kreis übernahm der Zentralstaat nun deutlich mehr Aufgaben als die anderen Körperschaften und hatte dadurch erhebliche Zugriffsmöglichkeiten auf diese.

Q1 Aus dem Gesetz über die Auflösung der Länder, 23.7.1952:

Der neue sozialistische Staat der Deutschen Demokratischen Republik wird (...) nur dann eine unüberwindliche Kraft darstellen, wenn er dem werktätigen Volk nahesteht, wenn er die Werktätigen in die Politik einbezieht und das Volk zur ständigen, systematischen, aktiven und entscheidenden Teilnahme an der Leitung des Staates heranzieht.

Deshalb ist die alte administrative Gliederung, selbst mit den nach 1945 vorgenommenen Änderungen, jetzt zu einer Fessel der neuen Entwicklung geworden. Die örtlichen Organe der Staatsgewalt müssen deshalb so reorganisiert werden, dass der Staatsapparat die Möglichkeit erhält, den Willen der Werktätigen, der in den Gesetzen der Deutschen Demokratischen Republik zum Ausdruck gebracht ist, unverbrüchlich zu erfüllen und, gestützt auf die Initiative der Massen, eine Politik des werktätigen Volkes durchzuführen.

❶ Erarbeite die Botschaft der Plakate mithilfe der Methode „Plakate untersuchen" (S. 210/211).

❷ Beschreibe in Partnerarbeit die Ziele der Parteien, die in der SBZ/DDR zugelassen waren. Wie gelang es der SED, die Führung in der Hand zu behalten?

❸ Erkläre mithilfe der Karten und von Q1 die Entwicklung in der SBZ/DDR von 1945 bis zur Bezirksgründung 1952.

❹ Erläutere die Begründung der DDR-Führung für die neuen Bezirke und bewerte sie (Q1, Bild 5).

❺ Recherchiere über den politischen Neubeginn nach Kriegsende in deinem Heimatort (Stadtmuseum, Internet).

▶ Video

Die Bundesrepublik Deutschland

Warum gab es eine Luftbrücke nach Westberlin?

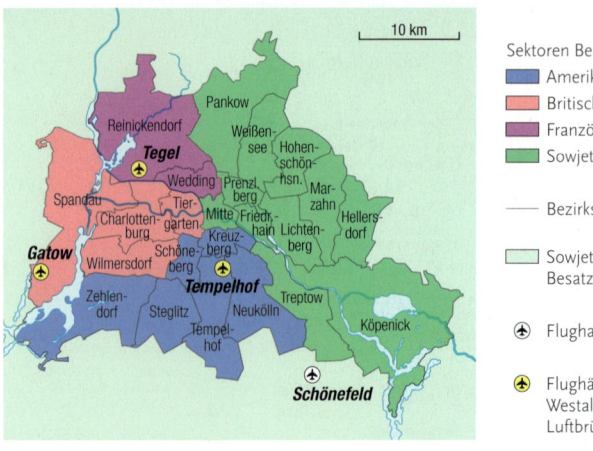

Sektoren Berlins:
- Amerikanisch
- Britisch
- Französisch
- Sowjetisch

— Bezirksgrenzen Berlins

Sowjetische Besatzungszone (SBZ)

✈ Flughafen in der SBZ

✈ Flughäfen der Westalliierten, die die Luftbrücke ermöglichten

1 – Berliner Kinder beobachten das Landemanöver eines „Rosinenbombers" am Flughafen Tempelhof. Foto vom Juli 1948.

2 – Die vier Sektoren Berlins.

Die Berlin-Blockade

Die Stadt Berlin, die sich inmitten der sowjetisch besetzten Zone befand, wurde seit 1945 von den vier Siegermächten gemeinsam verwaltet. Aus diesem Grund war sie in vier Sektoren aufgeteilt (Karte). In der Nacht vom 23. auf den 24. Juni 1948 riegelte die Sowjetunion die drei Westsektoren Berlins vom Güterverkehr und von der Stromversorgung ab. In einem Schreiben erklärte die UdSSR, die Westmächte hätten ihr Recht an einer gemeinsamen Besetzung Berlins verwirkt, da sie in Deutschland mit der Währungsreform und der Einführung der D-Mark (siehe S. 30) eine „Politik der Spaltung" betrieben hätten.

Q1 Der damalige US-Militärgouverneur in Berlin, General Clay, gab gegenüber dem Außenministerium der USA Anfang April eine Einschätzung zur Bedeutung der Lage:

Die Tschechoslowakei haben wir verloren. Norwegen schwebt in Gefahr. Wir geben Berlin auf. Wenn Berlin fällt, folgt Westdeutschland als Nächstes. Wenn wir beabsichtigen, Europa gegen den Kommunismus zu halten, dürfen wir uns nicht von der Stelle rühren. Wir können Demütigungen und Druck, die nicht zum Kriege führen, in Berlin einstecken, ohne das Gesicht zu verlieren. Wenn wir fortgehen, gefährden wir unsere europäische Position.

Q2 Der damalige Berliner Oberbürgermeister Ernst Reuter sagte in einer Rede am 9. September 1948 vor dem Reichstag:

Ihr Völker der Welt, ihr Völker in Amerika, in England, in Frankreich, in Italien! Schaut auf diese Stadt und erkennt, dass ihr diese Stadt und dieses Volk nicht preisgeben dürft und nicht preisgeben könnt! Es gibt nur eine Möglichkeit für uns alle: gemeinsam so lange zusammenzustehen, bis dieser Kampf gewonnen, bis dieser Kampf endlich durch den Sieg über die Feinde, durch den Sieg über die Macht der Finsternis besiegelt ist.

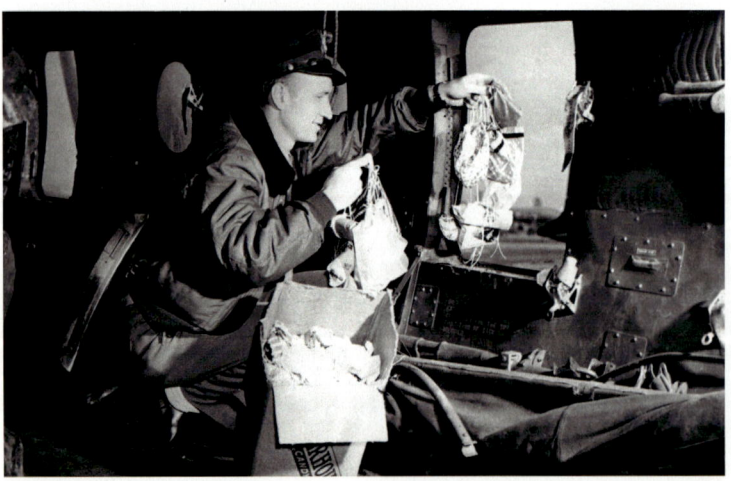

3 – Abwurf von Süßigkeiten durch US-Leutnant Halverson. Foto vom 02.10.1948.

4 – Berlinerinnen und Berliner feiern das Ende der Luftbrücke.
Foto vom 12.05.1949.

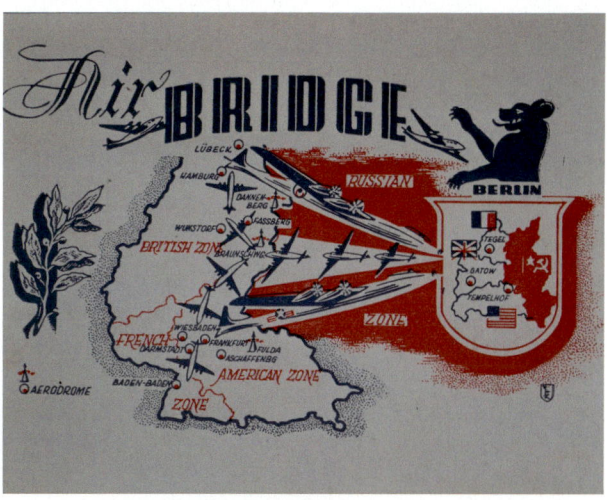

6 – Amerikanische Postkarte zur Erinnerung an die Luftbrücke.
23. Juni 1949.

Die Berliner Luftbrücke

General Lucius D. Clay, Militärgouverneur der amerikanischen Besatzungszone, begann sofort, die Versorgung Berlins aus der Luft zu organisieren. Bis zum Mai 1949 trafen Transportmaschinen täglich im Minutenabstand auf drei Flugplätzen in den westlichen Sektoren der Stadt ein. Neben Lebensmitteln und Medikamenten brachten sie vor allem Kohle, um die Energieversorgung aufrechtzuerhalten. Insgesamt brachten amerikanische und britische Piloten über 2 Millionen Tonnen Güter auf 277 569 Flügen nach Westberlin. 31 Amerikaner, 40 Briten und fünf Deutsche verloren dabei ihr Leben.

Die Blockade endete am 12. Mai 1949 durch die Aufhebung durch die Sowjets. Informiere dich auf dieser Seite über die Berlin-Blockade und erstelle eine Mindmap als Grundlage für die Gruppenarbeit. Recherchiere gegebenenfalls zusätzliche Informationen.
Bildet anschließend Gruppen und bearbeitet eine der Aufgaben A, B oder C. Stellt danach eure Ergebnisse den anderen Gruppen vor.

Gruppe A:
❶ Erklärt mithilfe von Q1 und Q2 die Motive der USA und Großbritanniens, Westberlin mit einer Luftbrücke zu unterstützen.
❷ Gestaltet Plakate, die zur Mithilfe bei der Luftbrücke aufrufen.

Gruppe B:
❸ Macht euch Gedanken zur Stimmung in Westberlin, und zwar
a) direkt nach der Abriegelung durch die UdSSR und
b) während der Zeit der Luftbrücke.
❹ Gestaltet jeweils eine Erinnerungspostkarte zu den beiden Phasen in Aufgabe 3 (s. auch Bilder 1, 3, 4 und 6).

Gruppe C:
❺ Recherchiert im Internet zum Thema „Erinnern an die Luftbrücke" (z. B. Denkmal, Jahrestage) und erstellt zu euren Ergebnissen eine kurze Stichwortliste mit Erläuterungen.
❻ Überlegt Möglichkeiten, wie eurer Meinung nach an die Luftbrücke erinnert werden könnte, und gestaltet dazu einen Vorschlag.
▶ *Nehmt die Bilder 5 und 6 zu Hilfe.*

5 – Luftbrückendenkmal auf dem Platz der Luftbrücke am Flughafen Tempelhof in Berlin. Foto, ohne Datum.

Wie entstand die Bundesrepublik Deutschland?

Besatzungszonen und
Sektoren von Berlin:

- ■ Amerikanisch
- ■ Britisch
- ■ Französisch
- ■ Sowjetisch

■ Saarland:
autonomes Gebiet unter
französischer Verwaltung

■ Bizone:
vereinigtes
Wirtschaftsgebiet

■ Trizone:
vereinigtes
Wirtschaftsgebiet,
erweitert

☐ Bundesrepublik
Deutschland:
gegründet am 23.5.1949

☐ Deutsche Demokratische
Republik:
gegründet am 7.10.1949

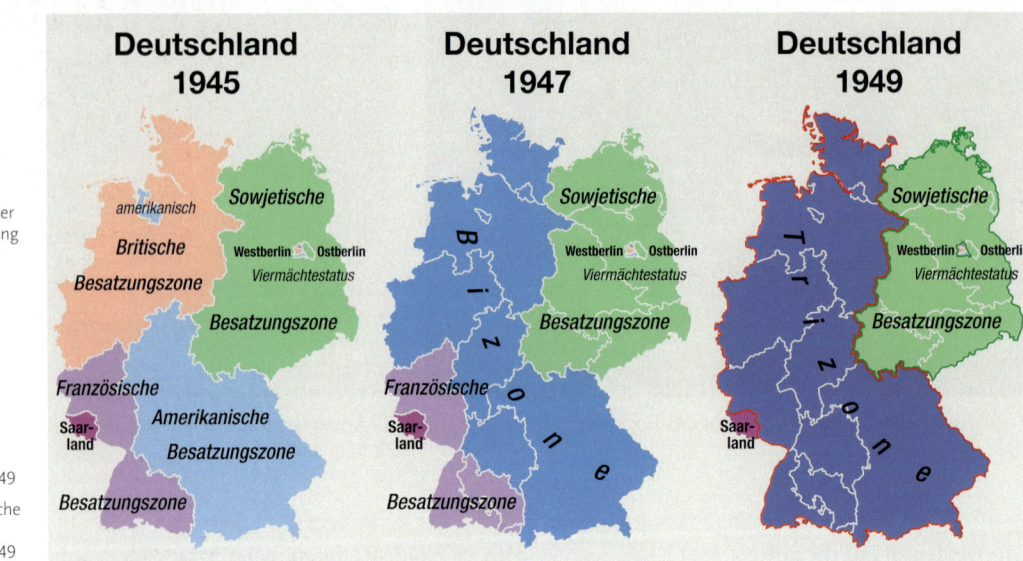

1 – Die Entwicklung zur Bundesrepublik Deutschland und zur DDR.

* „Eingeborene"
Dies ist ein abwertender
alter Ausdruck für die ein-
heimische Bevölkerung.

Auf dem Weg zu einem Weststaat

Im beginnenden Kalten Krieg (siehe
S. 208/209) zeichnete sich immer mehr die
Teilung Europas ab. Die Grenze verlief mitten durch Deutschland, entlang der Trenn-
linie zwischen den drei westlichen Zonen
und der sowjetischen Besatzungszone. Als
der amerikanische Außenminister Byrnes
im September 1946 vorschlug, alle Zonen
zu einer wirtschaftlichen Einheit zusam-
menzuschließen (Q1), lehnte die Sowjet
union dies ab. Bereits am 1.1.1947 bildeten
daher die amerikanische und die britische
Zone ein vereinigtes Wirtschaftsgebiet, die
Bizone. Als daraus durch den Beitritt der
französischen Besatzungszone im Juli 1948
die Trizone entstand, war die Grundstruktur
eines westdeutschen Staates geschaffen.
Die USA, Großbritannien und Frankreich
beauftragten die Ministerpräsidenten der
Westzonen am 1.7.1948, die Gründung
eines deutschen Weststaates vorzubereiten.
Zu diesem Zweck nahm eine verfassunggebende Versammlung von abgeordneten
Personen aller westdeutschen Länder – der
„Parlamentarische Rat" – am 1.9.1948 ihre
Arbeit auf.

Zum Scheitern einer gemeinsamen
Deutschlandpolitik unter Einbezug der
Sowjetunion trug auch der Marshallplan
von 1947 (siehe S. 209) bei. Dieser sah
finanzielle Hilfen für Deutschland und
Europa vor. Ein wirtschaftlich starkes Europa sollte die Ausbreitung des Kommunismus verhindern. Daher wurde der Marshallplan von der Sowjetunion abgelehnt.
Am 20. Juni 1948 führten die Westmächte
in der Trizone eine neue, stabile Währung
ein: die Deutsche Mark (DM). Sie ersetzte
die wertlose Reichsmark (RM) und schuf
die Voraussetzung für den wirtschaftlichen
Wiederaufstieg im Westen. Jede Westdeutsche und jeder Westdeutsche erhielten
zunächst 40, dann 20 DM. Sparguthaben
wurden zuerst im Verhältnis RM zu DM =
10 zu 0,65, später 10 zu 1 umgetauscht. Die
bisherige Rationierung von Lebensmitteln
und Waren wurde aufgehoben. Plötzlich
war fast alles wieder zu kaufen.

Die Gründung der Bundesrepublik

Der Parlamentarische Rat verabschiedete
am 8.5.1949 eine Verfassung. Sie wurde
„Grundgesetz" genannt, um den proviso-
rischen Charakter zu betonen, denn man

2 – Die Außenminister der vier Siegermächte in einer Deutschlandkarte. Karikatur von Viktor Weisz im „News Chronicle", Großbritannien, 1947.

3 – Theodor Heuss (FDP), der spätere erste Präsident der Bundesrepublik Deutschland, unterzeichnet das Grundgesetz. Foto, 23. Mai 1949.

hoffte noch darauf, dass das geteilte Land sich bald wieder vereinigte. Die drei West-alliierten genehmigten das Grundgesetz, die westdeutschen Landtage stimmten mit Ausnahme Bayerns zu. Am 23.5.1949 wurde das Grundgesetz verkündet. Damit war die Bundesrepublik Deutschland gegründet.

Q1 Am 6. September 1946 hielt der amerikanische Außenminister James Francis Byrnes in Stuttgart seine „Rede der Hoffnung":

Es ist klar, dass wir, wenn die Industrie auf den vereinbarten Stand gebracht werden soll, nicht weiterhin den freien Austausch von Waren, Personen und Ideen innerhalb Deutschlands einschränken können. Die Schranken zwischen den vier Zonen Deutschlands sind weit schwieriger zu überwinden als die zwischen normalen, unabhängigen Staaten. Die Zeit ist gekommen, wo die Zonengrenzen nur als Kennzeichnung der Gebiete angesehen werden sollten, die aus Sicherheitsgründen von den Streitkräften der Besatzungsmächte besetzt gehalten werden, und nicht als eine Kennzeichnung für in sich abgeschlossene wirtschaftliche oder politische Einheiten. (...) (Die) amerikanische Regierung (...) hat offiziell ihre Absicht ausgedrückt, die Wirtschaft ihrer eigenen Zone mit einer oder mit allen anderen zu vereinigen, die hierzu bereit sind. (...) Wenn eine völlige Vereinigung nicht erreicht werden kann, werden wir alles tun, was in unseren Kräften steht, um eine größtmögliche Vereinigung zu sichern.

Q2 Im Karnevalslied von Karl Berbuer aus dem Jahre 1948 heißt es:

Mein lieber Freund, mein lieber Freund, die alten Zeiten sind vorbei.
Ob man da lacht, ob man da weint, die Welt geht weiter eins, zwei, drei. Ein kleines Häuflein Diplomaten macht heut' die große Politik.
Sie schaffen Zonen, ändern Staaten.
Und was ist hier mit uns im Augenblick? Wir sind die *Eingeborenen von Trizonesien.
Heidi-tschimmelatschimmela-tschimmela-tschimmela bumm!

---

❶ ▪ Nenne die Besatzungszonen, aus denen sich die Bundesrepublik Deutschland entwickelte.

❷ ▪ Beschreibe die Entstehung der Bundesrepublik Deutschland. Erstelle dazu einen Zeitstrahl.

❸ ▪ Verfasse eine kurze Zeitungsannonce, in der du die Währungs-reform verkündest. Richte dich an die Leserinnen und Leser aus dem Jahr 1948.

❹ ▪ Erkläre die Karikatur 2. Gehe dabei auf die Anschauungen der Siegermächte ein. Der Text hilft dir.

❺ ▪ Fasse den Inhalt der Rede in Q1 zusammen und erläutere, warum die Rede als „Rede der Hoffnung" bezeichnet wird.

❻ ▪ Lies Q2 und entschlüssele das Lied. Schreibe mögliche Gedanken des Autors Berbuer, die sich hinter den Worten verbergen, auf.

Wie sichert das Grundgesetz die Demokratie?

Grundgesetz
Mit Verkündung des Grundgesetzes am 23. Mai 1949 wurde die Bundesrepublik Deutschland gegründet. Die im Grundgesetz verankerte freiheitlich demokratische Grundordnung ist bis heute Grundlage für das friedliche Zusammenleben der Menschen.

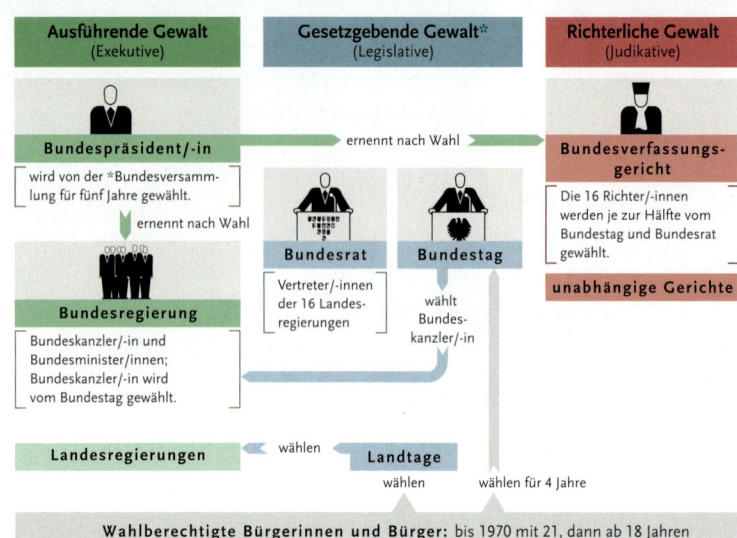

1 – Staatsaufbau der Bundesrepublik Deutschland.

* Bundesversammlung
Die Bundesversammlung setzt sich zusammen aus den Abgeordneten des Bundestages und einer gleich großen Anzahl von Mitgliedern, die von den Volksvertretern der Länder gewählt werden.

* unveräußerliche Grundrechte
Dies sind wesentliche Rechte, die Mitgliedern der Gesellschaft gegenüber Staaten als beständig, dauerhaft und einklagbar garantiert werden. Sie dürfen nicht geändert werden.

* DP
Dies ist die Abkürzung für Deutsche Partei. Diese sehr konservativ bis rechts ausgerichtete Partei bestand von 1945 bis 1980 und hatte ihre größten Erfolge in den 1950er-Jahren.

* Koalition
Dies ist ein Bündnis von Parteien zum Zweck der Regierungsbildung.

Absicherung der Demokratie

Im Grundgesetz (GG) wurden die Erfahrungen aus der Weimarer Republik berücksichtigt: Die staatliche Ordnung wird durch gegenseitige Kontrolle der drei Staatsgewalten geschützt. So sollte die Wiederholung einer Terrorherrschaft wie der des Nationalsozialismus unmöglich gemacht werden. An der Spitze des Grundgesetzes stehen die allgemeinen, *unveräußerlichen Grundrechte. Anders als in der Weimarer Verfassung sind an sie alle staatlichen Organe unmittelbar gebunden. Zur Sicherung der demokratischen Ordnung wurden der Schutz der Menschenwürde (Artikel 1 GG), die demokratische Grundverfassung (Artikel 20 GG) und die Gliederung des Bundes in Länder für unabänderlich erklärt (Artikel 79,3 GG). Neu war auch, dass in der Verfassung ein Widerstandsrecht gegen verfassungsfeindliche Personen verankert wurde. Auch die Aufgaben der Parteien werden genau beschrieben.

Weitere Lehren aus Weimar

Die maßgebliche politische Verantwortung liegt nach den Bestimmungen des Grundgesetzes beim Bundeskanzler, der mit absoluter Mehrheit vom Bundestag gewählt wird.

Er kann nur abgewählt werden, wenn ein möglicher Nachfolger eine Mehrheit erhält. Das Amt des Bundespräsidenten wurde im Unterschied zu den Aufgaben des Reichspräsidenten in der Weimarer Republik auf repräsentative Funktionen beschränkt. Das Bundesverfassungsgericht wacht über die Einhaltung der Grundrechte. Im Wahlgesetz zum Bundestag wurde eine Fünfprozentklausel verankert. Bei der Verteilung der Sitze werden nur Parteien berücksichtigt, auf die mindestens fünf Prozent der Wählerstimmen entfallen. Damit sollen Splittergruppen nicht in das Parlament einziehen können.

Erste demokratische Wahlen

Am 14.8.1949 wurde der erste Deutsche Bundestag gewählt. Die SPD gewann 29,2 % der Stimmen, die CDU 25,2 %, die CSU 5,8 % und die FDP 11,9 %. Die restlichen Stimmen verteilten sich auf kleinere Parteien. CDU/CSU, FDP und *DP bildeten eine *Koalition. Zum ersten Bundeskanzler wurde Konrad Adenauer (CDU), zum ersten Bundespräsidenten am 12. September 1949 Theodor Heuss (FDP) gewählt. Damit war der neue Staat funktionsfähig.

VIP

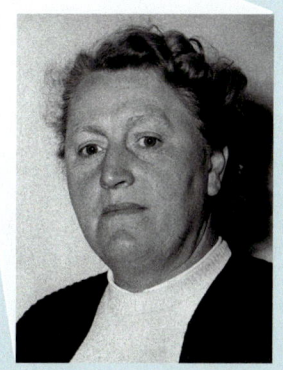

„Die mangelnde Heranziehung von Frauen zu öffentlichen Ämtern und ihre geringe Beteiligung in den Parlamenten ist doch schlicht Verfassungsbruch in Permanenz."

Name: Martha Elisabeth Selbert, geb. Rohde

Lebensdaten: 22. September 1896 in Kassel – 9. Juni 1986 in Kassel

Familie: zweite von vier Töchtern eines Justizwachtmeisters

Jugend/Schule/Ausbildung:
- ab 1914 Arbeit als Postbeamtenanwärterin im Telegrafendienst der Reichspost
- 1920 Hochzeit mit Adam Selbert, gelernter Buchdrucker und Vorsitzenden des Arbeiter- und Soldatenrates in Niederzwehren bei Kassel
- 1925 Nachholen des Abiturs an der Luisenschule in Kassel als Externe nach Selbststudium
- Danach Studium der Rechts- und Staatswissenschaften an den Universitäten Marburg und Göttingen. Dort war sie unter den etwa 300 Studierenden eine von fünf Frauen.

Werdegang:
- Oktober 1920 Delegierte zur ersten Reichsfrauenkonferenz nach Kassel. Dort kritisierte sie die nur papierne, aber fehlende tatsächliche Gleichberechtigung von Frauen.
- März 1933, Kandidatur für die Reichstagswahl im Wahlkreis Hessen-Nassau auf der Liste der SPD
- 1946 Eintritt in die Verfassungberatende Landesversammlung für Groß-Hessen für die SPD und Wahl in den Parlamentarischen Rat, der die Aufgabe hatte, das Grundgesetz für die Bundesrepublik Deutschland auszuarbeiten
- von 1946 bis 1958 Mitglied des Hessischen Landtags und Mitglied des Richterwahlausschusses
- daneben Weiterarbeit als Rechtsanwältin in Kassel bis zu ihrem 85. Lebensjahr

Besonderheiten:
Die Aufnahme der Gleichberechtigung in den Grundrechteteil in das Grundgesetz mit der Formulierung „Männer und Frauen sind gleichberechtigt" war zum großen Teil das Verdienst Elisabeth Selberts.

Was bleibt:
Elisabeth Selbert war eine Frau, die zeit ihres Lebens für die Demokratie und die Gleichberechtigung der Frauen gekämpft hat.

3 – Die „vier Mütter des Grundgesetzes: Von links nach rechts: Helene Wessel (Zentrum), Helene Weber (CDU), Friederike Nadig (SPD) und Elisabeth Selbert (SPD). Foto, 1948.

❶ Nenne den ersten Bundeskanzler und ersten Bundespräsidenten.

❷ Liste mithilfe des Textes Bestimmungen auf, die die demokratische Ordnung sichern sollen.

❸ Erkläre das Verfassungsschema.

▶ *Nimm die Methode „Ein Verfassungsschema lesen und verstehen" von S. 281 zu Hilfe.*

❹ Ermittle Gründe, die zeigen, dass man aus der Zeit der Weimarer Republik Lehren gezogen hat.

❺ Erläutere das Zitat Elisabeth Selberts.

❻ Zeige auf, warum Elisabeth Selbert für die weitere Entwicklung der Bundesrepublik Deutschland eine bedeutende Rolle gespielt hat.

▶ Video

Was bewirkte die Soziale Marktwirtschaft?

1 – Bundeswirtschaftsminister Ludwig Erhard mit dem von ihm herausgegebenen Buch „Wohlstand für alle". Foto, 1957.

2 – Feierstunde im Volkswagenwerk Wolfsburg anlässlich der Fertigstellung des millionsten VWs. Foto, 05.08.1955.

---

* Ludwig Erhard
Der CDU-Politiker amtierte von 1949 bis 1963 als Bundeswirtschaftsminister und führte das Prinzip der Sozialen Marktwirtschaft ein. Er gilt als „Vater des Wirtschaftswunders". Von 1963–1966 war er Kanzler der Bundesrepublik Deutschland.

* freie Preisbildung
Ludwig Erhard hob 1948 die festgelegten Preise (Preisbindung) für viele Waren auf. Wo zuvor der Staat festgelegt hatte, was bestimmte Produkte kosteten, reguliert sich der Preis nun über Angebot und Nachfrage.

* soziale Marktwirtschaft
Durch staatliche Regulierungen, Sozialleistungen und die soziale Ausgestaltung des Steuersystems werden die Probleme einer reinen Marktwirtschaft abgefedert.

„Wir sind wieder wer"

Mit diesem Satz kennzeichnete Ende der 1950er-Jahre der damalige Wirtschaftsminister *Ludwig Erhard (Bild 1) die Stimmung in der Bundesrepublik. Die Industrieunternehmen waren mit westlicher Hilfe wieder aufgebaut oder neu errichtet worden. Sie konnten qualitativ hochwertige Waren zu guten Preisen für den Export, aber auch für das Inland produzieren.
In der Nachkriegszeit hatten die Menschen vieles entbehrt. Nun kam es zu Konsumwellen: Der „Fresswelle" folgte die „Wohn- und Automobilwelle". Zu Beginn der 1960er-Jahre rollte die „Reisewelle". Gestiegene Löhne und ein wachsender Anspruch auf Urlaubstage machten Ferien auch im Ausland möglich. Diesen sprunghaften wirtschaftlichen Aufschwung bezeichnete man als das deutsche „Wirtschaftswunder". Dieses „Wunder" hatte jedoch ganz reale Ursachen: Der bereits begonnene Wirtschaftsaufbau wurde durch die Wirkungen des Marshallplans – eine finanzielle Hilfe der USA – und der Währungsreform zusätzlich verstärkt. Neue Produktionsanlagen waren der Konkurrenz aus dem Ausland überlegen und es gab ein großes Angebot leistungswilliger, gut ausgebildeter Arbeitskräfte. Außerdem ließen die Qualität der

Waren und der große Nachholbedarf nach dem Zweiten Weltkrieg den Export schnell ansteigen.

Die *soziale Marktwirtschaft

In den Westzonen setzte sich trotz weit verbreiteter Skepsis das unter anderem von Ludwig Erhard entwickelte Modell einer sozialen Marktwirtschaft durch, auf dem das „Wirtschaftswunder" beruhte. Die soziale Marktwirtschaft verband die *freie Marktwirtschaft mit staatlichen sozialen Maßnahmen. Diese sollten vor allem die Menschen schützen, die vom Markt benachteiligt waren. So sicherte der Staat
– die *freie Preisbildung für Waren und Dienstleistungen durch den Markt,
– das Privateigentum von Produktionsmitteln wie Arbeit, Kapital und Boden und
– das Aushandeln der Löhne zwischen den Tarifparteien ohne staatliche Einmischung.

„Wohlstand für alle"

Der wirtschaftliche Aufschwung machte den Ausbau des Sozialstaates und somit den „Wohlstand für alle" möglich. Zahlreiche Gesetze zum Schutz der wirtschaftlich schwächeren Bürgerinnen und Bürger dienten dem sozialen Ausgleich.

Sozialstaat

- Senkung der wöchentlichen Arbeitszeit in metallverarbeitenden Gewerbe auf 35 Stunden (Anfang der 1980er-Jahre)
- Fortführung und Erweiterungen des Kranken- und Rentenversicherungssystems
- Lohnfortzahlung im Krankheitsfall (1975)
- Förderung junger Familien durch Kindergeld
- Rentenreform (1975)
- Versorgung der Kriegsgeschädigten und Hinterbliebenen (1950)
- Ausbildungsförderung (BAföG) für einkommensschwache Familien (1971)
- Pflegeversicherung (1995)
- Senkung der wöchentlichen Arbeitszeit auf 40 Stunden (Beginn der 1970er-Jahre)
- Unterstützung von Flüchtlingen und Vertriebenen durch das Lastenausgleichsgesetz (1952)
- Errichtung von zwei Millionen preiswertere Wohnungen durch sozialen Wohnungsbau (1955)

3 – Schrittweiser Ausbau des Sozialstaaates.

*„Gastarbeiter" werden Einwanderer

Aufgrund der guten wirtschaftlichen Entwicklung fehlten in der Bundesrepublik Arbeitskräfte. Ab Mitte der 1950er-Jahre förderte die Politik gezielt die Anwerbung südeuropäischer und türkischer Arbeiter. In dieser Zeit kamen 2,6 Millionen Menschen in die Bundesrepublik. Sie wurden als „Gastarbeiter" bezeichnet, da ihr Aufenthalt nur vorübergehend sein sollte. Viele von ihnen blieben jedoch und holten ihre Familien nach. So wurden aus „Gastarbeitern" Einwanderer.

Außerdem fanden zahlreiche DDR-Flüchtlinge, Heimatvertriebene und Flüchtlinge in Westdeutschland eine neue Heimat. Sie alle trugen zum wirtschaftlichen Aufstieg der Bundesrepublik bei.

Q1 **Der türkische Schriftsteller Nevzat Üstün schrieb 1998 Folgendes über die „Gastarbeiter":**

Als die Deutschen aus dem Ausland „ausländische Arbeitskräfte anforderten", dürften sie nicht daran gedacht haben, dass es dabei um Menschen geht. Das heißt, die Arbeitskräfte sollten kommen, für sich allein existieren, die Straßen fegen, Häuser bauen, Maschinen bedienen, Beton aufbrechen, Elektroschweißen, dabei aber völlig unsichtbar bleiben, sich nicht lieben. Der berühmte Schriftsteller Max Frisch hat es einmal so ausgedrückt: „Man hat Arbeitskräfte gerufen, und es kamen Menschen." (...) Man zahlte ihnen Geld und hatte damit alles Nötige getan. Am liebsten hätte man die Ausländer jeden Abend um fünf Uhr in ihre Heimatländer geschickt und sie morgens zurückgeholt.

* „Gastarbeiter"
Das „Wirtschaftswunder" führte zu einem hohen Arbeitskräftemangel. Deshalb wurden seit 1955 ausländische Arbeitnehmer angeworben.

❶ ▣ Nenne mithilfe des Textes wesentliche Merkmale der sozialen Marktwirtschaft.

❷ ▣ Ludwig Erhard gilt als Vater des „Wirtschaftswunders". Begründe diese Aussage mithilfe des Textes und Bild 1.

❸ ▣ Fasse die in Bild 3 aufgezählten Aspekte in eigene Worte und erkläre anschließend deiner Partnerin oder deinem Partner, was unter dem „Ausbau des Sozialstaates" zu verstehen ist.

❹ ▣ Erläutere mithilfe des Textes und von Q1 die Aussage: „Man hat Arbeitskräfte gerufen, und es kamen Menschen."

❺ ▣ „Das Wirtschaftswunder beruhte auf der sozialen Marktwirtschaft." Diskutiere diese These mithilfe des Textes und von Bild 2.

❻ ▣ Gestalte eine Collage mit dem Titel „Der wirtschaftliche Aufstieg in den 1950er- und 1960er-Jahren". Würdige darin auch die Rolle von „Gastarbeitern" sowie Flüchtlingen (ehemalige deutsche Ostgebiete, DDR) und Heimatvertriebenen.

▶ *Suche dazu Bilder im Internet. Folgende Stichworte können hilfreich sein: Fresswelle, Konsumwelle, Reisewelle, Wirtschaftswunder, Flüchtlinge und Vertriebene.*

▶ *Nimm in Bezug auf Flüchtlinge und Vertriebene die Seite 110 zu Hilfe.*

❼ ▣ Überlegt in der Klasse, wie wir heute Zuwanderern in Deutschland begegnen, und diskutiert, wie mit ihnen verfahren wird.

Wie erfolgte die politische Einbindung in den Westen?

1 – Gipfeltreffen der westlichen Staatsführer in Paris am 19. Dezember 1959. Von links: der britische Premierminister Harold Macmillan, der französische Präsident Charles De Gaulle, der westdeutsche Bundeskanzler Konrad Adenauer und der US-amerikanische Präsident Dwight D. Eisenhower.

* **Koreakrieg**
(1950–1953) 1948 überfielen Streitkräfte des kommunistischen Nordkoreas den Süden des Landes. Die UNO und die USA eroberten Südkorea zurück. Der Koreakrieg gilt als eines der Beispiele für „Stellvertreterkriege"; USA und Sowjetunion trugen ihre Gegensätze nicht offen in einem Krieg aus, sondern an anderen Schauplätzen.

Die Westorientierung der Bundesrepublik

Da die Gründung der Bundesrepublik Deutschland vor allem auch von den drei Westalliierten herbeigeführt worden war, lag es nahe, dass sich der erste Bundeskanzler, Konrad Adenauer, um einen dauerhaften Anschluss an den Westen bemühte. Dies bedeutete, dass er außenpolitisch für die BRD die Souveränität anstrebte und sie politisch, wirtschaftlich und militärisch in den Kreis der westlichen Staatengemeinschaft eingebunden werden sollte.

Dieses Vorgehen wurde durch den Ausbruch des *Koreakriegs 1950 gefördert. Adenauer sah jetzt eine Möglichkeit, über das Angebot einer deutschen Wiederbewaffnung in einem westlichen Bündnis die erstrebte Gleichberechtigung schneller zu verwirklichen. Die SPD-Opposition befürchtete dagegen mit der Wiederbewaffnung eine Zementierung der deutschen Teilung.

Petersberger Abkommen und Pariser Verträge

Der erste Schritt der Westintegration war das Petersberger Abkommen mit den Westalliierten vom 22. November 1949. Darin bekannte sich die Bundesregierung zur engen Zusammenarbeit mit der westlichen Staatengemeinschaft. Bestandteil dieser Zusammenarbeit war vor allem die Achtung von Freiheit, Toleranz und Menschenrechten. Zudem förderte die BRD mit dem Abkommen die Entmilitarisierung und akzeptierte die internationale Kontrolle des Ruhrgebiets. Außenpolitisch wurden der BRD diplomatische und wirtschaftliche Beziehungen mit anderen Ländern erlaubt und sie durfte nun auch internationalen Organisationen – wie dem Europarat – beitreten.

Der Deutschlandvertrag vom 26. Mai 1952 war ein zwischen den drei westlichen Alliierten Frankreich, Großbritannien, USA und der BRD abgeschlossener Vertrag, der die deutsche Souveränität weitgehend wiederherstellte und das bis dahin geltende Besatzungsstatut von 1949 ablösen sollte. Der Vertrag trat zunächst nicht in Kraft, wurde aber Bestandteil der Pariser Verträge, eines internationalen Vertragswerks, das am 5. Mai 1955 in Kraft trat. Die Verträge beendeten das Besatzungsregime in Westdeutschland. Sie hoben damit das Besatzungsstatut auf und schufen für die BRD eine Teilsouveränität. Allerdings blieb die Staatsgewalt der BRD über ihre inneren und äußeren Angelegenheiten beschränkt, weil die drei Westmächte ihre Gesamtverantwortung für Westdeutschland und Berlin behielten. Zudem gab es alliierte Vorbehaltsrechte und Einschränkungen, die über die Wiedervereinigung 1990 hinaus bis zum Inkrafttreten des Zwei-plus-vier-Vertrages am 15. März 1991 bestanden. In den Pariser Verträgen wurde Westdeutschland auch der Eintritt in die NATO, die Wiederbewaffnung und Souveränität zugestanden. Westdeutschland war nun auch militärisch in den Westen eingebunden. Eine Folge der Westintegration war aber auch die zunehmende Abgrenzung zum Osten und eine Zementierung der *bipolaren Weltordnung. Auch die deutsche Wiedervereinigung rückte damit in weite Ferne.

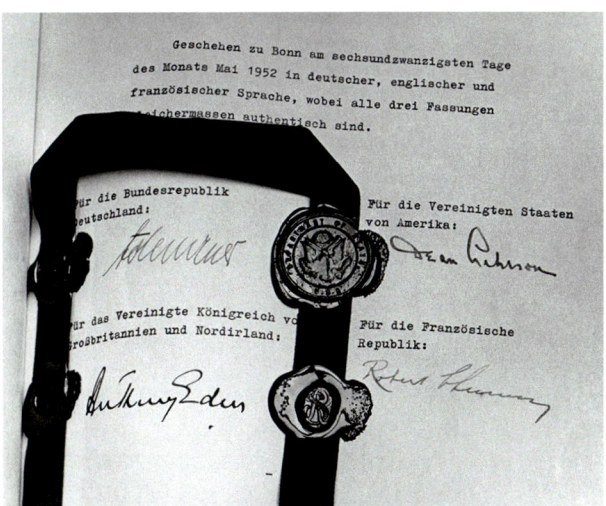

2 – Deutschlandvertrag vom 26.05.1952, Unterschriften

Das Sicherheitsverlangen Deutschland gegenüber war bei allen seinen Kriegsgegnern außerordentlich stark. Es galt, einen Weg zu finden, der sowohl dem Sicherheitsbedürfnis der europäischen Länder Rechnung trug wie auch den Wiederaufbau Westeuropas einschließlich Deutschlands durchzuführen gestattete. Über diesen Weg würden wir auch, darüber war ich mir klar, Schritt für Schritt unsere Gleichberechtigung unter den freien Völkern der Welt zurückerlangen. (...)

* bipolar
Dies bedeutet, dass sich zwei Staaten weltbeherrschend gegenüberstehen.

Q1 In seinen Erinnerungen beschrieb Konrad Adenauer 1965 die Grundzüge seiner Außenpolitik:
(...) Sowjetrussland stand mitten in Deutschland an der Elbe. Das Gleichgewicht in Europa war zerstört. Das bedeutete für Westeuropa, einschließlich des nicht den Sowjets übergebenen Teiles Deutschlands, eine dauernde, ernste Gefahr. (...) Diese Gefahr wurde zunächst von den drei Westmächten nicht in vollem Umfang erkannt. Die Einsicht, dass Westeuropa einschließlich Deutschlands als einheitlicher Machtfaktor gegen die weiter nach Westeuropa drängende Sowjetunion betrachtet werden müsse, (...) hatte Churchill. (...)

❶ 🖳 Erläutere den Begriff „Westorientierung der BRD" (Text und Bild1).
❷ 🖳 Begründe mithilfe des Textes und von Q1, warum die BRD unter Adenauer den Anschluss an den Westen anstrebte.
❸ 🖳 Erörtere die Bedeutung des Petersberger Abkommens und der Pariser Verträge für die Bundesrepublik Deutschland (Text und Bild 2).
❹ 🖳 Erkläre, warum der Koreakrieg die Westbindung der BRD befördert hat.

Die DDR

Wie entstand die DDR?

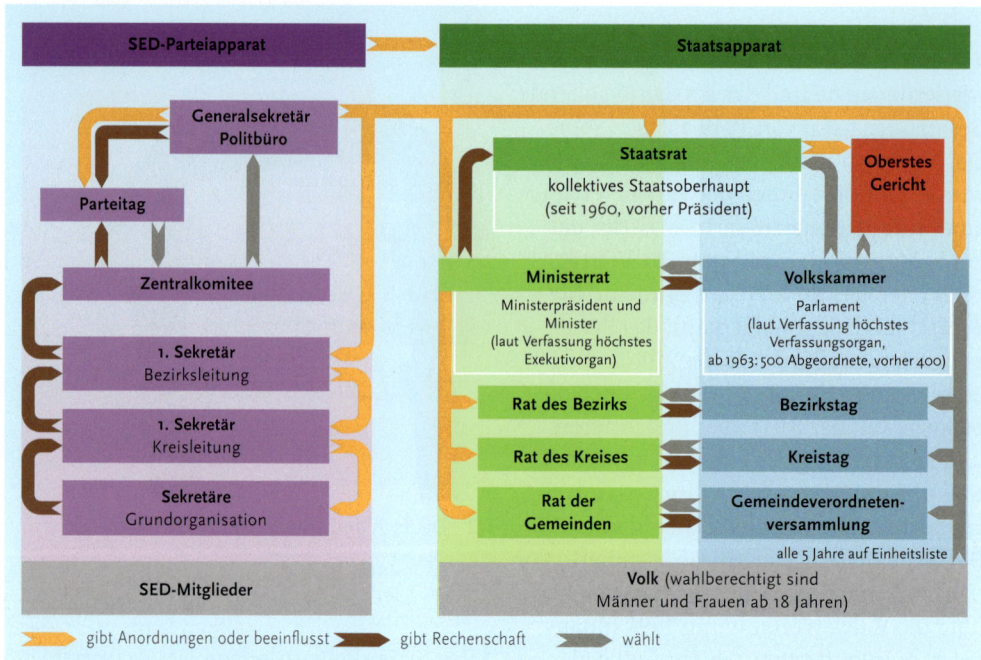

1 – Staatsaufbau und Herrschaftsverhältnisse in der Deutschen Demokratischen Republik bis 1989.

✳ SMAD
Die Sowjetische Militäradministration in Deutsch-
land (SMAD) war nach
dem Zweiten Weltkrieg die
oberste Besatzungsbe-
hörde und somit De-facto-
Regierung in der sowjeti-
schen Besatzungszone
(SBZ) Deutschlands von
Juni 1945 bis zur Übertragung der Verwaltungsho-
heit an die Regierung der
DDR am 10. Oktober 1949.

Staatsgründung im Osten

Seit 1947 verabschiedete sich die Sowjetunion aus diversen Gremien gemeinsamer
Zusammenarbeit mit den Westalliierten –
z.B. aus der Außenministerkonferenz.
Unterschiedliche Zielsetzungen und vor
allem die ideologisch begründete Gegnerschaft sind hier als Ursachen zu sehen. Als
die sowjetische Führung ab 1948 das Be-
mühen der Westmächte nach Zusammen-
legung ihrer Zonen und Gründung eines
deutschen Staates vernahmen, reagierte sie
umgehend. Die SED, als ausführendes
Organ des sowjetischen Willens in der SBZ,
veranstaltete zunächst 1947 und 1948 zwei
„Volkskongresse" zur Zukunft Deutschlands
in Ostberlin. Mehr als 2 000 ausgesuchte
Delegierte nahmen daran teil, allerdings
nur wenige aus den Westzonen. Der zweite
Volkskongress tagte im März 1948 und
wählte aus den eigenen Reihen den
„1. Deutschen Volksrat", aus dem heraus im
Oktober ein Verfassungsentwurf veröffentlicht wurde. Das Ziel war ein gesamtdeut-
scher Staat nach sozialistischem Vorbild.
Dieser Wunsch entsprach der Sowjetunion,

die ihren Einflussbereich vergrößern und
eine „Pufferzone" gegen den Westen errichten wollte. Noch während der Verfassungsentwurf geprüft wurde, näherte sich im
Westen bereits die Gründung der Bundesrepublik. Daraufhin tagte Ende Mai 1949
ein 3. Volkskongress, auf dem die SED die
Mehrheit der Mitglieder stellte, denn die
Wahl wurde über eine Einheitsliste, einer
gemeinsamen Kandidatenliste aller Parteien
und Massenorganisationen der DDR durchgeführt, die man entweder insgesamt
wählen oder ablehnen konnte. Die Wahl
war nicht frei von Einschüchterungen sowie
Manipulationen. Die Delegierten wählten
hier den „2. Deutschen Volksrat", der am
7. Oktober 1949 die Verfassung der Deutschen Demokratischen Republik annahm.
Aus dem Volksrat wurde eine provisorische
Volkskammer, das Parlament. Präsident der
DDR wurde Wilhelm Pieck, Ministerpräsident Otto Grotewohl – beide SED-Vorsit-
zende. Wie in der Bundesrepublik entschied
auch in der DDR die Besatzungsmacht
über die zentralen Fragen der Politik. Und
ähnlich wie das Grundgesetz war auch die

2 – „Das neue Reichswappen – Zwei Volk, zwei Reich, zwei Führer", Karikatur von Max Radler aus „Der Simpl", 1949. Die Zeitschrift erschien in der Bundesrepublik. Links: Wilhelm Pieck, rechts: Theodor Heuss.

DDR-Verfassung nur provisorisch gedacht. Sie sollte für ein vereintes Deutschland gelten.

Die Verfassung der DDR – eine demokratische Ordnung?

Die DDR-Verfassung glich über weite Strecken denen der westlichen Demokratien. Sie garantierte z. B. die Grundrechte, allgemeine, gleiche, unmittelbare und geheime Wahlen von Abgeordneten und die Mitsprache der Länder. In der Praxis hatte die Verfassung nur eine untergeordnete Rolle. Der Beschluss der SED-Führung vom 17. Oktober 1949, alle Gesetze von ihrer Zustimmung abhängig zu machen, degradierte Regierung und Parlament zu Ausführungsorganen. Die SED diktierte sämtliche Bereiche, ob politisch, wirtschaftlich oder gesellschaftlich. Wahlen erfolgten nach Einheitslisten, Kandidaten kamen ausschließlich von der SED oder der *SMAD. Wähler konnten nur mit „Ja" oder „Nein" abstimmen. Das eigentliche Machtzentrum in der DDR bildete das Politbüro der SED mit Walter Ulbricht, der von 1950 bis 1971 Generalsekretär war.

M1 Auszug aus der Regierungserklärung Otto Grotewohls (SED) vom 12. Oktober 1949:

Als die Sowjetregierung feststellen musste, dass infolge der systematischen Verletzung des Potsdamer Abkommens durch die Westmächte infolge der mit Bildung des separaten Weststaates vollzogenen Spaltung Deutschlands eine neue Lage entstanden war, die neue grundlegende Entscheidungen erforderlich machte, hat die Sowjetregierung nicht gezögert, (...) dem deutschen Volke die im Potsdamer Abkommen zugebilligten Rechte zu gewähren (...) Die befreiende Tat der Sowjetunion, die uns die Bildung einer eigenen deutschen Regierung ermöglichte, verpflichtet uns, in Zukunft noch mehr als bisher für die Freundschaft mit der Sowjetunion einzutreten (...) Die Oder-Neiße-Grenze ist für uns eine Friedensgrenze, die ein freundschaftliches Verhältnis mit dem polnischen Volke ermöglicht (...). Wer übrigens dem Besatzungsstatut zugestimmt und damit seine Bereitschaft bewiesen hat, ganz Deutschland als Kolonie an die imperialistischen Mächte auszuliefern, hat auch kein Recht, über Grenzfragen im Osten zu zetern (...). Die Größe der (...) Gefahren, die das deutsche Volk bedrohen, erfordert eine neue Art der Beziehungen zwischen den Parteien (...), erfordert enge freundschaftliche Zusammenarbeit und Einmütigkeit in den Beschlüssen und Handlungen (...) Die Zusammenfassung aller Kräfte des deutschen Volkes, (...) die Politik des Blocks der demokratischen Parteien hat bereits große Erfolge gezeigt (...). Während sich in Westdeutschland die Anzeichen der herannahenden Wirtschaftskrise bemerkbar machen, (...) Millionen Menschen ohne Arbeit und ausreichenden Verdienst leben müssen, ist es uns dank der Hilfe der Sowjetunion (...) gelungen, unsere Wirtschaft von der krisenhaften Entwicklung der kapitalistischen Welt freizuhalten (...)

❶ ▶ Fasse die zentralen Schritte, die zur Gründung der DDR führten, zusammen (Text).

❷ ◼ Vergleiche Bild 1 mit Bild 1 auf S. 130 hinsichtlich der Gewaltenteilung oder der Rolle der Parteien.

❸ ◼ Arbeite die Kernaussage aus Bild 2 heraus.

❹ ◼ Methode: Analysiere M1 mithilfe der Arbeitsschritte „Eine schriftliche Quelle analysieren" auf S. 274.

▶ Video

Wie entwickelte sich die DDR politisch?

Walter Ulbricht
(geb. 30.6.1893, gest.
1.8.1973 in Döllnsee)
trat 1919 der KPD bei,
1928–33 Reichstags-
abgeordneter der KPD,
1933 emigriert; ab 1938
in der UdSSR; ab 1945
am Aufbau der kommu-
nistischen Strukturen in
der SBZ führend beteiligt
(„Gruppe Ulbricht").
Stellvertretender Minis-
terpräsident der DDR
(1949–60), Erster Sekre-
tär des ZK der SED
(1953–71) und Vorsit-
zender des Staatsrats
(ab 1960).

* **FDJ**
(Freie Deutsche Jugend) Sie
war ein kommunistischer
Jugendverband in der DDR.
Sie war eine staatlich aner-
kannte und geförderte
Jugendorganisation und als
Massenorganisation Teil
eines parallelen Erzie-
hungssystems zur Schule.

* **Kaderpartei**
Partei, die dem System von
Befehl und Gehorsam folgt

* **Hektar**
Flächenmaß. Ein Quadrat
mit 1 Hektar Fläche hat
ei ne Seitenlänge von
100 m, also 10 000 m².

1 – Kundgebung der Volkspolizei zusammen mit der *FDJ in Leipzig, 1952. Foto.

Die Sowjetisierung der DDR

1946 wurde in der sowjetischen Besatzungszone die SED durch die erzwungene Vereinigung von SPD und KPD gebildet. Sie
wurde zu einer *Kaderpartei nach
sowjetischem Vorbild geformt. Getreu dem
Beispiel der Sowjetunion plante die SED
die Errichtung einer sozialistischen Gesellschaftsordnung.

Die wichtigen Entscheidungen in Staat,
Wirtschaft und Kultur lagen in der Hand
des Zentralkomitees der SED. Dieses regelmäßig tagende Leitungsgremium der Partei
hatte den Anspruch, im Namen der Arbeiter
und Bauernklasse eine neue und gerechte
Gesellschaftsordnung aufzubauen und
damit ein Gegenmodell zum Westen zu
errichten.

Ihren Machtanspruch setzte die SED auch
mit Gewalt durch. Dabei stützte sie sich auf
die sowjetischen Truppen und den streng
kontrollierten Polizeiapparat. Wahlen wurden nur auf Einheitslisten (siehe S. 158,
Randspalte) durchgeführt, die wiederum
die Mehrheit der SED garantierten. Bei den
Wahlen galten Ergebnisse von 98 Prozent
für diese Einheitsliste als normal. Eine
geheime Stimmabgabe war praktisch nicht
möglich.

Der FDGB – eine Zwangsgewerkschaft

Die SED als herrschende Partei hatte bis zu
2,2 Millionen Mitglieder. Eine wichtige
Rolle in der Gesellschaft spielten auch die
Massenorganisationen, die von der SED
gelenkt wurden. Sie sollten die Partei beim
Aufbau einer sozialistischen Gesellschaft
unterstützen. Dazu gehörte der 1946 gegründete Freie Deutsche Gewerkschaftsbund (FDGB), in dem 9 Millionen Arbeiter
und Arbeiterinnen zwangsorganisiert
waren.

Bodenreform in der SBZ

Ab 1945 wurde das Land in der SBZ ent-
eignet. Dieses Land wurde anschließend als
privates, vererbbares Eigentum neu verteilt.
Ca. 120 000 landlose Bauern und Landarbei-
ter erhielten im Durchschnitt 7,8 *Hektar
Ackerland. Ab 1952 änderte die SED ihre
Landwirtschaftspolitik. Nun wurden alle
selbstständigen Bauern gezwungen, ihre
Betriebe an Landwirtschaftliche Produk-
tionsgenossenschaften (LPGs) abzugeben.
Die bisherigen freien Bauern wurden zu
Landarbeitern. Sie mussten sich bei ihrer
Arbeit an die Weisung einer sozialistischen
Betriebsführung in der Landwirtschaft
halten. 1962 war diese Umwandlung abge-

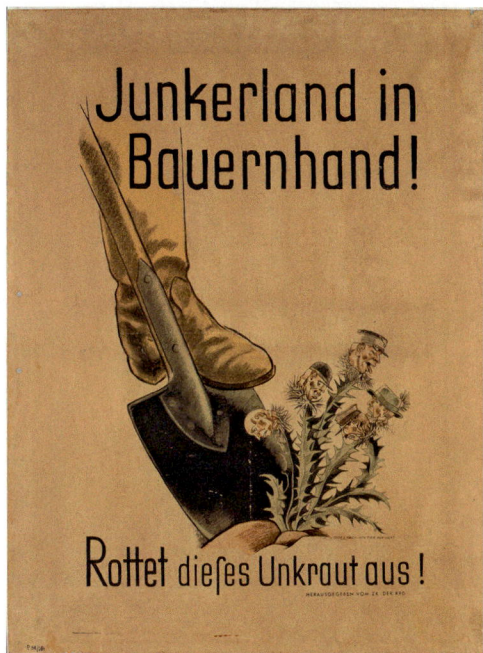

Junkerland in Bauernhand!

Rottet dieſes Unkraut aus!

2 – Plakat der SED zur Bodenreform, um 1950.

schlossen, die SED feierte dies als „Sieg des Sozialismus auf dem Land".

Verstaatlichung der Industrie
Im Oktober 1945 befahl die sowjetische Militärregierung, alle großen Betriebe des deutschen Staates zu beschlagnahmen. In Sachsen gab es zu diesen Maßnahmen im Juni 1946 einen Volksentscheid. Dabei stimmten fast 78 Prozent für diese Enteignung. Nun wurden auch in den anderen Teilen der SBZ Betriebe ohne vorherige Abstimmung enteignet. Einen Teil der Betriebe übernahm die Sowjetunion. Insgesamt wurden acht Prozent der Industriebetriebe enteignet. Diese lieferten fast die Hälfte der Industrieproduktion. Im April 1948 war die Verstaatlichung abgeschlossen.

Auflösung der Länder
In einem Staat, dessen politische Führung glaubte, den Weg in die Zukunft nach wissenschaftlichen Grundsätzen bestimmen zu können, war für Bundesländer mit einem eigenen politischen Leben kein Platz mehr. Im Juli 1952 wurden deshalb die Länder aufgelöst. Die DDR wurde zu einem zentralistisch gelenkten Staat, der in kleinere Bezirke gegliedert war, die der Führung in

Berlin direkt unterstanden. Auf dem Gebiet des Landes Thüringen waren dies die Bezirke Erfurt, Suhl und Gera. Chemnitz (Sachsen) wurde am 10. Mai 1953 in Karl-Marx-Stadt umbenannt. So sollte die Abkehr von „überlebten" Traditionen dokumentiert werden. Der Bevölkerung sollte das Gefühl vermittelt werden, in einer neuen, besseren Umgebung zu leben. Eine öffentliche Debatte über die Umbenennung fand nicht statt.

Q1 Im August 1948 sagte dazu Walter Ulbricht:
(…) Die enge Verbundenheit mit der Sowjetunion ist die Grundbedingung, dass die Arbeiterklasse in Deutschland den Sieg erringen kann, und ohne die Sowjetunion im Rücken, ohne die brüderlich kameradschaftliche Hilfe der Sowjetunion können wir nicht siegen, können wir die Macht nicht erringen. (…)

Q2 Aus einer Verordnung der Provinz Sachsen vom 3.9.1945:
(…) Folgender Grundbesitz wird (…) enteignet:
a) der Grundbesitz der Kriegsverbrecher und Kriegsschuldigen (…)
b) der Grundbesitz (…), der den Naziführern (…) sowie den führenden Personen des Hitlerstaates gehörte. … Gleichfalls wird der gesamte (…) Großgrundbesitz über 100 Hektar enteignet. (…)

---

❶ ▶ Erklärt, warum sich die SED auf die sowjetische Besatzungsmacht stützen musste (Bild 1, Text, Q1).

❷ ◆ Erläutert mithilfe von Bild 1, wie die Jugendorganisation FDJ (Freie Deutsche Jugend) in das politische System der DDR einbezogen wurde.

❸ ▶ Beschreibt die politischen Veränderungen in der SBZ/DDR (Text).

❹ ◆ Listet die wirtschaftlichen Maßnahmen auf und erklärt deren Zielsetzung (Text, Bild 2, Q1).

❺ ◆ Befragt ältere Menschen, ob sie solche Umbenennungen wie bei Chemnitz erlebt haben und was sie davon gehalten haben.

Wie funktionierte die sozialistische Planwirtschaft?

1 – Propagandaplakat zum ersten Fünfjahresplan. Plakat, 1950er-Jahre.

2 – Der einmillionste Trabant aus dem VEB Sachsenring Automobilwerke Zwickau fährt durch eine Werbewand aus Papier. Foto, 1973.

*Planwirtschaft
Unter Planwirtschaft versteht man eine Wirtschaftsordnung in sozialistischen Staaten, in der die Produktion und die Verteilung von Gütern und Dienstleistungen planmäßig und zentral gesteuert werden. Löhne und Preise werden staatlich festgelegt, freien Wettbewerb gibt es nicht.

Aufbau der sozialistischen *Planwirtschaft

Die Ausgangslage für die Wirtschaftsentwicklung in der DDR war deutlich schlechter als in der Bundesrepublik. Neben einer höheren Zahl an Demontagen musste die DDR auch etwa dreimal so hohe Reparationszahlungen hinnehmen wie der Westen. Hinzu kam, dass der sowjetisch besetzten Zone die Teilnahme am Marshallplan von der Sowjetunion untersagt wurde.

Nach sowjetischem Vorbild wurde in der DDR mit dem Aufbau der sozialistischen Planwirtschaft begonnen. Private Betriebe wurden verstaatlicht und in Volkseigene Betriebe (VEB) umgewandelt, private Bauernhöfe oft unter Zwang zu Landwirtschaftlichen Produktionsgenossenschaften (LPG) zusammengefasst. Einzelhandel und Gaststätten wurden durch die staatliche Handelsorganisation (HO) mit ihren Ladenketten zurückgedrängt. Somit gab es keinen freien Wettbewerb mehr; Löhne und Preise wurden staatlich festgelegt.

In der sozialistischen Planwirtschaft der DDR bestimmte ein staatlicher Fünfjahresplan, was produziert und verkauft wurde. Auch die Verteilung der Rohstoffe erfolgte nach Plan. Aufgrund der langfristig erstellten Planvorgaben reagierten Betriebe nur sehr schwerfällig auf veränderte wirtschaftliche Anforderungen. Wirtschaftsbereiche, die bei der Planung als weniger wichtig angesehen wurden, fielen immer weiter zurück. Zum symbolhaften Produkt für die DDR-Wirtschaft wurden deshalb nicht hochmoderne Verkehrsflugzeuge, sondern Autos der Marken Trabant und Wartburg, die jahrzehntelang ohne wesentliche Veränderung gebaut wurden.

Wurde der Plan nicht erfüllt, drohten Strafen. Fehlmeldungen und daraus resultierende Versorgungskrisen prägten die Wirtschaft der DDR und der Staat verlor in fast allen Bereichen den Anschluss an den Weltmarkt.

Vertragsarbeiter in der DDR

Die Massenflucht aus der DDR führte zu einem Mangel an Arbeitskräften, der ab den 1960er-Jahren durch Abkommen mit „sozialistischen Bruderländern" (u. a. Polen, Kuba, Mosambik, Vietnam) ausgeglichen werden sollte. Ausländische Arbeitskräfte, die befristet beschäftigt wurden, wurden in streng kontrollierten Wohnheimen untergebracht und der Kontakt zu Einheimischen sollte vermieden werden.

Alles für das Wohl des Menschen, für das Glück des Volkes!

Wohnungsbau– programm –
Herzstück unserer Sozialpolitik:
(Neubau und Modernisierung)

1971–75
609 000
Wohnungen

1976–80
813 000
Wohnungen

1981–85
990 000
Wohnungen

1985
bisher größte Jahresleistung mit
212 222
Wohnungen!

Bis 1990:
Lösung der Wohnungs-
frage als soziales Problem

Auf unserem guten Weg weiter voran!
Das wurde erreicht:

● **Für 73 von 100**
Kindern Krippenplätze

● **11,6 Milliarden Mark**
aus dem Staatshaushalt für Bildung
im vergangenen Jahr

● **5,1 Millionen**
Erholungsreisen 1985 (direkter Kosten-
anteil des Gewerkschafters an seinem
Ferienplatz: 28 %)

● **31500**
ärztliche und zahnärztliche Arbeitsplätze insgesamt für ambulante
medizinische Betreuung

● **360 000**
Kuren für Erwachsene und Kinder im
vorigen Jahr

● **167 000**
Plätze in Feierabend-, Pflege- und
Wohnheimen für ältere Bürger

● **1,2 Milliarden Mark**
für Rentenerhöhungen allein 1985

3 – Wohnungsbau in der DDR. Wandzeitungsmaterial für die Vorbereitung zur Volkskammerwahl am 8. Juni 1986.

Krise und Untergang der Planwirtschaft

Die vielen Sozialleistungen in der DDR belasteten den Staatshaushalt. Ab Ende der 1970er-Jahre geriet die DDR in eine Wirtschaftskrise und im Jahr 1982 stand Ostdeutschland vor dem finanziellen Ruin. 1984 retteten zwei Milliardenkredite westdeutscher Banken die Kreditwürdigkeit der DDR – dennoch stiegen die Staatsschulden bis 1989 auf 49 Milliarden Mark an.

M1 **Der Journalist Robert Rückel schrieb 2012 in seinem Buch „DDR-Führer, Reise in einen vergangenen Staat" über die Versorgungssituation in der DDR:**

„Es gibt alles zu kaufen", witzelten die Leute, „nur nicht immer und überall und schon gar nicht, wenn man es gerade braucht." (...) Einmal fehlten Schreibpapier und Briefumschläge, ein anderes Mal gab es keinen Honig oder kein Knäckebrot. Obst und Gemüse waren fast immer knapp, nicht nur Südfrüchte, auch Tomaten und Gurken. Fleisch und Wurst für das Wochenende kaufte die kluge Hausfrau möglichst schon am Donnerstag. (...) Der Kunde kaufte nicht mehr, was er brauchte, sondern das, was vorrätig war. Der Mangel führte nicht zu Sparsamkeit, sondern zu Verschwendung. Die Preise richteten sich im Sozialismus nicht nach Angebot und Nachfrage, sondern waren staatlich festgelegt, teilweise erheblich *subventioniert. (...)

M2 **Der hohe SED-Funktionär Sieber erinnerte sich 1993 an einen Engpass bei der Versorgung der Bevölkerung:**

Wenn etwas fehlte, eine Lücke entstand, reagierte unsere Bevölkerung darauf, indem sie sofort alles, was sie kriegen konnte, aufkaufte. Wir hatten bei den Zahnbürsten (...) vielleicht eine Million zusätzlich aus dem sozialistischen Ausland beschafft, aber die wurden innerhalb von zwei, drei Tagen aufgekauft, sodass pro Familie zehn oder zwanzig Zahnbürsten gar keine Seltenheit waren. Erinnern Sie sich an die berühmte Abkürzung SKET? Das (...) hieß: Sehen – Kaufen – Einlagern – Tauschen (...).

* Subventionen, subventionieren
Dies sind finanzielle Leistungen des Staates, wie z. B. Geld oder Steuervorteile, die ohne direkte Gegenleistung erbracht werden.

❶ ◪ Nenne mithilfe des Textes und von Bild 1 wesentliche Merkmale der sozialistischen Planwirtschaft.

❷ ◪ Vertragsarbeiter in der DDR – „Gastarbeiter" in der Bundesrepublik. Erkläre Gemeinsamkeiten und Unterschiede.

❸ ◪ Vergleiche mithilfe von Bild 3 die Sozialleistungen der DDR mit den Leistungen in der Bundesrepublik (Grafik S. 133).

❹ ◪ Gestalte ein Plakat, welches die Wirtschaftsmodelle der Bundesrepublik und der DDR vergleicht.

▶ Folgende Aspekte solltest du dabei beachten: Ausgangssituation – Produktion – Preise – Löhne.

❺ ◪ Erkläre mithilfe von M1 und M2 sowie der Bilder die Lebenssituation der Menschen in der DDR. Vergleiche diese mit der Situation in der Bundesrepublik.

❻ ◪ „Die DDR musste ökonomisch scheitern, weil die Planwirtschaft grundsätzliche Mängel hat." Erörtere diese Aussage des Historikers André Steiner.

Wie erfolgte die Einbindung der DDR in den Ostblock?

1 – Freundschaft und „Freundschaft". DDR-Karikatur zum Warschauer Pakt, 1950.

❋ **acht Staaten**
Albanien, Bulgarien, DDR, Polen, Rumänien, Sowjetunion, Tschechoslowakei, Ungarn

Die Bildung der SED

Im Jahr 1946 wurde in der Sowjetischen Besatzungszone durch erzwungene Vereinigung von SPD und KPD die Sozialistische Einheitspartei Deutschlands (SED) gebildet. Getreu dem Beispiel der Sowjetunion plante die SED die Errichtung einer sozialistischen Gesellschaftsordnung. (s. auch S. 138). Ihren Machtanspruch setzte die SED auch mit Gewalt durch. Dabei stützte sie sich auf die sowjetischen Truppen und den streng kontrollierten Polizei- und Geheimdienstapparat. Wahlen wurden nur auf Einheitslisten durchgeführt, die die Mehrheit der SED garantierten. Bei diesen Wahlen galten Ergebnisse von 98 Prozent für diese Einheitsliste als normal. Zum Vergleich: Bei der letzten freien Wahl in der sowjetischen Besatzungszone im Oktober 1946 erreichte die SED 19,8 Prozent.

Kontrolle durch die Sowjetunion

Die Politiker der SED traten zunächst für die Wiedervereinigung ein. Allerdings sollte der neue Staat eine sozialistische Staats- und Gesellschaftsverfassung haben. Als dieses Ziel nicht zu erreichen war, verfolgten sie eine Politik der Abgrenzung und der engen Bindung an die Sowjetunion. Die Regierung unter Walter Ulbricht übte zwar formal die politische Macht aus, stand aber unter der Kontrolle der sowjetischen Kontrollkommission. Bereits vor 1949 wurde das Gebiet der späteren DDR wirtschaftlich und politisch an das Sowjetsystem angepasst.

Der „Rat für gegenseitige Wirtschaftshilfe" (RGW)

Die DDR wurde nach ihrer Gründung am 25. September 1950 in den Rat für gegenseitige Wirtschaftshilfe (RGW) aufgenommen. Diese Organisation war das Gegenstück zum Marshallplan und sollte die wirtschaftlichen Beziehungen der Staaten im sowjetischen Machtbereich verbessern. Der Handel der DDR mit den Staaten des Ostblocks stieg mit dem Beitritt und weiteren Handelsverträgen von 10 Prozent (1948) auf über 70 Prozent (1950) an.

Die DDR wurde kurz nach ihrer Gründung von anderen Staaten des Ostblockes anerkannt. Zur wissenschaftlichen und kulturellen Zusammenarbeit wurden bilaterale (zweiseitige) Freundschaftsabkommen und Verträge geschlossen. Dazu zählte beispielsweise das am 6. Juni 1950 mit Polen geschlossene Görlitzer Abkommen, das die Flüsse Oder und Neiße als Grenze der beiden Staaten festlegte. Solche Verträge mit den östlichen Nachbarn trugen zur Aussöhnung der ehemaligen Kriegsgegner bei.

Der Warschauer Pakt

Infolge der stärkeren Einbindung der DDR in das östliche Staatenbündnis gewährte die sowjetische Regierung am 25. März 1954 dem ostdeutschen Staat in Teilen Souveränität. Die Regierung in Ostberlin stand jedoch weiterhin unter der Kontrolle Moskaus. Als Reaktion auf die Gründung und Einbindung der Bundeswehr in die NATO wurde 1956 die Nationale Volksarmee (NVA) gegründet und in den 1955 geschaffenen Warschauer Pakt integriert. Dieser umfasste ❋acht Staaten.

Q1 Aus dem Vertrag zwischen der UdSSR und der DDR vom 20.9.1955 („Freundschaftsvertrag")

Art. 1. Die Vertragschließenden Seiten bestätigen feierlich, dass die Beziehungen zwischen ihnen auf völliger Gleichberechtigung, gegenseitiger Achtung der Souveränität und der Nichteinmischung in die inneren Angelegenheiten beruhen. In Übereinstimmung hiermit ist die Deutsche Demokratische Republik frei in der Entscheidung über Fragen ihrer Innenpolitik und Außenpolitik, einschließlich der Beziehungen zur Deutschen Bundesrepublik, sowie der Entwicklung der Beziehungen zu anderen Staaten.

Art. 2. Die Vertragschließenden Seiten erklären ihre Bereitschaft, im Geiste aufrichtiger Zusammenarbeit an allen internationalen Handlungen teilzunehmen, deren Ziel die Gewährleistung des Friedens und der Sicherheit in Europa und in der ganzen Welt ist und die mit den Grundsätzen der Satzung der Organisation der Vereinten Nationen übereinstimmen. Zu diesem Zweck werden sie sich gegenseitig über alle wichtigen internationalen Fragen beraten, die die Interessen beider Staaten berühren, und alle ihnen zu Gebote stehenden Maßnahmen ergreifen mit dem Ziel, eine Verletzung des Friedens nicht zuzulassen.

Art. 3. In Übereinstimmung mit den Interessen beider Länder und die Grundsätze der Freundschaft befolgend, kommen die Vertragschließenden Seiten überein, die zwischen der Deutschen Demokratischen Republik und der Union der Sozialistischen Sowjetrepubliken bestehenden wirtschaftlichen, wissenschaftlich-technischen und kulturellen Verbindungen weiter zu entwickeln und zu festigen, sich gegenseitig jede mögliche wirtschaftliche Hilfe zu erweisen und die erforderliche wirtschaftliche und wissenschaftlich-technische Zusammenarbeit zu verwirklichen.

Art. 4. Die zum gegenwärtigen Zeitpunkt in Übereinstimmung mit den bestehenden internationalen Abkommen auf dem Gebiet

2 – Antiamerikanisches Plakat für das deutsch-sowjetische Bündnis, DDR 1951.

der Deutschen Demokratischen Republik stationierten sowjetischen Truppen verbleiben zeitweilig in der Deutschen Demokratischen Republik mit Zustimmung der Regierung der Deutschen Demokratischen Republik zu Bedingungen, die durch eine zusätzliche Vereinbarung zwischen der Regierung der Deutschen Demokratischen Republik und der Regierung der Sowjetunion festgelegt werden. Die zeitweilig auf dem Gebiet der Deutschen Demokratischen Republik stationierten sowjetischen Truppen werden sich nicht in die inneren Angelegenheiten der Deutschen Demokratischen Republik und in das gesellschaftspolitische Leben des Landes einmischen.

❶ ▪ Untersuche die Karikatur (Bild 1) und formuliere seine Aussage.

❷ ▪ Erläutere anhand des Textes, warum sich die SED an die Sowjetunion anlehnen musste.

❸ ▪ Erläutere die Rolle des „Rats für gegenseitige Wirtschaftshilfe" (Text).

❹ ▪ Erläutere, welche Rolle in diesem Zusammenhang die Aussage des Plakats (Bild 2) spielt.

❺ ▪ Untersuche Q 1:
   a) Fasse jeden der vier Artikel in einem Satz zusammen.
   b) Arbeite heraus, warum Artikel 4 entscheidend war für die Beziehung der DDR zur Sowjetunion.

❻ ▪ Diskutiert, ob es sich bei Q1 um einen Freundschaftsvertrag handelt.

Wie sicherte die „Stasi" die Macht der SED?

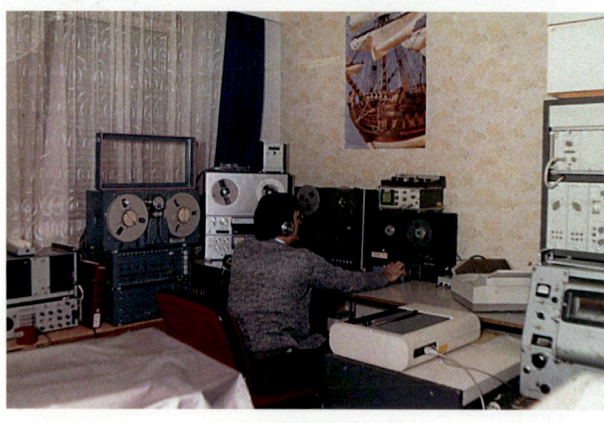

1 – In abgeschirmten, bunkerähnlichen Räumen hörten Mitarbeiter und Mitarbeiterinnen der „Staatssicherheit" im Schichtdienst maximal 4000 Telefonleitungen gleichzeitig ab. Foto, 1986.

2 – Geruchsproben (Textilstücke von verdächtigen Personen), die im Bedarfsfall für Spürhunde dienten. Foto, 2017.

✱ „Ministerium für Staatssicherheit"
Hinter dem „Ministerium für Staatssicherheit", kurz „Stasi", verbirgt sich die politische Polizei- und Geheimdienstorganisation der DDR. Sie war für Spionage, Überwachung und Bekämpfung aller Regimegegner der DDR im In- und Ausland zuständig.

✱ „Zersetzungsmaßnahmen"
Unter „Zersetzungsmaßnahmen" versteht man eine Technik zur Bekämpfung von politischen Gegnern. Psychologische Maßnahmen dienten dazu, Gegner vor ihrer Umgebung unmöglich zu machen (z. B. durch Rufmord) und sie zu zermürben.

Das Spitzelsystem der „Staatssicherheit"

Die SED hat 40 Jahre lang das politische, gesellschaftliche und wirtschaftliche Leben in der DDR kontrolliert. Zur Absicherung ihrer Macht schuf sie 1950 das ✱„Ministerium für Staatssicherheit" (MfS), das kurz als „Stasi" bezeichnet wurde und offiziell als Ministerium der SED-Führung unterstand. Es bestand eine enge personelle Verzahnung zwischen dem MfS und der SED. Erich Mielke beispielsweise war als „Minister für Staatssicherheit" (1957–1989) zugleich Mitglied des SED-Politbüros.

Bei seiner Gründung 1950 hatte das MfS ca. 1000 hauptamtliche Arbeitskräfte, 1988 ca. 91 000. Hinzu kamen etwa 189 000 „inoffizielle Mitarbeiter". Die Mitarbeit war nicht immer freiwillig und mancher wurde durch Druck und Erpressung zu den Aufgaben innerhalb der Stasi gezwungen. Die besondere Versorgung mit Konsumartikeln oder die Bevorzugung bei der Berufswahl sollten das elitäre Bewusstsein der Stasi-Mitarbeiterinnen und -Mitarbeiter stärken und eine zuverlässige Ausführung der Bespitzelungsaufträge – oft auch im näheren Bekannten- oder Verwandtenkreis – sicherstellen.

Bespitzelt – überwacht – verfolgt

In seiner Doppelfunktion agierte das MfS außenpolitisch als geheimer Nachrichtendienst, innenpolitisch hingegen als Überwachungsapparat zur Aufdeckung von Aktivitäten gegen die sozialistische Gesellschaftsordnung der DDR.

Im westlichen Ausland, vor allem in der Bundesrepublik, wurde ein Spionagenetz aufgebaut. Das MfS beschäftigte eigene Verhörexperten sowie Staatsanwälte und betrieb eigene Gefängnisse, in denen Folter nicht verboten war.

Die in der DDR-Verfassung garantierten Menschen- und Bürgerrechte wurden durch die Arbeit der Stasi verletzt: Telefone wurden abgehört, die Post vor der Zustellung geöffnet, Wohnungen unterlagen der Überwachung von Agenten und es wurde gezielt mit ✱„Zersetzungsmaßnahmen" gearbeitet.

Kritik unerwünscht

Besonders im Visier der Stasi standen Personen des öffentlichen Lebens wie Journalisten und Künstler, da diese durch ihre Arbeit die öffentliche Meinung beeinflussen konnten.

Dennoch gab es Mutige, wie beispielsweise den Liedermacher Wolf Biermann, der sich für Rede- und Meinungsfreiheit im sozialistischen Staat einsetzte. 1976 wurde er nach einer Konzertreise in den Westen ausgebürgert und durfte nicht mehr in die DDR zurückkehren.

3 – Stasi-Gefängnis „Roter Ochse" in Halle. Foto, 2009.

4 – Zentralarchiv der Bundesregierung für die früheren Stasi-Unterlagen. Foto, 1992.

Stummer Protest – Rückzug ins Private

Viele DDR-Bürger fühlten sich durch die ständige Überwachung gegängelt und genötigt. Da es jedoch gefährlich war, Kritik zu üben oder Widerstand zu leisten, bekannten sich die meisten Menschen in der Öffentlichkeit zum Sozialismus. Zu Hause oder in ihrer Freizeit wollten viele Menschen nichts von Politik wissen und zogen sich in ihren Familien- oder Freundeskreis zurück.

Die „Stasi" am Ende

Das MfS war in der Bevölkerung tief verhasst. Am 4. Dezember 1989 kam es in Erfurt zur ersten Besetzung einer MfS-Bezirksverwaltung. Komitees, die aus Bürgerrechtlern gebildet wurden, übernahmen die Kontrolle der Auflösung des MfS, das seit 17. November 1989 „Amt für Nationale Sicherheit" hieß. In den folgenden Monaten wurde in der Öffentlichkeit vor allem diskutiert, wie mit den Daten des „Staatssicherheitsdienstes", insbesondere den personenbezogenen Daten, umzugehen sei. Mit der Wiedervereinigung beider deutscher Staaten 1990 war der Prozess der Auflösung der „Staatssicherheit" nicht abgeschlossen, aber die grundlegenden Strukturen des Überwachungsapparates waren zerschlagen und ein Großteil der Stasi-Unterlagen war vor der Vernichtung gerettet worden.

Q1 Michael Paschold, Domküster in Zwickau, berichtet über Umweltarbeit, 1983:

Neben den Umweltabenden sind verschiedene Arbeitseinsätze organisiert worden, die (...) innerhalb des Stadtgebietes stattfanden. Später wurden diese Einsätze fast nur auf dem Kirchengelände oder im Kirchenwald durchgeführt. Es dauerte nicht lange, bis der Superintendent und ich (...) ins Rathaus bestellt wurden. Ich wurde diszipliniert. Mir wurde vorgeworfen, dass ich mich in staatliche Angelegenheiten einmische. Es dürfe in der Kirche keine eigenständige Umweltpolitik geben. Die Umwelt sei ausschließlich Sache des Staates. Meine Arbeit und Aufklärung seien Angriffe auf den Sozialismus und ich würde damit den Staat provozieren. Die Ökogruppe sei eine illegale Organisation, die das Veranstaltungsgesetz verletze. Ich würde die Jugendlichen aufputschen. Ich habe mich ausschließlich um religiöse Dinge zu kümmern und dürfe nur auf christliche Bürger Einfluss nehmen.

❶ Beschreibe, was sich die DDR-Führung unter „Staatssicherheit" vorgestellt hat.

❷ Arbeit zu zweit: Erklärt eurer Partnerin oder eurem Partner mithilfe der Materialien der Seite
   a) Maßnahmen und Methoden des MfS,
   b) Folgen des Spitzelsystems für die DDR-Bürger.

❸ Ermittle aus Q1, welche Tätigkeiten Michael Paschold vorgeworfen wurden. Diskutiere den Charakter eines Staates, der aus diesen Gründen gegen seine Bürger vorgeht.

Methode

Besuch einer Gedenkstätte

An vielen Orten gibt es Gedenkstätten. Der Besuch einer Gedenkstätte dient der Begegnung mit der Geschichte und hält die Erinnerung an wichtige Ereignisse in unserer Geschichte wach. Der Besuch einer Gedenkstätte ist kein Ausflug, er muss besonders gut vorbereitet werden.

Folgende Schritte helfen euch, den Besuch einer Gedenkstätte durchzuführen:

Schritt 1 **Vorbereitung des Besuches einer Gedenkstätte**	■ Sucht im Internet Gedenkstätten in der Nähe eures Schulortes. ■ Wie kommt ihr zu der Gedenkstätte? ■ Wann hat die Gedenkstätte geöffnet? ■ Gibt es Informationen (Website oder Broschüren) zu der Gedenkstätte? ■ Gibt es Führungen?
Schritt 2 **Informieren über die Gedenkstätte und den Gedenkanlass**	■ An welches Ereignis wird in der Gedenkstätte erinnert? ■ Wie ist die Gedenkstätte aufgebaut, was kann man besichtigen? ■ Gibt es einen Katalog zu der Gedenkstätte? ■ Gibt es im Internet Berichte von Zeitzeugen?
Schritt 3 **Ablauf des Besuches**	■ Wo könnt ihr euch orientieren (Plan in der Eingangshalle, Infobereich)? ■ Gibt es eine Einführung durch einen Vortrag oder Film? ■ Wie soll der Besuch ablaufen (Gruppenbildung, Notizen, Dokumentation, Dauer)?
Schritt 4 **Auswertung des Besuches der Gedenkstätte**	■ Was habt ihr bei dem Besuch gefühlt? ■ Was hat euch besonders bewegt, beeindruckt? ■ Welche Fragen müssen noch geklärt werden? ■ Wie könnt ihr euch zusätzliche Informationen verschaffen (Heimatmuseum, Bibliotheken, Internet)? ■ War die Vorbereitung ausreichend?

❶ Bereitet mithilfe der vier Schritte auf dieser Seite den Besuch in einer Gedenkstätte vor.

❷ Erkundigt euch während des Besuchs, warum und wann die Gedenkstätte eingerichtet wurde.

1 – Kommandoturm der ehemaligen Grenzsicherung. Foto, 2017.

Eine der wichtigsten Gedenkstätten Sachsen-Anhalts ist die Gedenkstätte Deutsche Teilung Marienborn – ein Erinnerungsort der deutschen und europäischen Zeitgeschichte. Sie befindet sich auf dem Gelände der DDR-Grenzübergangsstelle Marienborn an der Autobahn Berlin – Hannover. Dabei handelt es sich um einen der westlichsten Punkte an der ehemaligen innerdeutschen Grenze zwischen dem kommunistischen Herrschaftsbereich und den demokratischen Staaten des Westens. Die Grenzübergangsstelle war Bestandteil des nahezu lückenlos überwachten Grenzsicherungssystems der DDR. Als Trennwand und Nadelöhr zwischen Ost und West markierte sie eine Nahtstelle im „Eiserner Vorhang", an der die Spaltung Deutschlands, Europas und der Welt in zwei gegensätzliche Lager deutlich wurde.

Zum Schritt 1:

Auf der Website der Gedenkstätte (https://gedenkstaette-marienborn.sachsen-anhalt.de/startseite) befinden alle nötigen Informationen für die Anmeldung, für eine Führung und zu den Kosten. Zusammen mit eurem Lehrer bzw. eurer Lehrerin könnt ihr einen Termin für den Gedenkstättenbesuch vereinbaren.

Zum Schritt 2:

Die Gedenkstätte erinnert daran, dass Im Sommer 1945 die vier Siegermächte an der Autobahn Berlin – Hannover den alliierten Kontrollpunkt Marienborn-Helmstedt eingerichtet haben. Für die Alliierten stellte die Strecke nach Westberlin bis zum Ende der Teilung Deutschlands und Berlins 1990 die einzige Straßenverbindung in ihre Berliner Sektoren dar. Während des Kalten Krieges war die Grenzübergangsstelle Marienborn daher der wichtigste Kontrollpunkt zwischen Ost und West.

Zum Schritt 3:

Durchführung des Gedenkstättenbesuchs

Zum Schritt 4:

Die Gedenkstätte vermittelt ein Gefühl für die deutsche Teilung und dafür, was die Menschen damals empfunden haben müssen. Deutlich wird anhand dieser Grenzkontrollstelle auch, wie unmenschlich und diktatorisch das DDR-Regime war, das es nötig hatte, sich so von der Außenwelt abzuschotten.

2 – Zimmer „Körperkontrolle" der Gedenkstätte. Foto, 2023.

Wie kam es zum Volksaufstand vom 17. Juni 1953?

1 – Der Comic „17. Juni". Die Geschichte von Armin und Eva zeigt die Streikenden von 1953 mit ihren Transparenten. Es handelt sich um eine fiktionale Geschichte, die Ereignisse und Transparente sind aber den realen Vorgängen nachempfunden. Mit „Spitzbart, Bauch und Brille" waren nach ihrem Erscheinungsbild die führenden Repräsentanten der DDR, Walter Ulbricht (siehe Text unten), Wilhelm Pieck und Otto Grotewohl gemeint. Illustration von Kitty Kahane, 2013.

*17. Juni 1953
Aufstand gegen das
DDR-Regime

*Arbeitsnorm
Unter Arbeitsnorm versteht
man eine festgelegte
Arbeitsleistung, die in einer
bestimmten Zeit erbracht
werden muss.

*Stalinallee
Es handelt sich um ein großes Projekt zur Schaffung
von Wohnraum in den
Bezirken Mitte und Fried-
richhain in Ostberlin, das in
den 1950er-Jahren begann.
Die Bauten wurden entlang
der Stalinallee errichtet, benannt nach dem damaligen
Diktator der Sowjetunion,
Josef W. Stalin. Die Straße
wurde nach seinem Tod in
„Karl-Marx-Allee" und ein
anderer Teil in „Frankfurter
Allee" umbenannt.

Von einer Protestaktion zum Volksaufstand

Im Frühjahr 1953 kam es in der DDR zu einer Verschlechterung bei der Versorgung der Bevölkerung mit Lebensmitteln und Konsumgütern. Durch eine gleichzeitige Erhöhung der *Arbeitsnormen um 10 Prozent – bei gleichbleibendem Lohn – sollte eine Steigerung der wirtschaftlichen Produktivität erreicht werden. Die betroffenen Arbeiterinnen und Arbeiter antworteten mit Unruhen und Streiks.

Am 16. Juni 1953 legten 3000 Beschäftigte in der Ostberliner *Stalinallee ihre Arbeit nieder und marschierten in einem sponta-
nen Demonstrationszug, der bald auf 10 000 Menschen angewachsen war, zum Haus der Ministerien. Dort forderte die Menge zunächst das Erscheinen der führenden Repräsentanten der DDR, des Vorsitzenden des *Zentralkomitees der SED Walter Ulbricht und des Ministerpäsidenten Otto Grotewohl. Die Demonstranten forderten dann die Rücknahme der Normerhöhung und den Rücktritt der Regierung.

Aus der Protestaktion der Bauarbeiterinnen und Bauarbeiter entwickelte sich am

*17. Juni ein Generalstreik. Er erfasste über 400 Orte und 6000 Betriebe; landesweit beteiligten sich mehr als eine halbe Million Menschen. Parteibüros der SED gingen in Flammen auf, Gefängnisse wurden ge-
stürmt und Häftlinge befreit, die rote Fahne wurde vom Brandenburger Tor herunter-
geholt und unter großem Beifall zerrissen. Es kam zu Zusammenstößen mit der Volkspolizei.

Mit Panzern gegen Menschen

Da die DDR-Regierung die Demonstratio-
nen nicht beenden konnte, verhängte die sowjetische Besatzungsmacht den Aus-
nahmezustand. Sie ließ Panzer gegen die Menschen aufrollen und der Aufstand wurde gewaltsam beendet.

Genaue Zahlen über die Opfer des Volks-
aufstands liegen nicht vor, vermutlich ka-
men aber landesweit 300 Menschen ums Leben. Die SED-Führung ging mit aller Härte gegen die „Rädelsführer" vor, u. a. auch gegen Angehörige der Volkspolizei und der Roten Armee, die sich geweigert hatten, auf Demonstranten zu schießen.

2 – Forderungen der Demonstranten. Ostberlin, 13. Juni 1953.

3 – Demonstration in Dresden. Foto, 17. Juni 1953.

„Abstimmung mit den Füßen"

Nach 1953 verbesserten sich zwar die Lebensverhältnisse in der DDR, viele wollten jedoch nicht weiter in Unfreiheit unter der SED-Diktatur leben oder erhofften sich im Westen einen gut bezahlten Arbeitsplatz. Jährlich verließen etwa 200 000 Menschen die DDR. Diese „Abstimmung mit den Füßen" hatte verheerende wirtschaftliche Auswirkungen. Bis zum Sommer 1961 hatten Hunderttausende die DDR verlassen, Teile der Ernte blieben auf den Feldern, da die Arbeitskräfte fehlten, und auf dem Land war die medizinische Versorgung stark gefährdet.

Q1 Fritz Schenk, ein ehemaliger DDR-Funktionär, berichtete 1962, wie er den 17. Juni in Ostberlin erlebte:
Gegen Mittag erreichte der Aufstand seinen Höhepunkt. Die Kampfrufe hatten nur noch politischen Inhalt. Statt „Weg mit den Normen!" hörte man fast nur noch „Weg mit Ulbricht!". Auch der Ruf nach freien Wahlen verstummte nicht mehr und bald sangen Tausende die *dritte Strophe des Deutschlandliedes (...). Dann peitschten Maschinengewehrsalven durch die Luft, Panzer kamen die Leipziger Straße herauf mit dröhnenden Motoren, rasselnden Ketten und quietschenden Rädern – doch alles wurde übertönt von den Panikschreien der vielen Tausend wehrlosen Menschen, die die stählernen Kolosse vor sich her trieben.

Q2 In der DDR-Zeitung „Neues Deutschland" war am 18. Juni 1953 auf Seite 1 Folgendes zu lesen:
Im Verlaufe des 17. Juni 1953 versuchten bezahlte verbrecherische Elemente aus Westberlin, die Bevölkerung des Demokratischen Sektors (gemeint ist Ostberlin) zu Gewalttaten gegen demokratische Einrichtungen, Betriebe, Läden und Geschäftshäuser und gegen die Volkspolizei aufzuhetzen. Die Westberliner Provokateure zogen plündernd und raubend durch einzelne Straßenzüge, wobei sie zu hinterhältigen bewaffneten Überfällen gegen die Volkspolizei und fortschrittlich eingestellte Bevölkerungsteile übergingen. (...) Die Bevölkerung distanzierte sich von den Provokateuren (...) und trug mit zur Festnahme einer großen Anzahl der Täter durch die Volkspolizei bei.

✳ **Zentralkomitee der SED** Dies war das höchste Entscheidungsgremium der DDR. Alle damaligen kommunistischen Staaten hatten ein Zentralkomitee.

✳ **dritte Strophe des Deutschlandliedes** Gemeint ist die Nationalhymne der Bundesrepublik. „Das Lied der Deutschen" entstand 1841 und stammt von dem Dichter August Heinrich Hoffmann von Fallersleben. Es beinhaltet insgesamt drei Strophen. Wegen des nationalistischen Inhalts der ersten beiden Strophen wählte sich die Bundesrepublik lediglich die dritte Strophe als Nationalhymne.

❶ ▣ Nenne mithilfe des Textes und der Bilder Gründe für die Unzufriedenheit der DDR-Bevölkerung im Frühjahr 1953.

❷ ▣ Fasse mithilfe des Textes, der Bilder und von Q1 die Phasen des Aufstandes zusammen.

❸ ▣ „Abstimmung mit den Füßen": Erkläre deiner Partnerin oder deinem Partner, wie diese Aussage zu verstehen ist.

❹ ▣ a) Vergleiche den tatsächlichen Ablauf des Aufstandes mit dem Artikel in der DDR-Zeitung „Neues Deutschland" (Q2).

　 ▣ b) Verfasse anschließend mithilfe deiner Erkenntnisse aus Aufgabe a einen Leserbrief an die Redaktion.

❺ ▣ Recherchiere im Internet, wie die Bundesrepublik auf den Volksaufstand vom 17. Juni 1953 reagierte, und fasse deine Ergebnisse auf einem Plakat zusammen, das du vor der Klasse präsentierst.

▶ *Folgende Stichworte können bei der Recherche hilfreich sein:*
17. Juni 1953 – Reaktion der Bundesrepublik – Nationalfeiertag.

Warum wurde die innerdeutsche Grenze undurchlässig?

1 – Die Fenster an der Sektorengrenze in der Bernauer Straße in Ostberlin werden vermauert. Foto, 13. August 1961.

2 – Mauerbau in Berlin, entlang der Lindenstraße. Foto, 18. August 1961.

Die Mauer – das Symbol der deutschen Teilung

Im Sommer 1961 hatte sich die Zahl der DDR-Flüchtlinge aus Sicht der DDR-Führung dramatisch zugespitzt. Die meisten Bürgerinnen und Bürger verließen die DDR über den noch freien Übergang der S-Bahn nach Westberlin. Deshalb riegelten in der Nacht zum 13. August 1961 Ostberliner Bauarbeiter unter dem Schutz von Volkspolizisten und Soldaten die Grenze zwischen dem sowjetischen Sektor und den Westsektoren Berlins durch Stacheldraht und Straßensperren ab. Der Verkehr von U- und S-Bahn nach Westberlin wurde eingestellt. In den folgenden Tagen mauerten Bauarbeiter und Soldaten Hauseingänge und Fenster an der Sektorengrenze zu, die Bewohnerinnen und Bewohner wurden zwangsumgesiedelt.

Neben der Mauer quer durch die Stadt entstanden unüberwindbare Sperranlagen an der innerdeutschen Grenze, die gesamte Grenze zwischen der DDR und der Bundesrepublik wurde dadurch militärisch befestigt. Die DDR-Regierung bezeichnete diese Maßnahme als „antifaschistischen Schutzwall". Der Bau der Mauer griff in persönliche Belange vieler Deutscher ein: Sie trennte Eltern von ihren Kindern, Geschwister, Verwandte, Freundinnen und Freunde. Nach ihrer Fertigstellung wurde die 3,6 Meter hohe Mauer zum offensichtlichen Symbol der deutschen Teilung.

Bei den Menschen in Ost und West löste der Bau der Mauer einen Schock aus. Die Westmächte reagierten nur mit diplomatischen Protesten und empörten Reden; weitergehende Maßnahmen erfolgten nicht.

M1 Tabelle zur Anzahl der Flüchtlinge aus der gesamten DDR in die Bundesrepublik zwischen 1949 und 1964:

Jahr	Personen	Anzahl der unter 25-Järigen (in %)
1949–1951	492 681	–
1952–1954	697 981	48,6
1955–1957	793 681	50,1
1958–1960	547 197	48,4
1961	207 026	49,2

Q1 Am 15. Juni 1961 antwortete Walter Ulbricht auf die Frage einer westdeutschen Journalistin im Hinblick auf die Schließung der Staatsgrenze:

Ich verstehe Ihre Frage so, dass es Menschen in Westdeutschland gibt, die wünschen, dass wir die Bauarbeiter der Hauptstadt der DDR mobilisieren, um eine Mauer aufzurichten, ja? Mir ist nicht bekannt, dass solche Absicht besteht, da sich die Bauarbeiter in der Hauptstadt hauptsächlich mit Wohnungsbau beschäftigen und ihre Arbeitskraft voll eingesetzt wird. Niemand hat die Absicht, eine Mauer zu errichten.

Q2 Fassungslos über die Untätigkeit der Westmächte gegenüber dem Vorgehen von DDR und der Sowjetunion wandte sich der damalige Bürgermeister Westberlins, Willy Brandt, in einem geheimen Brief am 16. August 1961 an den amerikanischen Präsidenten John F. Kennedy. Dieser antwortete am 18. August 1961:

> Da dieses brutale Schließen der Grenze ein deutliches Bekenntnis des Versagens und der politischen Schwäche darstellt, bedeutet dies offensichtlich eine grundlegende sowjetische Entscheidung, die nur durch Krieg rückgängig gemacht werden könnte. Weder Sie noch wir noch irgendeiner unserer Verbündeten haben jemals angenommen, dass wir an diesem Punkt einen Krieg beginnen müssten.

Q3 Nikita Chruschtschow, Regierungschef der Sowjetunion von 1953 bis 1964, äußerte sich 1961 gegenüber dem Botschafter der Bundesrepublik in Moskau zum Mauerbau:

> Was soll ich denn tun? Mehr als 30 000 Menschen (...) verließen im Monat Juli das Land. Man kann sich unschwer ausrechnen, wann die ostdeutsche Wirtschaft zusammengebrochen wäre, wenn wir nicht alsbald etwas gegen die Massenflucht unternommen hätten. Es gab nur zwei Arten von Gegenmaßnahmen: die Lufttransportsperre oder die Mauer. Die Erstgenannte hätte uns in einen ernsten Konflikt mit den Vereinigen Staaten gebracht, der möglicherweise zum Krieg geführt hätte. Das konnte und wollte ich nicht riskieren.

Bildet Gruppen und bearbeitet die Aufgaben zu einem der unten aufgeführten Themen A, B oder C. Präsentiert eure Ergebnisse anschließend vor den anderen Gruppen.

Gruppe A:

❶ Nennt mithilfe des Textes, von M1 und Q3 die Gründe für die Errichtung der Mauer in Berlin.

❷ Beurteilt, was der Bau der Mauer und die Schließung der Grenzen für die Bürgerinnen und Bürger der DDR bedeutete.

❸ Gestaltet mithilfe eurer bisher gewonnenen Erkenntnisse ein Plakat zum Bau der Mauer.

Gruppe B:

❹ Als Reporterin oder Reporter einer westdeutschen Tageszeitung bereitet ihr euch auf ein Interview mit Walter Ulbricht Ende August 1961 vor. Erstellt mithilfe von Q1, Bild 1, Bild 2 und des Informationstext es einen Fragenkatalog.

❺ Entwickelt mithilfe eurer Liste aus Aufgabe 4 ein Gespräch zwischen der Reporterin oder dem Reporter und Walter Ulbricht, wie es damals hätte stattfinden können.

Gruppe C:

❻ Informiert euch mithilfe des Textes, von Bild 2, Q2 und Q3 über die verschiedenen Reaktionen zum Mauerbau. Erstellt mithilfe dieser Informationen eine Reportage, die im Sommer 1961 in einer westdeutschen Zeitung veröffentlicht wurde.

❼ Bewertet anschließend, wie groß die Gefahr einer Ausweitung der Krise zu einem Krieg 1961 war. Diskutiert Standpunkte und Handlungsspielräume der beiden Seiten.

Wie kam es zu „Nischengesellschaft" und „Republikflucht"?

1 – Die „Datsche" als Rückzugsort. Foto, 1968.

Die DDR nach dem Mauerbau

Nach dem Bau der Mauer wollte die Führung der SED diesen starken Einschnitt in den Alltag der Menschen mildern, indem sie eine Wirtschaftsreform beschloss, die wirtschaftliches Wachstum mit einer besseren Versorgung der Bevölkerung verbinden sollte. So wurde im Jahr 1963 das „Neue Ökonomische System Planung und Leitung der Volkswirtschaft" (NÖSPL) eingeführt. Es wurden materielle Leistungsanreize eingeführt und den Betrieben wurde mehr Eigenverantwortlichkeit zugestanden. Dadurch kam es einer Leistungssteigerung und zu einer wirtschaftlichen Stabilisierung. So stieg die Arbeitsproduktivität 1964 um sieben Prozent.

Das NÖSPL war wirtschaftlich zwar erfolgreich, aber auch kompliziert und führte dazu, dass die einzelnen Betriebe mehr Gewicht bekamen. Dies erfolgte zulasten der Zentralverwaltung, wodurch die Planwirtschaft umgangen werden konnte. Die Folge war eine zunehmende Kritik innerhalb der SED an der NÖSPL, weil der absolute Machtanspruch der Partei gefährdet schien. Deshalb wurden die Maßnahmen wieder zurückgenommen und die zentralistische Leitung der Wirtschaft wieder gestärkt.

Rückzug ins Private

Bis 1961 standen viele Menschen in der DDR vor der Wahl, sich mit dem Regime abzufinden oder das Land nach Westen zu verlassen. Nach dem Mauerbau fanden sich die meisten notgedrungen mit der Situation ab und suchten nach Möglichketen, sich den Zumutungen des Regimes zu entziehen. Dies gelang zum Teil in der Familie, im privaten Freundeskreis, in der „Datsche" (s. Bild 1), im Kleingarten, am FKK-Strand oder durch Engagement bei den Kirchen. In diesen „Nischen" versuchten sie, das Beste aus ihrer Misere zu machen. Zugleich hatte dieses erzwungene Leben mit dem Regime ein politisches Desinteresse zur Folge. Es führte dazu, dass es innerhalb des Staates zu einer Trennung der öffentlichen und privaten Lebenswelten kam. Die Bürger führten zwar nach außen die vom Regime gewünschten Losungen im Munde, hielten sie aber im Privatleben nicht ein. So entwickelte sich eine „Nischengesellschaft", die dadurch gekennzeichnet war, dass individuelles Glück im Winkel des privaten Alltagslebens gesucht wurde.

„Republikflucht"

Der Bau der Mauer und die vollständige Schließung der innerdeutschen Grenze am 13. August 1961 stoppten den Flüchtlingsstrom. Dennoch wagten viele die nun lebensgefährliche Flucht in die Bundesrepublik oder über Drittländer. Viele wurden auf den gefährlichen Fluchtrouten z. B. durch Flüsse oder durch Waffengebrauch von Grenzsoldaten schwer verletzt oder starben. Das Verlassen der Deutschen Demokratischen Republik (DDR) ohne staatliche Genehmigung war verboten und wurde als „Republikflucht" bezeichnet. Wer einen Fluchtversuch überstand und festgenommen wurde, hatte mit einer langen Haftstrafe zu rechnen. Das scharfe Grenzregime einschließlich des Einsatzes von Schusswaffen hielt viele Menschen von der Flucht ab. Zwischen 1961 und 1989 versuchten über 100 000 Bürger der DDR, über die innerdeutsche Grenze oder über die Berliner Mauer zu fliehen. Weit mehr als 600 von ihnen wurden von Grenzsoldaten der DDR erschossen oder starben bei Fluchtversuchen.

2 – Grenzsicherung im Werra-Meißner-Kreis (Hessen). Foto, 1972.

Q1 Eine Flucht im Harz Frühjahr 1967 (Bericht von 2007):

Am 21.05.1967 begab ich mich mit zwei Freunden in der Absicht, die DDR zu verlassen, nach Wernigerode. Von dort aus wollten wir versuchen, die BRD zu erreichen. (...) Wir erreichten bald den ersten Zaun, den Signalzaun. Dieser war durch abfließendes Schmelzwasser des Brockens unterspült, sodass wir ihn an dieser Stelle unterkriechen konnten. Nach weiteren 800 m standen wir dann plötzlich am eigentlichen Grenzzaun, der sich unmittelbar am Ufer eines großen Sees befand. Später erfuhren wir, dass es der Eckerstausee war. Wir waren noch im Schutze des Waldes, hatten noch ca. 5 m bis zum Grenzzaun vor uns und sahen etwa 20 m linker Hand einen Postenturm. Ohne groß zu überlegen, rannten wir los und konnten den Zaun unbemerkt überwinden. Jetzt standen wir am Ufer des Stausees und mussten entsetzt feststellen, dass die Freiheit erst am anderen Ufer, das 500 m entfernt war, erreicht werden konnte. Dies konnten wir anhand der dort aufgestellten Schilder ausmachen. Grenzverlauf also Seemitte, was wir nicht wissen konnten. Auch hörten wir jetzt Stimmen und Hundegebell. So schnell wir konnten, liefen wir jetzt am Grenzzaun entlang in südlicher Richtung zum Ende des Sees. Uns war klar, dass wir uns noch auf dem Gebiet der DDR befanden. Erst am Ende des Sees, wo dieser in die Ecker mündete, übersprangen wir dort den Bach. Die dort aufgestellten Schilder (Halt Zonengrenze, Bachmitte Grenze) machten uns klar: Wir haben es geschafft!

Q2 Albert Norden, 1958–1981 Mitglied des Politbüros der SED, erklärte 1963 vor Grenzsoldaten in Berlin:

Ich sage, jeder Schuss aus der Maschinenpistole eines unserer Grenzsicherungsposten zur Abwehr solcher Verbrechen rettet in der Konsequenz Hunderten von Kameraden, rettet Tausenden Bürgern der DDR das Leben und sichert Millionenwerte an Volksvermögen. Ihr schießt nicht auf Bruder und Schwester, wenn ihr mit der Waffe in der Hand den Grenzverletzer zum Halten bringt. Wie kann der euer Bruder sein, der die Republik verrät, der die Macht des Volkes antastet! Auch der ist nicht unser Bruder, der zum Feind desertieren will. Mit Verrätern muss man sehr ernst sprechen, Verrätern gegenüber menschliche Gnade zu üben, heißt, unmenschlich am ganzen Volk zu handeln.

❶ ▸ Erläutere mithilfe des Textes die Ausgangslage in der DDR nach dem Mauerbau.

❷ ▸ Sieh dir Bild 1 an. Erläutere, warum eine „Datsche" ein Rückzugsort war.

❸ ▸ Lies Q1 und suche im Internet nach weiteren Berichten über Fluchtversuche. Ziehe Bild 2 hinzu.

❹ ▸ Beurteile auf der Grundlage von Q2 die Haltung der DDR-Führung zu den Fluchtversuchen (Q1).

❺ ▸ Fasse anhand der Materialien dieser Doppelseite die Folgen des Mauerbaus zusammen.

❻ ▸ Nach dem Ende der DDR kam es zu Prozessen gegen „Todesschützen" entlang der Grenze. Informiere dich und berichte darüber.

Tod an der Mauer

Schauplatz Geschichte

Am 17. August 1962 versuchte der 18-jährige Maurergeselle Peter Fechter, zusammen mit seinem Arbeitskollegen die Berliner Mauer in der Zimmerstraße zu überklettern. Fechter wurde auf der Mauer vor etlichen Zeugen von mehreren Schüssen getroffen und fiel zurück auf Ostberliner Gebiet. Weder US-Soldaten im Westen noch DDR-Grenzsoldaten kamen dem Jugendlichen zu Hilfe und er verblutete am Fuß der Mauer. Erst nach über einer Stunde bargen ihn Grenzsoldaten.

Bildet Gruppen und bearbeitet eine der Aufgaben 1–3. Stellt eure Ergebnisse vor.

❶ ▣ Margit Hosseini erlebte als Passantin den Tod Peter Fechters mit. Verfasst aus eurer Sicht einen inneren Monolog über den 17. August 1962.
▶ *Beschreibt Gedanken, Gefühle und Erinnerungen.*
▶ *Verwendet die Ich-Perspektive und das Präsens.*
❷ ▣ Überlegt die Gründe für die fehlende Hilfeleistung der anwesenden Soldaten in West- und Ostberlin und recherchiert anschließend die Reaktionen von Politik und Bevölkerung auf Peter Fechters Tod.
❹ ▣ Entwerft einen Appell, der dazu auffordert, den Schießbefehl abzuschaffen.
▶ *Form des Appells: Plakat oder Handzettel*
▶ *Aufbau: aussagekräftige Überschrift, Zwischenüberschriften, Resümee*

1 – Peter Fechter verblutet hilflos im Todesstreifen. Foto, 17. August 1962.

Die Wiedervereinigung der beiden deutschen Staaten

Wie war der Alltag in West- und Ostdeutschland?

1 – In einem Supermarkt in der BRD. Foto, 1970.

2 – Vor einem Lebensmittelladen in der DDR. Foto, 1962.

Der Alltag in der Bundesrepublik

Vollbeschäftigung und steigende Löhne legten den Grundstein für die moderne Konsumgesellschaft. Die Unternehmen entwickelten immer bessere und neue Produkte, die vom Markt nachgefragt wurden, und auch die Arbeitnehmer konnten im System der sozialen Marktwirtschaft profitieren. Die meisten Familien konnten sich im Verlauf der 1950er-Jahre Elektro- und Haushaltsgeräte leisten, die den Alltag erleichterten. Bald waren auch Fernsehgeräte und Autos auf Raten erschwinglich und wurden zum Statussymbol der jungen Bundesrepublik und Ausdruck des „Wirtschaftswunders".

Jugendleben in der Bundesrepublik

In der Bundesrepublik Deutschland entwickelten sich seit den 1960er-Jahren zahlreiche unterschiedliche jugendliche Lebensweisen. Viele Jugendliche ahmten die neueste Jugendmode und die Musik aus den USA und Großbritannien nach, die durch die Medien weltweit verbreitet wurden. Die junge Genration wollte für sich Freiheit und Selbstverantwortung. Die Jugendlichen zogen frühzeitig aus der elterlichen Wohnung aus und lebten in Wohngemeinschaften zusammen. Zuerst lebten so Studierende; Lehrlinge und Arbeiter folgten bald diesem Vorbild.

Die Jugendlichen waren auch der Meinung, dass es in der Bundesrepublik einen Mangel an Demokratie gebe. Sie wandten sich vor allem gegen die Notstandsgesetze, die 1968 beschlossen wurden. Mit diesen Gesetzen könnten die Grundrechte der Bürger eingeschränkt werden, wenn es im Staat zu einem Notstand kommt.

Der Alltag in der DDR

Der Alltag der Menschen wurde von der SED bestimmt. So nahm der Staat Einfluss auf die Berufs- und Studienwahl, entschied über die Zuweisung einer Wohnung. Bis 1961 standen viele Menschen in der DDR vor der Wahl, sich mit dem Regime abzufinden oder das Land nach Westen zu verlassen. Im Alltag fand man vor allem im privaten Freundeskreis oder durch Engagement bei den Kirchen mancherlei Freiräume, in denen man sich bei Bedarf der Beeinflussung durch die Partei entziehen konnte. Der Betrieb der sogenannten „Kulturhäuser" wurde subventioniert. Für seine Mitglieder richtete der Freie Deutsche Gewerkschaftsbund (FDGB) kostengünstige Ferienplätze ein. Die Angebote waren aber begrenzt, die Reiseziele lagen innerhalb der eigenen Republik oder in den sozialistischen Bruderländern. Der Alltag in der DDR bot auch Vorteile: Allen wurde ein Arbeitsplatz garantiert und die Preise für Mieten sowie Grundnahrungsmittel waren niedrig. Obwohl sich in der ersten Hälfte der 1960er-Jahre die wirtschaftliche Situation etwas besserte, blieb der Lebensstandard

weit hinter dem der Bundesrepublik zurück. Die Fünfjahrespläne der Planwirtschaft konnten den Bedarf und auch neue
Entwicklungen nur bedingt vorhersagen
und waren somit kaum in der Lage, der
Nachfrage nachzukommen.

Jugendleben in der DDR

Es war das Wunschbild der SED, dass sich
die Jugend für den Aufbau des Sozialismus
engagiert. Mithilfe der FDJ wurde alles dafür getan, dass sich Jugendlichen an die
DDR-Verhältnisse anpassen und den Vorgaben der SED folgen. Die Ablehnung westlicher, in der Sprache der führenden Partei
„dekadenter" Musik- und Modeeinflüsse
oder die Abkehr von der Kirche sollten
Grundlage des Jugendverhaltens sein. Bereits kleine Signale der Abweichung wurden
als gefährlich eingestuft. Trotz dieser Vorgaben und Verbote hat sich im Laufe der Zeit
auch in der DDR eine bunte, unabhängige
Jugendszene etabliert. Sie begann Anfang
der 1960er-Jahre mit der Übernahme der
westlichen Beatmusik und des Rock 'n'
Roll, die auch die DDR eroberten. Die Musik stand für das Lebensgefühl, die Träume
und Wünsche der jungen Menschen. Die
SED musste feststellen, dass die Jugend die
Vorgabe einer homogenen sozialistischen
Gesellschaft nicht erfüllte, sondern dass es
vielfältige *Subkulturen gab, die immer
mehr in Opposition zum herrschenden
Regime geriet.

3 – Jugendliche in
der DDR. Foto, 1982.

zusammen. Die Rolle des Kollektivs ist ein
gutes Beispiel: Überall wimmelte es von
Kollektiven, das Schülerkollektiv, das
Lehrerkollektiv, das FDJ-Kollektiv, das Stu-
dentenkollektiv, das Arbeitskollektiv. Das
schuf natürlich ein Gefühl von Gemeinsamkeit. (...) Aber zugleich war dieses Kollektiv
ein Instrument der sozialen und politischen
Kontrolle. Und jetzt kommt das Komplizier-
te hinzu: Das Kollektiv war auch Schutz-
raum. Unter den Kollegen wusste man, hier
kann man offen sprechen, da sind sich alle
einig, da kann man Witze erzählen, über
Honecker oder Ulbricht, da passiert zumindest nichts. Und der Parteisekretär lacht
gern mit. (...) Die DDR lässt sich nicht teilen
in gute Seiten und schlechte Seiten – das
eine bedingt das andere.

* Subkultur
ist eine Bezeichnung für
die abweichende Kultur
einer Teilgruppe einer
Gesellschaft.

M1 Aus einem Interview mit dem in der DDR aufgewachsenen Historiker Stefan Wolle (2014):

Reporter: Ehemalige DDR-Bürger beschwö-
ren oft ein Land, in dem sich jeder um den
anderen gekümmert habe.
Wolle: Das ist eine ganz gefährliche Halbwahrheit. Es stimmt zum Teil natürlich –
und stimmt auch wieder nicht. Sicherheit
des Arbeitsplatzes, Sicherheit des Kinder-
gartenplatzes, all die Dinge, die immer so
gerühmt wurden, die hingen auch stark mit
politischer Repression [Unterdrückung]

❶ Fasse anhand des Textes und der Bilder 1 und 2 das Alltagsleben in BRD und DDR kurz zusammen. Ziehe das Internet hinzu und lege eine Tabelle an:

BRD	DDR
– „Wirtschaftswunder"	– Kontrolle durch die SED
– Konsumgesellschaft	– niedriger Lebensstandard
– soziale Marktwirtschaft	– Planwirtschaft
– ...	– ...

Beurteile die Unterschiede.

❷ Vergleiche anhand des Textes und von Bild 3 die Lage der Jugend in BRD und DDR. Nenne Unterschiede und Gemeinsamkeiten.

❸ Erläutere, was Stefan Wolle als „Halbwahrheit" bezeichnet (M1).

❹ Diskutiert das Fazit Wolles in M1: „Die DDR lässt sich nicht teilen in gute und schlechte Seiten – das eine bedingt das andere."

Wie kam es zur friedlichen Revolution in der DDR?

1 – Die Ehrentribüne während der Militärparade am 7. Oktober 1989 in Ostberlin zur Feier der Gründung der Deutschen Demokratischen Republik vor 40 Jahren. Foto, 1989.

*Einheitsliste
Zur Wahl standen nicht einzelne Parteien oder Kandidaten, sondern eine vollständige Liste aller Mitglieder des zu wählenden Gremiums. Diese Liste war im Vorhinein bereits vom jeweils zuständigen Wahlausschuss erarbeitet worden. Der Wahlakt bestand dann lediglich in der Zustimmung bzw. Ablehnung des Listenvorschlags.

*Opposition
Dies bezeichnet die Partei(en), Gruppe(n), deren Angehörige die Politik der herrschenden Partei(en), Gruppe(n) ablehnen.

*friedliche Revolution
Hiermit ist der Sturz des DDR-Regimes durch die gewaltfreien Proteste und die Demonstrationen für bürgerliche Freiheiten und demokratische Rechte im Herbst 1989 gemeint.

Wachsende Unzufriedenheit

Obwohl sie politisch unterdrückt wurden, waren immer mehr Menschen in der DDR bereit, sich gegen die Regierung zu wehren. Sie hatten sich Hoffnungen auf Reformen nach dem Vorbild der Sowjetunion unter Gorbatschow gemacht (siehe S. 126/127). Diese schienen sich jedoch nicht zu erfüllen. Nach den Kommunalwahlen am 7. Mai 1989 ließ die DDR-Führung als angebliches Ergebnis bekannt geben, dass die *Einheitsliste 98,85 Prozent Zustimmung bekommen habe. Die SED hatte dieses Ergebnis gefälscht – und damit begann unmerklich der Machtzerfall der SED-Führung. Im Unterschied zu früher protestierten nun *oppositionelle Gruppen offen gegen den Wahlbetrug und die Behauptung, dass die Bevölkerung 99-prozentig der Einheitsliste zugestimmt habe. Auf diese Weise wurde eine öffentliche Diskussion erzwungen. Die Staatsmacht versuchte, die Situation erfolglos mit einer Verhaftungswelle zu unterdrücken.

Der 40. Jahrestag der DDR

Trotz der Proteste feierte die DDR-Führung am 7.10.1989 den 40. Gründungstag der DDR. Der sowjetische Reformer und Ehrengast Gorbatschow wurde mit Rufen „Gorbi, hilf uns!" begeistert empfangen. Dieser machte dann auch gegenüber der SED-Führung unter Erich Honecker klar, dass die Sowjetunion das Regime nicht mit Panzern und Soldaten unterstützen würde. Dadurch verlor die SED ihre Machtbasis, auf die sie sich 40 Jahre hatte stützen können.

Montagsdemonstrationen

Der später als *friedliche Revolution bezeichnete Umbruchprozess in der DDR begann im September 1989 mit den „Montagsdemonstrationen" in Leipzig, auf denen Versammlungs- und Reisefreiheit gefordert wurden. Die Zahl der Teilnehmerinnen und Teilnehmer stieg bis Ende Oktober auf über 300 000. Anfangs wurden Demonstranten von der Polizei auseinandergetrieben oder verhaftet, doch die Staatsmacht wagte es nicht, auf friedliche Bürgerinnen und Bürger schießen zu lassen. Im Herbst 1989 gingen auch in anderen Städten der DDR Menschen auf die Straße. Sie trugen immer häufiger Schilder mit der Aufschrift „Wir sind das Volk!".

Fall der Mauer am 9. November 1989

Am 18. Oktober 1989 musste Erich Honecker als Staatsratsvorsitzender und Generalsekretär der SED zurücktreten. Um dem Druck der Bevölkerung nachzugeben, beschloss die neue SED-Führung unter Generalsekretär Egon Krenz, die Formalitäten für die Ausreise aus der DDR neu zu regeln. Auf einer Pressekonferenz erklärte *Politbüromitglied Günter Schabowski eher beiläufig, ab sofort gebe es eine unbegrenzte Reisefreiheit für DDR-Bürger (s. auch S. 162). Viele Menschen machten sich spontan auf den Weg. Die Grenzorgane der DDR waren nicht informiert. Sie wurden von dem Ansturm der Menschen an den Grenzübergängen in Berlin und in der gesamten DDR völlig überrascht. Ohne höhere Weisung wurde dem Druck der Massen nachgegeben und die Grenzen wurden geöffnet. In den folgenden Tagen und Monaten reisten Millionen von DDR-Bürgerinnen und -Bürgern in den Westen. Viele kehrten zurück. Sie forderten lautstark tiefgreifende politische Veränderungen. Die SED konnte diesem Druck nicht standhalten und willigte ein, dass ein „Runder Tisch" aus allen politischen Gruppen gebildet wurde. Dieser „Runde Tisch" beschloss, dass am 18. März 1990 demokratische und freie Wahlen in der DDR stattfinden sollten.

Q1 Aus einem Bericht des Ministeriums für Staatssicherheit über Gründe für die Flucht aus der DDR 1989:

Unzufriedenheit über die Versorgungslage; Verärgerung über unzureichende Dienstleistungen; Unverständnis für Mängel in der medizinischen Betreuung und Versorgung; eingeschränkte Reisemöglichkeiten innerhalb der DDR und nach dem Ausland; unbefriedigende Arbeitsbedingungen (...); Verärgerung über bürokratisches Verhalten von Leitern und Mitarbeitern staatlicher Organe, Betriebe und Einrichtungen sowie über Herzlosigkeit im Umgang mit Bürgern; Unverständnis über die Medienpolitik der DDR (...).

2 – Montagsdemonstration in Leipzig am 01.11.1989.

Q2 Die Journalistin Monika Zimmermann berichtete am 1.11.1989 in der Frankfurter Allgemeinen Zeitung:

In Leipzig gehört sie seit drei Wochen zum Stadtbild. Jeden Montagnachmittag brechen die Leipziger auf. Die ganze Stadt ist dann auf den Beinen. Deshalb sind Schätzungen, wie viel Demonstranten tatsächlich demonstriert haben, müßig. Wer nicht mitmarschiert auf der Mitte der Straße, steht am Rand oder schaut aus dem Fenster. Niemanden in Leipzig, so erfährt man auch in Gesprächen, lässt es gleichgültig, was an diesem Tag geschieht. „Montags blickt die Welt auf Leipzig", sagte auch der Leipziger *Superintendent Johannes Richter an diesem Montag in der Thomaskirche und appellierte damit an den Stolz der Leipziger, ihre Stadt, die sich in den Augen der Welt bislang so tapfer gegen die Reformunwilligkeit des Staates aufgebäumt hat, nun nicht durch Ausschreitungen oder Gewalttätigkeiten nachträglich wieder in Verruf zu bringen. Diesen Aufruf zur absoluten Friedfertigkeit wiederholen die Kirchen des Landes immer wieder.

* Politbüro
Ein Politbüro ist das oberste politische Führungsorgan einer kommunistischen Partei.

* Superintendent/-in
Dies ist in der evangelischen Kirche die Leiterin oder der Leiter eines Kirchenkreises.

❶ ▪ Erstelle mithilfe des Textes und mit den Bildern 1 und 2 eine Chronik der Ereignisse, die zum Fall der Mauer führten.

❷ ▪ Erarbeite mithilfe von Q1 Gründe für die Flucht aus der DDR und nimm jeweils dazu Stellung.

❸ ▪ Erläutere anhand von Q2 und Bild 2 den Weg zum Mauerfall.

❹ ▪ Erkläre die Bedeutung des Ereignisses.

Wie verlief die friedliche Revolution?

1 – Montagsdemonstration am 13.11.1989 in Leipzig.

Friedfertig

Der später als „friedliche Revolution"
bezeichnete Umbruchprozess in der DDR
begann im September 1989 in Leipzig, als
sich im Anschluss an kirchliche Friedens-
gebete Demonstrationen unter dem Motto
„Keine Gewalt" gegen das DDR-Regime
entwickelten.

Gegen Gewalt auf beiden Seiten

Der 9. Oktober war zunächst vom Gefühl
der Angst bestimmt. Zwei Tage zuvor, am
7. Oktober, dem 40. Jahrestag der Staatsgründung der DDR, hatte die Polizei in
Leipzig Hunderte Demonstranten zusam-
mengeschlagen und inhaftiert. Vor der
Demonstration veröffentlichte der Arbeits-
kreis Menschenrechte einen Aufruf zur
Gewaltlosigkeit. Einen Tag später erfuhr die
Öffentlichkeit aus den westdeutschen
Medien, dass es 70 000 gewesen waren.
Offensichtlich war den Menschen gerade
durch die Gewaltandrohung bewusst geworden, dass es jetzt darauf ankam. Und sie
wussten, dass die Skrupel der Staatsmacht,
wirklich Waffengewalt einzusetzen, umso
größer würden, je mehr Menschen davon
betroffen wären.

**Q1 Ein Augenzeuge über den 9. Oktober
1989 in Leipzig:**

Es galt uneingeschränkt der vom Vorsitzenden des Nationalen Verteidigungsrates,
Erich Honecker, am 26. September erlasse-
ne Geheimbefehl Nr. 8/89, der im Hinblick
auf zu erwartende „Krawalle" eindeutig
formulierte: „Sie sind zu unterbinden." (...)
In Betrieben wurde davor gewarnt, nach
16 Uhr die Innenstadt zu betreten; Mütter
sollten ihre Kinder bis 15 Uhr aus den
Krippen und Kindergärten des Zentrums
abholen. (...) In Krankenhäusern wurden
Notbetten aufgestellt und vor allem die
Chirurgischen und Intensivstationen verstärkt besetzt. (...) Nach späteren Aussagen
von Bereitschaftspolizisten war ihnen vor-
mittags mitgeteilt worden, dass ein fried-
licher Ausgang wenig wahrscheinlich sei
und sie vorbereitet sein müssten, möglichen Gewalttätigkeiten zu begegnen. Dementsprechend trugen sie Kampfausrüstung.
(...) Einzig die geballte Kraft der siebzigtau-
send angsterfüllten und dennoch nicht
weichenden Menschen in der Innenstadt
und auf dem Ring erzwangen um 18.25
Uhr den endgültigen Rückzug der bewaffneten Einheiten.

2 – Friedrich Schorlemmer auf der Großkundgebung am Alexanderplatz in Berlin. Foto, 04.11.1989.

Q2 Ein Magdeburger erzählt über den 9. Oktober 1989 (2019)

Er arbeitete damals an einer Klinik der Medizinischen Akademie in Magdeburg und hatte vom 8. zum 9. Oktober Nachtdienst:
(...) Um 7:30 Uhr wurde die ganze Belegschaft der Klinik zusammengetrommelt. Die Parteisekretärin warnte in ihrer kurzen Ansprache alle Mitarbeiter davor, am Abend zu dem Montagsgebet in den Dom zu gehen. Die staatlichen Organe wären darüber informiert, dass Provokateure gewalttätige Ausschreitungen planten. Durch diese Provokateure könnte es zu Gewaltakten kommen, sodass die „staatlichen Organe" dann energisch, notfalls auch mit Waffengewalt einschreiten müssten. (...) Er wohnte in der Geißlerstraße und sah von seinem Fenster aus, wie am späten Nachmittag des 9. Oktober, es war noch hell, eine größere Anzahl von dunkelgrünen Fahrzeugen von dem Polizeigelände aus der Straße „Am Buckauer Tor" gefahren kamen. (...) Dann kam die Überraschung: vielleicht eine halbe Stunde später oder etwas mehr sah er zwei blank geputzte Jeeps der Roten Armee, die durch die Geißlerstraße in umgekehrter Richtung zu den hell erleuchteten Polizeigebäuden fuhren, wo sich anscheinend das „Lagezentrum" befand. Deutlich zu erkennen waren in den Jeeps mehrere hohe sowjetische Offiziere mit goldenen Schulterstücken. (...) Diese hohen sowjetischen Offiziere waren kaum eine halbe Stunde in dem Polizeigebäude – da begann der Rückmarsch von Volkspolizei und Kampfgruppen in umgekehrter Richtung aus der Hegelstraße zum Buckauer Tor!

Q3 Der evangelische Theologe Friedrich Schorlemmer auf einer Großdemonstration in Berlin am 4.11.1989:

(...) Wir brauchen jetzt, denke ich, Toleranz und kritische Solidarität miteinander. Und nicht das Ausufern der verständlichen Emotionen. Wir brauchen eine Koalition der Vernunft, die quer durch die bisherigen Parteien und quer durch die neuen Bewegungen geht. (...) Der Wandel ist schon unübersehbar, aber noch ist er umkehrbar. Hatten die Herrschenden bisher die Signale unserer gesellschaftlichen Krise nicht gehört, höchstens abgehört, so haben die dramatischen Widersprüche sie jetzt gezwungen, von der Tribüne herabzusteigen und den gleichberechtigten Dialog zu beginnen. (...) Wir brauchen weitere spürbare Ergebnisse des Dialogs. Der Dialog muss zum Normalfall des Umgangs zwischen Volk und Regierung werden. Er darf nicht Notmaßnahme im Krisenfall sein. Darum: Demokratie jetzt oder nie! (...)

❶ ▸ Nenne mithilfe von Bild 1 und des Internets Forderungen der Demonstranten.

❷ ▸ Beschreibe mithilfe des Textes und von Q1 die Stimmung in Leipzig vor und während der Demonstration am 9. Oktober.

❸ ▸ Untersuche Q2 und arbeite heraus, wie sich die Lage am 9. Oktober in Magdeburg entwickelte. Was hebt der Autor hervor?

❹ ▸ Ermittle, in welchen Orten Sachsen-Anhalts ebenfalls Demonstrationen für die Veränderung der Verhältnisse stattfanden. Berichte der Klasse.

❺ ▸ Untersuche mithilfe von Q3, wie Friedrich Schorlemmer zu den Ereignissen im Oktober/November 1989 steht und worin er die Hauptaufgaben der Bewegung sieht.

❻ ▸ Nimm Stellung zur Frage, welche Umstände es ermöglichten, dass der Sturz des SED-Regimes friedlich verlief.

Wie fiel die innerdeutsche Grenze?

1 – Ostberliner werden am Abend des 9. November 1989 von Westberlinern begrüßt. Foto, 1989.

Ein Versehen löst den Fall der Mauer aus

Die Öffnung der Berliner Mauer am Abend des 9. November 1989 wurde ausgelöst durch eine eher beiläufige Mitteilung des SED-Politbüromitglieds Günter Schabowski bei einer Pressekonferenz am Abend. Er verlas eine neue Reiseregelung, die am selben Tag eilig ausgearbeitet worden war. Auf Nachfrage eines Journalisten sagte er, dass es jedem Bürger der DDR „unverzüglich" möglich sei, über alle Grenzübergangspunkte auszureisen. Dass die Regelung erst am nächsten Morgen in Kraft treten und die Ausreise mit Fristen und Auflagen versehen sein sollten, davon wusste Schabowski nichts. Die Nachricht „DDR öffnet Grenze" wurde blitzschnell über Nachrichtenagenturen und westdeutsche Fernsehsender verbreitet. Bereits am selben Abend begann der Ansturm auf die Ostberliner Grenzübergänge. Eigenmächtig, ohne Anweisung von oben, öffneten die Grenzbeamten an der Bornholmer Straße den ersten Schlagbaum. Jubelnd strömten noch in der Nacht Zehntausende durch die scheinbar unüberwindbare Mauer zwischen Ost- und Westberlin.

Marienborn: Die Grenze öffnet sich

Nach der Pressekonferenz des SED-Funktionär Günter Schabowski, in der er eine neue, großzügigere Reiseregelung der DDR bekannt gab, begaben sich viele Bürger noch am selben Abend zu den Grenzübergängen zur Bundesrepublik Deutschland – nicht nur in Berlin. Als Erstes durften nicht die Wartenden an den Grenzübergängen in Berlin passieren. In Marienborn öffneten sich die Schlagbäume ca. 15 Minuten früher. Bis dahin mussten sich Reisende aus der Bundesrepublik in Marienborn langwierigen und nicht selten demütigenden Personen- und Fahrzeugkontrollen unterziehen. DDR-Bürger durften Marienborn sogar nur mit einem selten erteilten Visum und noch strengeren Personen- und Fahrzeugkontrollen Richtung Westen passieren. Nun war der Grenzübergang in Marienborn plötzlich auf. Heute befindet sich an der ehemaligen Grenzübergangsstelle Marienborn eine Gedenkstätte, die an die deutsche Teilung erinnert. Sie wird jährlich von etwa 150 000 Menschen besucht. (s. S. 146/147).

M1 Künstler und Bürgerinitiativen nehmen im DDR-Fernsehen Stellung

Am 8.11.89 wandten sich Künstler und Vertreter von fünf Bürgerinitiativen an die Zuschauer. Sie zeigten sich beunruhigt, dass Tausende von Menschen täglich die DDR verlassen. Sie betonten, dass der Grund für diesen Vorgang in einer verfehlten Politik der Regierung liege, die das Misstrauen in die Erneuerung dieses Gemeinwesens bestärkt hat. Sie baten die Menschen darum, in der DDR zu bleiben, weil sonst ihre Hoffnung auf eine Erneuerung des Gemeinwesens vollkommen verloren ginge. Ihr Ziel sei es, in der DDR eine wahrhaft demokratische und menschliche Gesellschaft zu gestalten. Sie wollten verhindern, dass der Traum vom demokratischen Sozialismus wieder im Keim erstickt werde. Sie baten hierfür die Bevölkerung um Vertrauen für die, die hierbleiben wollten und darum, sich diesen anzuschließen. Unterzeichnerinnen und Unterzeichner dieses Aufrufs waren Bärbel Bohley, Erhard Neubert, Uta Forstbauer, Hans-Jürgen Fischbeck, Gerhard Poppe, Volker Braun, Ruth Berghaus, Christoph Hein, Stefan Heym, Kurt Masur, Ulrich Plenzdorf, Christa Wolf.

Q1 Die Magdeburger Ärztin Annemarie Reffert erinnert sich daran, wie sie die Grenzübergangsstelle Marienborn mit ihrer Tochter als erste DDR-Bürgerin passierte (s. Bild 2):

„Wo wollen Sie hin?" Ich sagte: „Ich habe gehört, die Grenze ist jetzt offen, und wir wollen rüber." „Wieso?" „Na, Schabowski hat das eben gesagt in den Nachrichten. Hier ist mein Ausweis und ich möchte jetzt rüber." Nimmt meinen Ausweis mit, geht rum, kontrolliert, kommt nach kurzer Zeit zurück und sagt: „Ich weiß von nichts, von mir aus fahren Sie weiter, da kommen ja noch mehr Kontrollen." Ich hatte schon Herzklopfen. Dann kamen wir nach Marienborn, alles leer und hell erleuchtet, ich wusste gar nicht, wo ich hinfahren sollte.

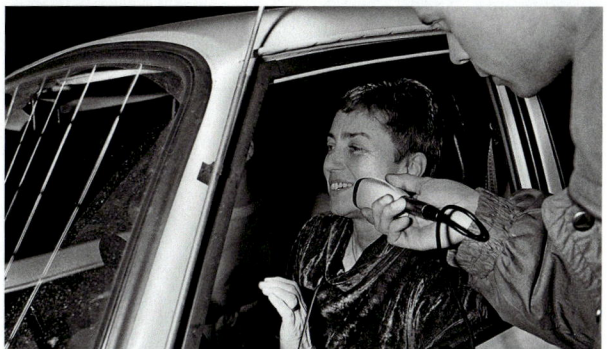

2 – Ein Reporter des Norddeutschen Rundfunks (NDR) interviewt am 9.11.1989 in Helmstedt (Niedersachsen) die Ärztin Annemarie Reffert, die ungehindert über den Grenzübergang der A2 in Helmstedt fährt (s. Q2). Foto, 1989.

(Beim Zoll): „Sagen Sie mal, wieso ist denn Ihr Kofferraum leer. Ich denke, Sie wollen ausreisen.?" „Nee, ich will bloß gucken, ob die Grenze auf ist." Er antwortet: „Wieso? Ach. Ist mir doch egal, machen Sie, was Sie wollen." Dann kam er zurück, gab uns die Ausweise und sagte: „Sie können fahren." Ich guckte hoch und sagte: „Die Ampel ist rot." Ich wollte nur korrekt sein. Ampel grün. Ich konnte fahren (...) Ich bekam keine Luft, ich fuhr ins Schwarze, ich denke, was machst du jetzt? Jetzt bist du drüben. Was willst du eigentlich hier? Und Juliane dann: Och Mutti, was machen wir, wenn die uns nicht wieder reinlassen?"

Annemarie Reffert passierte am 9. November 1989 um 21.15 Uhr als erste DDR-Bürgerin den Grenzübergang Marienborn mit ihrer Tochter. Sie fuhr durch die grenznahe niedersächsische Stadt Helmstedt und umgehend wieder nach Hause. Zahlreiche DDR-Bürger sollten es ihr in den kommenden Tagen und Wochen gleichtun, allerdings kehrten viele nicht wieder zurück.

---

❶ ▶ Fasse anhand des Textes und von Bild 1 die Ereignisse am 9.11.1989 in Berlin zusammen.

❷ ▶ Arbeite heraus, warum die plötzliche Öffnung der Mauer möglich war.

❸ ▶ Erläutere, was die Autoren des Aufrufs (M1) beabsichtigten.

❹ ▶ Diskutiert mithilfe des Internets, warum der Aufruf keine Resonanz fand.

❺ ▶ Untersuche mithilfe von Q1 und Bild 2, wie die Grenzöffnung in Marienborn ablief.

❻ ▶ Schlage in einem Lexikon den Begriff „Revolution" nach und prüfe, ob die Ereignisse im November 1989 mit diesem Begriff beschrieben werden können.

Über den Tellerrand geschaut

Ein Kapitel der Wendezeit

1 – Der ungarische Außenminister Gyula Horn (rechts) und sein österreichische Amtskollege Alois Mock durchschneiden symbolisch den Drahtzaun in Sopron, Ungarn, 27. Juni 1989, Foto.

2 – Im April 2003 wurde in Ungarn eine Volksabstimmung über den Beitritt des Landes zur Europäischen Union abgehalten. Bei einer Wahlbeteiligung von 45,6 Prozent stimmten 83,8 Prozent dem EU-Beitritt zu, der dann im Rahmen der EU-Osterweiterung 2004 erfolgte.

Nur ein Kapitel der Wendezeit

Was mit den zwei Worten „Glasnost" und „Perestroika" vom sowjetischen Staatschef Michael Gorbatschow begann, wurde von den Außenministern Ungarns und Österreichs in die Tat umgesetzt. Die Zeit war reif für Veränderungen – der Eiserne Vorhang zwischen Ost und Ost war brüchig.

„Bau ab und nimm mit"

So durchschnitten am 27. Juni 1989 Gyula Horn (Ungarn) und Alois Mock (Österreich) mit einem einfachen Bolzenschneider den Stacheldraht, der Jahrzehnte ihre Länder getrennt hatte und als Beispiel für den Kalten Krieg zwischen Ost und West stand. Das war eigentlich nur ein symbolischer Akt, denn der Abbau der Grenzanlagen hatte bereits im Frühjahr begonnen.

Etwa anderthalb Monate später, am 19. August 1989, hatten ungarische Oppositionelle genau an dieser Stelle zu einem paneuropäischen Picknick eingeladen. Für wenige Stunden sollte mit Genehmigung ungarischer und österreichischer Behörden die Grenze öffnen. Und doch hinterließen diese Stunden tiefe Spuren. Über 600 DDR-Bürger nutzen genau dieses Zeitfenster, um nach Österreich zu fliehen. Meist nur ausgestattet mit einer Decke und einer Zahnbürste ließen sie alles hinter sich.

Die Sehnsucht nach Freiheit war stärker als zurückgelassenes Hab und Gut.

Am 22. August 1989 beschloss schließlich die ungarische Regierung unter Ministerpräsident Nemeth, ihre Grenzen zu öffnen. Damit stellte sich die Regierung offen gegen die Bestrebungen der DDR, die jegliche Veränderungen ablehnte. Am 11. September 1989 um null Uhr ging die Grenze zwischen Ungarn und Österreich für immer auf. In den folgenden Wochen flüchteten schließlich mehr als 50 000 DDR-Bürger über die ungarische Grenze nach Österreich. Dies ist nur ein Kapitel der Wendezeit – die Abstimmung mit Füßen war nicht mehr aufzuhalten.

---

❶ ◪ Erläutere Gorbatschows Worte „Glasnost" und „Perestroika" und bringe sie in Zusammenhang mit den Ereignissen in Ungarn.

❷ ◪ Stelle auf einem Zeitstrahl die Ereignisse in Ungarn dar und füge den Verlauf der Wendezeit in der DDR an diesen an.

❸ ◪ Beschreibe das Foto 1 mit dem Bild 2 und bringe beide Abbildungen in Zusammenhang.

Das kann ich ...

Deutsch-deutsche Verflechtungen

Wichtige Begriffe

17. Juni 1953: Aufstand gegen das DDR-Regime

atomare Bedrohung   Adenauer

„Staatssicherheit"   Westintegration

deutsche Frage   Kalter Krieg

Mauerbau   Luftbrücke

Planwirtschaft   soziale
    Marktwirtschaft

Wissen und erklären

❶ 🗨 Erklärt euch gegenseitig die wichtigen Begriffe.

❷ 🗨 Erstellt eine Tabelle, in die ihr die oben genannten grundlegenden Daten und Begriffe einordnet. Gibt es manchmal Probleme bei der Zuordnung? Warum?

Bundesrepublik	DDR
soziale Marktwirtschaft	...
...	...

Anwenden

❸ 🗨 Verfasse eine Reportage zu Bild 1.

– Sammle Informationen über die Flucht im Heißluftballon von 1979.

– Beginne den Text mit einem Rückblick, der erklärt, warum eine Flucht in den Westen schwierig war.

– Verwende in deiner Reportage persönlich-schildernde und sachlich-informierende Passagen.

– Lass verschiedene Personen und Fachleute zu Wort kommen.

– Ergänze deinen Text durch illustrierende Bilder.

❹ 🗨 Arbeit zu zweit: Diskutiere mit deiner Partnerin oder deinem Partner die Bedeutung des 17. Juni 1953 damals und heute.

❺ 🗨 Erkläre die folgende Definition von „sozialer Marktwirtschaft" und finde Beispiele dafür:

In der freien Marktwirtschaft gibt es privates Eigentum und einen freien Markt, auf dem Anbieter und Käufer frei handeln können, ohne dass sich der Staat ein-mischt. Wenn zu große soziale Ungerechtigkeiten ent-stehen und die Marktwirtschaft nur den Starken dient und den weniger Starken schadet, also unsozial ist, greift der Staat ein.

1 – Im September 1979 flohen zwei Familien in einem selbst gebauten Heißluftballon aus der DDR. Die vier Erwachsenen und vier Kinder landeten mitten in der Nacht in der Nähe der ober-fränkischen Stadt Naila. Foto, 1985.

Beurteilen und handeln

❻ 🗨 Beurteile aus der Sicht der um 1950 lebenden Menschen die politische, wirtschaftliche und gesellschaftliche Entwicklung in West- und Ost-deutschland.

Nimm die Methode „Ein eigenes Urteil bilden" zur Hilfe (S. 277).

▶ Teste dich 🗒

Hier spielt die Geschichte ...

Entlang der Mauer

Einführung

Am 13. August 1961 wurde fast über Nacht auf 155 km Länge die Berliner Mauer errichtet. Sie teilte für fast 30 Jahre die Weltstadt in Ost und West und galt als Symbol des Kalten Krieges.

Ihr sollt in diesem Spiel die Männer kennenlernen, die die Geschichte der Mauer erlebt und maßgeblich beeinflusst haben. Es sind führende Politiker der BRD bzw. DDR.

Ablauf

Gespielt wird zu zweit. Sucht euch jeweils eine Spielfigur eurer Wahl (z. B. Radiergummi) und setzt sie auf den Startpunkt. Wer als Erstes im Jahr Geburtstag hat, beginnt.

In jedem Spielzug darf man ein Feld vorgehen. Sobald ihr auf ein Personenfeld kommt, müsst ihr zunächst den Namen der abgebildeten Person sagen. Wurde dieser richtig genannt, müsst ihr entscheiden, ob er zur DDR oder zur BRD gehört.

Abschließend gilt es noch, einen Hinweis der Person zuzuordnen. Jede richtige Antwort bringt dich jeweils ein Mauerfeld weiter. Es wird abwechselnd gespielt, wobei der Partner mithilfe dieses Buches oder des Internets die Antwort überprüft. Ziel ist es, als Erste/Erster die Mauer komplett entlangzugehen und mit eurem Wissen symbolisch einzureißen.

Vorbereitung

- Wilhelm Pieck (1876–1960)
- Erich Honecker (1912–1994)
- Konrad Adenauer (1876–1967)
- Willy Brandt (1913–1992)
- Walter Ulbricht (1893–1973)
- Willi Stoph (1914–1999)
- Otto Grotewohl (1894–1964)
- Helmut Schmidt (1918–2015)
- Ludwig Erhard (1897–1977)
- Helmut Kohl (1930–2017)
- Kurt Georg Kiesinger (1904–1988)
- Egon Krenz (geb. 1937)

Hinweise

1. Er erfand den elektrischen Insektentöter.
2. Sein Lieblingsgericht war der Pfälzer Saumagen.
3. Er wurde in Santiago de Chile begraben.
4. Die Stadt Guben trug von 1961 bis 1991 seinen Namen.
5. Er erhielt den Beinamen Mauerarchitekt.
6. Er wird als Vater des Wirtschaftswunders bezeichnet.
7. Er wurde von einer Reporterin in aller Öffentlichkeit geohrfeigt.
8. Er war bekannt als Kettenraucher.
9. Er hieß mit bürgerlichem Namen Herbert Frahm.
10. Er war der erste Ministerpräsident der DDR.
11. Er traf sich 1970 mit Willy Brandt in Erfurt.
12. Er war nur ca. sechs Wochen im Amt.

Ziel

Start

4 Das Jahr 1945

Berlin im Sommer 1945: eine Stadt in Trümmern. Nach der nationalsozialistischen Diktatur und dem Zweiten Weltkrieg ist den Menschen in Deutschland nichts geblieben: keine politische Führung, keine funktionierende Infrastruktur, keine wirtschaftliche Grundlage. Stattdessen: ein besetztes Land, meterhohe Trümmerberge und große Sorgen um das alltägliche Überleben.

Dennoch: Es muss irgendwie weitergehen. Und so, wie der Verkehrspolizist im Vordergrund den Verkehr in den zerstörten Straßen regelt, so versuchen auch die Menschen, ihre Umgebung und ihr Leben wieder zu ordnen.

Nur: Wie soll das angesichts dieser Zerstörungen gehen?

4 Das Jahr 1945

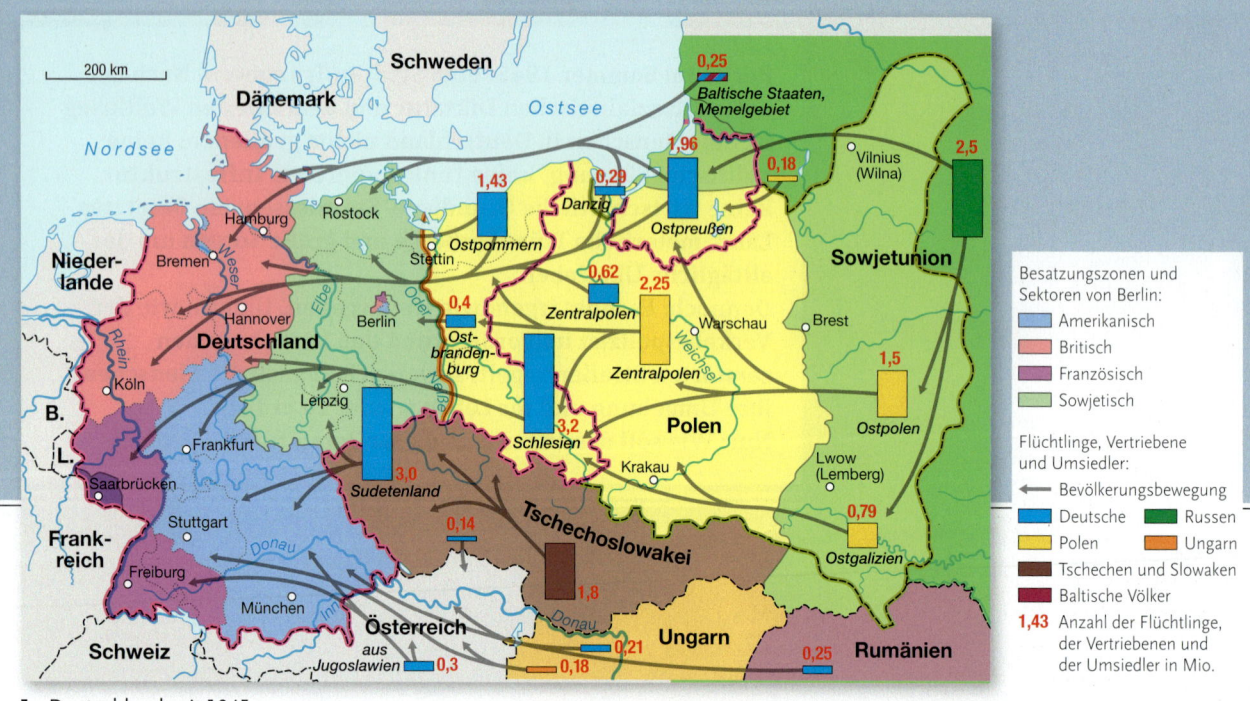

1 – Deutschland seit 1945.

Im August 1914 und im September 1939 – also zu Beginn der beiden Weltkriege – waren deutsche Soldaten in den Krieg gezogen, um für Deutschland die Vormachtstellung in der Welt zu erkämpfen. Im Mai 1945 war von solchem Größenwahn nichts mehr übrig. Die Alliierten hatten Deutschland vollständig erobert, die Städte lagen in Trümmern und Millionen Menschen waren auf der Flucht.

Während die Menschen um das alltägliche Überleben kämpften, mussten sich die alliierten Siegermächte mit schwerwiegenden Fragen auseinandersetzen, wie es nun mit Deutschland weitergehen sollte. Wie konnte das Leben der Menschen nach der NS-Diktatur wieder funktionieren? Welches politische System sollte etabliert werden? Welche Rolle sollte Deutschland in Europa und in der Welt spielen?

Einigkeit herrschte darin, dass es ein demokratisches Land werden müsse, von dem nie wieder ein Krieg ausgehen dürfe. Doch über den Weg zu diesem Ziel gingen die Meinungen auseinander.

Am Ende des Kapitels kannst du folgende Fragen beantworten:

■ Inwiefern war das Leben der Menschen in der Nachkriegszeit in Deutschland von den Entscheidungen der Siegermächte beeinflusst?

■ Mit welchen alltäglichen Problemen hatten die Menschen zu kämpfen?

■ Warum stellten Flucht und Vertreibung für die Betroffenen eine große Herausforderung dar?

■ Warum brachten Flucht und Vertreibung für die aufnehmenden Regionen sowohl Probleme als auch Chancen?

■ Wie kann man gewinnbringend einen Museumsbesuch durchführen?

❶ ◼ Erzähle, was du schon über die Zeit zwischen 1945 und 1949 weißt.
▶ *Nutze das Internet.*
▶ *Recherchiere in Büchern.*
❷ ◼ Notiere Fragen dazu, was dich zu den Themen des Kapitels interessieren würde.
❸ ◼ Untersuche die Karte und gehe dabei auf die Folgen für Deutschland ein.

08./09.05.1945	05.06.1945	17.07.–02.08.1945	20.11.1945
Kapitulation der Wehrmacht in Berlin-Karlshorst	Teilung Deutschlands in vier Besatzungszonen	Potsdamer Konferenz	Beginn der Nürnberger Prozesse gegen 24 Hauptkriegsverbrecher

Opa, sag mal …

Stella: Grüß dich, Opa! Schön, dich endlich mal wiederzusehen.

Opa: Ich freue mich auch, meine Kleine.

Stella: Du siehst etwas bedrückt aus, Opa. War es denn nicht schön im Urlaub in Polen?

Opa: Doch schon, aber es war auch eine Reise in die Vergangenheit meiner Familie und die hat es in sich.

Stella: Das tut mir leid, Opi. Aber was ist denn so schrecklich, dass du dich nicht erinnern möchtest? Eigentlich weiß ich ja nur, dass deine Eltern aus Stettin stammen und dann nach Sachsen-Anhalt gekommen sind. Uroma Erna hat immer von den großen Apfelbäumen geschwärmt, an denen die süßesten Äpfel hingen.

Opa: Ich weiß, das hat sie mir schon erzählt, als ich ein kleiner Junge war. Sie hat immer Tränen in den Augen gehabt, wenn sie von ihrer Heimatstadt geredet hat, besonders wenn sie von meinem Vater sprach. Ach, wie lange das schon her ist!

Stella: Was war denn mit Uropa? Den kenne ich ja gar nicht, wie hieß der eigentlich?

Opa: Mein Vater hieß Paul und war im Zweiten Weltkrieg Flugzeugpilot. Er überlebte, obwohl er mehrfach abgeschossen wurde. Zum Beispiel sprang er im Nordpolarmeer mit dem Fallschirm ab und wurde glücklicherweise gerettet. Sonst würde es mich ja nicht geben!

Stella: Das klingt aber spannend. Was geschah dann?

Opa: Nun, er gelangte kurz in amerikanische Kriegsgefangenschaft, konnte von dort aber gemeinsam mit einem Kumpel fliehen. Zu Hause angelangt, lernte er deine Uroma kennen. Er suchte sich schnell wieder Arbeit, um mit ihr ein neues Leben aufzubauen. Sie zogen nach Sachsen-Anhalt und gründeten eine Familie.

Stella: Das klingt doch nach Happy End, Opa!

Opa: Naja, trotz der äußeren Umstände ließen ihn die schrecklichen Erinnerungen an den Krieg nicht los. Er erzählte mir oft beim Karten- und Schachspielen davon. Erst später merkte ich, dass er da meist angetrunken war. Mit meinen Geschwistern oder gar seiner Frau sprach er nie über den Krieg.

Stella: War Uropa Paul nicht in psychologischer Behandlung?

Opa: Nein, so etwas gab es damals nicht. Um die grausamen Erinnerungen zu verdrängen, griff er oft auf Alkohol zurück. Viele andere Kriegsrückkehrer taten das gleiche. Sicherlich auch deshalb verstarb er recht jung an Leberversagen.

Stella: Das ist wirklich traurig, Opa. Und diese ganzen Erinnerungen kamen jetzt im Urlaub wieder hoch, verstehe. Aber ein Positives kann ich aus dieser Geschichte lernen: Dein Papa hat auch schon gern Geschichten erzählt.

Opa: Genau, und ich setze diese Tradition fort, in Gedenken an meinen Vater! Schön, dass ich mit dir darüber reden kann, schließlich ist es ja unsere Familiengeschichte.

---

❶ ▶ Lies das Gespräch zwischen Stella und ihrem Opa mit verteilten Rollen.

❷ ◀ Informiere dich genauer über deine Familiengeschichte. Befrage dazu deine Groß- oder Urgroßeltern, Tanten und Onkel. Schreibe deren Geschichte auf.

❸ ◀ Gestalte eine Pinnwand zum Thema „Nachkriegsdeutschland". Notiere darauf, was du bereits weißt und welche Fragen du zu dem Thema hast.

Das Ende des Zweiten Weltkriegs

Wie wurde der Krieg in Europa und Asien beendet?

1 – Amerikanische und russische Truppen treffen an der zerstörten Elbbrücke in Torgau zusammen. Foto, 1945.

2 – Russische Soldaten hissen die sowjetische Flagge auf dem gestürmten Reichstag in Berlin. Foto, 1945.

✱ **Westwall**
deutsche Befestigungsanlage an der Westgrenze zu Frankreich, zwischen 1936 und 1939 errichtet

✱ **8./9. Mai 1945**
bedingungslose Kapitulation der deutschen Wehrmacht und damit Kriegsende in Europa

Zusammenbruch an Ost- und Westfront

In den letzten anderthalb Kriegsjahren kamen auf allen Seiten mehr Menschen ums Leben als in den vorangegangenen zusammen. Letzte Gegenoffensiven wie etwa der deutsche Truppenvorstoß in den Ardennen blieben erfolglos. Nacheinander wurden alle von den Deutschen besetzten Gebiete von den Alliierten wieder befreit. Aufgrund der erdrückenden Überlegenheit der Alliierten waren seit 1944 alle deutschen Truppen auf dem Rückzug. Im Westen zogen sie sich bis September 1944 zum ✱Westwall zurück, im Osten erzwang die sowjetische Armee („Rote Armee") im Oktober, die Front auf die Linie Ostpreußen-Warschau-Karpaten zurückzunehmen. Jetzt begannen Millionen Deutsche nach Westen zu fliehen. Die Front kam nach Deutschland.

Das Kriegsende in Deutschland

Durch eine sowjetische Großoffensive wurde Ostpreußen vom Reich abgeschnitten, Schlesien von der Roten Armee erobert. Die sowjetischen Truppen drangen bis an die Oder vor. Ende März 1945 setzten die Westalliierten über den Rhein und leiteten die Endphase des Krieges ein. Amerikaner und Briten bombardierten die deutschen Städte Tag und Nacht. Dresden, Kassel, Frankfurt, Hildesheim und viele andere Städte wurden durch Bombenangriffe zerstört. Die alliierten Truppen eroberten den Westen Deutschlands und rückten über Süddeutschland nach West-Böhmen vor. Am 25. April trafen sich sowjetische und amerikanische Truppen östlich von Leipzig bei Torgau an der Elbe.

Im April 1945 eroberten sowjetische Truppen schließlich Berlin. Auf dem Reichstag wurde die sowjetische Flagge gehisst. Die nationalsozialistische Herrschaft endete mit dem Selbstmord Hitlers am 30. April 1945 im Berliner „Führerbunker" und der Unterzeichnung der bedingungslosen Kapitulation am 8./9. Mai 1945 durch die Führung der deutschen Wehrmacht. In allen deutschen Gebieten übernahmen die Siegermächte die Regierungsgewalt.

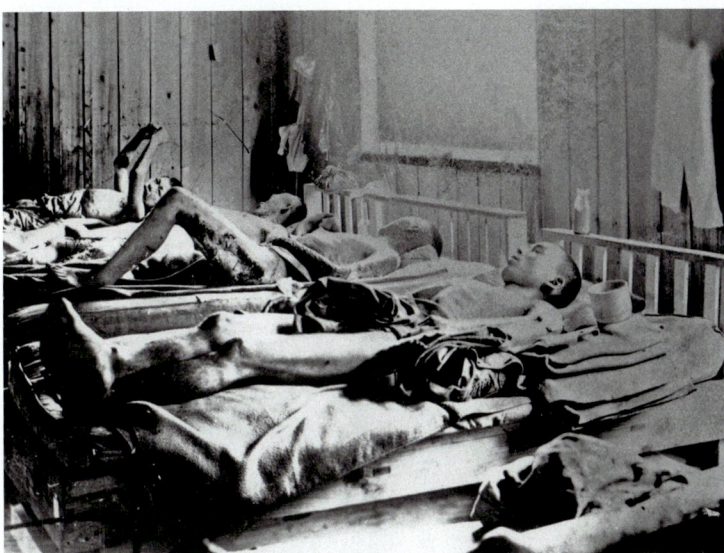

3 – Hiroshima nach dem Abwurf der ersten Atombombe am 6. August 1945. Foto, 1945.

4 – Überlebende des Atombombenabwurfs von Hiroshima. Foto, August 1945.

Kriegsschauplatz Pazifik

In Ostasien ging der Krieg zwischen Japan und den USA weiter. Dabei gelang es den Alliierten, die Japaner aus den von ihnen eroberten Gebieten zu verdrängen. Die Kämpfe wurden unter hohen Verlusten auf beiden Seiten geführt. Längst hatten die Amerikaner auch die Lufthoheit über Japan errungen und so forderten die Alliierten nun die bedingungslose Kapitulation. Dies aber lehnte Japan ab. Der für Japan bereits verlorene Krieg ging weiter.

Der erste Atombombenabwurf

Am 6. August 1945 warfen die Amerikaner über der japanischen Stadt Hiroshima, in der 340 000 Menschen lebten, erstmals eine Atombombe ab. Durch die Explosion starben 80 000 Menschen sofort, 40 000 weitere erlagen innerhalb weniger Monate ihren Strahlenverletzungen und Verbrennungen. Mindestens 30 000 Überlebende erlitten schwere Strahlenschäden, deren Spätfolgen bis heute nicht abzusehen sind. Die Rate an Krebserkrankungen und Missbildungen bei Neugeborenen liegt in Hiroshima weit über dem Landesdurchschnitt. Hiroshima wurde fast völlig zerstört. Doch erst nachdem die UdSSR Japan am 8. August den Krieg erklärt und die Mandschurei besetzt hatte und

nachdem von den Amerikanern am 9. August eine zweite Atombombe über Nagasaki abgeworfen worden war, kapitulierte Japan bedingungslos am 2. September 1945. Beim Bombenabwurf von Nagasaki verloren 72 000 Menschen ihr Leben.

Q1 Präsident Truman äußerte sich 1965 im Rückblick zu seiner Entscheidung:
(...) Mir war natürlich klar, dass die Explosion einer Atombombe unvorstellbare Schäden und Menschenverluste zur Folge haben würde. (...) Eines möchte ich klarstellen: Ich betrachtete die Bombe als militärische Waffe und hatte nie den geringsten Zweifel, dass sie eingesetzt werden sollte. (...)

Harry S. Truman (geb. 8.5.1884, gest. 26.12.1972) war von 1945 bis 1953 Präsident der Vereinigten Staaten.

❶ ▶ Berichte über das Ende des Krieges in Deutschland.

❷ ◢ Bewerte den Sinn der langen Rückzugskämpfe.

❸ ◢ Stelle Informationen über die Auswirkungen des ersten Atombombenabwurfs aus Büchern, Zeitschriften und dem Internet zusammen.

❹ ◢ Informiere dich im Internet (z. B. Stichwort „Abrüstung" in Wikipedia) über den derzeitigen Stand der internationalen Abrüstungsverhandlungen zur Begrenzung und Abschaffung von Atomwaffen.

❺ ◢ Beurteile die Entscheidung von Präsident Truman aus damaliger und heutiger Sicht.

Wie sah Europa bei Kriegsende aus?

Land	Soldaten	Zivilisten	Gesamt
Deutschland	5 533 000	2 167 000	7 700 000
Frankreich	217 600	350 000	567 600
Griechenland	27 500	522 500	550 000
Großbritannien	383 600	67 100	450 700
Italien	301 400	155 600	457 000
Niederlande	17 000	284 000	301 000
Polen	240 000	5 700 000	5 360 000
Rumänien	300 000	533 000	833 000
Sowjetunion	9 750 000	14 250 000	24 000 000
Ungarn	300 000	280 000	580 000
USA	416 800	1 700	418 500

2 – Kriegstote ausgewählter Staaten.

1 – Premierminister Winston Churchill (1. Reihe, 2. v. l.) im zerstörten Coventry, das Opfer deutscher Bomben geworden war. Foto, 1941.

Kriegszerstörungen und Wohnungsnot

Als im Mai 1945 die Waffen schwiegen und der Krieg in Europa beendet war, lagen viele Städte und Landstriche in Schutt und Asche. Die Versorgung der Menschen mit Wohnraum, Energie und Nahrungsmitteln war zusammengebrochen oder schwer gestört. Das traf nicht nur die Bewohner deutscher Städte, sondern auch die Einwohner britischer, französischer, polnischer und russischer Städte.

Vier Städte machen beispielhaft das Ausmaß an Zerstörungen von Häusern, Wohnungen, Verkehrswegen und Industrieanlagen in Europa deutlich:

Coventry: Im Herbst 1940 zerstörte die deutsche Luftwaffe große Teile der Stadt und die Kathedrale. 1200 Menschen starben, ca. 4300 Häuser wurden zerstört.

Warschau: Nach dem Aufstand der polnischen Heimatarmee gegen die Deutschen in Warschau schlugen Einheiten der SS und der Wehrmacht im Oktober 1944 den Aufstand nieder und zerstörten große Teile der Stadt planmäßig. Im Januar 1945 eroberten die Russen eine von Einwohnern verlassene Ruinenstadt.

Le Havre: Die von deutschen Truppen besetzte französische Hafenstadt am Ärmelkanal wurde im Herbst 1944 von britischen Flugzeugen immer wieder angegriffen. Beim schlimmsten Angriff im September 1944 wurden 5000 Menschen getötet und ca. 12 000 Gebäude zerstört.

Köln: Durch alliierte Luftangriffe wurde die Innenstadt zu 90 Prozent zerstört, 20 000 Menschen starben aufgrund der Luftangriffe.

Verheerende Versorgungslage

In Deutschland war die Kohleförderung so gering, dass in den harten Nachkriegswintern die Heizung weitgehend ausfiel. Darüber hinaus entstand ein ungeheurer Mangel an Verbrauchsgütern – und wo noch Güter produziert wurden, kamen sie nicht zum Verbraucher, weil die Transportwege oder Transportmittel zerstört waren. Um den immer schlimmer werdenden Hunger einzugrenzen, fuhren viele Stadtbewohner zum „Hamstern" auf das Land. Dort wollten sie bei Bauern ihren letzten Besitz (z. B. Porzellan, Kleidungsstücke, Eheringe) gegen Lebensmittel und Heizmaterial eintauschen. Weil für Geld und Lebensmittelkarten nur ein begrenztes Angebot an Waren vorhanden war, trat bald die Zigarette als Tauscheinheit an die Stelle

3 – Zerstörungen in Warschau. Foto, 1939.

4 – Das zerstörte Köln. Foto, 1945.

Zerstörungsgrad von Wohnraum:
- ● über 75%
- ● 50%–75%
- ● 25%–50%
- ・ total zerstörte Stadtzentren

Zerstörungsgrad von Wohnraum nach Ländern:
- über 20%
- 15%–20%
- 10%–15%
- unter 10%

----- heutige Bundesländergrenzen   B = Belgien, L = Luxemburg, FL = Liechtenstein

5 – Grad der Zerstörung deutscher Städte 1945.

der Reichsmark. Mit ihr konnte man Waren auf dem „Schwarzmarkt" erwerben, die von berufsmäßigen Schwarzhändlern illegal aus den Lieferungen der Siegermächte abgezweigt worden waren.

Q1 Eine Arbeiterin aus dem Ruhrgebiet beschrieb im August 1946 ihre Situation: (...) In der letzten Zeit fuhr ich wegen der Geldknappheit nach Ruhrort und erhielt auf den Schleppdampfern Nährmittel gegen Porzellan. Einmal hatte ich besonders Glück, für eine Sammeltasse bekam ich 1 Pfd. Kaffee, den ich an eine Frau, die ihn für ihren herzkranken Mann dringend benötigte, weitergab, und erhielt dafür vier Brote. Hocherfreut kam ich zurück und wir aßen ein Brot sogleich auf. Die Kinder trennten sich – der Not gehorchend – von ihren liebsten Dingen. So gab mein Sohn seine Mundharmonika ab, für die ich Nährmittel erhielt. (...)

❶ ▣ Stelle mithilfe der Bilder 1–4 und des Textes die Folgen des Krieges in Europa dar.

❷ ▣ Nenne anhand von Bild 2 (Tabelle) die fünf Länder, die am meisten Kriegstote hatten. Bringe sie in eine Reihenfolge.

❸ ▣ Formuliere für einige der Menschen in den Bildern 1 und 3 Gedankenblasen. Was mochten sie gedacht haben?

❹ ▣ Erstelle ein übersichtliches und ansprechendes Miniposter zum Thema „Hamstern" (Text, Q1). Das Poster soll u. a. eine Begriffserklärung und Gründe für das Hamstern enthalten.

❺ ▣ Untersuche Bild 5 (Karte):
  a) Fertige eine Liste der zehn am meisten zerstörten Städte an.
  b) Liste die Städte auf, deren Stadtzentren zerstört waren. Woran ist das heute noch erkennbar?
  c) Nenne die Städte Sachsen-Anhalts, die am meisten zerstört waren.
  d) Erläutere die Folgen der Zerstörungen für das alltägliche Leben der Menschen.

Wie sah Sachsen-Anhalt bei Kriegsende aus?

1 – Die zerstörte Magdeburger Innenstadt. Foto, um 1947.

Sachsen-Anhalt – wichtiges Ziel alliierter Luftangriffe

Die Region des heutigen Sachsen-Anhalts wurde im Zweiten Weltkrieg aufgrund seiner industriellen Basis und seiner Lage im Innern des Reiches zu einem Zentrum der Kriegswirtschaft. So kam aus den Buna-Werken in Schkopau Kunstkautschuk für Reifen; Magdeburg lieferte Panzer, aus Thale im Harz kamen Stahlhelme und in Dessau wurden Flugzeuge gebaut. Das Gebiet wurde damit zum Ziel der alliierten Luftangriffe und der Industrieraum Leipzig-Halle-Bitterfeld wurde deshalb seit 1944 von einem großen Gürtel aus 1000 Flugabwehrgeschützen gedeckt.

Dennoch wurden Magdeburg, Dessau, Halberstadt, Zerbst und Merseburg kurz vor Kriegsende durch alliierte Luftangriffe schwer beschädigt. So wurden in Magdeburg am 16. Januar nach einem Fliegerbombenangriff der britischen Royal Air Force 90 Prozent der Innenstadt zerstört und rund 200 000 Menschen obdachlos. Etwa 2000 Magdeburger starben an den Folgen des Feuersturms.

Die Einnahme Sachsen-Anhalts

Die US-Truppen stießen nördlich und südlich des Harzes rasch auf den Raum Magdeburg und den Großraum Halle-Leipzig vor. Dort, wo sich ernsthafter Widerstand formierte oder erwartet wurde, setzten die US-Streitkräfte massiv Bomber und Artillerie ein. Dies war der Fall in Zerbst ab dem 16. April, wo bei einem schweren Bomberangriff und anschließendem tagelangen Artillerie- und Tieffliegerbeschuss 80 Prozent der Stadt zerstört wurden.

Auch Halle drohte das gleiche Schicksal wie Magdeburg und Zerbst. Doch hier gelang es einer Gruppe von einflussreichen Bürgern der Stadt, den Kampfkommandanten der Wehrmacht mit seinen Truppen zum Abzug zu bewegen. Deshalb blieb der Stadt ein Bombardement erspart und am 17. April zogen US-Truppen kampflos ein.

Vor allem in den Städten war die Lage der Bevölkerung in Sachsen-Anhalt der im übrigen Deutschland ähnlich: Die ✳Infrastruktur war zerstört, Lebensmittel waren knapp, Seuchen grassierten und es herrschte Hungersnot.

VIP

„Denn wir müssen in das Nichts hinein wieder ein Ja bauen. Häuser müssen wir bauen in die freie Luft unseres Neins, über den Schlünden, den Trichtern und Erdlöchern und den offenen Mündern der Toten: Häuser bauen in die reingefegte Luft (…), Häuser aus Holz und Gehirn und aus Stein und Gedanken. Denn wir lieben diese gigantische Wüste, die Deutschland heißt."

Name: Wolfgang Borchert

Lebensdaten: 20.05.1921 (Hamburg) – 20.11.1947 (Basel)

Familie: Vater Volksschullehrer,
Mutter Heimatschriftstellerin (plattdeutsch)

Jugend/Schule/Ausbildung:
- zunächst Unterricht an der Volksschule seines Vaters
- Er beginnt, mit 15 Jahren Gedichte zu schreiben.
- 1939 Beginn einer Buchhändlerlehre
- 1940 Beginn einer schauspielerischen Laufbahn an der Landesbühne Lüneburg

Werdegang:
- 1941 Einberufung zum Kriegsdienst Richtung Ostfront
- 1942 Verwundung an der linken Hand und Erkrankung an Diphtherie
- 1943 wegen Gelbsucht und Fleckfieberverdacht in ein Lazarett eingeliefert und aus der Armee als „frontdienstuntauglich" entlassen
- Er verbringt die letzten Monate des Krieges in einer Garnison in Jena und kehrt schwerkrank im Mai 1945 nach Hamburg zurück.
- Er wird Regieassistent am Hamburger Schauspielhaus.
- Unheilbar krank schreibt Borchert 1947 innerhalb einer Woche das Drama „Draußen vor der Tür", in dem er die Situation eines Kriegsheimkehrers beschreibt sowie das Elend und die Einsamkeit, die die Kriegsgeneration nach dem Kriegsende erwartet.

Was bleibt:
Seine Kurzgeschichten, Gedichte und das Theaterstück machen Borchert nach dem Zweiten Weltkrieg zu einem der bekanntesten Autoren der Nachkriegsliteratur.

---

❶ Fasse zusammen, warum Sachsen-Anhalt den alliierten Luftangriffen besonders ausgesetzt war.

❷ Beschreibe die Folgen des Krieges für die Bewohner der Städte Sachsen-Anhalts. Erstelle eine Liste der Probleme.

❸ Die Stadt Halle wurde bei Weitem nicht so zerstört wie Magdeburg. Erläutere die Gründe dafür und vermute, warum es den Einwohnern anderer Städte nicht gelang, ihre Stadt ebenfalls zu schonen.

❹ Ermittle die Folgen des Zweiten Weltkriegs an deinem eigenen Ort. Verfasse ein kurzes Referat darüber und stelle es der Klasse vor.

❺ Erläutere die Aussage des Zitats von Wolfgang Borchert.

Überleben und Neuanfang

Flucht und Vertreibung: Was bedeutete das?

1 – Flucht aus den deutschen Ostgebieten vor den vorrückenden Truppen der Roten Armee. Eine Gruppe von Flüchtlingen mit Handwagen in einer zerstörten Ortschaft in Ostpreußen. Foto, Frühjahr 1945.

* **Evakuierungsverbot**
Ende Oktober 1944 verbot Gauleiter Erich Koch der deutschen Bevölkerung trotz des Vorrückens der Roten Armee die Flucht aus Ostpreußen. Er sah eine organisierte Räumung als „Verrat" an.

* **Frische Nehrung**
Dies ist ein schmaler Landstreifen im heutigen Polen und Russland, der Festland und Haff (eingeschlossene Ostsee) von der offenen Ostsee abtrennt.

Flucht am Ende des Krieges

Deutsche Truppen hatten während des Krieges Millionen zur Flucht gezwungen, vertrieben und verschleppt. Umgekehrt flohen ab Mitte 1944 Deutsche und Deutschstämmige aus Rumänien und Jugoslawien vor den russischen Truppen, als sich die deutsche Niederlage an fast allen Fronten abzeichnete. Im Januar 1945 erreichten russische Truppen Ostpreußen. Nun flohen die meisten Bewohner nach Westen, weil sie Angst vor der Rache der Roten Armee hatten – denn die deutschen Soldaten hatten im Krieg schwere Verbrechen in der Sowjetunion verübt. Die Flucht wurde zur Katastrophe, weil die Menschen wegen des *Evakuierungsverbots schlecht vorbereitet gewesen waren. Zudem war durch das weitere Vorrücken der Sowjets nach Süden mittlerweile der Landweg nach Westen versperrt. Die Menschen versuchten nun, über die *Frische Nehrung und das zugefrorene Frische Haff einen Hafen zu erreichen, um mit den wenigen zur Verfügung stehenden Schiffen in den Westen zu flüchten.
Ab März 1945 räumten die deutschen Truppen die besetzte Tschechoslowakei und veranlassten die Flüchtlinge – unter oft chaotischen Umständen –, nach Süddeutschland weiterzuziehen. Nicht wenige Sudetendeutsche blieben aber in ihrer Heimat oder versuchten, nach Kriegsende wieder dorthin zurückzukehren.

Vertreibung nach Kriegsende

Bereits im Juni 1945 setzten in Polen, in den polnisch verwalteten Gebieten und in der Tschechoslowakei willkürliche Vertreibungen ein. Deshalb gelangte eine neue Flüchtlingswelle von etwa 2,5 Millionen Menschen unter schwierigen Umständen in den Westen. Die Siegermächte beschlossen im August 1945, dass alle Deutschen die Tschechoslowakei, Polen und Ungarn verlassen müssen. Die Sieger waren sich darin einig, „dass diese Überführung auf eine geregelte und menschliche Weise erfolgen soll". Die Realität sah anders aus: Hals über Kopf mussten die Menschen ihre Heimat verlassen und durften nur so viel mitnehmen, wie sie tragen konnten. Historikerinnen und Historiker schätzen, dass etwa zwei Millionen Menschen wegen Hunger, Entkräftung und eisiger Kälte starben. Bei der Vertreibung kam es außerdem zu schweren Verbrechen und furchtbaren Racheakten.

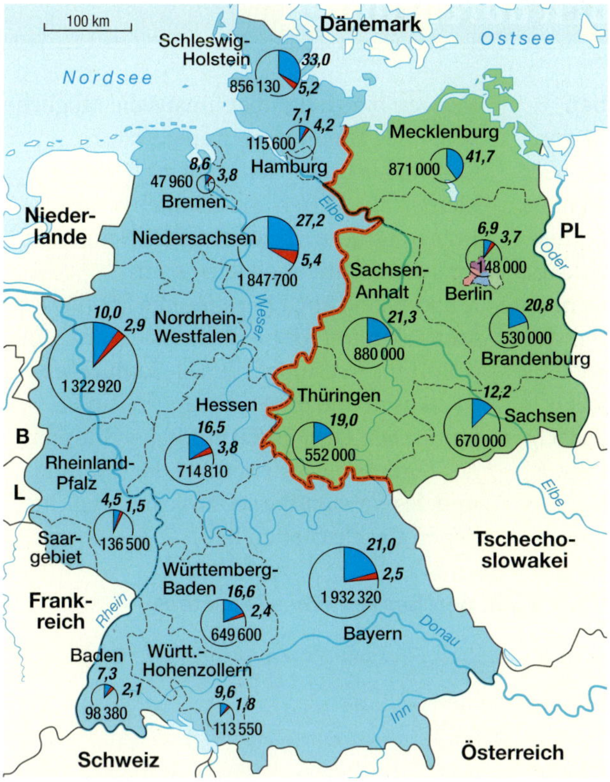

2 – Zahl und Anteil von Flüchtlingen und Vertriebenen an der Bevölkerung 1945–1950.

Q1 Aus einem tschechoslowakischen Ausweisungsbescheid im Sommer 1945:
Ich ordne Ihnen an, dass Sie sich heute bis zur 7. Stunde zum Verlassen des Gebietes der Tschechoslowakischen Republik vorbereiten. Es ist Ihnen erlaubt, Gepäck von höchstens 30 kg für eine Person mitzunehmen, Verpflegung für fünf Tage (...). Die Schlüssel der Wohnung und des Hauses, versehen mit einem Zettel mit Ihrer Anschrift, übergeben Sie den Sicherheitsorganen (...).

Q2 Die Schriftstellerin Gudrun Pausewang berichtet von ihren Erlebnissen als 17-Jährige auf der Flucht aus der Tschechoslowakei:
Es gab so viel zu sehen: alte, zittrige Leute, die in Rollstühlen oder Kinderwagen geschoben wurden, junge Frauen, die sich hochschwanger über die Landstraße schleppten, ganze Dorfgemeinschaften, die in einem dichten Rudel dahinzogen, sich gegenseitig das Gepäck tragen halfen und

die Alten und Schwachen stützten. Aber da waren auch Einzelwanderer, die oft mit stierem Blick vor sich hin trotteten. Und Kinder, so viele Kinder!

---

❶ ▶ Beschreibe mit Bild 1 und dem Text die Umstände von Flucht und Vertreibung. Gehe dabei auch auf die Stimmung ein.

❷ ▶ Stelle die Aussage der Sieger vom August 1945, „dass diese Überführung auf eine geregelte und menschliche Weise erfolgen soll", der Realität der Vertreibung der Menschen aus dem Osten gegenüber.

❸ ▶ Erarbeite mit der Karte die Anteile von Flüchtlingen und Vertriebenen in den deutschen Ländern. Wie waren die Anteile in Sachsen-Anhalt?

❹ ▶ Stelle den Verlauf der Flucht von Deutschen am Ende des Zweiten Weltkriegs in Form eines beschrifteten Zeitstrahls dar.
▶ *Nimm die Methode „Eine Zeitleiste erstellen" auf S. 274 zu Hilfe.*

❺ ▶ „Wenn ich diese Situation erleben würde, würde ich ..." Lies Q1 und Q2 und vervollständige den Satz. Versetze dich dabei in die Lage der Menschen, die vertrieben wurden, und diskutiert über eure Ergebnisse in der Klasse.

▶ Video

Methode

Einen Museumsbesuch durchführen

Museen haben vielfältige Aufgaben

Museen spielen eine wichtige Rolle, wenn es darum geht, ein kulturelles Erbe zu bewahren und Bildung und kreatives Denken zu fördern. Sie sammeln Kunstwerke, historische Objekte, archäologische Funde und andere Überbleibsel aus der Vergangenheit und bewahren sie auf. So ermöglichen sie uns, unsere Wurzeln zu verstehen und eine Verbindung zur Geschichte herzustellen. Sie bewahren damit das kulturelle Gedächtnis einer Gesellschaft und tragen zu ihrer Identitätsbildung bei.

Museen bieten darüber hinaus die Möglichkeit, über Themen wie Kunst, Natur, Geschichte und vieles mehr zu lernen. So können sie Wissen zu vermitteln und das Lernen fördern. Sie wecken die Neugierde und regen zum Nachdenken an.

Museen sind auch Begegnungsorte für Menschen unterschiedlicher Herkunft und Kulturen. So ermöglichen sie kulturellen Austausch und die Vertiefung des interkulturellen Dialogs. Damit tragen Museen zur Förderung des Friedens, der Toleranz und des Verständnisses zwischen verschiedenen Gesellschaften bei.

Folgende Schritte helfen euch, den Besuch eines Museums durchzuführen:

Schritt 1 **Die äußeren Bedingungen klären**	■ Welches Museum besuchen wir und warum? ■ Welche Informationen über das Museum lassen sich einholen? ■ Wie sind die An- und Abfahrtszeiten? ■ Wie sind die Öffnungszeiten und Eintrittspreise? ■ Gibt es Führungen? ■ Welchen Fragenkatalog für den Museumsbesuch erstellen wir?
Schritt 2 **Den Museumsbesuch durchführen**	■ Fragen aus dem Fragenkatalog dem Museumspersonal stellen ■ arbeitsteilige Untersuchung von Ausstellungsstücken ■ Beschaffung von Informationen über diese Stücke ■ Anfertigen von Notizen ■ Fotografieren von Ausstellungsstücken nach Erlaubnis
Schritt 3 **Den Museumsbesuch auswerten**	■ schriftliche Materialien und Bildmaterialien arbeitsteilig sichten und ordnen ■ kurze Informationstexte schreiben ■ Bildunterschriften schreiben ■ Steckbrief für das Museum erstellen ■ Erkenntnisse aus dem Museumsbesuch zusammenfassen ■ Präsentationsform für die Ergebnisse aussuchen (z. B. Wandzeitung) ■ Anfertigen der Wandzeitung

❶ Besprecht, ob es im Rahmen dieses Kapitels sinnvoll ist, das Museum Karlshorst in Berlin zu besuchen. Sucht in eurem Umkreis nach Museen, die sich ebenfalls mit dem Zweiten Weltkrieg und mit der Lage der Bevölkerung nach dem Krieg beschäftigen.

❷ Untersucht das Museum, das ihr besucht, nach den einzelnen Schritten auf dieser und nach dem Muster des Lösungsbeispiels auf der nächsten Seite.

1 – Deutsch-Russisches Museum in Berlin-Karlshorst. Foto, 2023.

2 – Unterzeichnung der Kapitulationsurkunde der deutschen Streitkräfte, 9. Mai 1945, 0 Uhr 16.

Das Museum Berlin-Karlshorst befindet sich an einem historischen Ort. Das Gebäude (Bild 1) wurde 1936/38 von der Wehrmacht in Karlshorst errichtet und in den letzten Tagen des Zweiten Weltkriegs von der Roten Armee als Kommandostab genutzt. Hier fanden sich am 8. Mai 1945 die Vertreter der alliierten Streitkräfte ein. Ihnen gegenüber mussten die deutschen Ober-kommandierenden von Heer, Marine und Luftwaffe Generalfeldmarschall Wilhelm Keitel (Heer, Bildmitte), Oberstleutnant Hans-Jürgen Stumpff (Luftwaffe, links) und Admiral Hans-Georg von Friedeburg (Marine, rechts) ihre Unterschrift unter die Kapitulationsurkunde setzen (Bild 2). Damit war der Zweite Weltkrieg beendet. Der Raum, in dem diese Unterzeichnung stattfand, ist noch immer das Zentrum des Museums. Darüber hinaus zeigt das Museum auch unterschiedliche Pers-pektiven auf die deutsch-sowjetische Geschichte im 20. Jahrhundert. An der Arbeit des Museums sind vier Nationen beteiligt: die Bundesrepublik Deutschland, die Russische Föderation, die Ukraine und die Republik Belarus. Dadurch ermöglicht es Begegnungen und Austausch über Geschichte und Erinnerung in Vergan-genheit und Gegenwart.

Lösungsbeispiel zu einem Museumsbesuch:

Zum Schritt 1:

Wir besuchen das Museum Berlin-Karlshorst, weil es das wichtigste Ereignis des Jahres 1945 dokumentiert – die Kapitulation Deutschlands im Zweiten Weltkrieg. Es hebt damit die Bedeutung der Niederlage des Nationalsozialis-mus hervor. Zudem ist es das einzige Museum in Deutschland, das mit einer ständigen Ausstellung an den Vernichtungskrieg gegen die Sowjetunion erinnert. Informationen können wir über das Internet und über Spezialliteratur einholen, die wir aus einer Bibliothek be-sorgen. Daraus stellen wir einen Fragenkatalog zusam-men, den wir dann den Beschäftigten des Museums vorle-gen. Da sich das Museum in Berlin befindet, müssen wir die Fahrt dorthin organisieren.

Zum Schritt 2:

Mögliche Fragen sind:
– Was geschah im Museumsgebäude 1945?
– Warum wurde das Gebäude zur Unterzeichnung der Kapitulation ausgesucht?
– Welche Personen waren anwesend und warum?
– Welche Bedeutung hatte die bedingungslose Kapitu-lation für Deutschland?
– Welche Dokumente werden in der Dauerausstellung zum Vernichtungskrieg ausgestellt, den Deutschland gegen die Sowjetunion führte?
– Wie werden die beiden Seiten dargestellt, die in diesem Krieg agierten?
– Was bedeutet dieser Krieg für das Verhältnis Deutsch-lands zur Sowjetunion bzw. zu Russland?
Die Ergebnisse werden in Notizen und Fotos festgehalten, nachdem das Museum um Erlaubnis hierfür gefragt wurde.

Zum Schritt 3:

Alle Untersuchungsergebnisse müssen zusammengefasst und systematisiert werden. Danach muss überlegt wer-den, in welcher Form die Ergebnisse präsentiert werden. Möglich wäre ein Artikel in der Schulzeitung, wenn es eine gibt. Denkbar ist auch ein Artikel für die Lokalpresse. Auf jeden Fall kann eine Wandzeitung erstellt werden, die in der Schule ausgehängt wird. Sie sollte großformatige Bilder und kurze Texte enthalten, die alle Schülerinnen und Schüler zum Lesen und Betrachten einladen.

Die Pläne der Sieger: Was sollte aus Deutschland werden?

Legende:

---- Staatsgrenzen 1937
— Deutsches Reich 1937
— Freie Stadt Danzig und Polen 1937
— Oder-Neiße-Linie
Polen 1945
neue sowjetische Gebiete 1945
Besatzungszonen und Sektoren von Berlin:
Amerikanisch
Britisch
Französisch
Sowjetisch

1 – Deutschland nach 1945.

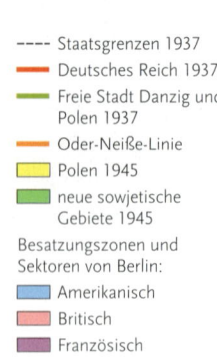

∗ Alliierter Kontrollrat
Dies ist das von den vier Siegermächten USA, Sowjetunion, Großbritannien und – später – Frankreich gebildete Organ zur Ausübung der obersten Regierungsgewalt in Deutschland. Der Sitz des Alliierten Kontrollrats befand sich in Berlin. Mitglieder waren die Militärgouverneure der vier Besatzungszonen.

Besatzungszonen

Bereits vor Kriegsende hatten die USA, die Sowjetunion und Großbritannien auf Konferenzen in Teheran und Jalta beschlossen, Deutschland in Besatzungszonen aufzuteilen. Die Stadt Berlin wollten die Siegermächte gemeinsam verwalten, im besetzten Deutschland sollte ein ∗Alliierter Kontrollrat die Macht ausüben. An ihm war auch Frankreich beteiligt. Die Alliierten beschlossen auch die Verschiebung des polnischen Staatsgebietes nach Westen. Der genaue Verlauf der Grenzen wurde aber noch nicht festgelegt.

Besatzungsherrschaft

In den vier Besatzungszonen regierten die Militärverwaltungen. Sie bekamen ihre Anweisungen von ihren Regierungen in den Siegerstaaten. In jeder Stadt oder in jedem größeren Ort gab es einen Militärkommandanten, der die wichtigsten Fragen des Alltagslebens regelte und zunächst die Versorgung mit Strom, Wasser und Lebensmitteln organisierte. Brücken und Straßen mussten repariert, zerstörte oder stillgelegte Betriebe

wieder in Gang gebracht werden. Am dringendsten war die Beschaffung von Wohnraum, Lebensmitteln und Heizmaterial. Schwierig erwies sich die Bereitstellung von Wohnraum für die Deutschen, die aus den Ostgebieten vertrieben worden waren. Schließlich musste eine örtliche Verwaltung aufgebaut werden. Diese regelte unter der Kontrolle der jeweiligen Besatzungsmacht lokale Fragen. Dafür setzten die Besatzungsmächte deutsche Fachleute ein.

Die Potsdamer Beschlüsse

Nach dem Sieg über Deutschland berieten die „Großen Drei" (siehe Bild 2) in Potsdam vom 17.7. bis zum 2.8.1945 über das Schicksal Deutschlands.
Am Ende der Beratungen stand ein Beschlussprotokoll, das sogenannte Potsdamer Abkommen.
Die darin festgehaltenen Potsdamer Beschlüsse lassen sich zu fünf Kernpunkten zusammenfassen:
Demontage: Besonders in der Schwer- und Rüstungsindustrie müssen Arbeitskräfte die Produktionsanlagen und Maschinen

abbauen, weil sie den Siegermächten als Entschädigung übergeben werden.

Demokratisierung: In Deutschland wird die Demokratie eingeführt. Darum werden demokratische Parteien zugelassen. Kinder und Jugendliche müssen nach demokratischen Grundsätzen erzogen und ausgebildet werden, z. B. in Kindergärten und Schulen. Beim Punkt „Demokratisierung" blieb ungeklärt, ob damit die westliche Demokratie mit freien Wahlen oder der Sozialismus mit der Herrschaft einer Partei, der kommunistischen Partei, gemeint war.

Dezentralisierung: Es wird keine zentrale deutsche Regierung geben. Wirtschaftlich wird Deutschland aber als Einheit gesehen, die Besatzungszonen sollen sich gegenseitig helfen.

Entmilitarisierung: Deutschland darf nicht mehr rüsten und folglich keine Waffen, Kriegsausrüstung und Kriegsmittel mehr produzieren. Die Herstellung von Metallen und Chemikalien wird überwacht.

Entnazifizierung: Die nationalsozialistische Partei sowie die mit ihr verbundenen Organisationen werden aufgelöst und verboten. Führende Nationalsozialisten bzw. Kriegsverbrecher werden vor Gericht gestellt. Belastete Personen dürfen keine öffentlichen und privaten Führungspositionen mehr bekleiden. Gesetze, wie die sogenannten „Rassegesetze", werden abgeschafft. Neue Gesetze verhindern, dass ein solches oder ähnliches System noch einmal entstehen kann. Jede nationalsozialistische Propaganda wird verboten.

Q1   Das Potsdamer Abkommen vom 2.8.1945 enthielt u. a. folgende Beschlüsse:

Alliierte Armeen führen die Besetzung von ganz Deutschland durch und das deutsche Volk fängt an, die furchtbaren Verbrechen zu büßen. (...) Der deutsche Militarismus und Nazismus werden ausgerottet (...), damit Deutschland niemals mehr seine Nachbarn oder die Erhaltung des Friedens in der ganzen Welt bedrohen kann.

2 – Die Regierungschefs (von links nach rechts) von Großbritannien (Churchill), den USA (Truman) und der Sowjetunion (Stalin) auf der Potsdamer Konferenz. Churchill wurde nach seiner Abwahl kurze Zeit später durch seinen Nachfolger Attlee ersetzt. Foto, 1945.

❶ Betrachte die Karte und nenne die Ost- und Westmächte.

❷ Beschreibe die Veränderungen der Grenzen in Europa mithilfe der Karte. Gehe dabei auf Verluste und Gewinne Deutschlands, Polens und der Tschechoslowakei ein.

▶ *Nimm die Methode „Geschichtskarten auswerten" von S. 274 zu Hilfe.*

❸ Erkläre mithilfe des Textes die Aufgaben der Besatzungsherrschaft in Deutschland. Erstelle dazu eine Aufgabenliste.

❹ Ordne die Beschlüsse der Potsdamer Konferenz (Q1) den Punkten Entmilitarisierung, Entnazifizierung, Dezentralisierung, Demokratisierung und Demontage zu.

❺ Arbeit zu zweit: Erstelle fünf Wortkarten mit den Kernpunkten aus dem Potsdamer Abkommen und lege diese offen auf den Tisch. Umschreibe für deine Partnerin oder deinen Partner einen der fünf Punkte mit eigenen Worten, ohne den Begriff zu nennen. Anschließend ordnet deine Partnerin oder dein Partner die richtige Wortkarte zu.

❻ Erkläre, welche der fünf Kernpunkte aus dem Potsdamer Abkommen im Quellentext thematisiert werden.

❼ Beschreibe und analysiere Bild 2. Fasse abschließend die Stimmung in diesem Bild zusammen und beantworte die Frage der Doppelseite: „Die Pläne der Sieger: Was sollte aus Deutschland werden?"

▶ *Nimm die Methode „Bilder und Symbole untersuchen" von S. 274 zu Hilfe.*

Wie gelang die Integration der Vertriebenen?

1 – Transport von Sudetendeutschen aus der Tschechoslowakei nach Deutschland, Mai 1946. Foto.

✢ SMAD
s. S. 136

✢ Geschichtsrevanchismus
Darunter versteht man eine von Rache geprägte Haltung, die politische Entwicklungen rückgängig machen und frühere Verhältnisse wiederherstellen möchte.

Flüchtlinge und Vertriebene in Sachsen-Anhalt

Am Ende des Krieges befanden sich etwa 12 Millionen reichsdeutsche Staatsbürger und Angehörige deutschsprachiger Minderheiten auf der Flucht. Sie hatten ab 1944 ihre Heimat verlassen müssen. Die Gebiete des heutigen Sachsen-Anhalts nahmen bis zum Ende des Jahres 1945 etwa eine Million Flüchtlinge und Vertriebene auf, von denen knapp 20 Prozent Sudetendeutsche waren. Sachsen-Anhalt war damit das Hauptaufnahmegebiet für Sudetendeutsche innerhalb der SBZ.

Nach der Versorgung der Flüchtlinge und Vertriebenen an den Bahnhöfen wurden sie zunächst in Lagern untergebracht, wo sie mit Lebensmitteln versorgt und medizinisch betreut wurden. Dort gab es auch eine Untersuchung auf Infektionskrankheiten mit einer eventuell daraufhin notwendigen Isolierung sowie eine bzw. mehrere Entlausungen durch den jeweiligen Lagerarzt. Nach dem Lageraufenthalt wurden sie auf verschiedene Städte und Gemeinden der jeweiligen Kreise aufgeteilt, um sie dort mit

Wohnraum zu versorgen und in den Arbeitsprozess einzugliedern. Die meisten Sudetendeutschen in Sachsen-Anhalt wurden in den Landkreisen Bitterfeld (fast 18 000), Weißenfels (über 14 000) und Dessau-Köthen (knapp 14 000) ansässig. Den höchsten Anteil an der Gesamtzahl der aufgenommenen Flüchtlinge und Vertriebenen stellten die Sudetendeutschen mit jeweils über 50 Prozent in den Landkreisen Zeitz, Dessau-Köthen sowie in den Stadtkreisen Köthen und Bernburg.

Flüchtlinge in der Industrie

In Sachsen-Anhalt bestand um diese Zeit ein hoher Bedarf an Arbeitskräften. Deshalb gab es seit Oktober 1945 eine Arbeitskräftelenkung, die zum Ziele hatte, die Flüchtlinge und Vertriebenen an die Industriebetriebe des Landes zu vermitteln. Dies war auch im Sinne der Betriebe, die ab Januar 1946 direkt in den Vertriebenenlagern um ihre benötigten Arbeitskräfte warben. Hinzu kam, dass die Sowjetische Militäradministration mit einem Beschluss vom Oktober 1947 diese Arbeit lukrativ machte – in Form hoher Löhne, von Bezugscheinen für Kleidung, Kohle, Industriewaren und andere Dinge. Die Flüchtlinge und Vertriebenen hatten einen großen Anteil daran, dass der Arbeitskräftebedarf in der Industrie 1947 zum großen Teil abgedeckt wurde.

Flüchtlinge im öffentlichen Dienst

Im öffentlichen Dienst war der Beschäftigtenanteil der Vertriebenen gegenüber der Gesamtbeschäftigtenzahl weitaus höher als bei der einheimischen Bevölkerung. Dies lag vor allem daran, dass die Entnazifizierungsmaßnahmen und die Erweiterung des Verwaltungsapparates einen großen Bedarf an neuen Arbeitskräften nach sich zogen. Man konnte vielen Flüchtlingen und Vertriebenen keine nationalsozialistische Vergangenheit nachweisen und so konnten sie verstärkt die Stellen der entlassenen ehemaligen NSDAP-Mitglieder bzw. neu geschaffene Stellen einnehmen.

Q1 Auszug aus einem zentralen Erlass der *SMAD für die sowjetische Besatzungszone (SBZ), 2.10.1945

Unser Aufgabengebiet umfasst die Umsiedlung aller Menschen, die aus dem polnischen und tschechischen Gebiet bereits eingewandert sind und die 4 250 000 Menschen, die noch übernommen werden müssen. Hierbei sei bemerkt, dass fortan in unserem Sprachgebrauch nur die Rede von Umsiedlern ist. Die Bezeichnung Flüchtlinge oder Ausgewiesene ist nicht mehr zu gebrauchen. Als nächste Aufgabe, die unmittelbar vor uns steht, sind sofort alle Maßnahmen zu treffen, um die 4,25 Millionen Menschen aufzunehmen, die ab 15. (des Monats) umgesiedelt werden. Die Übernahme der Umsiedler erfolgt täglich, und zwar 30 000 Personen. (...)

M1 Der ehemalige Innenminister von Sachsen-Anhalt Dr. Manfred Püchel zum 10-jährigen Bestehen der Sudetendeutschen Landsmannschaft, 2001:

(...) Am wirtschaftlichen Aufschwung Deutschlands nach dem Kriege waren die Vertriebenen im Westen wie auch im Osten maßgeblich beteiligt. Diese Anerkennung gebührt ausdrücklich auch den Vertriebenen in der DDR. Leider haben diese im Osten Deutschlands, im Gegensatz zu vielen Vertriebenen in den westdeutschen Ländern, diese Anerkennung nicht erfahren. (...) Ab 1948 wurden die Vertriebenen in dem Gebiet der DDR als eingegliedert betrachtet. (...) Für die Vertriebenen stellte sich die Frage: Was kann die Heimat ersetzen, wenn das Heimatland nicht mehr erreichbar ist? In der DDR war die offizielle Antwort auf diese Frage eindeutig: Die Heimat ist dort, wo die neue sozialistische Gesellschaft und das „bessere" Deutschland aufgebaut wurden. In der Bundesrepublik lagen die Dinge anders, denn der Staat erhob nicht den Anspruch, Heimat zu sein. Aber er nahm Anteil am Schicksal der Vertriebenen und sah darin einen Teil gesamtdeutschen Schicksals. (...)

2 – Hauptkundgebung der Sudetendeutschen Volksgruppe am Sudetendeutscher Tag in Halle, 19.05.2024. Foto.

Nach fast fünf Jahrzehnten der europäischen Teilung sind die Grenzzäune gefallen, wächst Europa in Frieden zusammen. Standen sich zu Zeiten des Kalten Krieges Ost und West als Machtblöcke gegenüber, (...) streben diese Völker heute ein geeintes Europa unter dem Dach der Europäischen Union an. (...)

M2 Magdeburg: Bund der Vertriebenen bereitet Tag der Heimat vor, 2011

(...) Damit man sich des Schicksals der Vertriebenen aller Länder erinnert, setzt die BdV-Landesvorsitzende Elfriede Hofmann auf die Jugend. „Flucht und Vertreibung sind in der Schule leider kaum ein Thema. Hier geht viel Kultur verloren", bedauert Hofmann, die selbst 1948 als Neunjährige mit dem letzten Transport aus Schlesien nach Magdeburg kam. Deswegen erzählen sie und andere Vertriebene ihre Geschichte in Schulen und organisieren Austauschfahrten mit Jugendlichen aus Polen. Spätaussiedlern und Russlanddeutschen, die bis heute unter Heimatlosigkeit leiden, gibt der Verband Hilfestellung. Seit mehr als 50 Jahren lebt Elfriede Hofmann in Magdeburg. (...) Von *Geschichtsrevanchismus hält sie nichts, hat sich stattdessen mit den Einheimischen angefreundet. (...)

---

❶ ▶ Beschreibe mithilfe der Materialien die Situation der Flüchtlinge und Vertriebenen in Sachsen-Anhalt.

❷ ▶ Nenne die Hauptprobleme, die sich bei der Integration der Vertriebenen stellten.

❸ ▶ Schätze ein, wie die Eingliederung der Vertriebenen gelang. Ziehe Bild 2 hinzu.

❹ ▶ Erkläre, warum in der SBZ/DDR der Ausdruck „Umsiedler" benutzt werden musste (Q1).

❺ ▶ Erläutere, welchen Unterschied Manfred Püchel bei der Behandlung von Vertriebenen zwischen DDR und BRD macht (M1).

❻ ▶ Lege dar, warum sich Elfriede Hofmann gegen „Geschichtsrevanchismus" ausspricht (M2).

Wie groß war der politische Einfluss der UdSSR in der DDR?

1 – Sowjetischer Soldat auf einer Elbebrücke bei Magdeburg, April 1945.

Konferenz von Potsdam

Auf der Konferenz von Potsdam legten die Siegermächte USA, Sowjetunion und Großbritannien (die „Großen Drei") im August 1945 in Potsdam ihre Ziele für ihre Politik in Deutschland fest. Kern ihrer Vorstellungen waren die „5 Ds" (s. auch S. 182/183):
– Denazifizierung
– Demilitarisierung
– Demokratisierung
– Dezentralisierung
– Demontage
Diese Forderungen waren eine Reaktion auf die Politik der Nationalsozialisten, die ganz Europa mit Krieg überzogen und das eigene Land ins Unglück gestürzt hatten. Ein neues Deutschland sei nur möglich, wenn daraus grundlegende Lehren gezogen würden.

Politischer Neubeginn in der SBZ

Das Gebiet des heutigen Sachsen-Anhalts war am Ende des Zweiten Weltkriegs zunächst sowohl von US-amerikanischen als auch von sowjetischen Truppen besetzt. Die US-Truppen zogen sich jedoch bereits Ende Juni 1945 zurück, weil das Gebiet aufgrund alliierter Vereinbarungen zur Sowjetischen Besatzungszone gehörte. Am 8. Juli 1945 verfügte die Sowjetische Militäradministration (SMAD) in ihrer Besatzungszone

die Gründung der Länder Mecklenburg, Sachsen, Thüringen, Brandenburg und Sachsen-Anhalt.

Die Sowjetische Militäradministration (SMAD) in der SBZ

Die SMAD wurde am 5. Juni 1945 gebildet und hatte zeitweise über 50 000 Mitarbeiter. Sie war von 1945 bis 1949 das wichtigste Instrument der sowjetischen Besatzungspolitik in der SBZ. Ihren Einfluss übte sie vor allem über ein engmaschiges Kontroll- und Anleitungsnetz aus, das über die Länder bis hinunter zu den Ortskommandanturen reichte. Die SMAD folgte bei ihrer Tätigkeit Moskauer Vorgaben und alliierten Vereinbarungen, die sie allerdings sehr willkürlich auslegte. Sie schuf aber nicht nur Rahmenbedingungen, sondern griff mit Befehlen auch direkt in die Arbeit deutscher Institutionen ein. Auch Wahlen wurden beeinflusst.
Damit war die SMAD entscheidend an der Etablierung der SED-Herrschaft in ihrer Zone beteiligt. Ziel war, das politische Modell in der SBZ am sowjetischen Vorbild auszurichten. Die SMAD förderte in ihrer Besatzungszone allein die aus dem Moskauer Exil eingeflogene kommunistische Gruppe Ulbricht, die den Auftrag hatte, eine sozia-

listische Gesellschaftsordnung nach sowjetischem Vorbild in der SBZ aufzubauen. Der Einfluss der Sozialdemokraten wurde systematisch zurückgedrängt.

Die SMAD wurde im Oktober 1949 in die Sowjetische Kontrollkommission (SKK) umgewandelt, die bis Mai 1953 bestand. Die Sowjetunion blieb aber oberster Souverän in der DDR.

Erste Landtagswahl

Am 20. Oktober 1946 fand die erste Wahl zum Landtag Sachsen-Anhalts statt. Diese Wahl war bis 1990 die einzige Landtagswahl in Sachsen-Anhalt, die demokratischen Regeln folgte. Es kandidierten die SED, die Liberal-demokratische Partei (LDP), die Christlich demokratische Union (CDU) und die Vereinigung der gegenseitigen Bauernhilfe (VdgB) (s. Bild 2). In dieser Wahl verfehlte die SED trotz erheblicher Unterstützung durch die sowjetischen Besatzungsbehörden die absolute Mehrheit. Bereits ab 1947 ging das Recht des Parlaments der Gesetzgebung auf den Staat über. Bereits bei der Landtagswahl vom Oktober 1950 gewann ein „Block der antifaschistisch-demokratischen Parteien und Organisationen", der von der SED geführt wurde. Wie in den anderen Ländern der DDR war nun auch in Sachsen-Anhalt der Staat in der Hand der SED mit der SMAD im Rücken.

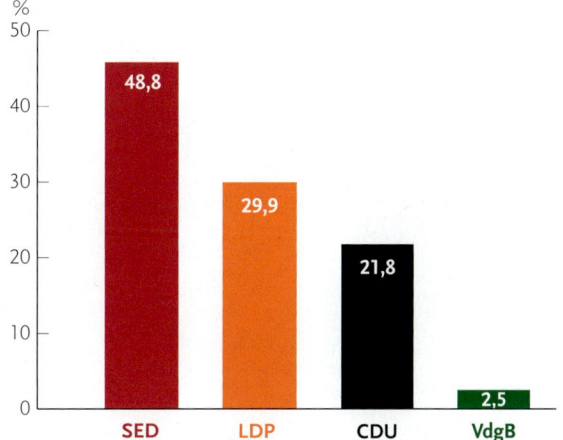

Landtagswahl Sachsen-Anhalt 1946

2 – Ergebnisse der Landtagswahl in Sachsen-Anhalt.

genüber Ulbricht durchaus angetan von dieser Art Selbstverwaltung der sogenannten „Antifa-Komitees". Doch Walter Ulbricht verfügt ihre sofortige Auflösung, erinnerte sich 1995 das ehemalige Gruppenmitglied Wolfgang Leonard:
„Die offizielle Begründung war: Das sind kriminelle Elemente, das sind Nazis, die sich zu tarnen versuchen – und ich wusste, dass es keine kriminellen Elemente und schon gar keine Nazis waren. Erst später verstand ich, dass es zum stalinistischen Apparat gehört, alles von oben zu dirigieren, leiten, kontrollieren. Aber aktive Menschen, die von sich aus etwas von unten machen, das missfiel Walter Ulbricht und das missfiel eben dem stalinistischen System überhaupt."

M1 Der Historiker Marcus Heumann über die Tätigkeit der „Gruppe Ulbricht", 2020:

Beim Ausschwärmen in die Berliner Stadtbezirke stellen die Mitglieder der „Gruppe Ulbricht" schnell fest, dass sich vielerorts schon autonome Vorformen einer Verwaltung gebildet haben, in der engagierte Bürger die lokalen Geschicke in die Hand nehmen: Ihre Aktivitäten reichen von Reparaturen an der zerstörten Infrastruktur und Organisation der Lebensmittelverteilung bis hin zum Aufspüren untergetauchter Nazifunktionäre. Die Emissäre der Gruppe zeigen sich beim abendlichen Rapport ge-

❶ Finde mithilfe von Lexika und des Internets heraus, was die „5 Ds" sind. Erläutere die einzelnen Punkte (Text). Lege eine Tabelle an:

Maßnahme	Ziel
Demokratisierung	Herstellung einer Demokratie anstatt einer Diktatur
Denazifizierung	...

❷ Diskutiert, warum die Alliierten die „5 Ds" zum Kern ihrer Deutschlandstrategie machten (Text).

❸ Erläutere die Rolle der Sowjetischen Militäradministration (SMAD) in der SBZ. Welche Ziele hatte sie? (Text, Bild 1)

❹ Besprecht die Ergebnisse der Landtagswahl 1946 (Text, Bild 2). Erläutert, was es bedeutete, dass die SED die absolute Mehrheit verfehlte. Wie wurde dieser „Fehler" korrigiert?

❺ Erläutere und bewerte das Vorgehen der „Gruppe Ulbricht" (M1).

Über den Tellerrand geschaut

Großbritannien – vom Empire zur europäischen Mittelmacht

1 – Winston Churchill (1874–1965)

2 – Clement Attlee (1883–1967)

3 – Harold Macmillan (1894–1986)

4 – Mahatma Gandhi (1869–1948), der Führer der indischen Unabhängigkeitsbewegung. Foto, 1931.

✻ **Commonwealth**
Commonwealth of Nations (kurz Commonwealth, übersetzt „öffentliches Wohl") ist eine 1931 gegründete, lose Vereinigung unabhängiger Staaten, die heute als Nachfolger des British Empire gesehen werden kann. Alle Mitgliedstaaten haben dieselben Rechte, sind aber verbunden durch ihre Treue zur britischen Krone.

Der Verlust der Kolonien

Das stolze und tapfere Großbritannien, das bis 1941 dem Aggressor Hitler zunächst im Alleingang widerstand, hatte im Zweiten Weltkrieg enorm gelitten, obwohl es durch die deutschen Truppen nicht besetzt werden konnte. Die Staatsverschuldung hatte sich nach 1945 verdreifacht und so war auch Großbritannien von amerikanischer Finanzhilfe abhängig. Und nicht nur wirtschaftlich kränkelte das Land, sondern auch politisch. Der Kriegsheld Winston Churchill, der die Nation siegreich durch den Zweiten Weltkrieg geführt hatte, wurde am Ende von ihr vernichtend geschlagen. War er noch am Beginn der Potsdamer Konferenz 1945 einer der „Drei Großen", so verließ er diese im November des Jahres überraschend als Verlierer und übergab die Verhandlungsführung an seinen Nachfolger Clement Attlee von der Labourpartei.

Die Unabhängigkeit Indiens

Aber auch außenpolitisch wackelte das einstige „British Empire". Sichtbarstes Merkmal hierfür war ab 1945 der Drang vieler britischer Kolonien nach Selbstbestimmung, Unabhängigkeit und Lossagung vom Mutterland. Den markantesten Einschnitt bildete in diesem Zusammenhang die Unabhängigkeitserklärung der einstigen Kronkolonie Indien im Jahre 1947, gefolgt von Pakistan. Ihnen sollte der Verlust zahlreicher weiterer Kolonien in der zweiten Hälfte des 20. Jahrhunderts folgen, die schließlich mit der Rückgabe der britischen Kolonie Hongkong 1999 endete.

Das Commonwealth

Umfasste 1945 das einstige Empire noch ein Viertel der Erdoberfläche mit ca. 700 Millionen Untertanen der britischen Krone, so waren diese Zeiten im ausgehenden 20. Jahrhundert Geschichte. Diese denkwürdige Entwicklung fasste der britische Premierminister Macmillan 1960 in dem unvergesslichen Satz zusammen: *„The wind of change is blowing through this continent and whether we like it or not, this growth of national consciousness is a political fact."* Aus dem Empire war das ✻Commonwealth geworden, eine Art Staatenfamilie, der über 50 Staaten angehören. In 15 dieser Länder ist König Charles III. heute offiziell noch Staatsoberhaupt.

❶ ▦ Recherchiere zu den Personen 1–4 und stelle sie kurz per Steckbrief vor.

❷ ▦ Übersetze das Zitat Macmillans und bringe es in Zusammenhang zum Thema.

❸ ▦ Nimm Stellung zur Überschrift „Vom Empire zur europäischen Mittelmacht".

❹ ▦ „Die Dekolonisierung ist bis heute nicht abgeschlossen." Beurteile diese Behauptung und untermauere deine Argumente mithilfe verschiedener Quellen.

Das kann ich …

Das Jahr 1945

Wichtige Begriffe

Alliierte
Flucht
Vertreibung
Vertriebenenintegration
Potsdamer Konferenz
5 Ds

Sowjetische Militär-
administration in
Deutschland (SMD)
Sudetendeutsche
Atombombe
Hiroshima
Landtagswahlen

Wissen und erklären

❶ 🔲 Erklärt euch gegenseitig die wichtigen Begriffe und
tragt sie in euren Hefter ein.
❷ 🔲 Erläutere die Gründe für Flucht und Vertreibung der
Ostdeutschen gegen Kriegsende.
❸ 🔲 Nenne die Pläne der Alliierten für das Nachkriegsdeutschland.

Anwenden

❹ 🔲 Stelle zusammen, woran es der Bevölkerung
unmittelbar nach dem Krieg fehlte.
❺ ▶ Nenne anhand von Bild 1 eine der wichtigsten
Aufgaben für das Nachkriegsdeutschland.
❻ 🔲 Erläutere anhand von Q1, welche Konflikte die
Vertriebenen hervorriefen.

Ja nun, mein Vater sagte auch manchmal, sagt er, da
haste den Wagen voll, die ein Haufen Kinder hatten,
die waren dann ja eben normalerweise auch mit, sagt
er, da wusstest du nicht wohin mit dem ganzen Volk
so ungefähr …

Beurteilen und handeln

❼ 🔲 Beurteile die Einschätzung der SMAD in M1.
Entspricht sie deinen eigenen Erkenntnissen?
❽ 🔲 Erkläre die Karikatur Bild 2. Welche Kritik übt sie?
❾ 🔲 Beurteile die politische, wirtschaftliche und
gesellschaftliche Entwicklung in West- und Ostdeutschland aus der Sicht der um 1950 lebenden
Menschen.

**M1 Eine russische Historikerin über die SMAD,
2005:**
Die SMAD ließ sich in ihrer Tätigkeit von der kommunistischen Konzeption einer Wiedergeburt Deutschlands leiten, die 1944/45 in Moskau erarbeitet worden
war. Die Umsetzung dieser Konzeption im Bereich von
Kultur, Wissenschaft und Bildung sollte einhergehen
mit der Überwindung des geistigen Erbes des Nationalsozialismus sowie mit der Verbreitung einer kommunistischen Subkultur und ihres Wertsystems. Eine Evo-
lution des gesellschaftlichen Bewusstseins in diesem
Sinne war auch Voraussetzung dafür, dass die sowjetische Besatzungszone zur Einflusssphäre der UdSSR
werden konnte.

1 – „Trümmerfrauen" In Berlin, 1948. Foto.

**Q1 Ella W., geb. 1934, über die Lage in ihrem Dorf
bei Ankunft von Vertriebenen, 2009:**
Wenn nun eben Flüchtlinge kamen, da kamen ja nun
nicht zwei oder drei, da kam ja immer gleich ein ganzer
Zug, mit der Kleinbahn hier unten. Nu, und dann
kamen eben der Bürgermeister, also hier mit dem
Pferdegeschirr, ihr müsst runter, die Leute abholen.

2 – Britische Karikatur,
um 1945. Der Text lautet
übersetzt:
Oben: „Entnazifizierung
nach angloamerikani-
scher Art."
Unten: „Wir werden ihn
anders anziehen, aber
sein Denken passt gut
zu uns."

▶ Teste dich 🔲

Hier spielt die Geschichte …

Das Jahr 1945 im Tabu-Quiz

So geht's:

1. Teilt die gesamte Lerngruppe in zwei Gruppen auf – bei großen Klassenverbänden in drei bis vier Gruppen.

2. Eine Gruppe wählt einen Begriff aus. Aber heimlich, so dass die andere Gruppe das nicht mitbekommt!

3. Ein Gruppenmitglied erklärt den Begriff. Wortteile oder mit dem Begriff verwandte Wörter sind in den Erklärungen nicht erlaubt – z. B. bei „Atombombe" weder „Atom" noch „Bombe" benutzen.

4. Die Mitglieder der anderen Gruppe haben 60 Sekunden Zeit, den Begriff zu erraten.

5. Für jeden richtig erratenen Begriff gibt es einen Punkt. Wird er nicht erraten, gibt es keinen Punkt.

6. Die Gruppe mit den meisten Punkten gewinnt.

7. Dann muss die nächste Gruppe einen heimlich gewählten Begriff erklären.

8. Jeder Begriff darf nur einmal gewählt werden.

Erweiterte Regeln für fortgeschrittene Spieler und Spielerinnen:

Bei der Erklärung darf man keine Gesten verwenden.

Erklärt den Begriff in maximal drei Sätzen.

Verwendet historische Zusammenhänge in euren Erklärungen.

Nach dem Spiel diskutiert in der Klasse:

Welche Begriffe waren besonders schwierig zu erklären oder zu erraten? Warum?

Welche neuen Zusammenhänge habt ihr durch die Erklärungen entdeckt?

Wie hängen die verschiedenen Begriffe miteinander zusammen?

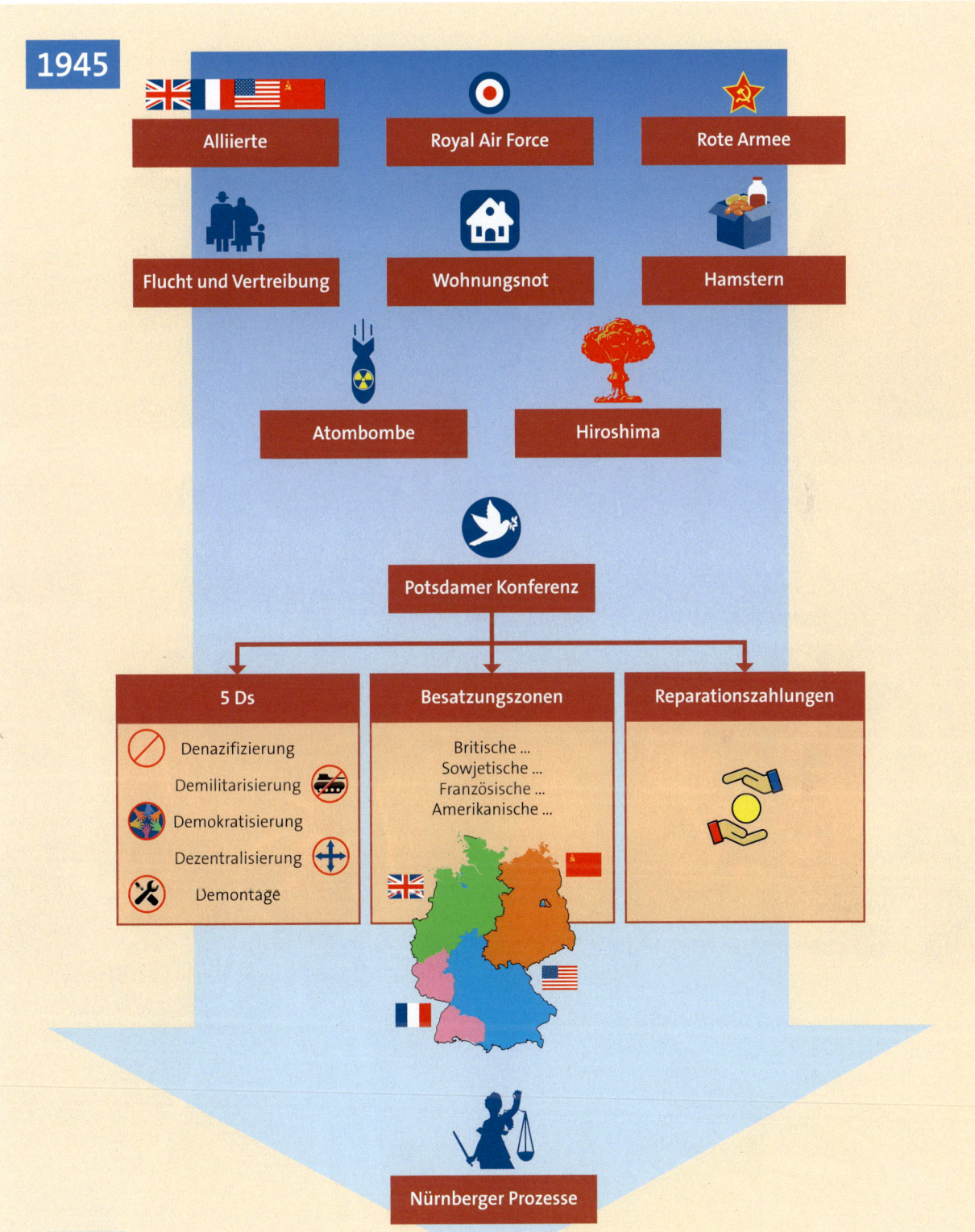

1945

Alliierte

Royal Air Force

Rote Armee

Flucht und Vertreibung

Wohnungsnot

Hamstern

Atombombe

Hiroshima

Potsdamer Konferenz

5 Ds

Denazifizierung

Demilitarisierung

Demokratisierung

Dezentralisierung

Demontage

Besatzungszonen

Britische ...
Sowjetische ...
Französische ...
Amerikanische ...

Reparationszahlungen

Nürnberger Prozesse

1946

5 Methodenpraktikum: Zeitgeschichte im digitalen Medium

Zur Geschichte der deutschen Wiedervereinigung in den Jahren 1989/1990 gibt es zahlreiche Darstellungen in Büchern und Filmen. Auch in den digitalen Medien (Fernsehen, Internet, DVD) gibt es immer häufiger Dokumentationen zur Geschichte dieser Zeit.
Auf den folgenden Seiten könnt ihr in diesem Methodenpraktikum lernen, wie man die Darstellung von Geschichte im digitalen Medium analysieren und beurteilen kann. Dies geschieht am Beispiel der Öffnung der Mauer am 9. November 1989. Die Methode könnt ihr aber auf jedes andere Thema übertragen.

Methodenpraktikum

Filmanalyse

Gefilmte Wirklichkeit?

Dokumentarfilme wie auch Film- und Fernsehdokumentationen zeigen reale Bilder – deshalb mag es dem Zuschauer erscheinen, als sähe er die Wirklichkeit. Aber tatsächlich handelt es sich dabei um Abbildungen, um Kunstprodukte: So werden beispielsweise Szenen und Sequenzen bewusst ausgewählt und kombiniert. Die Kameraführung oder auch die Beleuchtung bestimmt, was die Zuschauer wie wahrnehmen. Originalgeräusche können verändert oder durch Musik,

Kommentare usw. überlagert oder ersetzt werden. Für eine Filmanalyse ist es hilfreich, wenn ihr
– die im Kasten aufgelisteten Grundbegriffe der Filmproduktion kennt,
– exemplarisch eine Filmsequenz auswählt und mithilfe des Schemas (s. S. 198) protokolliert,
– die analysierte Szene beschreibt,
– den Inhalt und die Gestaltung getrennt bewertet und eine Gesamtwertung formuliert.

Folgende Schritte helfen euch, einen Dokumentarfilm zu analysieren:

Schritt 1 **Thema und Inhalt des Films erfassen**	■ Schaut den Film mindestens einmal aufmerksam an und macht euch anschließend Notizen. ■ Schreibt auf, wann und von wem der Film produziert worden ist.
Schritt 2 **Schwerpunkte finden**	■ Stellt fest, welche inhaltlichen Schwerpunkte der Film hat und wie euch, den Zuschauern, das deutlich gemacht wird.
Schritt 3 **Einen Filmausschnitt analysieren**	■ Untersucht eine Sequenz aus dem Film genauer, indem ihr das Zusammenspiel von Bildinhalt, Kameraeinsatz und akustischen Mitteln mithilfe eines Beobachtungsbogens (siehe S. 198) protokolliert.
Schritt 4 **Wertungen untersuchen**	■ Prüft, inwiefern durch den Einsatz der filmischen Gestaltungsmittel Wertungen getroffen werden. Wer profitiert davon? **Tipp:** Untersucht dazu die Sequenz dreimal: 1. indem ihr nur die Bilder anschaut, den Ton abdreht, 2. indem ihr nur zuhört, 3. indem ihr Bild und Ton auf euch wirken lasst. Vergleicht die Aussagen und eure Eindrücke. Achtet darauf, ob bzw. wie der Kommentar die Bildaussagen unterstützt, abschwächt oder infrage stellt.
Schritt 5 **Die Filmaussage kritisch bewerten**	■ Erörtert anhand eurer Ergebnisse abschließend, welche Rolle ihr dem Film zuweist: z. B. Zeuge, Berichterstatter, Ankläger, Aufwiegler usw. Überlegt bzw. informiert euch, ob dies der Absicht des Produzenten entsprach.
Schritt 6 **Den Film als Zeitdokument beurteilen**	■ Vergleicht den Film mit weiteren, die das Thema behandeln und zur gleichen Zeit entstanden sind. Wo gibt es Übereinstimmungen, wo Unterschiede? Wie erklärt ihr dies im Einzelnen?

1 – Fernsehreporter am Brandenburger Tor. Berlin, 10.11.1989. Foto.

2 – Von links: Vorsitzender des DDR-Ministerrats Hans Modrow, Oberbürgermeister von Ostberlin Erhard Krack, Regierender Bürgermeister Walter Momper (roter Schal), Bundeskanzler Helmut Kohl, Außenminister Hans Dietrich Genscher. Foto, 22.12.1989.

Gefilmte Wirklichkeit?

Gestaltungsmittel des Films
Bei der Filmaufnahme werden die „Einstellung" als kleinste Einheit und die „Sequenz" aus mehreren Einstellungen unterschieden. Der „Schnitt" verbindet Einstellungen ganz dicht, während die „Blende" Übergänge möglich macht.

Einstellungsgrößen
Es gibt sechs Grundeinstellungen:
– Die Totale vermittelt einen allgemeinen Überblick.
– Die Halbtotale: Personen sind von Kopf bis Fuß deutlich zu erkennen.
– Halbnah: Personen im Vordergrund sind von den Knien aufwärts zu sehen.
– Nah: Personen sind von Kopf bis Brust abgebildet.
– Groß: Der Kopf einer Person füllt das Bild. Die Mimik ist deutlich zu sehen.
– Detail: Ein wichtiges Merkmal einer Person oder Sache wird gezeigt.

Kameraperspektive
– Bei der Normalsicht befindet sich die Kamera auf Augenhöhe der Personen.
– Bei der Frosch- und Unterperspektive ist die Position der Kamera tief.
– Die Vogelperspektive lässt den Betrachter von oben auf die Szene schauen.

Kamerabewegungen
– Neben dem Stand gibt es die Fahrt (die Kamera folgt einer Person),
– den Schwenk (Drehbewegung) und
– Zoom (das Motiv wird näher „herangeholt" – wirkt größer – oder weiter „weggerückt").

Personeneinstellungen und -bewegungen
Eine Person kann
– frontal,
– von vorn,
– im Profil (seitlich) oder von hinten,
– im Halbprofil,
– in Ruheposition oder in Bewegung gefilmt werden.

Auf den nächsten Seiten könnt ihr die Analyse an Beispielen erarbeiten – auf jeder Doppelseite einzelne Schritte.

Methodenpraktikum

Analyse Chronik 9.11.89

Die „Chronik der Wende" ist ein zeitgeschichtliches digitales Medium, herausgegeben von der Bundeszentrale für politische Bildung. Kurz nach dem Mauerfall hatten ein Verleger und ein Publizist die Idee, die atemberaubenden Veränderungen in der DDR im Herbst 1989 Tag für Tag zu dokumentieren. Später wurde daraus eine 40-stündige Filmdokumentation. Die Autoren haben zeitgenössische Filmaufnahmen aus verschiedenen Quellen (z. B. Zeitzeugeninterviews, Filmmaterial)

gesammelt und aneinandergekoppelt. Den Aufnahmen haben sie einen neuen Kommentar und neue Musik unterlegt. Für jeden Tag ab dem 7. Oktober 1989 haben sie eine Dokumentation von etwa zehn Minuten Länge zusammengestellt.

Schwerpunkt unserer beispielhaften Analyse wird der 9. November 1989 sein, der auf der vierten DVD enthalten ist.

Folgende Schritte helfen euch, die Chronik eines Films zu analysieren:

Schritt 1 **Thema und Inhalt des Films erfassen**	■ Schaut den Film mindestens einmal aufmerksam an und macht euch anschließend Notizen. ■ Schreibt auf, wann und von wem der Film produziert worden ist.
Schritt 2 **Schwerpunkte finden**	■ Stellt fest, welche inhaltlichen Schwerpunkte der Film hat und wie euch, den Zuschauern, das deutlich gemacht wird.

1 – Mauerspechte an der Berliner Mauer, 1990.

❶▣ Tragt euer Wissen über diesen Tag zusammen und strukturiert es, indem ihr die Gedächtniskarte (Mindmap, Abbildung 2) in euer Heft übertragt und weiter ausfüllt.

❷▣ Hat der Film eine „innere" Dramaturgie? Zielt die Abfolge der Szenen auf etwas hin?

❸▣ Vergleicht den Schluss der Dokumentation mit Q1. Beschreibt und erklärt die Unterschiede in der Darstellung.

Zeitungsbericht in der DDR

Q1 Zwei Tage nach dem Fall der Mauer stand in einer ostdeutschen regionalen Zeitung folgender Artikel:

(...) Viele am Brandenburger Tor. Besorgnis über Situation an der Mauer (...) „Die Situation am Brandenburger Tor hier auf DDR-Seite war die ganze Zeit von Ruhe und Besonnenheit gekennzeichnet", sagte am Freitag (...) der Hauptmann der VP [Volkspolizei] (...). „Angehörige der VP-Inspektion Mitte trugen dazu bei." Schaulustige, darunter sehr viele Ausländer, hatten sich im Bereich der Otto-Grotewohl-Straße am Brandenburger Tor eingefunden (...). Besorgnis erregte bei manchen die Tatsache, dass zunächst etwa tausend Westberliner Bürger am Brandenburger Tor ein Stück

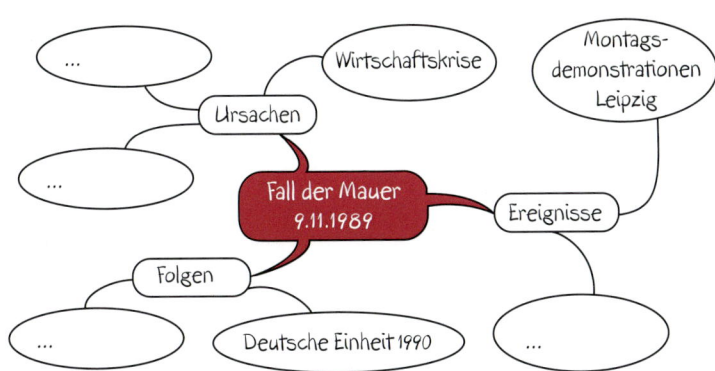

2 – Mindmap zum 9. November 1989.

Mauer besetzten. Sie standen und saßen darauf, einige hielten Transparente in den Händen. Sporadisch kam es zu Pfiffen. Am Nachmittag und in den Abendstunden kam es zu keinen Konflikten.

Was ihr vorbereiten müsst

Die Dokumentation „Chronik der Wende" ist bei der Bundeszentrale für politische Bildung auf fünf DVDs erschienen (ww.bpb.de). Ihr könnt diese Dokumention in der Landesbildstelle (Pädagogische Mediathek, Halle) oder in Kreisbildstellen ausleihen. Vielleicht ist sie auch in euer Schule vorhanden.

Für die Analyse der Chronik benötigt ihr entweder einen DVD-Player und ein Fernsehgerät oder einen oder mehrere Computer oder Laptops mit DVD-Laufwerk. Vor dem Beginn der Arbeit solltet ihr Protokollbögen für alle bereitstellen.

Inhaltliche Vorbereitung

Um die Chronik beurteilen zu können, ist es auch nötig, dass ihr eure Kenntnisse über die Zeit vom Oktober 1989 bis Oktober 1990 auffrischt. Genauere Kenntnisse über den 9. November 1989 solltet ihr euch durch Nachlesen in Geschichtsbüchern oder in diesem Schulbuch verschaffen. Zusätzlich könnt ihr Eltern, Verwandte und Bekannte nach ihren Erinnerungen an diesen Tag und die Tage danach befragen. Auch ein Besuch in einem Archiv (Stadtarchiv, Heimatarchiv oder im Archiv der Lokalzeitung) ist sinnvoll. Dort könnt ihr recherchieren, was damals am und nach dem 9. November 1989 berichtet wurde.

Zur DVD gibt es umfangreiches Begleitmaterial: Zum einen den gleichnamigen Buchtitel (siehe S. 196), der – in geraffter Form – eine Art schriftliche Chronik darstellt. Zum anderen gibt es die Website zur DVD (www.chronik-derwende.de), auf der – neben einem Überblick über die Ereignisse der Wende – vielfältige Materialien wie Fotos, schriftliche Dokumente, Audio- und Videomitschnitte, Kurzbiografien wichtiger Personen und ein Lexikon bereitgestellt werden.

Die Mauer steht.

Montagsdemonstration in Leipzig.

Großkundgebung in Berlin.

Versammlung der Bürgerbewegung „Neues Forum" in der Berliner Gethsemanekirche.

Günther Schabowski gibt die Reisefreiheit bekannt.

Jubel über den Mauerfall.

Methodenpraktikum

Analyse von Szenen

Schritt 3 **Einen Filmausschnitt analysieren**	■ Sucht euch aus der Dokumentation eine Szene heraus und protokolliert sie wie im Beispiel unten. ■ Wertet euer Protokoll aus und beschreibt die angewandten filmischen Mittel und die Aussage der ausgewählten Szene. ■ Nennt die unterschiedlichen Quellen (Bericht, Zeitzeugeninterview), die in der von euch untersuchten Sequenz benutzt werden, und prüft sie auf ihre Glaubwürdigkeit.
Schritt 4 **Wertungen untersuchen**	■ Prüft an der ersten und zweite Szene oder an der von euch analysierten Szene die Wertungen, die durch filmische Mittel vorgenommen wurden. Belegt eure Aussagen durch Hinweise auf Bild, Ton oder Schnitt.

Einstellungen/Bild	Dauer	Ton Sprecher / O-Ton Interview	Einstellungen
1. Szene Wachturm	1.53.24 –1.53.33	Sprechertext: Donnerstag, 9. November 89. Der sogenannte antifaschistische Schutzwall steht jetzt schon 28 Jahre.	Großbild
Grenzhunde	1.53.34 –1.53.37	Grenzhunde, Minen, Stacheldraht und Schießbefehl	Totale
Grenzzaun	1.53.38 –1.53.45	gelten weit mehr als 10 000 Tage lang. Morgendliche Lagemeldung des Verteidigungs- ministers, Heinz Kessler, an Staatschef Egon Krenz: „Die erhöhte Alarmbereitschaft	Großbild, Zoom, Detail
Warnhorn	1.53.46 –1.53.54	der Armee zur Durchsetzung von Sicherheit und Ordnung wird aufrecht erhalten. 179 Hundertschaften stehen Gewehr bei Fuß."	Detail
2. Szene Standbild Regine Hildebrandt	1.53.55 –1.54.07	Regine Hildebrandt, Bürgerrechtlerin, feiert an diesem Morgen im Kreis der Familie. Ihr ältester Sohn wird 18. Geschenke: 18 Coladosen und Besuch aus dem Westen.	Großaufnahme
Interview Regine Hildebrandt	1.54.08 –1.54.28	Orginalton R. Hildebrandt: „Und wie es so ist, wenn man denn 18 Jahre alt ist und wenn man denn merkt, es ist so 'nen Schwung in der Bude drin, es ist alles im Gange, denn hat man natürlich auch, äh, die Vermutung, dass man doch mal in Richtung Westen reisen könnte. Davon war an dem Morgen noch die Rede, die haben gesagt: ‚Hoffentlich kannst du uns besuchen, vielleicht im neuen Lebensjahr' und dann fuhren sie nach Hause."	Großbild übergehend in Totale, Halbbild, deutlich werden die lebhafte Sprech- weise und die kommen- tierenden Handbewegungen.
Beginn neue Szene: Kaufhausszene	1.54.29 –1.54.34	Sprecher: DDR-Alltagsprobleme in Ostberlin an diesem Morgen, zum Beispiel der Kauf einer Hose.	

Beispielhafte Auswertung des Szenenprotokolls:

In einer Minute und sechs Sekunden leiten zwei Szenen die Dokumentation des 9. November 89 ein. In schneller Bildfolge wird die Abgrenzung der DDR durch Stacheldraht und Grenzzaun gezeigt, ein fortlaufender Text kommentiert im ruhigem Sprecherton die schnell wechselnden Bilder ohne direkten Bezug, aber Bilder und Ton haben dieselbe Botschaft: Die DDR kann man seit 28 Jahren nicht verlassen. Im Einleitungssatz wird durch das Wort „sogenannt" deutlich, dass der Sprecher aus westlicher Sicht spricht. Durch das Zitat des DDR-Verteidigungsministers wird deutlich gemacht, dass die DDR die Mauer nicht öffnen will.

Die zweite Szene bringt leitmotivisch und als Gegenschuss zu der ersten Szene den Inhalt der Dokumentation zum Anklingen: Die Hoffnung auf Reisemöglichkeit und Maueröffnung wird sich am Abend erfüllen. Hier setzen die Autoren zunächst auf ein ruhiges Standbild und dann auf ein Interview, dessen Bildführung sich auf Regine Hildebrandt konzentriert. An die Stelle der schnell wechselnden Bilder bleibt die Kamera bei einem Bildinhalt.

Die Autoren haben vorhandenes Material (früher als am 9. November aufgenommen) in der ersten Szene neu aneinandergekoppelt; der Sprechertext wird damit bebildert. Er ist zentral. In der zweiten Szene wird durch das „authentische" Interview einer (prominenten) DDR-Bürgerin die allgemeine Erwartung der Bürgerinnen und Bürger der DDR dokumentiert. Dieses Interview ist lange nach dem 9. November aufgenommen, der 9. November wird aus der Erinnerung von Regine Hildebrandt kommentiert.

Der Wechsel zur Kaufhausszene kommt überraschend.

❶ Prüft eure Szene weiter mit den Vorschlägen von Schritt 4 auf Seite 198 und notiert das Ergebnis.

Volkspolizisten lassen DDR-Bürger passieren

Ein Mauerstück wird entfernt.

Menschen strömen über die Grenze.

Klettern auf der Mauer.

Trabis am Berliner Checkpoint Charlie.

Berlin, Bernauer Straße.

Schritt 5
Die Filmaussage kritisch bewerten

Nach der Analyse einzelner Sequenzen habt ihr die Machart der Dokumentation sicher verstanden. Die Autoren gehen in allen Sequenzen ähnlich vor. Jetzt geht es um die Bewertung der gesamten Dokumentation zum 9. November 1989. Dazu müsst ihr die Dokumention noch einmal insgesamt ansehen und euch folgende Fragen stellen:

- Ist der 9. November 1989 ganzheitlich erfasst und anschaulich und verständlich dargestellt?
- Zielen die ausgewählten Materialien auf den Fall der Mauer?
- Wurden mehrere Sichtweisen in diesem historischen Prozess berücksichtigt?
- Geht es um die Aufzählung der Fakten oder ist eine Wertung erkennbar?
- Werden Probleme und offene Fragen diskutiert?
- Werden die Ereignisse ausreichend mit Quellen belegt?
- Gibt es eine politische Tendenz im gesprochenen Kommentar? Wenn ja – welche?

Eine Rezenzion schreiben

Nachdem ihr euch so intensiv mit der Dokumentation beschäftigt habt, bietet es sich an, dass ihr das Ergebnis eurer Arbeit einer größeren Öffentlichkeit, z. B. in der Schulzeitung, vorstellt. Von den Medienseiten der Zeitungen kennt ihr die Besprechungen (Rezensionen) von Filmen und Dokumentationen oder habt schon mal eine im Radio gehört oder im Internet gelesen. Für eure Rezension sind folgende Hinweise hilfreich:

1. Gebt zunächst eine kurze inhaltliche Zusammenfassung des Filmes.
- Nennt Herausgeber. Wo und wann ist die Dokumentation erschienen?
- Enthält der besprochene Film eine Leitaussage zum 9. November 1989, d. h., gibt er Informationen zu diesem historischen Sachverhalt?
- Sind die Aussagen ausreichend und stichhaltig begründet? Wenn ja – wie?
- Ist diese Begründung verständlich?
- Beurteilt die „Filmsprache" der Dokumentation, d. h. die Rahmenhandlung, Kameraführung, der Einsatz der Musik und weiterer Gestaltungselemente.
2. Bewertet die Dokumentation im Hinblick auf die Aussagekraft zum behandelnden historischen Sachverhalt.
3. Nehmt zu dem historischen Sachverhalt und der Art der Umsetzung Stellung.
- Bleiben für euch Fragen offen?
- Sind Aussagen widersprüchlich?
- Erklärt, was für oder gegen den Einsatz dieser Dokumentation im Unterricht oder darüber hinaus spricht.

Schritt 6
Den Film als Zeit-dokument beurteilen

- Im Vergleich mit anderen Dokumentationen könnt ihr euer Urteil überprüfen. Darüber hinaus könnt ihr eure Analyse auf Spielfilme ausweiten. Zunächst bietet es sich an, die Dokumentation zum 10. November 2009 auf derselben DVD anzusehen und zu vergleichen.
- Weiter könnt ihr die Darstellungen des 9. November in der „Chronik der Wende" mit einem digitalen Medium des Deutschen Historischen Museums in Berlin vergleichen: Lebendiges virtuelles Museum Online (LEMO) (www.dhm.de/lemo, Suchbegriff: Deutsche Einheit)

1 – Der Politiker Willy Brandt nach der Maueröffnung am Bandenburger Tor in Berlin. Foto, 11.11.1989.

2 – DDR-Bürger fahren am Grenzübergang Helmstedt von Ost nach West. Foto, 11.11.1989.

Geschichte der DDR im Spielfilm

Die Geschichte der DDR und das Leben in der DDR wird immer mehr zum Thema von Spielfilmen. Im Unterschied zu zeitgeschichtlichen Dokumentationen können Spielfilme ihre Handlungen frei gestalten, ihre Darstellung des Lebens in DDR muss nicht der Realität entsprechen, Handlungen und Atmosphäre können überzeichnet sein. Mithilfe der Analysemethoden dieser Seiten könnt ihr auch Kinofilme untersuchen. Bei einer Beurteilung solcher Filme solltet ihr Zeitzeugen aus euren Familien und Bekannten miteinbeziehen. Bei der Bundeszentrale für politische Bildung (www.bpb.de) gibt es kostenlose Filmhefte mit Materialien zu diesen Filmen.

M1 Der Beginn von Jakobs Rezension

Die Dokumentation „Chronik der Wende" zeigt die Ereignisse um den Fall der Mauer am 9. November 1989. Die Chronik beginnt mit dem 7. Oktober und endet am 20. November 1989. Gezeigt werden etwa 15-minütige Beiträge in zeitlicher Reihenfolge. In diesen Filmen werden die Wendeereignisse durch Nachrichtenausschnitte von westdeutschen und ostdeutschen Sendern und Zeitzeugeninterviews dargestellt.

Die Chronik wurde vom Ostdeutschen Rundfunk Brandenburg (jetzt: Rundfunk Berlin-Brandenburg) produziert und wird nun auch von der Bundeszentrale für politische Bildung herausgegeben. Sie wurde erstmals 1994 ausgestrahlt.

Unsere Gruppe hat die Beiträge dieser DVD zum 9. November 1989 untersucht und sie sollen als Beispiel für diese Bewertung dienen. (...)

3 – Bekannte Filme: „Good bye Lenin 2003, „Boxhagener Platz" (2010) und „Der Rote Kakadu" (2004).

❶ 🔲 Arbeitet aus den dargestellten Materialien Informationen zum 9. November 1989 heraus.

❷ 🔲 Vergleicht den Inhalt und ergänzt eure Aufzeichnungen, wenn ihr zusätzliche Aussagen findet.

❸ 🔲 Beurteilt beide Dokumentationen im Hinblick auf ihre Glaubwürdigkeit und die Aussagekraft, diesen Tag in der Geschichte des deutschen Volkes für euch nachvollziehbar zu machen.

Methodenpraktikum

Erkennen von Manipulationen in Bildern und Videos

In unserer digitalen Welt begegnen wir täglich einer Flut von Bildern und Videos. Sie beeinflussen unsere Wahrnehmung, unsere Meinungen und manchmal sogar unsere Entscheidungen. Doch können wir ihnen wirklich vertrauen? – Nicht immer. Denn Bilder und Videos können auf vielfältige Weise manipuliert werden und somit „lügen".

Manipulation durch Bildausschnitte

Schon die Wahl des Bildausschnitts kann die Botschaft eines Bildes stark beeinflussen. Ein Fotograf kann bewusst entscheiden, was er im Bild zeigt und was er weglässt. So kann ein Foto einer leeren Straße den Eindruck einer verlassenen Stadt erwecken, obwohl sich nur wenige Meter weiter eine belebte Fußgängerzone befindet.

Bearbeitung mit Bildbearbeitungssoftware

Moderne Bildbearbeitungsprogramme ermöglichen es, Fotos umfassend zu verändern. Farben können angepasst, Elemente hinzugefügt oder entfernt und ganze Szenen neu zusammengesetzt werden. Was früher aufwendige Handarbeit war, lässt sich heute mit wenigen Mausklicks erledigen.

KI-generierte Inhalte

Künstliche Intelligenz (KI) hat die Möglichkeiten der Bildmanipulation revolutioniert. KI-Systeme können heute täuschend echte Bilder und Videos von Personen, Orten oder Ereignissen erzeugen, die in Wirklichkeit nie existiert haben. Diese sogenannten „Deepfakes" stellen eine besondere Herausforderung dar, da sie oft selbst für Experten schwer zu erkennen sind.

Manipulation von Ton und Stimme

Nicht nur das Visuelle, auch der Ton in Videos kann manipuliert werden. Stimmen lassen sich synthetisch erzeugen oder verändern, sodass Personen Dinge zu sagen scheinen, die sie nie gesagt haben. Diese Technologie kann missbraucht werden, um falsche Aussagen oder Nachrichten zu verbreiten.

Folgende Hinweise helfen dir dabei, eventuelle Manipulationen in Bildern und Videos aufzuspüren:

Schritt 1 **Erste Sichtung: Den Gesamteindruck erfassen**	■ Wirkt das Bild oder Video auf den ersten Blick authentisch? ■ Fallen sofort Unstimmigkeiten auf? ■ Welche Emotionen oder Reaktionen löst das Material bei dir aus?
Schritt 2 **Detailanalyse: Genau hinschauen**	■ unnatürliche Beleuchtung, Schatten oder Farbübergänge ■ verzerrte Proportionen oder fehlerhafte Perspektiven ■ Bildqualität oder verschwommene Kanten ■ wiederholte Muster oder unlogische visuelle Elemente ■ bei Videos: unnatürliche Bewegungen oder Lippensynchronisation ■ Bildstörungen (Artefakte) oder unrealistische Details
Schritt 3 **Kontext prüfen: Hintergrundinformationen sammeln**	■ Wo wurde das Bild oder Video zuerst veröffentlicht? ■ Gibt es andere Quellen, die den Inhalt bestätigen oder widerlegen? ■ Passt der Inhalt zum angegebenen Entstehungszeitpunkt und -ort?
Schritt 4 **Onlinetools nutzen: Einfache technische Überprüfung**	■ Kannst du mit einer Rückwärtsbildsuche (z. B. Google Bilder) die Originalquelle finden? ■ Zeigen EXIF-Viewer (online verfügbar) auffällige Metadaten des Bildes? ■ Gibt es kostenlose Onlinedienste, die bei der Erkennung von Deepfakes helfen?

1 – Sowjetische Flagge auf dem Reichstag am 2. Mai 1945. Retuschiertes Foto des Fotografen Jewgeni Chaldei.

M1 Gefahren der Bildmanipulation

Die Möglichkeiten zur Manipulation von Bild- und Videomaterial bergen erhebliche Risiken:

Verbreitung von Falschinformationen: Manipulierte Medien können genutzt werden, um gezielt Fehlinformationen zu verbreiten und die öffentliche Meinung zu beeinflussen.

Rufschädigung/Mobbing: Gefälschte Bilder oder Videos können den Ruf von Personen oder Organisationen nachhaltig schädigen.

Politische Manipulation: In Wahlkämpfen oder politischen Debatten können manipulierte Medien eingesetzt werden, um Menschen zu täuschen.

Verlust von Vertrauen: Je mehr manipulierte Inhalte im Umlauf sind, desto schwieriger wird es, echten Bildern und Videos zu vertrauen.

Verzerrtes Selbstbild: Stark bearbeitete Bilder und Videos in sozialen Medien können die Wahrnehmung von sich selbst negativ beeinflussen und unzufrieden machen.

❶ 🖥 Sieh dir Bild 1 genau an und lies das Lösungsbeispiel dazu. Recherchiere zu den Hintergründen: Warum wurde die Armbanduhr an der rechten Hand herausretuschiert? Warum wurden Rauchwolken hineinmontiert? Was kannst du noch zur Entstehung dieses Fotos herausfinden?

❷ 🖥 Nenne zu jedem der Risiken in M1 jeweils drei Beispiele.

❸ 🖥 Tut euch zu zweit zusammen und recherchiert im Internet bekannte Deepfakes. Teilt sie mit eurer Lerngruppe und analysiert, wie hier manipuliert wurde und diskutiert, warum.

Lösungsbeispiel Bild 1:

Das nicht retuschierte Original des Bilds findest du zum Beispiel hier: https://de.wikipedia.org/wiki/Auf_dem_ Berliner_Reichstag,_2._Mai_1945#/media/ Datei:Raising_a_flag_over_the_Reichstag.jpg

Zum Schritt 1:

Das Bild wirkt authentisch und emotional stark. Es vermittelt ein Gefühl von Triumph und historischer Bedeutung. Keine offensichtlichen Unstimmigkeiten fallen sofort auf.

Zum Schritt 2:

Die Rauchwolken erscheinen sehr dramatisch, fast zu perfekt platziert. Die Beleuchtung und Kontraste wirken teilweise unnatürlich intensiv. Bei genauer Betrachtung des rechten Handgelenks des Soldaten unten rechts fällt eine unnatürliche Glättung auf, die auf eine mögliche Retusche hindeutet. Diese Stelle wirkt im Vergleich zum Rest des Bildes auffällig makellos.

Zum Schritt 3:

Das Bild wurde als Darstellung der Eroberung des Reichstags durch sowjetische Truppen veröffentlicht. Der Kontext passt zum Bildinhalt. Historische Quellen bestätigen das Ereignis, erwähnen aber auch die nachträgliche Bearbeitung des Fotos: Rauchwolken wurden hineinmontiert, eine von zwei Armbanduhren des Soldaten unten recht herausretuschiert.

Zum Schritt 4:

Eine Rückwärtsbildsuche führt zu zahlreichen Quellen, die die Geschichte und Bedeutung des Bildes diskutieren, einschließlich seiner Manipulation. EXIF-Daten sind aufgrund des Alters nicht verfügbar. Deepfake-Erkennungstools sind hier nicht anwendbar.

US ARMY CHECKPOINT

6 Die Konfrontation der Systeme

Sowjetische und US-amerikanische Panzer am 27. Oktober 1961 am Grenzübergang Checkpoint Charly in Berlin an der Friedrichstraße: Nach dem Zweiten Weltkrieg bis 1990 standen sich die beiden Supermächte USA und Sowjetunion feindlich gegenüber. Da es aber nicht zu einer direkten militärischen Konfrontation kam, bezeichnet man diese Zeit auch als „Kalten Krieg". Dabei standen die USA für Freiheit, Demokratie und Marktwirtschaft, die Sowjetunion für Unfreiheit, Kommunismus und Planwirtschaft.
Brennpunkt des Kalten Krieges war Europa, besonders Deutschland. Der Osten des Kontinents stand dabei unter der Vorherrschaft der Sowjetunion, der Westen unter dem Einfluss der Vereinigten Staaten von Amerika.
Wie kam es zu dieser Konfrontation und wodurch war sie gekennzeichnet?

6 Die Konfrontation der Systeme

1 – Weltweite Blockbildung nach dem Zweiten Weltkrieg.

Im Februar 1945 beschlossen die Siegermächte USA, Sowjetunion und Großbritannien auf der Konferenz von Jalta am Schwarzen Meer noch gemeinsam die Aufteilung Deutschlands in zunächst drei Besatzungszonen. Vom Ost-West-Konflikt war also am Ende des Zweiten Weltkriegs noch nicht viel zu spüren. Dies änderte sich rasch nach der bedingungslosen Kapitulation Deutschlands am 8./9. Mai 1945. Die Westalliierten, insbesondere die USA, kamen zu der Überzeugung, dass die Sowjetunion eine aggressive und expansive Politik gegenüber dem Westen verfolge. Dies führte 1947 zu einer Konfrontation der Systeme, die die zweite Hälfte des 20. Jahrhunderts in der Außen- und Sicherheitspolitik weltweit bestimmte. Es kam allerdings nie zu einer direkten militärischen Auseinandersetzung zwischen USA und Sowjetunion, sondern nur zu sogenannten Stellvertreterkriegen wie dem Koreakrieg, dem Vietnamkrieg und dem Afghanistankrieg.

Bei der Arbeit mit diesem Kapitel kannst du dich mit folgenden Fragen beschäftigen:

- Welche Auswirkungen hatte die Zeit des Nationalsozialismus auf Nachkriegsdeutschland?
- Welche Rolle spielten die Parteien in der West- und in der Ostzone?
- Wie kam es zur Gründung von BRD und DDR?
- Warum banden sich die BRD an die Westmächte und die DDR an die Sowjetunion?
- Warum wurden die beiden deutschen Staaten durch eine Mauer getrennt?
- Wovon war der Alltag in beiden deutschen Staaten geprägt?
- Wie war die Verbundenheit zwischen den Menschen in beiden deutschen Staaten?
- Wie kam es zur Wiedervereinigung Deutschlands?
- Wie kann man gewinnbringend Propagandaplakate untersuchen?

1945	1947–1989	1949	1961	1989
Ende des Zweiten Weltkriegs	Kalter Krieg	Gründung zweier deutscher Staaten	Mauerbau in Berlin	Fall der Mauer

Opa, sag mal ...

Opa: Hallo, Stella! Wir haben uns ja lange nicht gesehen.

Stella: Das stimmt, Opa. Aber eigentlich fand ich die Herbstferien viel zu kurz. Ich war doch eine Woche im Erlebniscamp.

Opa: Stimmt, wie war's denn?

Stella: Es war richtig toll. Endlich mal einen Urlaub ohne Eltern! Jeden Abend konnte man bis Mitternacht aufbleiben. Meine Mädels und ich haben nach Sternbildern geschaut. Dabei ist uns ein ganz besonderes Objekt aufgefallen: Es hat sich relativ schnell bewegt und war heller als die übrigen Sterne. Wir dachten erst, es wäre eine Sternschnuppe.

Opa: Ach, da habt ihr bestimmt die ISS gesehen.

Stella: Was haben wir gesehen, Opa?

Opa: Die internationale Raumstation wird auch ISS genannt. Das ist quasi der Außenposten der Menschheit im Weltall. Dort sind viele Kosmonauten, die verschiedene Sachen in der Schwerelosigkeit erforschen.

Stella: Du meinst bestimmt Astronauten, Opa! Von Kosmonauten habe ich ja noch nie was gehört!

Opa: Eigentlich meint man mit beiden Begriffen dasselbe: eine Person, die eine Expedition im Weltall unternimmt. Zu Zeiten des Kalten Krieges, also in den 1960er-Jahren, gab es eine Art Wettkampf zwischen der Sowjetunion und den USA. Dabei ging es darum, wer als Erster den Weltraum entdeckt. Um beide Parteien zu unterscheiden, nutzte man die verschiedenen Begriffe: Kosmonauten waren die Teilnehmer des russischen Programms, als Astronauten wurden die Raumfahrer der USA bezeichnet. Noch heute gibt es diese sprachliche Unterscheidung.

Stella: Aber Opa, es sind doch noch mehr Nationalitäten im All, zum Beispiel war Alexander Gerst aus Deutschland im Weltraum.

Opa: Da hast du recht, meine Schlaumaus! Heute gibt es diesen Wettstreit gegeneinander nicht mehr. Ganz im Gegenteil, man arbeitet und forscht gemeinsam. Weißt du eigentlich, dass der erste Deutsche im Weltall aus Sachsen kam?

Stella: Echt Opa, wann war das denn?

Opa: Am 26. August 1978! Und kannst du dir auch denken, warum ich das so genau weiß?

Stella: Mensch Opa, das ist doch genau Onkel Andreas' Geburtstag!

Opa: Richtig! Weißt du übrigens, dass seit 2016 ein Ostdeutscher permanent auf der ISS ist?

Stella: Jetzt veralberst du mich aber! So lange kann doch kein Mensch im Weltall bleiben.

Opa: Ich habe nicht von einem Menschen gesprochen, sondern vom Nussknacker Wilhelm aus Seiffen in Sachsen.

Stella: Ach du wieder, Opa! Zum Glück sind die Ferien um und ich erfahre solch verrückte Sachen von dir!

---

❶ ▄ Orientiert euch mit der Karte über die Konfliktherde nach 1945.

❷ ▄ Berichtet mithilfe der Zeitleiste, was ihr schon über die Zeit von 1945 bis 1989 wisst.

❸ ▄ Lest den Einführungstext mit verteilten Rollen.

❹ ▄ Informiert euch genauer über den Begriff „Kalter Krieg".

❺ ▄ Erklärt den Unterschied zwischen Kosmonaut und Astronaut. Recherchiert, was unter einem Taigonaut zu verstehen ist. Stellt die Unterschiede in einer Tabelle dar.

Der Kalte Krieg

Wie kam es zum Kalten Krieg und zur Blockbildung?

Legende

Westliches Bündnissystem
Nordatlantikpakt (NATO) 1949:
- Voll integrierte Mitgliedsstaaten
- Mitgliedsstaaten ohne militärische Integration
- *1955* Beitrittsjahr nach Gründung

Östliches Bündnissystem
Warschauer Pakt 1955–1991:
- Sowjetunion
- Übrige Mitgliedsstaaten
- *1956* Beitrittsjahr nach Gründung
- Truppenstationierungsvertrag mit der Sowjetunion
- ★*1953* Intervention sowjetischer Truppen
- „Eiserner Vorhang"

500 km
Maßstab

1 – Blockbildung in Europa nach dem Zweiten Weltkrieg.

---

* Investitionsgüter sind Güter, die nicht zum unmittelbaren Endverbrauch bestimmt sind, sondern zur Güterherstellung eingesetzt werden wie Maschinen, technische Anlagen oder Fahrzeuge.

Das Anti-Hitler-Bündnis zerfällt

Im Zweiten Weltkrieg hatten die USA, Großbritannien und die Sowjetunion das gemeinsame Ziel, das nationalsozialistische Deutschland zu besiegen. Aber schon auf den Konferenzen der Verbündeten in Teheran im November/Dezember 1943 und in Jalta im Februar 1945 wurden die Uneinigkeit und die wachsenden Spannungen zwischen den drei Mächten deutlich. Die USA und Großbritannien mussten feststellen, dass die sowjetischen Truppen in den von ihnen besetzten Staaten Osteuropas kommunistisch orientierte Regierungen einsetzten und in anderen Ländern kommunistische Gruppen unterstützte. Das geschah gegen alle Absprachen.

Kalter Krieg

Der Konflikt zwischen der Sowjetunion und den westlichen Siegermächten wurde immer deutlicher. Jedoch vermieden beide Seiten einen offenen Krieg. Man sprach von einem „Kalten Krieg", weil es zahlreiche Konflikte gab, die jedoch nicht zu einem offenen Krieg der beiden Großmächte führten. Der Kalte Krieg führte zur Teilung Europas in einen sowjetischen und einen westlichen Einflussbereich. Diese Trennungslinie verlief auch mitten durch Deutschland und wurde „Eiserner Vorhang" genannt. Erst 1990 wurde der Kalte Krieg beendet und die Teilung Europas aufgehoben.

Sowjetisierung Osteuropas

Von 1945 bis 1948 schloss die UdSSR Freundschafts- und militärische Beistandsverträge mit Polen, Rumänien, Ungarn, Bulgarien, Jugoslawien und der Tschechoslowakei. Dadurch entstand der „Ostblock". Dies war ein politisches Bündnis, in dem die Sowjetunion die allein bestimmende Macht war. Jugoslawien wurde 1949 aus diesem Bündnis ausgeschlossen, weil es sich weigerte, die Vorherrschaft der Sowjetunion anzuerkennen.

Der Marshallplan

Präsident Truman kündigte 1947 im US-Kongress an, alle Völker zu unterstützen, die sich für das westliche System der Demokratie mit freien Wahlen, Grundrechten und der Marktwirtschaft entscheiden würden. Mit einem groß angelegten Hilfsprogramm setzten die USA diese Politik um. Die amerikanische Hilfe bestand aus langfristigen Krediten sowie aus der Lieferung von *Investitionsgütern und Lebensmitteln. In heutigen Preisen hatten sie einen Umfang von 100 Milliarden Dollar. Das Hilfsprogramm wurde nach dem damaligen US-Außenminister Marshall benannt. Die Sowjetunion sah in dem Plan ein Instrument des Kalten Krieges und verbot den Staaten in ihrem Herrschaftsbereich die Teilnahme.

2 – Karikatur aus der sowjetischen Zeitschrift „Krokodil", 1947. Abgebildet sind (von oben nach unten) Uncle Sam, der britische Außenminister Ernest Bevin, der französische Außenminister Robert Schuman und die Außenminister der Beneluxstaaten. Auf dem Vertrag steht „Nordatlantischer Pakt".

Q1 Aus der Rede des US-Präsidenten Truman vor dem Kongress, 12. März 1947:

In jüngster Zeit wurden Völkern einer Anzahl von Staaten gegen ihren Willen totalitäre Regierungsformen aufgezwungen. (...) Zum gegenwärtigen Zeitpunkt der Weltgeschichte muss fast jede Nation zwischen alternativen Lebensformen wählen. (...) Die eine Lebensform gründet sich auf den Willen der Mehrheit und ist gekennzeichnet durch freie Institutionen, repräsentative Regierungsform, freie Wahlen, Garantien für persönliche Freiheit, Rede- und Religionsfreiheit und Freiheit von politischer Unterdrückung. Die andere Lebensform gründet sich auf den Willen einer Minderheit, den diese der Mehrheit gewaltsam aufzwingt. Sie stützt sich auf Terror und Unterdrückung, auf die Zensur von Presse und Rundfunk, auf manipulierte Wahlen und auf den Entzug der persönlichen Freiheit.

Q2 Aus der Erklärung der Kommunistischen Informationskonferenz zur internationalen Lage, September 1947:

Auf der einen Seite strebte (nach dem Zweiten Weltkrieg) die Politik der UdSSR und der demokratischen Länder nach der Überwindung des Imperialismus und der Konsolidierung (Festigung) der Demokratie. Auf der anderen Seite strebte die Politik der Vereinigten Staaten und Großbritanniens nach der Stärkung des Imperialismus und der Abwürgung der Demokratie. (...)

So sind zwei Lager entstanden: das imperialistische, antidemokratische Lager (...) und das antiimperialistische, demokratische Lager. (...) Der Kampf zwischen den beiden entgegengesetzten Lagern (...) vollzieht sich unter den Bedingungen einer weiteren Verschärfung der Krise des Kapitalismus (...) und der Festigung der Kräfte des Sozialismus und der Demokratie. (...) Die Nationen der Welt wünschen keinen Krieg. (...) Daher müssen die kommunistischen Parteien den Widerstand gegen die Pläne der imperialistischen Aggression und Expansion in jeder Hinsicht leiten, sei es nun auf der staatlichen, der politischen, der wirtschaftlichen oder ideologischen Linie.

❶ Erläutere anhand von Karte 1 und des Textes, welche Staaten sich nach 1945 als Blöcke gegenüberstanden.

❷ Fasse anhand des Textes die Ursachen zusammen, die zu dieser Blockbildung führten.

❸ Nenne anhand des Textes die Motive der USA für den Marshallplan.

❹ Partnerarbeit: Beschreibt arbeitsteilig die Nachkriegskonzeptionen der USA und der Sowjetunion (Q1, Q2). Vergleicht diese Konzeptionen und nehmt Stellung dazu.

❺ Interpretiere die Karikatur Bild 2. Formuliere einen passenden Titel und beurteile, ob sie die Hintergründe der Blockbildung zutreffend charakterisiert.

Methode

Untersuchung von Propagandaplakaten

Der Kalte Krieg war auch „ein Krieg der Bilder". Die beiden Supermächte und ihre jeweiligen Verbündeten verteidigten ihre Weltsicht mittels Propaganda. Da es noch kein Internet gab, waren politische Plakate ein geeignetes Medium.

Plakate richten sich zumeist in großer Stückzahl an ein breites Publikum. Sie sollen nicht nur informieren und werben, sondern auch – und das vor allem – Zustimmung einfordern, Gegner diffamieren und zur Aktion bewegen. Um möglichst rasch den oberflächlichen und uninteressierten Betrachter zu erreichen, müssen sie Aufmerksamkeit hervorrufen. Entsprechend auffällig, eingängig und wirkungsvoll müssen sie gestaltet sein. Auf einem politischen Plakat werden die Inhalte deshalb häufig auf ein Symbol, einen kurzen Text oder eine zugespitzte Überschrift bzw. Aufforderung (Slogan) reduziert. Die Gestaltung ist dabei so angelegt, dass die Botschaft vom Betrachter schnell zu verstehen ist. Plakate des Kalten Krieges übermittelten vorrangig Feindbilder, von denen sich viele aufgrund ungenauer Kenntnis und vorschneller Bewertungen in den Köpfen der Bevölkerung festsetzten. Die Wirkung von Plakaten ist allerdings umstritten, aber sie geben Aufschluss über das Selbstverständnis einer Partei, eines Landes oder eines Bündnisses. Daher sind Plakate eine wichtige historische Quelle.

Auf dieser Seite erlernst du die Methode „Plakate untersuchen".

Folgende Schritte helfen dir, ein Plakat zu untersuchen:

Schritt 1 **Den ersten Eindruck festhalten und das Plakat beschreiben**	■ Was sind deine ersten Eindrücke? Wie wirkt das Plakat auf dich? ■ Welche Elemente bestimmen das Plakat? ■ Welche Details sind zu erkennen (Personen, Symbole, Gebäude, Gegenstände)? ■ Welche besonderen Merkmale enthält die Darstellung (Farben, Schrift, Größenverhältnisse, Vorder-/Hintergrund, Verhältnis von Bild und Text)?
Schritt 2 **Das Plakat einordnen**	■ Wer hat das Plakat in Auftrag gegeben? ■ Wann ist das Plakat erschienen? ■ Warum wurde es veröffentlicht? ■ Worauf soll das Plakat aufmerksam machen? ■ An wen richtet sich das Plakat?
Schritt 3 **Das Plakat deuten**	■ In welchem (historischen) Zusammenhang ist das Plakat entstanden? ■ Welche Bedeutung haben die einzelnen Gestaltungsmittel? ■ Was ist die zentrale Aussage (Botschaft) des Plakats?
Schritt 4 **Das Plakat beurteilen**	■ Welche Wirkung soll erreicht werden? ■ Was sagt das Wahlplakat über die Menschen und ihre Situation damals aus?

❶■ Sieh dir das Vorgehen bei der Untersuchung des 1. Plakats an (s. S. 211).

❷■ Bearbeite nach den vorgegebenen Schritten Plakat 2.

❸■ Stelle die Aussagen der beiden Plakate gegenüber und vergleiche sie. Wie wird der Gegner dargestellt, wie das eigene Lager?

❹■ Bewerte die Plakate und ihre Aussagen. Ziehe dabei alle Informationen aus diesem Buch zum Thema „Kalter Krieg" hinzu.

1 – Plakat aus der Bundesrepublik Deutschland, 1952.
Hinweis: Die sozialistischen und kommunistischen Bewegungen und Staaten wählten die rote Fahne zu ihrem Symbol, z. B. die Flagge der Sowjetunion.

2 – Plakat aus der DDR, 1950.
Hinweis: Im Mai 1950 wurden im Südwesten und Norden der DDR massenhaft Kartoffelkäfer auf den Feldern entdeckt, die die Ernte bedrohten. Zehntausende DDR-Bürger wurden zum Aufsammeln der Käfer aufs Land geschickt.
Zum Begriff „Sabotage": Er meint eine absichtliche und planmäßige Störung bzw. Behinderung eines wirtschaftlichen oder militärischen Prozesses.

Lösungsbeispiel Plakat 1

Zum Schritt 1:
Notiere Gedanken, die dir spontan einfallen, z. B. blühende Bäume, viel rote Farbe, Loch in der Mauer wird mit Deutschland geschlossen.

Zum Schritt 2:
– Die Auftraggeber des Plakats sind nicht bekannt.
– Möglicher Auftraggeber ist die Bundesregierung.
– Das Plakat ist im Jahr 1952 erschienen, nach der **doppelten** deutschen Staatgründung (1949).
– Das Plakat wurde veröffentlicht, um auf die Bedrohung durch die Sowjetunion aufmerksam zu machen.
– Es richtet sich an die Bevölkerung.

Zum Schritt 3:
Das Plakat ist in der Zeit des Kalten Krieges entstanden. Der Westen und der kommunistische Ostblock standen sich gegenüber. Der Westen fürchtete eine Invasion des Ostblocks, vor allem der Sowjetunion. Da die einzelnen Staaten zu schwach waren, müsse eine gemeinsame und geschlossene Abwehrfront aufgebaut werden.

Die rote Flüssigkeit symbolisiert die „rote Flut", die Westeuropa zu überschwemmen drohte. Die gemeinsame Mauer soll das blühende Land hinter ihr schützen und verhindern, dass dieses durch den Kommunismus zerstört wird.

Die zentralen Aussagen sind:
– Europäische Staaten und USA, stoppt die kommunistische Invasion!
– Deutschland, das noch keine eigene Armee hatte, muss in diese Abwehrfront eingegliedert werden.

Zum Schritt 4:
Das Plakat soll die Bevölkerung aufrütteln und auf eine drohende Gefahr aufmerksam machen. Es spricht die Menschen an, die im Kalten Krieg leben und mit der Zweiteilung Europas zurechtkommen müssen. Darüber hinaus spricht das Plakat den Umstand an, dass die Bundesrepublik noch keine eigene Armee besitzt, also noch nicht „wiederbewaffnet" ist, was für die Verteidigungsbereitschaft Europas ungünstig ist.

Warum wurden NATO und Warschauer Pakt gegründet?

1 – Der Führer der tschechischen Kommunisten Klement Gottwald verkündet die Machtübernahme der rein kommunistischen Regierung und die Zusammenarbeit mit der Sowjetunion, Prag, 21.02.1948. Foto.

Die Gründung der NATO

Letzter Anlass für die Westmächte zur Gründung der NATO waren die Vorgänge in der Tschechoslowakei im Jahr 1948. Dort regierte seit 1945 eine Koalitionsregierung aus Kommunisten und bürgerlichen Politikern unter einem kommunistischen Ministerpräsidenten. Als diese Regierung beabsichtigte, sich am Marshallplan zu beteiligen, drängte die Sowjetunion darauf, sie im März 1948 durch eine rein kommunistische Regierung zu ersetzen. Die nicht-kommunistischen Parteien wurden auf-gelöst. Die Macht lag nun allein bei der kommunistischen Partei.

Die Gründung der NATO

Die Vorgänge in der Tschechoslowakei, insbesondere aber die *Berlin-Blockade 1948/49 veranlassten die Westmächte, ein Verteidigungsbündnis zu schließen. Am 4. April 1949 kam es in Washington zur Gründung der NATO (North Atlantic Treaty Organization). Unter Führung der USA schlossen sich zehn westeuropäische Staaten, Kanada und die USA zusammen. 1952 traten die Türkei und Griechenland bei, 1955 auch die Bundesrepublik Deutschland.

Die Gründung des Warschauer Pakts

Besonders die Aufnahme der Bundesrepublik und die mit der Erlangung der Souveränität verbundene Wiederbewaffnung 1955 (Pariser Verträge) veranlassten die Sowjetunion ihrerseits, ein Bündnis zu schließen. So wurde am 14. Mai 1955 zwischen der Sowjetunion und sieben sozialistischen Staaten der Warschauer Vertrag (auch: Warschauer Pakt) unterzeichnet. Jugoslawien war kein Mitglied des Paktes, Albanien trat 1968 aus. Der Warschauer Pakt schrieb die Vorherrschaft der Sowjetunion im sozialistischen Lager fest. Er bestand bis zum 1. Juli 1991, als er sich nach dem Scheitern des realen Sozialismus auflöste.

Die Breschnew-Doktrin

Für die zusätzliche Verschärfung der Beziehungen zwischen NATO und Warschauer Pakt sorgte die sogenannte Breschnew-Doktrin vom 12. November 1968. Sie war benannt nach dem sowjetischen Parteivorsitzenden und Staatspräsidenten Leonid Breschnew. Mit ihr wurde die „begrenzte Souveränität sozialistischer Länder" festgelegt. Damit behielt sich die Sowjetunion das Recht vor, in solchen Staaten militärisch einzugreifen, in denen der Sozialismus durch einen Umsturzversuch gefährdet war. Die Doktrin schränkte somit das Selbstbestimmungsrecht der Ostblockstaaten ein. Sie kam erstmalig 1968 zur Anwendung, als Truppen des Warschauer Pakts in der Tschechoslowakei einmarschierten, um die Reformbewegung *„Prager Frühling" zu unterbinden, die dem sozialistischen Regime gefährlich werden konnte. Unabhängig davon hatten Truppen des Warschauer Pakts 1956 in Ungarn und 1953 die sowjetische Armee in der DDR einen Aufstand niedergeschlagen.

Q1 Im NATO-Vertrag vom 4. April 1949 heißt es:

(...) §5 Die Parteien vereinbaren, dass ein bewaffneter Angriff gegen eine oder mehrere von ihnen in Europa oder Nordamerika als ein Angriff gegen sie alle angesehen wird. (...)

Q2 Aus einer Rede des Generalsekretärs des ZK der KPdSU, Leonid Breschnew, 12. November 1968:

(...) Die Kräfte des Imperialismus und der Reaktion trachten danach, die Völker einmal des einen und dann des anderen sozialistischen Landes ihres erkämpften souveränen Rechts zu berauben, den Aufstieg ihres Landes, das Wohlergehen und das Glück der breiten Massen der Werktätigen durch die Errichtung einer von jeder Unterdrückung und Ausbeutung freien Gesellschaft zu sichern. Und wenn das sozialistische Lager den Anschlägen auf dieses Recht gemeinsam Paroli bietet, stimmen die bürgerlichen Agitatoren ein Geschrei an über „Schutz der Souveränität" und über „Nichteinmischung".

Es liegt auf der Hand, dass dies reiner Betrug und Demagogie ist. Tatsächlich geht es diesen Schreihälsen nicht um die Wahrung, sondern gerade um die Vernichtung der sozialistischen Souveränität. Es ist bestens bekannt, dass die Sowjetunion manches für die reale Stärkung der Souveränität und Selbstständigkeit der sozialistischen Länder getan hat. Die KPdSU setzte sich immer dafür ein, dass jedes sozialistische Land die konkreten Formen seiner Entwicklung auf dem Wege zum Sozialismus unter Berücksichtigung der Eigenart seiner nationalen Bedingungen selbst bestimmte.

Aber bekanntlich, Genossen, gibt es auch allgemeine Gesetzmäßigkeiten des sozialistischen Aufbaus und ein Abweichen von diesen Gesetzmäßigkeiten könnte zu einem Abweichen vom Sozialismus im Allgemeinen führen. Und wenn innere und äußere dem Sozialismus feindliche Kräfte die Entwicklung eines sozialistischen Landes

von der Sowjetunion besetzt und kontrolliert	
	Bevölkerung in Mio.
Sowjetische Besatzungszone Deutschlands (SBZ)	18,8
Polen *einschließlich der unter polnischer Verwaltung stehenden deutschen Gebiete*	26,5
Tschechoslowakei	12,5
Teil Österreichs	4,1
Ungarn	9,8
Rumänien	16,1
Bulgarien	7,2
Jugoslawien *nicht von der UdSSR besetzt, 1948 aus der Kominform ausgeschlossen*	18,0
Albanien *nicht von der UdSSR besetzt*	1,2
insgesamt	114,0 auf 1 312 736 qkm

annektiert oder unter sowjetischer Verwaltung	
	Bevölkerung in Mio.
Teile Finnlands	0,5
Estland	1,1
Lettland	2,0
Litauen	3,0
Teil Ostpreußens	1,2
Teil Polens	11,8
Teil der Tschechoslowakei	0,7
Teil Rumäniens	3,7
insgesamt	24,0 auf 475 300 qkm

2 – Sowjetische Machtausdehnung in Europa 1940–1948.

zu wenden und auf eine Wiederherstellung der kapitalistischen Zustände zu drängen versuchen, wenn also eine ernste Gefahr für die Sache des Sozialismus in diesem Lande, eine Gefahr für die Sicherheit der ganzen sozialistischen Gemeinschaft entsteht – dann wird dies nicht nur zu einem Problem für das Volk dieses Landes, sondern auch zu einem gemeinsamen Problem, zu einem Gegenstand der Sorge aller sozialistischen Länder.

❶ Erläutere, warum es zur Gründung der NATO kam.

❷ Gib Artikel 5 des NATO-Vertrages mit eigenen Worten wieder. Warum hat dieser Paragraf so große Bedeutung für das Bündnis?

❸ Recherchiere, warum Jugoslawien dem Warschauer Pakt nicht beigetreten und Albanien wieder ausgetreten ist.

❹ Untersuche M3:
   a) Beschreibe und bewerte die Haltung Breschnews zu den westlichen Staaten.
   b) Beschreibe und bewerte die Einschränkung der sozialistischen Staaten durch Breschnew. Welche Folgen hatte sie?

❺ Untersuche die Ziele der Sowjetunion unter Stalin anhand der Karte (Bild 2).

▶ Video

Welche Folgen hatte das Wettrüsten?

1 – „Das Veto der Bombe". Bildunterschrift: „Es wird hier dauernd vom Frieden gesprochen – meine Herren, der Friede bin ich." Karikatur aus dem „Simplicissimus" vom 19.05.1956.

* **Stellvertreterkriege** bezeichnen bewaffnete Auseinandersetzung zwischen kleineren Staaten, die zum Einflussbereich jeweils verschiedener Großmächte gehören und gleichsam stellvertretend für diese die Auseinandersetzung führen.

Atomares Wettrüsten und *Stellvertreterkriege

Nach der Gründung des Warschauer Pakts kam es zu einem Wettrüsten zwischen den beiden Machtblöcken, das Jahrzehnte dauerte. Die USA waren von 1945 bis 1949 im alleinigen Besitz der Atombombe; ab 1949 verfügte auch die Sowjetunion darüber. Mit dem Start des ersten sowjetischen Satelliten „Sputnik" 1957 zog die Sowjetunion im Rüstungswettlauf gleich („Sputnik-Schock"). NATO und Warschauer Pakt bedrohten sich nun gegenseitig mit Raketen, die mit atomaren Sprengköpfen bestückt werden konnten. Es bestand die Gefahr, dass sie sich gegenseitig und gleichzeitig durch einen Atomkrieg vernichten. In dieser Phase des Wettrüstens kam es in

Asien dennoch zu sogenannten Stellvertreterkriegen. Im Koreakrieg (1950–1953) unterstützte die Sowjetunion das kommunistische Nordkorea, die USA dagegen das westlich orientierte Südkorea. Auch im Vietnamkrieg (1955–1975) wurden die entsprechend orientierten Landesteile von der USA und der Sowjetunion unterstützt. Die sowjetische Besetzung Afghanistans (1979–1989) weitete sich durch die Unterstützung von islamischen Oppositionsgruppen durch die USA zu einem Stellvertreterkrieg aus.

Konfrontation und Entspannung

Die Sowjetunion hatte in Osteuropa zahlreiche nukleare Mittelstreckenraketen stationiert, die die europäischen NATO-Staaten bedrohten. In der zweiten Hälfte der 1970er-Jahre weigerte sie sich, diese Raketen abzubauen. Daraufhin erhöhte US-Präsident Ronald Reagan 1981 die Militärausgaben und beschleunigte die Entwicklung des weltraumgestützten Raketenabwehrsystems SDI (Strategic Defense Initiative). Diese amerikanische Politik der Stärke verschärfte während der 1980er-Jahre den Rüstungswettlauf derart, dass er für die Sowjetunion wirtschaftlich ruinös wurde. Darum leitete Michael Gorbatschow, der 1985 in der Sowjetunion die Führung übernahm, eine neue Entspannungspolitik ein. Diese Entschärfung des Konflikts erleichterte es den USA, seit Mitte der 1980er-Jahre wieder zur Kooperation zurückzukehren.

Wettrüsten und Verhandeln

Nachdem die Kubakrise 1962 (s. S. 216/217) gelöst war, begannen Abrüstungsgespräche mit dem Ziel, die Gefahr eines Atomkriegs zu vermeiden. Lange Zeit blieben solche Verhandlungen erfolglos oder wurden in aktuellen Krisen zwischen den Großmächten ganz unterbrochen. Dies geschah, als die Sowjetunion Ende 1979 in Afghanistan einmarschierte, um die dortigen kommunistischen Gruppen im Bürgerkrieg zu unterstützen.

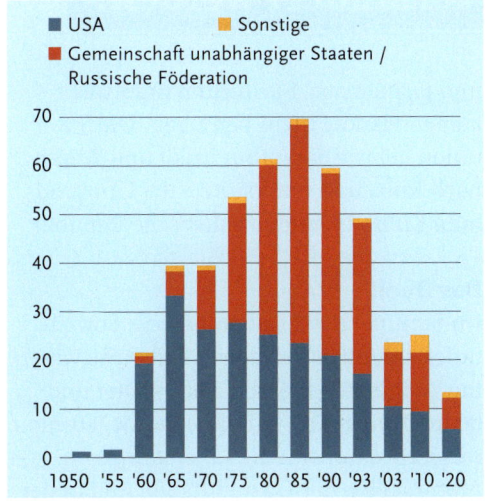

2 – Zahl der weltweit vorhandenen nuklearen Sprengköpfe 1950–2020.

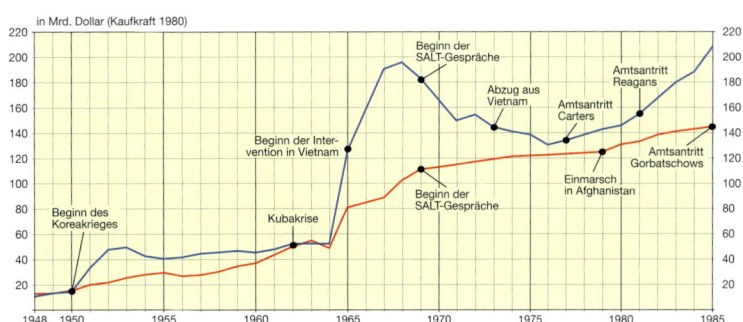

3 – Verteidigungsausgaben von USA und Sowjetunion 1945–1985. USA = blaue Linie, Sowjetunion = rote Linie

NATO-Doppelbeschluss und Abbau der Atomraketen

Im selben Jahr (1979) fasste der Westen den NATO-Doppelbeschluss. Mit diesem wurde die Sowjetunion aufgefordert, ihre auf Westeuropa gerichteten Mittelstreckenraketen so weit abzubauen, dass sie der Zahl der westlichen Mittelstreckenraketen wieder entsprechen würden. Wenn die Sowjetunion dieser Aufforderung nicht folgen würde, wollte der Westen ab 1983 atomare Mittelstreckenraketen aufstellen, besonders in Westdeutschland.

Der Abbau der atomaren Mittelstreckenraketen wurde erst 1987 vereinbart. 1990 wurde dann in Paris ein umfangreicher Abrüstungsvertrag geschlossen, der in ganz Europa die Truppenstärke reduzierte und das Kräfteverhältnis in ein Gleichgewicht brachte (KSE-Vertrag).

M1 Die Bedeutung des Vertrags über konventionelle Streitkräfte in Europa (KSE), 1990

Der Vertrag wurde zwischen den damaligen Mitgliedsstaaten der NATO und des kurz darauf aufgelösten Warschauer Pakts geschlossen und trat 1992 in Kraft. Ziel des Vertrags war ein sicheres und stabiles Gleichgewicht der konventionellen Streitkräfte auf niedrigerem Niveau sowie die

Beseitigung der Fähigkeit zu militärischen Überraschungsangriffen und groß angelegten Offensivhandlungen in Europa.

Als großer Erfolg des Vertrages gilt die Zerstörung von rund 60 000 schweren Waffensystemen in den Vertragsstaaten bis Mitte der 1990er-Jahre, darunter Kampfpanzer, Artilleriesysteme und Kampfflugzeuge. Der KSE-Vertrag trug damit maßgeblich zur militärischen Entspannung nach Ende des Kalten Krieges bei. Das Verifikationssystem der KSE-Bestandsmeldungen und Vor-Ort-Inspektionen erhöhte die gegenseitige Transparenz und Berechenbarkeit sowie gegenseitiges Vertrauen und Zusammenarbeit.

❶▪ Interpretiere die Karikatur (Bild 1).

❷▪ Werte die Grafik (Bild 2) aus. Inwiefern kann man hier von einem „Gleichgewicht des Schreckens" sprechen?

❸▪ Untersuche den Text und erstelle eine Liste mit Argumenten für und gegen den Standpunkt „Atomares Wettrüsten: Verteidigung und Abschreckung?".

❹▪ Werte Grafik (Bild 3) aus. Inwiefern gibt sie Hinweise zum Ausgang des Wettrüstens in den 1980er-Jahren? Ziehe den Text hinzu.

❺▪ Erläutere und bewerte den NATO-Doppelbeschluss (Text) und den KSE-Vertrag (M1). Nimm Stellung zur Frage, ob diese Verträge zur Bewahrung des Friedens beigetragen haben.

Wie konnte 1962 ein Atomkrieg verhindert werden?

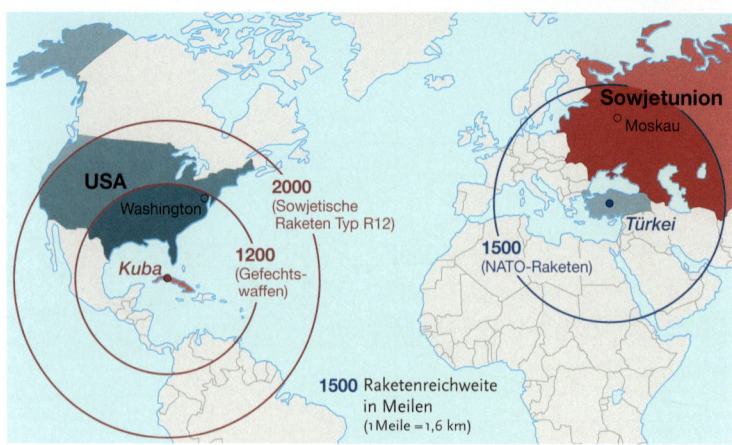

1 – Links: Reichweite sowjetischer Raketen auf Kuba 1962.
Rechts: Reichweite amerikanischer Raketen in der Türkei 1962.

❋ Kubakrise
Gefährlicher Konflikt 1961/62 zwischen den USA und der Sowjetunion. Die Sowjets wollten Atomraketen auf Kuba – sehr nah an den USA – stationieren. Die Welt stand am Rand eines Atomkriegs. Die Staatschefs verhandelten und fanden eine friedliche Lösung.

❋ Invasion in der Schweinebucht
Die Invasion in der Schweinebucht 1961 war ein von den USA organisierter militärischer Angriff von in den USA lebenden Kubanern. Ziel war der Sturz der Revolutionsregierung unter Fidel Castro. Die Invasion wurde von den Truppen Castros verhindert.

❋ Quarantäne
Dieser Begriff stammt aus dem medizinischen Bereich zur Vermeidung der Verbreitung von Krankheiten. Hier allerdings ist die mit Kriegsschiffen durchgesetzte Isolierung Kubas gemeint.

Revolution in Kuba

Der gefährlichste Zusammenstoß zwischen den beiden Großmächten USA und Sowjetunion im Kalten Krieg ereignete sich nicht in Europa, sondern 1962 vor der Küste der USA in der Nähe von Kuba. Die *❋Kubakrise* führte die Welt an den Rand eines Atomkriegs.

Kuba war seit Beginn des 20. Jahrhunderts ein selbstständiger Staat, aber wirtschaftlich und politisch von den USA abhängig. 1959 gelang es bewaffneten Untergrundkämpfern, den von den USA unterstützten Diktator Kubas, Batista, zu stürzen. Der Anführer der kubanischen Revolution war der Rechtsanwalt Fidel Castro. Er wandelte Kuba in eine sozialistische Republik um. Dazu gehörte, dass die Großgrundbesitzer enteignet wurden. Die Zuckerindustrie wurde verstaatlicht. Zuvor hatten amerikanische Firmen die kubanische Zuckerindustrie zu 70 Prozent kontrolliert. Das gesamte US-Vermögen wurde beschlagnahmt. Kuba wurde ein enger Verbündeter der Sowjetunion.

1961 unterstützten US-Soldaten den Versuch, Castro zu stürzen. Aber der Putsch während der sogenannten *❋Invasion in der Schweinebucht* misslang. In der Folge übten die USA Druck auf westliche Staaten und Firmen aus. Sie durften mit Kuba keinen Handel mehr betreiben. Die Sowjetunion lieferte daraufhin Erdöl und Waren nach Kuba und unterstützte die Umwandlung Kubas in eine sozialistische Republik.

Das Duell

Im Sommer 1962 stationierte die Sowjetunion heimlich Raketen in Kuba. Sie waren mit Atomsprengköpfen ausgestattet und bedrohten die USA direkt. Die Sowjetunion reagierte damit auf die Aufstellung von Atomraketen der USA in Italien und in der Türkei. Im Herbst 1962 fotografierten amerikanische Aufklärungsflugzeuge die sowjetischen Atomraketen auf Kuba. Hierüber informierte der amerikanische Präsident John F. Kennedy am 22. Oktober 1962 die Weltöffentlichkeit in einer Fernsehansprache.

Präsident Kennedy forderte die Sowjetunion auf, ihre Raketen wieder abzuziehen. Gleichzeitig sperrte die amerikanische Marine den Seeraum vor Kuba für sowjetische Schiffe. Die Sowjetunion protestierte gegen diese Seeblockade, ließ aber ihre mit weiteren Raketen beladenen Frachter umdrehen. Die Sowjetunion erklärte, dass jeder Angriff der USA auf Kuba einen Atomkrieg auslösen werde. Die USA erwiderten, dass nur der Abzug der Raketen aus Kuba einen Atomkrieg verhindern könne.

Konfliktlösungsversuche

Nach der Fernsehansprache Kennedys kam es zu einem Briefwechsel zwischen dem Regierungschef der Sowjetunion, Nikita Chruschtschow, und Präsident Kennedy. In weiteren Geheimverhandlungen wurde die Krise beigelegt: Die Sowjetunion zog ihre Atomraketen von Kuba ab. Die USA versicherten, Kuba nicht anzugreifen, und bauten ihre Atomraketen in der Türkei ab. Im Juni 1963 wurde ein „heißer Draht", eine direkte Fernschreibverbindung, zwischen dem Weißen Haus in Washington und dem Kreml in Moskau eingerichtet.

2 – Chruschtschow und Kennedy während der Kubakrise. Karikatur von Leslie Gilbert Illingworth in der Daily Post, Oktober 1962.

VOLGOLES ENR USSR 9 NOVEMBER

3 – Der sowjetische Frachter Volgoles transportiert Atomraketen aus Kuba zurück in die Sowjetunion. Das Schiff wird vom US-Zerstörer Vesole und einem bewaffneten amerikanischen Marineflugzeug begleitet. Foto, 09.11.1962.

Dritter Weltkrieg verhindert

Die Kubakrise hatte der ganzen Welt die Gefahr eines dritten Weltkriegs vor Augen geführt. Neuere Forschungen haben gezeigt, dass die Welt 1962 wirklich am Rande eines Atomkriegs stand. Die sowjetischen Atomraketen waren einsatzbereit, als die USA sie entdeckten. Aber auch auf amerikanischer Seite waren permanent Langstreckenbomber an den Grenzen des sowjetischen Luftraums in der Luft – mit stetig aktualisierten Ziellisten im Cockpit.

Q1 Aus dem Brief von Chruschtschow an Kennedy vom 26.10.1962:

Wenn der Präsident und die Regierung der Vereinigten Staaten zusichern würden, dass die Vereinigten Staaten sich selbst nicht an einem Angriff auf Kuba beteiligen werden und andere von solch einem Vorgehen abhalten; wenn Sie Ihre Kriegsmarine zurückrufen würden – das würde sofort alles ändern. (...) Ich schlage vor: Wir erklären unsererseits, dass unsere Schiffe mit Kurs auf Kuba keine Waffen an Bord haben. Sie erklären, dass die Vereinigten Staaten weder mit eigenen Truppen eine Invasion in Kuba durchführen werden noch andere Truppen unterstützen werden, die eine Invasion in Kuba planen könnten.

Q2 Präsident Kennedy schrieb am 27.10.1962 an Chruschtschow:

1. Sie würden sich bereit erklären, diese Waffensysteme (...) abzuziehen, und sich verpflichten, (...) die weitere Einfuhr solcher Waffensysteme nach Kuba zu unterbinden.
2. Wir (...) würden uns bereit erklären (...)
   a) die *Quarantäneanordnungen, die derzeit gelten, umgehend aufzuheben und
   b) Garantien gegen eine Invasion Kubas zu geben (...).

Wenn Sie Ihren Vertretern entsprechende Anweisungen erteilen, gibt es keinen Grund, weshalb wir nicht in der Lage sein sollten, diese Vereinbarungen innerhalb einiger Tage zustande zu bringen und sie der Welt bekannt zu geben.

❶▶ Beschreibe mithilfe des Textes und von Bild 1 die Veränderungen in Kuba seit 1959 und benenne ihre Bedeutung für die USA.

❷▶ Arbeite den Inhalt von Q1 und Q2 heraus und gib diesen in eigenen Worten wieder.

❸▶ Untersuche die Karikatur und erkläre anhand der Gestaltung und Darstellung ihre Aussage.

❹▶ Erläutere anhand deiner Ergebnisse aus den Aufgaben 2 und 3 sowie von Bild 3, wie die beiden Großmächte den Konflikt beilegten.

❺▶ Bewerte die Konfliktlösungsstrategie der USA und UdSSR mithilfe deiner Ergebnisse aus Aufgabe 4.

❻▶ Versetze dich in eine Bürgerin oder einen Bürger Westdeutschlands oder der DDR während der Kubakrise und formuliere ihre Sorgen und Ängste.

Umbruch in Osteuropa

Konnten sich Ost und West verständigen?

1 – Die KSZE-Konferenz und ihre Folgen. Karikatur von Ivan Steiger, 1975.

Der KSZE-Prozess

Die beiden Machtblöcke versuchten im Kalten Krieg immer wieder, sich über eine Zusammenarbeit zu verständigen. Die Konferenz für Sicherheit und Zusammenarbeit in Europa (KSZE) war hierfür ein wichtiger Schritt. Sie tagte auf Wunsch der Sowjetunion seit 1973 in Helsinki (Finnland). Die Teilnehmerinnen und Teilnehmer der Konferenz sollten für die europäischen Staaten in Ost und West Regeln für den Umgang miteinander erarbeiten. Die USA und die Sowjetunion waren daran beteiligt. 1975 fand die Abschlusskonferenz statt, die größte Versammlung Regierender seit dem Wiener Kongress 1815.

Die Schlussakte von Helsinki – eine Absichtserklärung ohne völkerrechtliche Verbindlichkeit – unterschied drei „Körbe" mit Zielen und Vereinbarungen: „Korb 1" umfasste die „Sicherheit" und „zehn Prinzipien für das friedliche Zusammenleben der Staaten" (Q1). „Korb 2" enthielt „Zusammenarbeit in Wirtschaft, Wissenschaft und Technik" sowie „Umweltfragen". In „Korb 3" ging es um „menschliche Kontakte", „kulturelle Zusammenarbeit" und die „Lösung humanitärer Probleme". Hier verpflichteten sich alle Staaten, Verwandtenbesuche über die Grenzen der jeweiligen Machtblöcke hinweg zu erlauben und jeder Bürgerin und jedem Bürger das Reisen zu erleichtern. Ziele waren „freiere Bewegung und Kontakte (...), sei es auf privater oder offizieller Grundlage zwischen Personen, Institutionen und Organisationen der Teilnehmerstaaten".

Die Schlussakte, mit der der Wille zum Frieden, zur Achtung der Grenzen, zum Verzicht auf Gewalt und zum Wunsch nach Ausweitung der Zusammenarbeit zwischen Ost und West zum Ausdruck gebracht wurde, fand in den westlichen Staaten nur wenig Aufmerksamkeit. Aber für die meisten Menschen in den Staaten des Ostblocks, wie z. B. der DDR, waren die Beschlüsse und die Veröffentlichung eine Sensation. Erstmals konnten sich Bürgerinnen und Bürger in den Ostblockstaaten nach Punkt 7 auf die allgemeinen Menschenrechte und die Meinungsfreiheit berufen. Wer dies tat, musste allerdings mit massiven Nachteilen und Verfolgung rechnen. Aus heutiger Sicht war die KSZE von 1975 ein wichtiger Einschnitt im Kalten Krieg. Die Bürgerrechtsbewegungen in den Ostblockstaaten konnten sich nun auf die Menschenrechte berufen und den friedlichen Wandel vorantreiben. Dieser Prozess führte 1990 mit zum Ende des Kalten Kriegs.

2 – Einige Teilnehmer der 35 Staaten der KSZE: v. l.: Helmut Schmidt (Bundesrepublik Deutschland), Erich Honecker (DDR), Gerald Ford (USA), Bruno Kreisky (Österreich). Foto, 30. Juli 1975.

3 – „Der Kalte Krieg im Licht der KSZE". Karikatur von Luff (Rolf Henn), 1990.

Q1 1975 wurde in Helsinki am Ende der KSZE von 35 Staaten ein Abschlussdokument verabschiedet. Dort hieß es:

Die Teilnehmerstaaten erklären, folgende Prinzipien (…) zu achten und in die Praxis umzusetzen:

1. Souveräne Gleichheit, Achtung der der Souveränität innewohnenden Rechte (…),
2. Enthaltung von der Androhung oder Anwendung von Gewalt (…),
3. Unverletzlichkeit der Grenzen (…),
4. Friedliche Regelung von Streitfällen (…),
5. Nichteinmischung in innere Angelegenheiten (…),
6. Achtung der Menschenrechte und Grundfreiheiten, einschließlich der Gedanken-, Gewissens-, Religions- oder Überzeugungsfreiheit (…),
7. Gleichberechtigung und Selbstbestimmungsrecht der Völker (…),
8. Zusammenarbeit zwischen den Staaten (…),
9. Erfüllung völkerrechtlicher Verpflichtungen nach Treu und Glauben.

Q2 1977 gründeten Bürgerinnen und Bürger in der Tschechoslowakei eine Bürgerrechtsgruppe und veröffentlichten eine Erklärung, die „Charta 77":

Das Recht auf freie Meinungsäußerung wird Zehntausenden von Bürgern verwehrt, Sie werden benachteiligt und schikaniert, nur weil sie Ansichten vertreten, die sich von der offiziellen Meinung unterscheiden. Hunderttausenden wird die Freiheit von Furcht verweigert, weil sie gezwungen werden, in beständiger Gefahr zu leben, Arbeitsplatz und Verdienst zu verlieren, wenn sie ihre Meinung äußern. Unzählige Bürger müssen in Furcht leben, dass sie selbst oder ihre Kinder das Recht auf Bildung verlieren und die Schule oder Hochschule verlassen müssen, falls sie ihre Überzeugung offen aussprechen.

❶ ▪ Untersuche Q1 und liste auf, welche Punkte für die Regierungen in Ost und West wichtig waren.

❷ ▪ Erläutere, welche Punkte in Q1 vor allem für Bürgerinnen und Bürger in den Ostblockstaaten von besonderer Bedeutung sein konnten.

❸ ▪ Beschreibe mithilfe von Q2, welche Folgen es für die Menschen in der Tschechoslowakei hatte, wenn sie sich auf die KSZE-Beschlüsse beriefen.

❹ ▪ Untersuche die Karikaturen 1 und 3 und deute ihre Botschaften.

▶ *Nimm die Methode „Karikaturen interpretieren" von S. 252 zu Hilfe.*

Wie sah die neue deutsche Ostpolitik aus?

1 – Willy Brandt (1913–1992) kniet vor dem Denkmal des Aufstandes im Warschauer Ghetto, Foto, 1970. 1971 erhielt Willy Brandt für seine Entspannungspolitik den Friedensnobelpreis.

✳ **Die Hallstein-Doktrin** besagt, dass die Bundesrepublik Deutschland ein Ende der diplomatischen Beziehungen zu jedem Staat in Betracht zieht, der die Deutsche Demokratische Republik (DDR) als unabhängigen souveränen Staat anerkennt. Sie ist benannt nach Walter Peter Hallstein, von 1951 bis 1958 Staatssekretär im Auswärtigen Amt.

✳ **Mit dem konstruktiven Misstrauensvotum** kann der Bundestag den Kanzler oder die Kanzlerin entlassen, aber nur wenn er gleichzeitig einen neuen oder eine neue wählt.

✳ **Dissidenten** sind unbequeme Andersdenkende, die öffentlich gegen die allgemeine Meinung oder politische Regierungslinie aktiv auftreten.

Die innerdeutschen Beziehungen waren in den ersten beiden Jahrzehnten nach der doppelten Staatsgründung vom gegenseitigen Alleinvertretungsanspruch deutscher Interessen bestimmt (✳Hallstein-Doktrin). Offizielle Kontakte auf Regierungsebene gab es nicht. Das änderte sich 1969 durch die Wahl Willy Brandts (SPD) zum neuen Bundeskanzler. Er leitete eine neue Ostpolitik gegenüber der DDR und den anderen Ostblockstaaten ein, die auf viel Widerstand im eigenen Land stieß.

„Wandel durch Annäherung"
Brandts Staatssekretär Egon Bahr wurde zum Architekten einer neuen Ostpolitik, die unter dem Motto „Wandel durch Annäherung" stand. In enger Absprache mit den westlichen Verbündeten sollten Verhandlungen über eine Zusammenarbeit mit der Sowjetunion, Polen, der CSSR und insbesondere auch mit der DDR geführt werden. Ziele dieser Verhandlungen sollten kurzfristig Erleichterungen für die Menschen in den Ostblockstaaten bringen und langfristig einen Wandel des politischen Systems. Die deutsche Regierung vereinbarte mit der Sowjetunion (12.8.1970) und mit Polen (7.12.1970) einen Vertrag, in denen die Oder-Neiße-Linie als Westgrenze Polens akzeptierte wurde, was die gegenseitigen Beziehungen normalisieren sollte. In der

Bundesrepublik bewerteten besonders die in den Flüchtlingsverbänden organisierten Menschen aus den ehemaligen deutschen Ostgebieten die praktische Anerkennung der durch den Krieg geschaffenen Grenzen als Verrat. Der Kniefall am Denkmal des Aufstandes im Warschauer Ghetto wurde zum Symbol der neuen Ostpolitik und der Versöhnung. Er löste in der Bundesrepublik eine scharfe Debatte aus.

Ein weiterer Baustein der Ostverträge war der 1972 zwischen der Bundesrepublik und der DDR geschlossene Grundlagenvertrag. Beide Länder erkannten darin die staatliche Souveränität des anderen an und betrachteten sich als gleichberechtigte Partner. Zur Normalisierung der diplomatischen Beziehungen gehörte auch die Einrichtung von Botschaften, die im Vertrag als „ständige Vertretungen" bezeichnet wurden, um noch eine Chance zur Wiedervereinigung beider deutscher Staaten zu bewahren und die Teilung aufheben zu können. Dadurch wurde der zuvor oft von der DDR willkürlich verzögerte Verkehr zwischen Westberlin und der Bundesrepublik erheblich erleichtert.

Die Folgen der neuen Ostpolitik
International schlug Willy Brandt für seine Ostpolitik große Anerkennung entgegen. Innenpolitisch allerdings meinten viele Kritiker, die Bundesrepublik würde sich zu stark an die Staaten des Ostblocks und die DDR annähern. Abkommen mit den Staaten des Warschauer Pakts galten für die Vorgängerregierungen der Bundesrepublik noch als untragbar, mit Ausnahme der Aufnahme diplomatischer Beziehungen zur Sowjetunion. Vor allem die CDU befürchtete, dass die Ostverträge die deutsche Teilung festschreiben und die Wiedervereinigung gefährden würden. Der Oppositionsführer Rainer Barzel (CDU) wagte am 24. April 1972 mit einem ✳konstruktiven Misstrauensvotum sogar den Sturz der Regierung. Doch er scheiterte: Bei der entscheidenden Abstimmung erhielt er nicht genug Stimmen und Brandt blieb im Amt.

2 – Kundgebung des „Bundes der Vertriebenen" am 11.03.1972 in Bonn, Foto.

Q1 Auf einen Blick: Ostverträge der Bundesrepublik Deutschland

12. August 1970: Moskauer Vertrag mit der Sowjetunion

7. Dezember 1970: Warschauer Vertrag mit Polen

3. September 1971: Viermächteabkommen über Berlin

17. Dezember 1971: Transitabkommen mit der DDR

21. Dezember 1972: Grundlagenvertrag mit der DDR

11. Dezember 1973: Prager Vertrag mit der Tschechoslowakei

Q2 Der SPD-Politiker Egon Bahr (1922–2015) äußerte sich rückblickend im Jahr 1993:

Unsere Überlegungen gingen von der Erfahrung aus, dass in den kommunistisch regierten Staaten die Partei entscheidet und die Regierungen nur ausführende Organe des politischen Willens sind. Sofern wir also unsere Kontakte von der bisherigen Regierungsebene auf die der Parteien verlegen würden, ergäbe sich die ungewöhnliche und wirklich neue Situation, operativen Einfluss nehmen zu können und damit einen Hebel zu gewinnen, um die eigene Regierung an das Versprechen zu binden, Entspannungs- und Deutschlandpolitik fortzusetzen. Im Ergebnis hat das funktioniert. Ich halte es als geschichtlich unhaltbare Vereinfachung zu behaupten, dass es zur Veränderung und zum Zusammenbruch der kommunistischen Herrschaft in Osteuropa nur durch Druck von unten, also der Bevölkerung, oder durch Druck von außen, durch amerikanische Rüstung, gekommen ist. Die Veränderung im Denken der Herrschenden durch sozialdemokratische Ideen und Argumente war auch unentbehrlich. In der Tat kann man sagen, dass die SPD sich auf den Gegner konzentrierte, den allein sie – die SPD – ideologisch beeindrucken, bewegen, verändern konnte.

Q3 Der CDU-Politiker Rainer Barzel am 15. Dezember 1972 im Deutschen Bundestag:

Ich muss ein Wort zu der Ankündigung des Herrn Bundeskanzlers sagen, am 21. Dezember, also in der kommenden Woche, den Grundlagenvertrag unterschreiben zu lassen, also eine Unterschrift zu leisten, obwohl der Schießbefehl andauert, obwohl sich die DDR an den Verkehrsvertrag, dem wir zugestimmt hatten, nicht hält. Trotz dieser Erfahrung wollen Sie einen so weitgehenden Vertrag ohne verbindlich gesicherte, ausreichende menschliche Erleichterungen unterschreiben. Dies bleibt festzuhalten: Dieser Vertrag – schlecht und eilig ausgehandelt, ohne angemessene Leistung und Gegenleistung – soll, so wird gesagt, dem Frieden dienen. Frieden aber (...) ist doch nach einem berühmten Wort des Präsidenten Kennedy eine Sache der Menschenrechte. Ebenso sieht es doch die Satzung der Vereinten Nationen, auf die dieser schlechte Vertrag vielfach Bezug nimmt. Über dieses Problem wird später im Einzelnen zu sprechen sein wie über Ihre neue Formel von den zwei deutschen Staaten. Es hieß vor Kurzem noch: zwei Staaten in Deutschland. (...)

Was wir Ihnen vorwerfen, Herr Bundeskanzler, ist dies: Mit der Unterschrift unter den Grundlagenvertrag bereiten Sie der DDR den Weg in die UNO, ohne dass diese auch nur die mindesten Zusicherungen gemacht hätte – ganz zu schweigen von Verbindlichkeiten –, den Bürgern der DDR die in der UNO-Charta beschworenen Menschenrechte zu gewährleisten. Diesen Vorwurf müssen wir Ihnen heute und rechtzeitig machen. (...)

---

❶ Informiere dich über den Lebenslauf Willy Brandts und den Aufstand im Warschauer Ghetto im April 1943.

❷ Interpretiere die Bedeutung des Kniefalls (Bild 1). Diskutiert seine Wirkung.

❸ Charakterisiere die Ostpolitik unter Brandt anhand des Textes. Nenne die Ziele und die Folgen dieser Politik.

❹ Untersucht die einzelnen Ostverträge in Gruppenarbeit und tragt die Ergebnisse der Klasse vor (Q1).

❺ Arbeite die beiden Sichtweisen in Q2 und Q3 heraus.

Was änderte sich durch den Prager Frühling und Solidarność?

1 – Sowjetische Panzer in der Prager Innenstadt. Foto, 21.08.1968.

„Solidarność" („Solidarität")

1980 wurde die unabhängige Gewerkschaft „Solidarnosc" unter der Führung von Lech Wałęsa gegründet. Ihr gelang es, wirtschaftliche Verbesserungen und eine freiere Informationspolitik durchzusetzen. Am 13. Dezember 1981 verhängte das polnische Militär unter General Jaruzelski auf Druck der Sowjetunion das Kriegsrecht in Polen und verbot die Gewerkschaft „Solidarność". Die wirtschaftlichen Schwierigkeiten des Landes konnten aber dadurch nicht behoben werden. Die Gewerkschaft „Solidarnosc" blieb auch nach Aufhebung des Kriegsrechts 1983 verboten, wirkte aber trotz aller Verfolgungen im Untergrund weiter.

Der Prager Frühling 1968 und sein Ende

1968 versprach die neu gewählte Führung der Kommunistischen Partei der Tschechoslowakei unter Alexander Dubček einen „Kommunismus mit menschlichem Antlitz". Das Reformprogramm enthielt u. a. Garantien für Rede-, Presse- und Versammlungsfreiheit, Reisefreiheit und vor allem Reformen in der Wirtschaftspolitik. Dieses Programm veranlasste die Führer der Sowjetunion und der übrigen Ostblockstaaten zum Eingreifen. Am 21. August 1968 marschierte eine Armee des Warschauer Pakts, ohne Beteiligung der DDR und Rumäniens, in die ČSSR ein und beendete die Reformen gewaltsam (s. auch S. 212/213).

Polen – Veränderungen aus eigener Kraft

Mit dem Ende des Zweiten Weltkriegs wurde Polen ein kommunistisch regiertes Land. Im Unterschied zu anderen Ostblockstaaten gab es in Polen eine starke innenpolitische Gegenkraft, die katholische Kirche. Die schlechte wirtschaftliche Lage des Landes führte in den Jahren 1956, 1970 und 1976 zu großen Streikbewegungen der polnischen Arbeiter, die jeweils durch drastische Preiserhöhungen ausgelöst wurden. Diese Streiks wurden mit Waffengewalt blutig unterdrückt.

Q1   Aus einem Manifest 70 prominenter Bürger der Tschechoslowakei, Juli 1968:
Noch schlimmer aber war, dass wir einander, einer dem anderen, so gut wie gar nicht mehr vertrauen konnten. Die persönliche und die gemeinsame Ehre ging verloren. (...) Es war die Macht einer kleinen Gruppe, die mithilfe des Parteiapparates von Prag aus hineinwirkte. (...) Dieser Apparat bestimmte, wer was tun durfte oder nicht. (...) Keine Organisation, auch keine kommunistische, gehörte in Wirklichkeit ihren Mitgliedern. Die Hauptschuld und der allergrößte Betrug dieser Herrscher ist es, dass sie ihren Willen für den Willen der Arbeiterschaft ausgegeben haben.

Q2   Aus dem Programm der polnischen Gewerkschaft Solidarność:
Uns verbindet der Protest gegen die Ungerechtigkeit, (...) den Missbrauch der Macht und die Monopolisierung des Rechts, im Namen der gesamten Nation zu sprechen und zu handeln. Uns verbindet der Protest gegen den Staat, der die Bürger wie sein Eigentum behandelt. (...) Grundlage des Handelns muss die Achtung des Menschen sein. Der Staat muss dem Menschen dienen und darf nicht über ihn herrschen. (...)

VIP

„Ich hoffe immer noch, dass die Staatsmacht endlich aufhört, sich wie ein hässliches Mädchen zu gebärden, das den Spiegel zerschlägt in der Annahme, er sei schuld an seinem Aussehen."

Name: Václav Havel

Lebensdaten: 5. Oktober 1936 in Prag –18. Dezember 2011 in Hrádeček

Familie: Sohn einer einflussreichen Prager Großbürgerfamilie

Jugend/Schule/Ausbildung:
– Abitur an einem Abendgymnasium
– 1954 Ökonomiestudium, Abbruch nach zwei Jahren
– 1959 Bühnentechniker an zwei kleinen Prager Theatern; später Beleuchter, Sekretär, Lektor, Dramaturg und „Hausautor"

Werdegang:
– Während des „Prager Frühlings" war Havel Wortführer der nichtkommunistischen Intellektuellen.
– Nach Niederschlagung des „Prager Frühlings" war er einer der Hauptinitiatoren der Charta 77 (Bürgerrechtsbewegung in der Tschechoslowakei).
– Mehrere Verhaftungen und Gefängnisstrafen, Letztere wurden erst durch internationale Proteste 1983 ausgesetzt.
– 1989: Wahl zum ersten nichtkommunistischen Präsidenten der Tschechischen und Slowakischen Föderativen Republik
– 1992: Rücktritt aufgrund einer Abstimmungsniederlage; Havel hatte sich für Beibehaltung eines gemeinsamen Staates der Tschechen und Slowaken stark gemacht
– 1993–2003 Präsident der Tschechischen Republik

Besonderheiten:
1997 unterzeichnete er zusammen mit dem damaligen Bundeskanzler Helmut Kohl die deutsch-tschechische Erklärung, in der beide Seiten versicherten, dass sie ihre Beziehung nicht mit politischen und rechtlichen Fragen belasten werden, die aus der Vergangenheit herrühren.

Was bleibt:
Havel war ein überzeugter Europäer, der den Grundstein legte für die Aufnahme Tschechiens 2004 in die Europäische Union. Außerdem gilt er als einer der wichtigsten Verfechter der deutsch-tschechischen Versöhnung.

2 – Der Elektriker Lech Wałęsa führte den Streik auf der Danziger Lenin-Werft an. Foto, 1980.

❶▶ Beschreibe, welche Veränderungen in der Tschechoslowakei 1968 versucht wurden. Beurteile dies aus heutiger Sicht.
❷▶ Erläutere, wie Breschnew den Einmarsch der Truppen in der Tschechoslowakei begründet (S. 213), und nimm Stellung dazu.
❸▶ Berichte über die Oppositionsbewegung in Polen.
❹▶ Erläutere die Rolle der katholischen Kirche während der Protestbewegung und schätze sie ein. Recherchiere dazu auch zu Papst Johannes Paul II.

Was bewirkte der Umbruch in der Sowjetunion?

1 – Ronald Reagan (links) und Michail Gorbatschow (rechts) stoßen bei einem Staatsbankett im Dezember 1987 in Washington miteinander an. Bei diesem Treffen wurde unter anderem ein Vertrag zur atomaren Abrüstung unterzeichnet. Foto, 1987.

2 – Ein im Jahre 1990 abgebautes Lenin-Denkmal liegt seitdem hinter dem Schloss Mogosoaia in Rumänien. Foto, 11.12.2009.

✳ **Michail Gorbatschow**
Dies war ein russischer Politiker, der 1985–1991 Generalsekretär des Zentralkomitees der KPdSU und 1990–1991 russischer Staatspräsident war (Bild 1, rechts). Seine Politik der Offenheit (Glasnost) und des Umbaus (Perestroika) trug maßgeblich zum Ende des Kalten Kriegs bei.

Die Sowjetunion in der Krise

Obwohl es die Vereinbarungen der KSZE gab, ging der Kalte Krieg in Politik und Wirtschaft weiter. Die Sowjetunion und alle Ostblockstaaten bekamen keinen Zugang zur modernen Computertechnologie des Westens und waren von der „digitalen Revolution" ausgeschlossen. Auch deswegen konnten sie den wachsenden Rückstand ihrer gesamten Industrie gegenüber dem Westen nicht verringern. Der Staat konnte die Bevölkerung in der Sowjetunion aufgrund der hohen Staatsverschuldung nicht ausreichend mit modernen Waren und Nahrungsmitteln versorgen, da etwa 50 Prozent des Haushaltes für Rüstungsausgaben aufgewendet wurden.

Seit 1980 rüsteten der Osten und der Westen erneut auf. Dies betraf vor allem den Bereich der Mittelstreckenraketen, die mit Atomwaffen bestückt werden konnten. Der neue Rüstungswettlauf führte die Sowjetunion und den ganzen Ostblock in eine Wirtschaftskrise, die nicht mehr zu bewältigen war. Dazu kamen militärische Fehlschläge wie der sowjetische Afghanistankrieg (1979–1989). Die Sowjetunion hatte hohe Verluste. So verschlechterte sich die Situation zusätzlich.

Reformversuche unter Gorbatschow

Die Sowjetunion versuchte 1985, mit einer neuen politischen Führung die Krise zu bewältigen. Der neue Generalsekretär der KPdSU ✳Michail Gorbatschow (Bild 1 und Randspalte) leitete eine umfassende Reformpolitik in der Sowjetunion ein. Dadurch sollte die Wirtschaft modernisiert werden. Zugleich versuchte er, den Kommunismus in der Sowjetunion zu demokratisieren.

Auch in der Außenpolitik änderte Gorbatschow die Politik der Sowjetunion: Er bot den USA und dem Westen umfangreiche Verhandlungen zur Rüstungskontrolle und gegenseitigen Abrüstung an. Sie hatten zum Ziel, das Wettrüsten zu beenden. 1987 vereinbarten beide Mächte, auf jeder Seite Raketen mit Atomsprengköpfen in Europa abzubauen. Gorbatschow veränderte auch das Verhältnis der Sowjetunion zu den Staaten des Ostblocks. Er verzichtete auf die Führungsrolle der Sowjetunion im östlichen Bündnis – denn bisher hatte die Sowjetunion dort alles bestimmt.

1989 – das Jahr der Reformen

Der sowjetische Generalsekretär Gorbatschow ermutigte durch seine Veränderungen in der Sowjetunion andere Reformer in den osteuropäischen Ländern. Auch in diesen Ländern forderten die Menschen eine Demokratisierung. Da die Probleme in der Wirtschaft immer größer wurden, wollte man die westliche Marktwirtschaft einführen. 1989 wurde so zum Jahr der politischen Veränderungen in Osteuropa, die auch die DDR erfassten. Innerhalb von zwei Jahren veränderten sich die politischen Systeme der osteuropäischen Staaten – meist auf friedlichem Weg. Nun gab es Regierungen, die aus freien Wahlen hervorgegangen waren. Sie ersetzten die kommunistischen Regierungen. Die neuen Regierungen entschieden sich für die Einführung der westlichen Marktwirtschaft anstelle der bisherigen sozialistischen Planwirtschaft.

Ende der Sowjetunion

Gorbatschow versuchte, das kommunistische System zu modernisieren und zu demokratisieren. Aber er scheiterte am Widerstand seiner eigenen Partei. Schließlich schwächte ein Putschversuch 1991 Gorbatschow so sehr, dass er im Dezember 1991 zurücktrat.
Die Sowjetunion wurde am 31.12.1991 aufgelöst. Der größte Nachfolgestaat wurde Russland mit dem neuen Präsidenten Boris Jelzin. Auch das Militärbündnis des Ostblocks, der Warschauer Pakt, wurde aufgelöst. Der Kalte Krieg war zu Ende.

Beitritt zur EU

Nach einem Umstellungsprozess, der politisch und wirtschaftlich schwierig war, traten 2004 Polen, Tschechien, Ungarn, Slowenien, Estland, Lettland, Litauen und die Slowakei der Europäischen Union (EU) bei. 2007 folgten Rumänien und Bulgarien, 2013 Kroatien.

3 – Machtwechsel 1989 in Polen: Als Symbol für die Annäherung zwischen der Opposition und den kommunistischen Machthabern gelten die Gespräche am „Runden Tisch". Foto, Warschau 05.04.1989.

Q1 Bei einem Treffen mit Bundeskanzler Kohl in Bonn im Juni 1989 erläuterte Gorbatschow seine Politik:
Das Recht aller Völker und Staaten, ihr Schicksal frei zu bestimmen und ihre Beziehungen zueinander auf der Grundlage des Völkerrechts souverän zu gestalten, muss sichergestellt werden. (...) Bauelemente des Europa des Friedens und der Zusammenarbeit müssen sein: die uneingeschränkte Achtung der *Integrität und der Sicherheit jedes Staates. Jeder hat das Recht, das eigene politische und soziale System frei zu wählen.

* Integrität
Hiermit ist die Unverletzlichkeit eines Staatsgebietes gemeint.

---

❶ ▪ Beschreibe mithilfe des Textes knapp die Probleme der Sowjetunion um 1980.

❷ ▪ Begründe mithilfe der Kernaussagen der Quelle, warum Gorbatschows Reformen auf Widerstand in der KPdSU stießen.

❸ ▪ Erkläre auf der Grundlage des Textes und anhand der Bilder 1–3 die neuen Ideen, die mit Gorbatschows Politik sichtbar wurden.

❹ ▪ Wähle einen der Staaten des Ostblocks aus (z. B. Polen, Ungarn, Rumänien, Tschechoslowakei) und erarbeite mithilfe von Informationen aus dem Internet oder aus Sachbüchern seine Geschichte in den Jahren 1989/90.

Das Ende der Sowjetunion

Warum zerfiel die Sowjetunion?

1 – Hohe Rüstungskosten der Sowjetunion: Militärparade in Moskau 1967. Foto.

Wirtschaftlicher Niedergang

Die Sowjetunion hatte vor allem seit den 1970er-Jahren große wirtschaftliche Probleme. Die bürokratische Planwirtschaft hatte zur Folge, dass auf veränderte Bedingungen nicht rasch und angemessen genug reagiert werden konnte und Konsumwünsche der Bevölkerung weitgehend ignoriert wurden. Der Umstand, dass in einer Zentralverwaltungswirtschaft der Wettbewerb fehlte, führte dazu, dass der notwendige technische Fortschritt sehr langsam vollzogen wurde und Produkte überdurchschnittlich viele Mängel aufwiesen. Hinsichtlich ihrer Wirtschaftskraft hatte die Sowjetunion in der Breschnew-Zeit (1964–1982) ein Bruttosozialprodukt, das lediglich dem eines mittelgroßen europäischen Landes entsprach. Dies hatte seinen Grund auch darin, dass der Großteil der verfügbaren Mittel vor dem Hintergrund des Kalten Krieges in die Sektoren Rüstung und Raumfahrt floss. Die Rüstungsausgaben machten einen doppelt so hohen Anteil am Bruttosozialprodukt aus wie in den USA. Am Ende der Breschnew-Ära hatte sich gezeigt, dass die Zentralverwaltungswirtschaft den marktwirtschaftlichen Staaten des Westens weit unterlegen war und auf einen Kollaps zusteuerte.

Tschernobyl und Afghanistan

Hinzu kam die nukleare Katastrophe um das Kernkraftwerk Tschernobyl im Jahr 1986, die durch massive Verstöße gegen Sicherheitsvorschriften ausgelöst wurde. Dieses Ereignis wurde zum Symbol der sowjetischen Unfähigkeit und setzte das Ansehen des Landes im In- und Ausland weiter herab. Zusätzliche wirtschaftlich und politisch negative Folgen hatte das Eingreifen der Sowjetunion in Afghanistan 1979–1989. Der Krieg war ein Fiasko und deshalb in der Sowjetunion selbst äußerst unpopulär. Neben den hohen Kosten, die er verursachte, waren die Verluste mit etwa 13 000 Toten und 35 000 Verwundeten sehr hoch.

Im Dezember 1991 wurde die Sowjetunion aufgelöst. Man kann zusammenfassend sagen, dass sie hauptsächlich an ihrem politischen und wirtschaftlichen System zerbrochen ist. Als Nachfolgeorganisation wurde die Gemeinschaft Unabhängiger Staaten (GUS) gegründet, eine zwischenstaatliche Organisation, in der sich die meisten Nachfolgestaaten der Sowjetunion zusammengeschlossen haben. Die Russische Föderation dominiert die GUS bis heute.

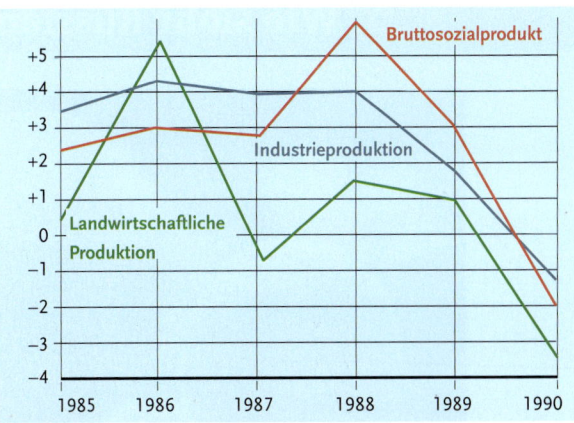

2 – Michail Gorbatschow (1931–2022) besucht einen Elektronik-betrieb in Taschkent. Usbekistan. Foto, 1988.

3 – Die Wirtschaftsentwicklung der Sowjetunion 1985 bis 1990 (1985 = 0).

Q1 Michail Gorbatschow beschrieb 1987 sein politisches Programm:

Umgestaltung heißt, dass wir uns auf das lebendige Schöpfertum der Massen stützen. Dass wir Demokratie und sozialistische Selbstverwaltung umfassend entwickeln, Entschlusskraft und Eigeninitiative fördern, Ordnung und Disziplin stärken. (...) Umgestaltung heißt, dass die sowjetische Wirtschaft umfassend intensiviert wird, dass die Prinzipien des demokratischen Zentralismus (...) wieder zur Geltung gebracht und weiterentwickelt werden, dass nicht länger kommandiert und administriert wird und dass Schrittmachergeist und sozialistischer Unternehmungsgeist mit allen Mitteln gefördert werden. (...) Nötig ist eine weitgreifende Demokratisierung des gesamten gesellschaftlichen Lebens. Ohne Offenheit (Glasnost) kann es keine Demokratie geben. Und ohne Demokratie kann es keinen zeitgemäßen Sozialismus geben.

Schwäche, die allerdings gerade so noch vertieft wurde. Einiges spricht dafür, den Beginn des russischen Kollapses [Zusammenbruchs] in diese Zeit, die frühen Siebziger, zu datieren. Besonders heikel war das Schicksal jener 15 000 Kombinate und Gruben, in denen sich der schwerindustrielle Komplex, der Stolz der Sowjetmacht, verkörperte. Für diese Industrien, wie sie jedes entwickelte Land (wenn auch in geringerem Umfang) besaß, hatte sich damals in den USA der derbe Begriff eines „Rostgürtels" (rust belt) eingebürgert. Alle diese schwerindustriellen Rostgürtel, vom Ruhrgebiet über Lothringen und Wales bis Pennsylvania, waren mit den explodierenden Energiepreisen in den 1960er-Jahren in tiefe Strukturkrisen geraten. Nach dem „Ölschock" 1973 zogen sie auch die westlichen Volkswirtschaften gehörig nach unten, die sich aus dieser Phase (...) jedoch um den Preis schmerzhafter und kostspieliger Umstrukturierungen wieder lösen konnten. Genau diese Modernisierungen versäumte die Sowjetunion, freilich nicht aus Versehen, sondern weil ihr alle politischen Sensoren [Fühler] und praktischen Instrumente einer Selbstkorrektur fehlten. (...)

M1 Der Historiker Gerd Koenen über die Mängel der sowjetischen Wirtschaft, 2017:

Die Erlöse der Öl- und Gasexporte der 1970er- und 1980er-Jahre, die bis zu achtzig Prozent der Deviseneinnahmen ausmachten, waren das Opiat [Rauschmittel], mit dem die schwächelnde Weltmacht sich über Wasser hielt. (...) Die im Rückblick vielfach verklärten „Goldenen Siebziger" überbrückten künstlich eine systemische

❶ Entwirf eine Mindmap zur politischen und wirtschaftlichen Situation der Sowjetunion bis 1991 (Text, Bilder, M1).

❷ Skizziere die von Gorbatschow geplanten Maßnahmen zur Bekämpfung der Wirtschaftsprobleme (Q1). Beurteile anhand der Grafik (Bild 3), ob er dabei Erfolg hatte.

❸ Erläutere, worauf Gerd Koenen den Zerfall der Sowjetunion zurückführt (M1).

❹ Nimm Stellung: War der Zerfall der Sowjetunion zwangsläufig oder wäre er vermeidbar gewesen?

Wie sieht Russland unter Putin aus?

1 – Präsident Putin (links) mit Ex-Präsident Jelzin, Foto, Moskau 2004.

Von Jelzin zu Putin

Der Übergang der Präsidentschaft in Russland auf Wladimir Putin weckte sowohl im Land selbst als auch im westlichen Ausland die Hoffnung auf positive Veränderung. Erwartet wurde die Schaffung von Wohlstand und Demokratie in Russland und eine fruchtbare Zusammenarbeit des Westens mit einem Land, das sich in großen wirtschaftlichen Schwierigkeiten befand. Diese Erwartungen wurden enttäuscht.

Boris Jelzin war der erste frei gewählte Präsident Russlands. Am 31.12.1999 erklärte er aus gesundheitlichen Gründen seinen Rücktritt. Jelzin war verantwortlich für den wirtschaftlichen und politischen Niedergang Russlands seit der Auflösung der Sowjetunion im Jahr 1991. Zu seinem Nachfolger ernannte Jelzin den damaligen Ministerpräsidenten Wladimir Putin. Dieser war seit diesem Silvestertag 1999 als kommissarischer Staatspräsident im Amt. Am 7. Mai 2000 wurde er zum Präsidenten der Russischen Föderation gewählt und ist seitdem – mit einer Unterbrechung von 2008 bis zu seiner Wiederwahl 2012 – im Amt.

Die Innenpolitik Putins

Putins Ziel war es, die russische Gesellschaft ökonomisch und sozial zu stabilisieren. Die Lebensbedingungen sollten verbessert und der Wohlstand vermehrt werden. Das gelang zunächst, weil aufgrund der hohen Erdöl- und Erdgaspreise das Bruttosozialprodukt anstieg, was wiederum mehr Staatseinnahmen zur Folge hatte. Die ersten beiden Amtsperioden Putins (2000–2008) waren durch einen großen Wohlstandsgewinn gekennzeichnet. Doch bereits hier zeigte sich die große Abhängigkeit der russischen Wirtschaft von den weltweiten Rohstoffpreisen, vor allem von den Preisen für Rohöl und Gas. Da die Rohstoffpreise wieder sanken, stürzte das Land in der Finanzkrise 2008 in eine tiefe Depression. Entsprechend sanken seit 2010 die Einkommen jedes Jahr. Die soziale Ungleichheit wuchs, die Mittelschicht schrumpfte und die Armut wurde größer. Putin ist es nicht gelungen, die Abhängigkeit von den Öl- und Gaspreisen zu beseitigen und der russischen Wirtschaft ein eigenes stabiles industrielles Fundament zu verschaffen.

Die Macht der Oligarchen

Die Verhältnisse in Russland, die unmittelbar nach dem Zerfall der Sowjetunion sehr chaotisch waren, haben einzelne Unternehmer genutzt, um vor allem mit Rohstoffen ein enormes Privatvermögen anzuhäufen. Es entstand eine Schicht von „Oligarchen", also eine Gruppe von wenigen Personen, die große wirtschaftliche Macht hatten und damit in der Lage waren, sich wirkungsvoll in die Politik und in das öffentliche Leben einzumischen und dort Einfluss zu gewinnen. Ein wesentliches Mittel der Einflussnahme war Korruption. Umgekehrt ging der russische Staat immer mehr dazu über, die Oligarchen zu unterstützen.

Autokratie statt Demokratie

Die Innenpolitik unter Putin lief immer mehr in Richtung Einschränkung politischer Freiheiten. Laut der russischen

Verfassung besteht zwar eine Gewaltenteilung. So finden regelmäßig Wahlen statt,
es gibt ein Parlament, Parteien und Organe
der kommunalen Selbstverwaltung sowie –
auf dem Papier – eine unabhängige Justiz.
Viele dieser Institutionen werden jedoch
immer mehr ausgehöhlt und damit wir-
kungslos gemacht. Das System Putin gilt
heute nicht mehr als Demokratie, sondern
als eine Autokratie, als eine Alleinherrschaft
mit deutlichen Einschränkungen freiheit-
lich-demokratischer Grundrechte.

**M1 Eine deutsche Journalistin schrieb
über die Unterdrückung der Meinungs-
freiheit (2020):**
Russland hat eine bedrückende Woche hinter sich. Kaum ein Tag ist vergangen ohne
Festnahme, Hausdurchsuchung oder Ur-
teilsspruch. Einem bekannten Ex-Journalis-
ten wird Hochverrat vorgeworfen, einem
Menschenrechtler drohen 15 Jahre Haft, ein
Gouverneur steht unter Mordverdacht. Die
Fälle haben etwas gemeinsam: Das Regime
behandelt Kritiker und Abtrünnige wie
Verräter und Kriminelle. Einige werden in
Schauprozessen abgestraft, zur Abschreck-
ung für alle anderen. (...)
Unabhängige Journalisten werden derzeit
wie Staatsfeinde behandelt. (...) Wer als
Künstler oder Gesellschaftskritiker den
Konservativen in Staat und Kirche quer
kommt, landet schnell vor dem Richter.
Eine Künstlerin muss eine hohe Strafe zah-
len, weil sie homosexuelle Paare zeichnete.
(...) Ein Historiker, der Verbrechen der
Stalin-Zeit untersuchte, steht ebenfalls vor
Gericht. Die Vorwürfe betreffen seine
Adoptivtochter, der Staatsanwalt forderte
15 Jahre Straflager. Alles Beispiele aus einer
Woche. Der Kreml stellt Proteste gerne als
vom Ausland gesteuert dar. Dahinter steht
die Propaganda, dass schon die Idee von
Opposition aus dem Westen komme.
Einem echten Russen würde es nicht ein-
fallen, gegen den Präsidenten zu sein.

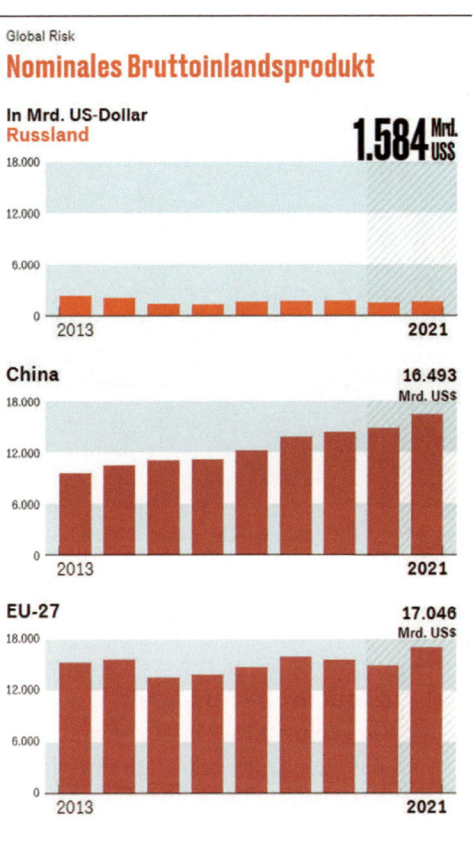

Global Risk
Nominales Bruttoinlandsprodukt

In Mrd. US-Dollar
Russland   **1.584** Mrd. US$

2013 2021

China   16.493 Mrd. US$

2013 2021

EU-27   17.046 Mrd. US$

2013 2021

HANDELSBLATT-GRAFIK   Quellen: IWF, Datastream, EU-Kommission

2 – Die Entwicklung der Bruttoinlandsprodukte im
Vergleich, in Mrd. US-Dollar. Quellen: IWF, Datastream, EU-Kommission aus: https://www.handels-
blatt.com/politik/international/it-rohstoffe-finanzen-
warum-putins-abschottungskurs-russland-schadet/
27059252.html (Stand: 19.05.2022)

❶ ▶ Erläutere, inwiefern die Rohstoffabhängigkeit Russlands die
      Grundlage für seine wirtschaftlichen Probleme ist.
❷ ▶ Arbeite heraus, warum in Russland eine Schicht von Oligarchen
      entstehen konnte und welche Folgen dies hatte (Text).
❸ ▶ Erläutere die wirtschaftliche Entwicklung Russlands im Vergleich
      zu China und der EU (Bild 2).
❹ ▶ Erkläre den Unterschied zwischen Autokratie und Demokratie und
      begründe, warum man heute Russland nicht mehr als Demokratie
      bezeichnen kann (Text, M1).

Warum hat Russland die Ukraine angegriffen?

1 – Putin (Zweiter von links) mit Syriens Präsident Bashar Assad (links) und Russlands Verteidigungsminister und Armeegeneral Sergei Shoigu in Damaskus, Syrien, Foto 07.01.2020.

Ziel: Die alte Größe Russlands

Da die Rückkehr zu Russland auf wenig Interesse in den davon betroffenen GUS-Staaten stieß, versuchte Putin, dieses Vorhaben auch mit Gewalt durchsetzen. Ein Beispiel hierfür ist der sogenannten Kaukasuskrieg in Georgien: Hier marschierte Russland am 8. August 2008 unter dem Vorwand einer Schutzverantwortung ein. Putin behauptete, es geschehe ein „Völkermord" am südossetischen Volk in Georgien, den es zu verhindern gelte. In diesem fünftägigen Krieg wurden bis zum Waffenstillstand am 12. August insgesamt etwa 850 Menschen getötet und etwa 2 500 Menschen verwundet. Russland gelang es zwar nicht, ganz Georgien zu erobern, erkannte aber die zum georgischen Staatsgebiet gehörenden Abchasien und Südossetien offiziell als unabhängige Staaten an und spaltete sie damit von Georgien ab. Die beiden Gebiete sind stark abhängig von Russland und ihre militärischen, politischen und ökonomischen Strukturen sind fast vollständig in die Russische Föderation integriert. Dieses Vorgehen sollte als Muster für alle weiteren Rückgewinnungsmaßnahmen der GUS-Staaten dienen.

Vorläufig letztes Ziel dieser Großmachtbestrebungen Russlands ist die Ukraine. Bereits 2014 wurden die Krim annektiert und im Donbass in der Ostukraine von Russland abhängige „Volksrepubliken" ausgerufen. Am 24. Februar 2022 schließlich erfolgte der Einmarsch russischer Truppen mit dem Ziel, die gesamte Ukraine zu besetzen und Russland anzugliedern. Hauptbegründung war, dass Russland durch die NATO bedroht sei.

Weltweite Ziele

Die weltweiten geopolitischen Absichten Russlands werden an seinem Einfluss etwa im Iran, in Nordkorea, Afrika, Lateinamerika und vor allem in Syrien deutlich. Mit seinem militärischen Eingreifen in Syrien seit 2015 verfolgte Russland z. B. das Ziel, seine Position im Nahen Osten auszubauen. Russland ist es unter Putin gelungen, als weltpolitischer Akteur zurückzukehren, wobei es nicht vor militärischer Gewalt zurückschreckt. Aufgrund seiner expansiven und kriegerischen Vorgehensweise ist Russland wieder ein „Global Player".

M1 Militäroperationen Russlands seit 1994 (Auswahl):
- 1994–1996: Erster Tschetschenienkrieg
- 1999–2009: Zweiter Tschetschenienkrieg
- 1999: Dagestankrieg
- 2008: Militäreinsatz im Kaukasuskrieg in Georgien auf der Seite südossetischer Rebellen
- 2014: Annexion der Krim
- seit 2014: Militärische Unterstützung der prorussischen Kräfte im Krieg in der Ostukraine
- seit 2015: Militärischer Eingriff auf Seiten der Regierung Syriens im Syrischen Bürgerkrieg
- seit 2018: Militärischer Eingriff in Libyen
- 2022: Beteiligung russischer Truppen an der Niederschlagung der Unruhen in Kasachstan
- 2022: Überfall auf die Ukraine

Q1 Putins Kriegserklärung vom 24. Februar 2022 (Auszug):

Schon jetzt, da sich die NATO nach Osten ausdehnt, wird die Situation für unser Land von Jahr zu Jahr schlechter und gefährlicher. Darüber hinaus hat die NATO-Führung in den letzten Tagen ausdrücklich von der Notwendigkeit gesprochen, das Vorrücken der Infrastruktur des Bündnisses in Richtung der russischen Grenzen zu beschleunigen und zu forcieren. (...)
Der weitere Ausbau der Infrastruktur des Nordatlantischen Bündnisses, die begonnene militärische Erschließung des ukrainischen Territoriums, ist für uns inakzeptabel. Das Problem liegt natürlich nicht bei der NATO-Organisation selbst – sie ist nur ein Instrument der amerikanischen Außenpolitik. Das Problem besteht darin, dass auf den an uns angrenzenden Gebieten – wohlgemerkt, auf unseren eigenen historischen Gebieten – ein „Anti-Russland" entsteht, das unter vollständige Kontrolle von außen gestellt, von den Streitkräften der NATO-Länder intensiv besiedelt und mit den modernsten Waffen vollgepumpt wird.

M2 Die NATO-Osterweiterung – eine Bedrohung für Russland?

„Es ist ganz klar, es gibt nichts im Völkerrecht, was die Aggression Russlands rechtfertigen würde", erklärt Paulina Starski, Professorin für Verfassungs- und Völkerrecht an der Universität Freiburg. Putin habe für seinen Einmarsch in die Ukraine die „Sprache des Völkerrechts missbraucht", sagt Anne Peters, Direktorin am Max-Planck-Institut für ausländisches öffentliches Recht und Völkerrecht.
Dennoch führt der Kreml immer wieder Scheingründe für den Einmarsch in die Ukraine an. Einer der prominentesten: Russland habe sich gegen die Osterweiterung der Nato verteidigen müssen. In seiner Ansprache ans Volk am Abend vor Kriegsbeginn im Februar 2022 sagte Putin, die Nato müsse sich in Europa auf den Stand von 1997 zurückziehen. Ein möglicher

2 – Russische Truppen im Stadtgebiet von Kharkiv im Nordosten der Ukraine, Foto 28.02.2022.

Nato-Beitritt der Ukraine sei „eine direkte Bedrohung für die Sicherheit Russlands". Der Westen breche das Versprechen, die Nato nicht nach Osten zu erweitern, behauptete Putin schon 2007 auf der Münchener Sicherheitskonferenz. (...)
Die Behauptung um die angeblich unrechtmäßige Ausdehnung der Nato Richtung Osteuropa wird schon seit Jahrzehnten wiederholt. Ein zentrales Motiv darin lautet, der Westen habe Russland immer wieder zugesichert, es werde keine Osterweiterung der Nato geben. Nicht nur Putin, sondern auch seine Amtsvorgänger behaupteten das bereits. Klar ist aber: Einen völkerrechtlich verbindlichen Vertrag, der eine solche Abmachung enthält, gibt es nicht. Im Gegenteil: Russland hat sich durch mehrere Verträge dazu verpflichtet, die staatliche Souveränität anderer Länder zu akzeptieren, insbesondere die der Ukraine.

❶ ▪ Charakterisiere die Hauptziele der Außenpolitik Putins (Text).
❷ ▪ Partnerarbeit: Sucht euch aus M1 eine russische Militäroperation aus und recherchiert dazu. Berichtet in der Klasse.
❸ ▪ Beschreibe die Argumentation Putins für die Begründung des Kriegs gegen die Ukraine (Q1).
❹ ▪ Erläutere die Sichtweise von Martin Zeyn (M2) und stelle sie der Argumentation Putins gegenüber. Ziehe dabei den Text auf S. 230 hinzu.
❺ ▪ Begründe, warum man Russlands Krieg als völkerrechtswidrigen Angriffskrieg bezeichnen kann.

Die UNO

Welche internationale Rolle spielt die UNO?

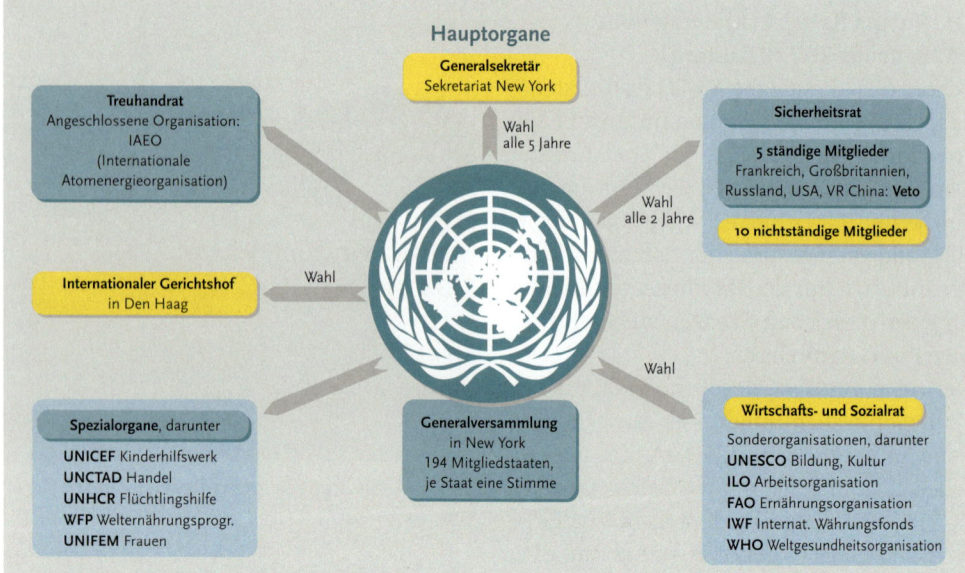

1 – Aufbau und wichtige Organe der UNO.

* **UNO**
Die United Nations Organization (= Vereinte Nationen) wurde 1945 mit der Unterzeichnung der UN-Charta gegründet. Ihr Ziel ist es, zwischenstaatliche Konflikte friedlich zu regeln sowie die Völker- und Menschenrechte zu wahren. Das Symbol der UNO ist die von Olivenzweigen umrahmte Welt.

* **Völkerbund**
Dies war die erste internationale Organisation zur Sicherung des Weltfriedens. Sie bestand von 1920 bis 1946 und war der Vorläufer der Vereinten Nationen (UNO).

* **UN-Charta**
Die Charta ist eine Art Verfassung.

* **Vetorecht**
Dies bedeutet Widerspruchsrecht. Die fünf ständigen Mitglieder können einer Entscheidung widersprechen und somit die Durchsetzung verhindern.

* **Veto**
Einlegen eines Einspruches, der Entscheidungen aufschieben oder ganz blockieren kann.

Das Selbstverständnis der *UNO

Kurz vor Ende des Zweiten Weltkriegs nahm die Weltgemeinschaft erneut einen Anlauf, um Katastrophen wie diese künftig zu vermeiden. Das Scheitern des nach dem Ersten Weltkrieg gegründeten *Völkerbundes war mahnendes Beispiel, es diesmal besser zu machen. In San Francisco unterzeichneten 1945 die delegierten Personen aus 50 Ländern die *UN-Charta. Darin stehen die folgenden Ziele:

– Wahrung des Weltfriedens und der internationalen Sicherheit,
– friedliche Schlichtung von Streitigkeiten und Zusammenarbeit der Völker,
– Verzicht auf Gewaltanwendung,
– Achtung der Gleichheit und Souveränität aller Staaten,
– Achtung der Menschenrechte und Grundfreiheiten aller Menschen,
– gemeinsame Problemlösungen für wirtschaftliche, soziale, humanitäre Probleme.

Wunsch und Wirklichkeit

Die UNO ist eine Weltorganisation. Zur Finanzierung ihrer Aufgaben sollten alle Mitglieder Beiträge zahlen, die sich an der jeweiligen Wirtschaftsleistung ihres Landes orientieren. Allerdings zahlen nicht alle Mitglieder regelmäßig und so werden wichtige Projekte verschoben oder gestrichen. Einmal pro Jahr tagt die UN-Generalversammlung. Jedes der 194 Mitglieder hat eine Stimme bei Abstimmungen. Die Beschlüsse sind nicht bindend für die Mitgliedsländer.

Der Sicherheitsrat besteht aus fünf ständigen Mitgliedern mit *Vetorecht und zehn wechselnden Mitgliedern. Der Sicherheitsrat kann gegen Staaten, die die UN-Charta missachten und den Frieden brechen, Maßnahmen zur Konfliktbewältigung beschließen. Diese Maßnahmen sind friedenssichernde Maßnahmen, militärische Aktionen („Blauhelmmissionen") oder Wirtschafts- und Handelssanktionen. Das Vetorecht der ständigen Vertreter im Sicherheitsrat schränkt den Handlungsspielraum der UNO ein. Wenn sich Sowjetunion bzw. der Nachfolger Russland und USA nicht einig waren, konnten sie jeden Beschluss und auch jede Maßnahme des Sicherheitsrats blockieren – was in der Vergangenheit häufig der Fall war.

▶ Video

M1 Die UNO in der Krise, 2023:

Die UNO steckt in der Krise. Das musste sich am Dienstag sogar ihr Chef persönlich eingestehen. In seiner Rede zur Eröffnung der 78. Generalversammlung der UNO in New York sparte Generalsekretär António Guterres nicht an Dramatik. (...) Spätestens seit dem Überfall Russlands auf die Ukraine mit all seinen Folgen wird wieder über Sinn und Unsinn des 1945 in San Francisco gegründeten Staatenklubs diskutiert, in dem Demokratien wie Österreich ebenso eine Stimme haben wie totalitäre Staaten wie Turkmenistan oder auch das krieg führende Russland. Rasch fallen dann Adjektive wie „zahnlos", „gelähmt" oder gar „überholt". Ganz falsch ist das nicht. Den Überfall Russlands auf sein Nachbarland konnten die Vereinten Nationen ebenso wenig verhindern wie den Irakkrieg, den die USA zwei Jahrzehnte zuvor unter zweifelhaften Umständen vom Zaun gebrochen haben. (...) Auch Guterres selbst sieht Handlungsbedarf – und zwar dringend. In einem Jahr soll ein „Summit of the Future", ein Zukunftsgipfel also, über die seit Jahren gewälzten, aber bisher nur spärlich umgesetzten Reformideen debattieren. Doch sind die Vereinten Nationen, so uneins sie derzeit auch sein mögen, tatsächlich so tot, wie sie von ihren Kritikern gesagt werden? Wie zeitgemäß ist die UNO mit all ihren Gremien, Teilorganisationen, Resolutionen und Gipfeltreffen überhaupt noch? Und welche Ideen gibt es, wie es besser ginge?

Vor allem der UN-Sicherheitsrat, der aus fünf ständigen und zehn nicht ständigen Mitgliedern besteht und gemäß seiner Charta über „die Wahrung des Weltfriedens und der internationalen Sicherheit" wachen soll, steht dieser Tage in der Kritik. Weil die Siegermächte des Zweiten Weltkriegs, also Russland, die USA, Frankreich und Großbritannien, – mittlerweile aber auch China – per *Veto jeden Entschluss blockieren können, hat das Gremium seine stabilisierende Wirkung inzwischen freilich weitgehend eingebüßt.

2 – Skulptur des Künstlers Carl Fredrik Reuterswärd vor dem UNO-Hauptquartier in New York.

M2 Reformvorschläge für den Sicherheitsrat, 2010:

Reformbedarf wird vor allem hinsichtlich der Mitgliedschaft in diesem Gremium und beim Vetorecht angemeldet. (...) (Ein Vorschlag von 1997 beinhaltet) folgende wesentliche Punkte:

– *Ständige Mitglieder:* Erweiterung dieses Kreises um weitere fünf Staaten, wobei an zwei Industriestaaten und drei Entwicklungsländer von den drei Kontinenten Afrika, Asien und Lateinamerika/Karibik gedacht wird. Sind Letztere in diesem Kreis bisher noch gar nicht repräsentiert und fordern daher schon länger ihre Berücksichtigung, so sollen aus dem Kreis der Industriestaaten Länder einbezogen werden, die seit 1945 in der Weltpolitik stark an Einfluss gewonnen haben, z. B. Deutschland und Japan.

– *Nicht ständige Mitglieder:* Je ein weiterer, alle zwei Jahre von Land zu Land wechselnder Sitz für die geografischen Bereiche Afrika, Asien, Lateinamerika/Karibik und Osteuropa, die auch dadurch noch stärkere Beachtung finden sollen.

– *Vetorecht:* Diese Entscheidungen erschwerende und die Arbeit häufig lähmende Instrument sollte nicht auf die neuen ständigen Mitglieder ausgedehnt und von den alten sehr viel seltener angewendet werden.

---

❶ Nenne die Ziele der UNO.

❷ Gruppenarbeit: Gestaltet mithilfe dieser Doppelseite einen Steckbrief zur UNO mit Informationen zu Gründung, Sitz, Flagge, Organen, Aufgaben, Finanzierung und Problemen. Bereitet eine Präsentation vor.

❸ Fasse zusammen, warum die UNO in der Krise ist (M1).

❹ Interpretiere die Skulptur vor dem UNO-Gebäude in New York (Bild 2). Wurde die UNO dem Anspruch dieser Skulptur gerecht?

❺ Erläutere die Vorschläge für eine Reform des UNO-Sicherheitsrats (M2). Diskutiert, ob sie sinnvoll sind.

Über den Tellerrand geschaut

Dürfen Grenzen mit Gewalt verändert werden?

1 – Kenias UN-Botschafter Martin Kimani in der UNO-Vollversammlung. Foto, 05.04.2022.

Q1 Kenias UN-Botschafter Martin Kimani zum russischen Angriff auf die Ukraine (05.04.2022):
Die territoriale Integrität und Souveränität der Ukraine ist verletzt worden. Die Charta der Vereinten Nationen welkt wieder einmal unter dem unnachgiebigen Angriff der Mächtigen. (...) Kenia und fast jedes afrikanische Land wurde durch das Ende eines Empire geboren. Unsere Grenzen zogen wir nicht selbst. Sie wurden in den fernen Kolonialmetropolen London, Paris und Lissabon gezogen, ohne Rücksicht auf die alten Nationen, die sie spalteten. Heute leben über die Grenze jedes einzelnen afrikanischen Landes hinweg unsere Landsleute, mit denen wir tiefe historische, kulturelle und sprachliche Verbindungen teilen.
Hätten wir bei der Unabhängigkeit entschieden, Staaten auf der Grundlage ethnischer, rassischer oder religiöser Homogenität zu gründen, würden wir viele Jahrzehnte später immer noch blutige Kriege führen. Stattdessen einigten wir uns, die Grenzen so zu belassen, wie wir sie erbten – aber kontinentweite politische, ökonomische und rechtliche Integration zu verfolgen. Statt Nationen zu bilden, die rückwärts in die Geschichte blicken mit einer gefährlichen Nostalgie, entschieden wir uns für den Blick nach vorn in eine Größe, die keine unserer vielen Nationen und Völker je gekannt hat. (...)
Wir glauben, dass alle Staaten, die aus zusammengebrochenen und zurückgewichenen Empires entstehen, viele Völker in sich tragen, die sich nach Integration mit Völkern in Nachbarstaaten sehnen. Das ist normal und verständlich. Denn wer will nicht mit seinen Brüdern vereint werden und mit ihnen gemeinsame Ziele verwirklichen? Doch Kenia lehnt es ab, eine solche Sehnsucht mit Gewalt zu verfolgen. Wir müssen unsere Heilung von der Asche toter Empires in einer Weise abschließen, die uns nicht in neue Formen von Herrschaft und Unterdrückung zurückwirft. Wir lehnten Irredentismus und Expansionismus ab, auf jeder Basis, auch rassisch, ethnisch, religiös oder kulturell. Wir lehnen es auch heute ab.

---

❶ ▶ Kläre die Fremdwörter und fasse die Rede von Martin Kimani zusammen.

❷ ▶ Erläutere, was mit der Aussage gemeint ist: „Hätten wir bei der Unabhängigkeit entschieden, Staaten auf der Grundlage ethnischer, rassischer oder religiöser Homogenität zu gründen, würden wir viele Jahrzehnte später immer noch blutige Kriege führen."

❸ ▶ Wladimir Putin rechtfertigt seinen Angriffskrieg und die Kriegsverbrechen vor allem damit, dass die Ukraine kein souveräner Staat mit eigener Geschichte sei. Erstelle einen Steckbrief zur Geschichte der Ukraine.

❹ ▶ Positioniere dich, ob Kriege zur Vergrößerung eigener Territorien gerechtfertigt sind.

Das kann ich ...

Die Konfrontation der Systeme

1 – Karikatur 1962.

2 – An einem Grenzübergang in Berlin, 1961.

Wichtige Begriffe

Kalter Krieg	Prager Frühling
Blockbildung	Solidarność
Wettrüsten	UNO
NATO	Ostpolitik
Warschauer Pakt	Ukrainekrieg
Kubakrise	

Wissen und erklären

❶ Erklärt euch gegenseitig die wichtigen Begriffe und tragt sie in euren Hefter ein.

❷ Erläutere, warum es zum Bruch zwischen der Sowjetunion und den USA kam.

❸ Lege dar, wie das Wettrüsten beendet werden konnte.

Q1 Der russische Präsident Putin in einer Rede vom 21.02.2023:

Putin betonte in seiner Rede, Russland führe keinen Krieg gegen das ukrainische Volk. Der Westen habe das Land besetzt, das „Neonazi"-Regime in Kiew dort installiert, das die Menschen in der Ukraine unterdrücke. Russland bekämpfe dieses Regime. Klar ist außerdem laut Putin: Je mehr Waffen geliefert würden, desto mehr sei Russland gezwungen, sich zu verteidigen. Er fügte hinzu, der Westen wolle Russland „ein für alle Mal erledigen".

Anwenden

❹ Interpretiere die Karikatur (Bild 1).

❺ Nenne Konflikte, die im Kalten Krieg ausgetragen wurden.

❻ Erläutere die heutige Rolle der UNO.

❼ Bewerte im Rückblick die Ostpolitik der Bundesrepublik ab den 1970er-Jahren.

Beurteilen und handeln

❽ Schreibe einen Zeitungsbericht über die Lage, die in Bild 2 dargestellt wird. Nenne auch die Hintergründe.

❾ Befragt ältere Mitbürger nach den Auswirkungen des Kalten Krieges auf ihr Leben nach 1950.

❿ Beurteile, ob die Haltung Putins (Q1) eine Neuauflage des Kalten Krieges bedeutet.

▶ Teste dich

Hier spielt die Geschichte ...

Wir ziehen in den Frieden

Einführung

Es gibt überall auf der Welt kriegerische Auseinandersetzungen. Entsprechend machen sich auch viele Leute weltweit Gedanken darüber, was man dagegen unternehmen kann. Manche gehen für den Frieden demonstrieren, andere helfen leise im Hintergrund, doch alle eint der Wille, nicht „der schlafende Riese zu sein, sondern aufzustehen, in den Frieden zu ziehen". Diese eindrucksvollen Zeilen entstammen dem Lied „Wir ziehen in den Frieden" von Udo Lindenberg, der sich Gedanken darüber gemacht hat, wie man als kleiner Teil der Gesellschaft große Problemfragen der Menschheit ansprechen kann. Es gibt noch viele weitere Künstler, die sich mit dem Thema Frieden musikalisch auseinandergesetzt haben (siehe Liederliste).

In diesem Spiel lernt ihr mehrere Beispiele kennen, die im wahrsten Sinne des Wortes Geschichte geschrieben bzw. vertont haben.

Black Eyed Peas: „Where is the love?"

Bob Dylan: „Blowing in the wind"

Depeche Mode: „People are People"

Grönemeyer: „Stück vom Himmel"

Michael Jackson: „Heal the world"

Kummer: „Der letzte Song"

John Lennon: „Give peace a chance"

Udo Lindenberg: „Wir ziehen in den Frieden"

Nicole: „Ein bisschen Frieden"

Pink Floyd: „Hey, hey, rise up!"

Sting: „Russians"

U2: „Sunday bloody Sunday"

Wishful Thinking: „Hiroshima"

Scorpions: „Wind of change"

Durchführung

1. Teilt die Lieder der Friedensliederliste unter euch auf.
2. Recherchiert den Songtext, übersetzt ihn gegebenenfalls.
   Beschäftigt euch intensiv mit eurem Lied.
   Findet heraus, auf welche historischen Hintergründe sich der Song bezieht.
   Überlegt, ob das Lied direkt zu etwas aufruft oder eine Aussage zwischen den Zeilen formuliert.
   Interpretiert das Lied so, wie ihr es versteht.
   Was ist euch an diesem Lied besonders wichtig?
   Was ist für euch die Hauptaussage des Songs?
3. Präsentiert eure Ergebnisse der Klasse und spielt dabei das Lied (in Auszügen) ab. Visualisiert eure Lieblingstextstelle.
4. Nachdem alle Lieder präsentiert wurden, stimmt ihr innerhalb der Klasse darüber ab und vergebt Punkte:
   – Welches Lied bzw. welchen Text findet die Klasse am besten?
   – Welche Präsentation gefiel euch am besten?
   – Welche Hauptaussage oder welches Zitat bereitete euch Gänsehautfeeling?

Spielvarianten

Zieht musikalisch in den Frieden!

Selbst Friedenslieder texten

Findet eigene Beispiele für Friedenslieder.

Konzert

Vielleicht gibt es auch Musikerinnen oder Musiker unter euch, die eine Art Friedenskonzert organisieren. Fragt eure Musiklehrkraft, inwiefern sie euch dabei unterstützen können.

Gesangswettbewerb

Summt die Lieder und lasst sie von euren Mitschülerinnen und Mitschülern erraten.

Friedensgedicht versus Friedenslied

Ihr könnt euch auch mit einem Friedensgedicht beschäftigen. Das folgende Gedicht stammt ursprünglich von Carl Sandburg aus den USA (um 1936), wurde von J. Newman verändert und von Charlotte Keyes popularisiert. Die erste Zeile dieses Gedichts wird ab etwa 1980 von der deutschen Friedensbewegung verwendet, um ihre Haltung zum Krieg auszudrücken (s. Bild):

Stell dir vor, es ist Krieg und keiner geht hin.
Dann kommt der Krieg zu euch!
Wer zu Hause bleibt, wenn der Kampf
beginnt, und lässt andere kämpfen für seine Sache, der muss sich
vorsehen: Denn wer den Kampf nicht geteilt hat, der wird teilen die Niederlage.
Nicht einmal Kampf vermeidet, wer den Kampf vermeiden will, denn er wird kämpfen
für die Sache des Feindes, wer für seine eigene Sache nicht gekämpft hat.

Durchführung

1. Arbeitet heraus, worin sich der Text von den Friedensliedern unterscheidet.
2. Beurteilt, ob die Friedensbewegung die erste Zeile des Gedichts zu Recht für ihre Ziele verwendet.
3. Diskutiert die unterschiedlichen Haltungen zum Krieg, die in den Liedern und dem Gedicht zum Ausdruck kommen. Entscheidet, welche Haltung für euch infrage käme.

7 Das Jahr 1990

Um null Uhr am 3. Oktober 1990 wurde vor dem Reichstag in Berlin die Bundesflagge gehisst. Bundeskanzler Kohl, Bundespräsident von Weizsäcker, Außenminister Genscher, der SPD-Ehrenvorsitzende Willy Brandt, der letzte DDR-Ministerpräsident Lothar de Maizière und zahlreiche andere Spitzenpolitiker sowie Tausende begeisterte Bürgerinnen und Bürger nahmen an diesem Festakt teil. Das Aufziehen der Bundesflagge symbolisierte die Vollendung der deutschen Einheit.

Viele Menschen in West und Ost hatten jahrzehntelang auf diesen Augenblick gewartet.

In diesem Kapitel könnt ihr erarbeiten, unter welchen Bedingungen es zur Wiedervereinigung kam, wie schwierig der Weg zu gleichen Lebensverhältnissen in ganz Deutschland war und ist.

Durch den Vergleich von Zeitzeugenberichten könnt ihr feststellen, wie unterschiedlich der Blick auf gleiche oder ähnliche Ereignisse sein kann.

7 Das Jahr 1990

1 – Die beiden deutschen Staaten nach dem 2. Weltkrieg bis 1990.

2 – Deutschland nach der Wiedervereinigung 1990.

Am 3. Oktober 1990 wurde Deutschland wiedervereinigt. An diesem Tag wurden auch die neuen Bundesländer Mecklenburg-Vorpommern, Brandenburg, Sachsen-Anhalt, Thüringen und Sachsen gegründet. Diese Ereignisse zeigen, dass das Jahr ein besonderes Jahr in der deutschen Geschichte war. Denkbar war das nur, weil die Bevölkerung der DDR in einer friedlichen Revolution am 9. November 1989 die Berliner Mauer und die gesamte innerdeutsche Grenze zu Fall gebracht hatte. Das Volk auf der Straße schuf damit die Voraussetzung für die deutsche Wiedervereinigung, die zum Beitritt der Deutschen Demokratischen Republik zur Bundesrepublik Deutschland am 3. Oktober 1990 führte. Maßgebliche Zwischenstationen auf dem Weg der deutschen Wiedervereinigung waren die Volkskammerwahl vom 18. März sowie der Staatsvertrag über die Wirtschafts-, Währungs- und Sozialunion vom 1. Juli 1990.

Das Jahr 1990 ist durch vielfältige Vorgänge gekennzeichnet, die sich überlagerten und ergänzten, verbunden mit viel Hoffnung auf einen Neuanfang, aber auch mit dem Verlust an Illusionen und durch Ernüchterung.

Nach der Arbeit mit diesem Kapitel kannst du folgende Fragen beantworten:

- Warum wurde als eine der ersten Maßnahmen die DDR-Staatssicherheit aufgelöst?
- Warum wurde der „Runde Tisch" eingerichtet?
- Welche Bedeutung hatte die letzte Volkskammerwahl?
- Wie wurde die Wiedervereinigung organisiert?
- Was bedeutete die Wirtschafts-, Währungs- und Sozialunion für die DDR-Bevölkerung?
- Wie wurde der 3. Oktober 1990 begangen?
- Welche Sichtweisen auf die Wiedervereinigung gibt es heute?

15. Januar	18. März	1. Juli	31. August	3. Oktober
Sturm auf die Stasi-Zentrale in Ost-Berlin	Volkskammer-wahl in der DDR	Die Währungs-, Wirt-schafts- und Sozial-union zwischen DDR und BRD tritt in Kraft	Der Einigungsver-trag über den Bei-tritt der DDR zur BRD tritt in Kraft	Beitritt der DDR zum Geltungsbereich des Grundgesetzes

Opa, sag mal ...

Stella: Hallo Opa!

Opa: Hallo, meine Süße. Schön, dich zu sehen!

Stella: Du Opa, ich muss dir heute mal eine komische Frage stellen. Ist es wahr, dass ein Sänger die Berliner Mauer zu Fall gebracht hat?

Opa: Das klingt nach einer modernen Sage. Du weißt ja, Sagen haben ihren ganz eigenen Wahrheitsgehalt.

Stella: Stimmt, ich erinnere mich an die Sage zum Beispiel von Ludwig dem Springer. Aber was hat das mit der Berliner Mauer zu tun?

Opa: Naja, in dem Fall ist es kein Ludwig, sondern David Hasselhoff, der im Jahr 1989 einen großen internationalen Hit „Looking for freedom" hatte. Diesen durfte er zur Silvesterfeier 1989/90 in Berlin live spielen. Ich glaube mich zu erinnern, dass er dabei sogar auf der Mauer stand und gesungen hat.

Stella: Das klingt ja nach einer richtig coolen Performance. Warst du etwa live dabei?

Opa: Nein, aber ich höre immer noch Oma von der blinkenden Lederjacke und dem Pianoschal schwärmen, die der „Knight Rider" damals trug.

Stella: He, was ist denn nun schon wieder ein „Knight Rider"?

Opa: Ach, das war nur eine Filmrolle von David Hasselhoff und einer seiner Spitznamen. Fakt ist, er hat wirklich dort gesungen, aber nichts dazu be-getragen, dass die Mauer fiel. Dazu waren politische Schritte notwendig. Menschen aus der damaligen DDR, die bei den sogenannten Montagsdemonstra-tionen für ihre Freiheit auf die Straße gingen, also sozusagen „looking for freedom" waren.

Stella: Verstehe, also ist das mit dem Mauerzerstören durch Musik wirklich eine Sage. Aber sag mal ehrlich: Waren Oma und du auch mit bei den Demos und war das nicht gefährlich?

Opa: Freilich waren wir mit dabei. Diesem Bann konnte man sich gar nicht entziehen.

Stella: Also haben Oma und du die Mauer zum Einsturz gebracht?

Opa: Wenn du das so siehst, ist das richtig: Wir gemeinsam mit Hunderttausenden, vielleicht sogar Millionen. Und das Schöne daran ist, dass alles friedlich verlief.

Stella: Ja, ihr habt nach der Freiheit gesucht, die David Hasselhoff dann zum Glück in einem nicht mehr geteilten Berlin in einer blinkenden Lederjacke mit Pianoschal zum Besten gegeben hat.

Opa: Du siehst, auch Lieder können Geschichte schreiben ...

---

❶ ▣ Fasse anhand der Karte 2 zusammen, aus welchen Bundesländern das wiedervereinigte Deutschland besteht.

❷ ▣ Erzähle, was du schon über das Jahr 1990 weißt.

❸ ▣ Frage deine Eltern, Großeltern und Verwandten, welche Erinnerungen sie an die Ereignisse in den Jahren 1989/1990 („Wendezeit") verbinden.

❹ ▣ Notiere Fragen dazu, was dich zu den Themen des Kapitels interessieren würde.

❺ ▣ Lies den Opa-Stella-Text mit verteilten Rollen.

❻ ▣ Spielt das Spiel „Wir ziehen in den Frieden" (s. S. 236). Bezieht Stellung zu Opas Behauptung, dass auch Lieder Geschichte schreiben können.

Die friedliche Revolution in der DDR

Warum wurde die Stasi-Zentrale gestürmt?

1 – Erstürmung der Stasi-Zentrale in Ostberlin, 15.01.1990, Foto.

Erich Mielke (1907–2000) Er gehörte dem Politbüro der SED an und war von 1957 bis zu seinem Rücktritt 1989 Minister für Staatssicherheit. Foto, 1986.

Die „Stasi" am Ende

Viele DDR-Bürgerinnen und -Bürger fühlten sich durch die ständige Überwachung durch das „Ministerium für Staatssicherheit" (MfS, auch „Stasi" genannt) gegängelt und genötigt. Aus diesen Gründen war das MfS, und vor allem ihr Chef Erich Mielke, in der Bevölkerung tief verhasst. Deshalb stand diese Einrichtung nach dem Mauerfall im Zentrum der Kritik. Am 4. Dezember 1989 kam es in Erfurt, Leipzig, Suhl und Rostock und in einer Reihe von Kreisdienststellen zur ersten Besetzung einer MfS-Bezirksverwaltung. In den folgenden beiden Tagen folgte die Besetzung aller anderen Bezirksdienststellen. Die Hauptforderung der Besetzer waren: Stopp der Aktenvernichtung und Auflösung des Ministeriums für Staatssicherheit. Komitees, die aus Bürgerrechtlern gebildet wurden, übernahmen die Kontrolle der Auflösung des MfS, das seit 17. November 1989 „Amt für Nationale Sicherheit" hieß.

Besetzung der Zentrale in Berlin

„Nie wieder Stasi!" und „Mit Fantasie und ohne Gewalt" forderten die Demonstranten am 15. Januar 1990 vor der Stasi-Zentrale in Berlin-Lichtenberg. Tausende waren dem Aufruf gefolgt und verlangten die Abschaffung des DDR-Geheimdienstes. Sie wollten die Tore des Gebäudes in der Normannenstraße symbolisch vermauern und damit die Auflösung des Ministeriums für Staatssicherheit besiegeln. Die Stimmung der Demonstranten war aufgeheizt. Sie forderten Einlass in die seit vier Jahrzehnten gesicherte Stasi-Zentrale, der abends auch gewährt wurde. Etwa 2 000 Menschen strömten in den Hof und die Gänge des Hauptquartiers. Scheiben klirrten und Papiere, Stühle und Tische wurden aus den Fenstern geworfen. Es kam zu tumultartigen Szenen.

In den folgenden Monaten wurde in der Öffentlichkeit vor allem diskutiert, wie mit den Daten des „Staatssicherheitsdienstes", insbesondere den personenbezogenen Daten, umzugehen sei.

Q1 Reportage der westdeutschen „Tagesschau" über den Sturm auf die Stasi-Zentrale, 15.1.1990:

Sprecher: Die Zentrale des ehemaligen Staatssicherheitsdienstes in Ostberlin ist heute von einer aufgebrachten Menschenmenge gestürmt worden. Zehntausende drangen am Nachmittag in das Gebäude ein und richteten schwere Verwüstungen an. Vorübergehend spitzte sich die Lage so sehr zu, dass das laufende Programm des DDR-Fernsehens unterbrochen wurde, um einen Aufruf der Regierung zur Besonnenheit auszustrahlen.
Inzwischen scheint sich die Situation wieder entspannt zu haben, nachdem Ministerpräsident Modrow an Ort und Stelle zu den Demonstranten sprach. Horst Hano berichtet.

Reporter: Kurz nach fünf wurde das Tor aufgebrochen, die Zentrale des Staatssicherheitsdienstes, das Zentrum der flächendeckenden Überwachung und Bespitzelung, wurde gestürmt.
„Stasi raus!", „Stasi in die Produktion!", riefen die Demonstranten. Und jetzt kommt das Volk. Für die noch verbliebenen Mitarbeiter der Staatssicherheit war heute der letzte Arbeitstag, bis nachmittags um drei hatten alle das Gebäude verlassen.
Keine Gewalt, forderten die Bürgerkomitees, Veranstalter der Demonstration vor der Stasi-Zentrale. Doch die Menge war nicht mehr zu halten. Fensterscheiben gingen zu Bruch, Türen wurden eingetreten, die Räume der verhassten Geheimpolizei wurden geöffnet und durchwühlt. An die wichtigen Akten, die Aufschluss geben können über die wahre Arbeit der Stasi, kam die Menge nicht heran, sie waren, soweit noch vorhanden, in gemeinsamer Arbeit von der Militärstaatsanwaltschaft und der Volkspolizei schon seit Anfang Dezember in Sicherheit gebracht worden, so jedenfalls die offizielle Auskunft.

Sprecher: Ab morgen, so der Plan, den die Regierung akzeptiert hat, werden Bürgerkomitees, Volkspolizei und die Militärstaats-

2 – Erneute Besetzung der Stasi-Zentrale, 04.09.1990, Foto.

anwaltschaft hier beginnen, gemeinsam die Geschichte des Ministeriums für Staatssicherheit aufzuarbeiten.

Q2 Die DDR-Regierung warnt – die „Tagesschau" berichtet:

Sprecher im DDR-Fernsehen: Die Demokratie, die sich gerade beginnt zu entwickeln, ist in höchster Gefahr. Die Regierung der Deutschen Demokratischen Republik ruft alle Bürger auf, in dieser schweren Stunde Ruhe und Besonnenheit zu bewahren und staatsbürgerliches Bewusstsein zu beweisen. Die Regierung setzt ihr ganzes Vertrauen in die Verantwortung der Bürger gegenüber unserem Gemeinwesen.

❶ Fasse kurz zusammen, welche Rolle die Stasi in der DDR gespielt hat und warum sie in der Bevölkerung verhasst war.

❷ Erläutere anhand des Textes und von Bild 2 das Hauptanliegen der Demonstranten. Welche weiteren Ziele hatten sie?

❸ Arbeite heraus, warum die Bürgerkomitees zur Gewaltlosigkeit aufgerufen haben.

❹ Fasse anhand von Q1 und Bild 1 den Verlauf der Besetzung der Stasi-Zentrale zusammen.

❺ Bewerte den Vorgang der Besetzung und nimm selbst Stellung dazu.

❻ Schätze ein, welche Bedeutung die Stellungnahme der DDR-Regierung hatte (Q2).

❼ Erläutere, welche Bedeutung die Auflösung der Stasi für das DDR-System hatte.

Methode

Zeitzeuginnen und Zeitzeugen befragen

Zeitzeugen können über ihre persönlichen Erfahrungen berichten und erzählen, wie sie bestimmte Ereignisse selbst erlebt haben. Sie können oft ein persönliches und lebendiges Bild von früheren Ereignissen entstehen lassen. Sie können aber immer nur berichten, wie sie selbst ein Ereignis gesehen und erlebt haben. Häufig haben sie nur beobachtet oder erinnern sich nur noch daran, was ihnen selbst wichtig erschien. Deshalb muss man bei Befragungen von Zeitzeugen sehr sorgfältig vorgehen. Achte dabei besonders auf die Persönlichkeitsrechte der Zeitzeugen. Informiere dich darüber im Internet.

Folgende vier Schritte helfen euch bei einer Befragung von Zeitzeugen:

Schritt 1 **Befragung vorbereiten**	■ Informationen zur Vorbereitung sammeln, zunächst aus diesem Kapitel; weitere Materialien heranziehen (Bücher, Zeitschriften, Zeitungen, Internet); einen ersten Überblick gewinnen ■ Thema der Befragung konkretisieren: Was wollen wir erfahren? ■ Fragen vorbereiten und einen Fragebogen entwickeln ■ Befragung zur Probe einmal durchspielen; eventuell Fragen umformulieren
Schritt 2 **Kontakt aufnehmen**	■ Zeitzeugen zunächst in der Familie, Verwandtschaft, im Bekanntenkreis suchen ■ Anfragen an Parteien, Gewerkschaften, Kirchen, Gemeinde- oder Stadtverwaltungen stellen ■ Klären: Ort, Zeit, Ablauf der Befragung. Wie dürfen Aussagen verwendet (ausgewertet) werden?
Schritt 3 **Befragung durchführen**	■ Befragung gut vorbereiten: angenehme Atmosphäre schaffen, Begrüßung, Dauer der Befragung absprechen, Gesprächsleitung klären, Aufnahmegeräte oder Protokollführung sichern, Fotos anfertigen (mit dem Gast klären) ■ Fragen stellen; Aussagen festhalten; gestellte Fragen auf der Liste streichen; bei Unklarheiten eventuell noch einmal nachfragen; der Zeitzeugin bzw. dem Zeitzeugen Gelegenheit zum freien Erzählen geben ■ Dank und Verabschiedung
Schritt 4 **Ergebnisse auswerten und bewerten**	■ Welche Informationen sind neu? Stimmen sie mit unseren Kenntnissen aus den Materialien (Büchern usw.) überein? Lassen sich die Unterschiede erklären? Wo sind Lücken zu erkennen? Wie sind sie zu schließen? ■ Nachbereitung: Wie ist die Befragung gelaufen? Müssen wir etwas an der Befragung ändern?

❶ Sammelt mithilfe der Befragung Informationen zum Jahr 1990. Konzentriert euch dabei auf bestimmte Ereignisse, die dieses Jahr geprägt haben.

❷ Ergänze deine Befragung durch eine Recherche im Zeitungsarchiv deiner Heimatstadt.

Wie Historikerinnen und Historiker arbeiten: Oral History

Historiker arbeiten mit schriftlichen Quellen oder werten Bilder und Sachquellen aus. Daneben gibt es noch die mündlichen Quellen, die Erzählungen und Berichte von Zeitzeugen, die ein Ereignis selbst unmittelbar miterlebt haben. Zeitzeugen können zudem schildern, welche Gefühle sie dabei hatten: Glück, Angst, Wehmut, Entsetzen, Enttäuschung, Trauer oder Wut. Um diese Erfahrungen und Empfindungen zu dokumentieren, zeichnen Historiker in gut vorbereiteten Interviews die Erinnerungen von Menschen auf.

Diese Aufzeichnungen mithilfe von Tonträgern und Filmaufnahmen sind eine neue Art von Quellen, die sehr sorgsam ausgewertet werden müssen. Stimmen die Erinnerungen mit dem, was wir sonst wissen, überein? Wenn nicht, warum sind manche Ereignisse aus dem Gedächtnis der Menschen scheinbar getilgt? Welche Bedeutung hatte ein Ereignis, eine Entscheidung für die Betroffenen?

Beispielhafter Fragebogen für eine Befragung über ein wichtiges Ereignis des Jahres 1990

Wir sind Schülerinnen und Schüler der Klasse ... der Schule ... und möchten Sie befragen, wie Sie das Jahr 1990 erlebt haben und sich noch daran erinnern.

1 Können Sie sich bitte vorstellen und erzählen, was Sie 1990 beruflich gemacht haben und welchen Beruf Sie heute ausüben?

2 Wie erfuhren Sie von den Ereignissen dieses Jahres?

3 Wo erlebten Sie die Ereignisse des Jahres 1990?

4 Können Sie sich noch an Ihre damaligen Gefühle erinnern und uns diese schildern?

5 Erinnern Sie sich noch, wie Sie diese Ereignisse begangen haben? Haben Sie sich gefreut oder waren sie verärgert?

6 Wie reagierten die Nachbarn in Ihrer Stadt / Ihrem Dorf auf die Ereignisse? Gab es Kritik?

7 Die Wiedervereinigung wird unterschiedlich beurteilt. Wie sehen Sie die Ereignisse mehr als 20 Jahre später?

8 Ist nach Ihrer Meinung Deutschland noch immer zweigeteilt trotz der Wiedervereinigung?

1–Volkskammerwahl 18.03.1990. Ein Metzger in Warnemünde bei Rostock hält am Tag der Volkskammerwahl Bockwürste kostenlos bereit. Foto, 1990.

2–Zeitzeugenbefragung in einer Schule. Foto, 2024.

Was entschieden die „Runden Tische"?

1 – Sitzung des „Zentralen Runden Tisches" in Ostberlin, 22.1.1990. Foto.

Die Zeit der „Runden Tische"

Nach dem Rücktritt der Regierung in Ostberlin am 7./8. November und nach dem Mauerfall am 9. November 1989 übernahmen überall in der DDR auf Initiative der Bürgerbewegung „Runde Tische" nach polnischem Vorbild das Heft des Handelns, so auch in Sachsen-Anhalt. Die „Runden Tische" waren in der Lage, sowohl DDR-Institutionen einschließlich der SED als auch die neuen politischen Kräfte zu integrieren. Damit konnten sie übergangsweise die Aufgaben einer Regierung übernehmen. Zu ihren regelmäßigen Treffen kamen Vertreter der Kirchen, der Parteien und politischer Gruppen zusammen, besprachen konkrete Probleme und suchten nach Lösungen. In diesen Gremien verhandelten Vertreter oppositioneller Gruppen mit denen der SED vor allem über Reformen und Demokratisierung. Die Gesprächsleitung übernahmen Vertreter der Kirche.

Der „Zentrale Runde Tisch" in Ostberlin

Zu den ersten Ergebnissen der Verhandlungen des „Zentralen Runden Tisches" in Berlin gehörte die sofortige Auflösung des Ministeriums für Staatssicherheit. Zudem sollten eine neue Verfassung und ein neues Wahlgesetz erarbeitet werden. Ende Januar 1990 beschloss der „Zentrale Runde Tisch" in Berlin für den 18. März 1990 die ersten freien Wahlen auf dem Gebiet der DDR.

Q1 Der erste Beschluss des „Zentralen Runden Tisches" in Ostberlin, 7.12.1989:

Die Teilnehmer des „Runden Tisches" treffen sich aus tiefer Sorge um unser in eine Krise geratenes Land, seine Eigenständigkeit und seine dauerhafte Entwicklung. Sie fordern die Offenlegung der ökologischen, wirtschaftlichen und finanziellen Situation in unserem Land. Obwohl der Rundtisch keine parlamentarische oder Regierungsfunktion ausüben kann, will er sich mit Vorschlägen zur Überwindung der Krise an die Öffentlichkeit wenden.
Er fordert von der Volkskammer und der Regierung, rechtzeitig vor wichtigen rechts-, wirtschafts- und finanzpolitischen Entscheidungen informiert und einbezogen zu werden. Er versteht sich als Bestandteil der öffentlichen Kontrolle in unserem Land. Geplant ist, seine Tätigkeit bis zur Durchführung freier, demokratischer und geheimer Wahlen fortzusetzen. Der „Zentrale Runde Tisch" beendet am 12. März 1990 seine Tätigkeit.

Q2 Der damalige Ministerpräsident der DDR, Hans Modrow, vor dem Berliner „Runden Tisch", 15.1.1990:

Ich bitte Sie, Ihren politischen Einfluss geltend zu machen, damit die Bürger der DDR in ihrer angestammten Heimat bleiben. Niemand kann nach rund acht Wochen Regierungsarbeit Wunder erwarten. Ich versichere jedoch allen Bürgern der DDR: Unser Land hat die realistische Chance, durch eigene Anstrengungen und Hilfen von außen noch in diesem Jahr zu einer Stabilisierung von materieller Produktion und Versorgung zu kommen, die den Beginn einer Prosperität einleitet. Es lohnt sich, in der DDR zu bleiben.

VIP

„Es ist gut, für Meinungsfreiheit, Reisefreiheit, eine besser funktionierende Wirtschaft und ein neues Bildungssystem zu kämpfen. All das ist bitter notwendig, aber wir sollten bei alledem nicht vernachlässigen, dass diese Rechte gesichert werden müssen, das heißt, wir müssen über die Fragen der Macht nachdenken und darüber, wie Macht kontrolliert werden kann."

Name: Marianne Birthler, geb. Radtke

Lebensdaten: geb. 22. Januar 1948 in Berlin

Familie: Die Eltern waren Einzelhändler; sie ist geschieden und war von 1969 bis 1983 mit dem Tierarzt Wolfgang Birthler verheiratet und hat drei Töchter.

Jugend/Schule/Ausbildung:
– 1964 Austritt aus der FDJ
– 1971 Abitur
– 1972 Fernstudium der Außenhandelswirtschaft und sechs Jahre Arbeit im Außenhandel der DDR

Werdegang:
– 1976 bis 1983 Katechetin (Religionslehrerin) in Berlin
– 1981 bis 1987 Kinder- und Jugendarbeit am Prenzlauer Berg in Berlin im Stadtjugendpfarramt, Mitarbeit in der Initiative Frieden und Menschenrechte
– 1989/90 Mitarbeit beim „Zentralen Runden Tisch" in Ostberlin
– 1990 Volkskammerabgeordnete der Fraktion Bündnis 90/Die Grünen, danach Mitglied des Brandenburgischen Landtags
– 1990 bis 1992 Ministerin für Bildung, Jugend und Sport im Land Brandenburg
– 1993 bis 1994 Sprecherin von Bündnis 90/Die Grünen, zählte zum Realoflügel
– 1995 Bundesverdienstkreuz
– 1998 Mitglied des Bundestages
– September 2000 bis März 2011 als Nachfolgerin von Joachim Gauck Bundesbeauftragte für die Unterlagen des Staatssicherheitsdienstes der ehemaligen DDR
– Aktuell ist Marianne Birthler u. a. Vorsitzende des Beirats der Evangelischen Akademie zu Berlin.

Besonderheiten:
Marianne Birthler hat sich in der DDR mit politisch Verfolgten solidarisiert und gegen Repressionen des SED-Regimes gekämpft, vor allem in der Initiative *Frieden und Menschenrechte*.

Was bleibt:
„Marianne Birthler ist eine Persönlichkeit, (…) die für zahllose Menschen zu einer inspirierenden Wegbereiterin der geeinten deutschen Demokratie geworden ist." (Bundespräsident Frank-Walter Steinmeier)

❶ ▪ Betrachte Bild 1 und beschreibe die Eindrücke, die es dir vermittelt. Recherchiere die Teilnehmer und erläutere, was es über die politischen Verhältnisse in der DDR-Anfang 1990 aussagt (s. auch Text).

❷ ▪ Erläutere, welche Aufgaben sich die „Runden Tische" vornahmen (Text und Q1).

❸ ▪ Erkläre, warum der „Zentrale Runde Tisch" in Ostberlin eine Sonderstellung hatte. Nenne seine beiden wichtigsten Beschlüsse.

❹ ▪ Nimm Stellung zu den Zielen Hans Modrows (Q2).

❺ ▪ Erläutere das Zitat von Marianne Birthler.

Welche Bedeutung hatte die Volkskammerwahl?

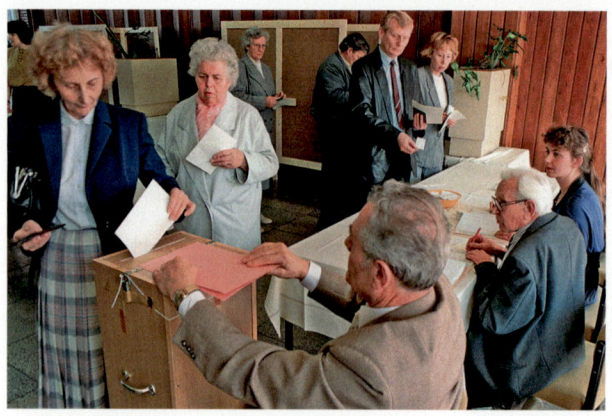

1 – Stimmabgabe bei der Volkskammerwahl am 18. März 1990, Dresden. Foto.

2 – Graffiti in Wurzen, August 1990. Foto.

❖ Votum
Abgabe der Stimme;
hier: Meinungsäußerung

❖ neosozialistisch
Bestrebung, eine neue
sozialistische Gesellschaft
aufzubauen, die die alten
Vorstellungen von Sozia-
lismus nicht vollständig
verneint

Der Wahlkampf

Der Wahltermin war ursprünglich auf den
6. Mai festgelegt. Doch Ende Januar einigten
sich die Modrow-Regierung und die am
„Runden Tisch" vertretenen Gruppierungen
auf einen vorgezogenen Termin am
18. März. Man wollte möglichst schnell eine
Regierung haben, die durch freie Wahlen
legitimiert war. Der darauffolgende kurze
Wahlkampf war vor allem von einer Frage
geprägt: für und gegen eine schnelle Wiedervereinigung. Die großen Parteien bekamen
intensive Unterstützung aus dem Westen.
Vor allem die West-CDU und die SPD
griffen in den Wahlkampf ein. Bei der CDU
war das Problem, dass ihre Schwesterpartei
im Osten als ehemalige Blockpartei und
Steigbügelhalterin der SED belastet war,
was ihre Glaubwürdigkeit einschränkte. Ihr
nützte aber, dass mit dem Demokratischen
Aufbruch und der DSU zwei neue unbelas-
tete Gruppierungen mit ihr zusammen-
gingen, was die Bedenken gegenüber der
CDU abbaute. Da sie zusammen mit der
Ost-CDU ein Wahlbündnis eingingen,
schwanden diese Hemmungen. Die West-
CDU unterstützte den Wahlkampf dieser
„Allianz für Deutschland" mit 4,5 Millionen
Mark.
Die DDR-Sozialdemokraten SDP bestanden
zwar zunächst auf ihrer Eigenständigkeit,
ließ sich dann aber doch gern von der SPD
aus dem Westen unterstützen. Neben finan-
zieller Unterstützung half die SPD der SDP,
Organisationsstrukturen aufzubauen, und
gaben Ratschläge, wie man der SED-PDS
am besten begegnen könne. Diese kämpfte
zwar mit massivem Mitgliederschwund,
war aber in der DDR noch immer ein wichtiger politischer Faktor.
Mit Willy Brandt hatte die SDP ein promi-
nentes Zugpferd und sie galt tatsächlich
schon als Wahlsieger. Umfragen im Februar
ergaben, dass mehr als 54 Prozent der Wähler der SDP ihre Stimme geben wollten.
Die oppositionelle DDR-Bürgerbewegung
unterschied sich von allen anderen Parteien
ebenso wie die PDS dadurch, dass sie im
Vereinigungsprozess der beiden deutschen
Staaten die Eigenständigkeit der DDR stärker betonen wollten, wenn auch in unter-
schiedlichem Maße.

Die Volkskammerwahl

Am 18. März 1990 kam es zur ersten freien
Volkskammerwahl in der DDR (Bild 1).
Die Menschen hatten die Wahl zwischen
24 Parteien und Wahlbündnissen. Den
Wahlkampf bestimmten Fragen nach einer
baldigen Wirtschafts-, Währungs- und
Sozialunion sowie nach der deutschen
Einheit. Die Wahlbeteiligung lag bei über
93 Prozent. Gewonnen hat die Wahl die
„Allianz für Deutschland", ein Bündnis aus
CDU, Demokratischem Aufbruch (DA) und
Deutscher Sozialer Union (DSU).

3 – CDU-Wahlplakat 1990.

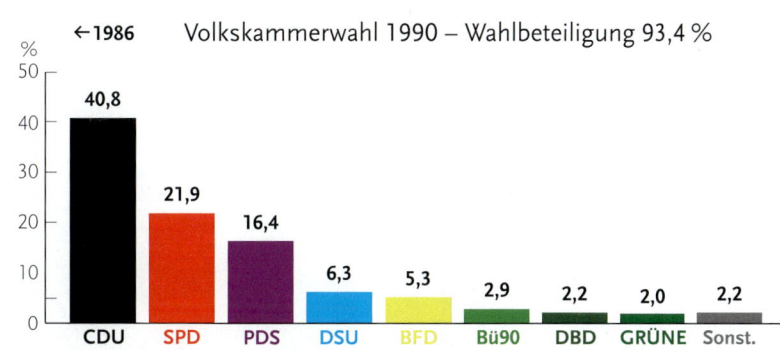

←1986   Volkskammerwahl 1990 – Wahlbeteiligung 93,4 %

	CDU	SPD	PDS	DSU	BFD	Bü90	DBD	GRÜNE	Sonst.
%	40,8	21,9	16,4	6,3	5,3	2,9	2,2	2,0	2,2

4 – Ergebnis der Volkskammerwahl vom 18.3.1990 CDU = Christlich-Demokratische Union (Wahlbündnis mit Deutsche Soziale Union und Demokratischer Aufbruch), SPD = Sozialdemokratische Partei Deutschlands, PDS = Partei des Demokratischen Sozialismus (Nachfolgeorganisation der SED), DSU = Deutsche Soziale Union, BFD = Bund Freier Demokraten (Liberale), Bü90 = Bündnis 90 (Bürgerbewegung), DBD = Demokratische Bauernpartei Deutschlands. https://de.wikipedia.org/wiki/Volkskammerwahl_1990

Mit 48,15 Prozent der abgegebenen Stimmen gewann die Allianz für Deutschland klar die Volkskammerwahl. Am 12. April 1990 wählte die Volkskammer Lothar de Maizière (CDU) zum Ministerpräsidenten. Seine große Koalition aus CDU, SPD, DSU, DA und Liberalen bereitete den Beitritt der DDR zur Bundesrepublik nach Art. 23 Grundgesetz vor. Die erste freie Volkskammerwahl der DDR war damit auch die letzte.

Q1 Das „Neue Forum", das zur Bürgerbewegung gegen die SED zählte, erklärte im Frühjahr 1990:
Für uns ist die Wiedervereinigung kein Thema, da wir von der Zweistaatlichkeit Deutschlands ausgehen und kein kapitalistisches Gesellschaftssystem anstreben. Wir wollen Veränderungen in der DDR.

Q2 Ulrike Poppe, Mitglied der Bürgerbewegung „Demokratie jetzt", beschrieb den Wahlkampf so:
(…) Plötzlich hörte uns im Wahlkampf keiner mehr zu. Es war wirklich ein emanzipatorischer Prozess gewesen, eine Aufbruchstimmung, nicht nur in Berlin und Leipzig, auch auf den Dörfern. Aber dann gab es nur noch das große Bild, das alles erdrückte – den Westen.

M1 Der Historiker Ulrich Herbert schätzt die Volkskammerwahl so ein, 2014:
(…) Diese Wahlen waren ein denkbar klares *Votum für die Wiedervereinigung und die westliche Demokratie und genauso wurde sie national und weltweit auch wahrgenommen. Die Befürworter der Einheit hatten etwa 75 Prozent der Stimmen erhalten, die Gegner der Einheit etwa zwanzig. Die im „Bündnis 90" zusammengefassten Gruppen der Bürgeropposition erhielten nur 2,9, die Grünen ganze 2 Prozent der Stimmen. Während die einstige SED ihre Kernwählerschaft noch mobilisieren konnte, war das Ergebnis für die Bürgerbewegung niederschmetternd. Sie waren zwar als Speerspitzen der Opposition gegen die SED-Herrschaft von enormer Wichtigkeit gewesen, ihre Zukunftsvorstellungen von einer selbstständigen, demokratischen, womöglich *neosozialistischen DDR trafen bei der Bevölkerung aber auf klare Ablehnung, ebenso wer die (…) Grünen, die in einer Gesellschaft, der es an allem mangelte, keine Zustimmung erfahren konnten. (…)

❶ Untersuche Bild 1. Inwiefern ist es Ausdruck der Diskussionen, die 1990 in der DDR stattfanden (s. auch Text)?

❷ Begründe, warum die Wiedervereinigung das Hauptthema bei dieser Wahl war (Text).

❸ Erläutere das Verhalten der „Westparteien" im Wahlkampf (Text).

❹ Nimm Stellung zum Bedeutungsverlust der Bürgerbewegung bei der Wahl (Text, Q1, Q2, M1).

❺ Untersuche die Grafik (Bild 3). Welche Schlüsse lassen sich aus diesem Wahlergebnis ziehen (s. auch Text)?

❻ Fasse zusammen, wie Ulrich Herbert das Wahlergebnis einschätzt und nimm Stellung dazu. (M1)

Warum Wirtschafts-, Währungs- und Sozialunion?

1 – Montagsdemonstration in Leipzig, 12.02.1990. Foto.

2 – Der letzte Tag vor der Währungsunion: leere Regale und unbekleidete Modellpuppen im Centrum-Warenhaus am Alexanderplatz, Berlin, 30.06.1990.

Die Einführung der Wirtschafts-, Währungs-, und Sozialunion

Mit der Öffnung der Grenzen trat den DDR-Bürgern der Kontrast in der Lebensqualität zwischen Westen und Osten in aller Deutlichkeit vor Augen. Hilfe erhofften sie sich von einer schnellen Einführung der freien Marktwirtschaft. In Leipzig riefen sie auf ihren Demonstrationen: „Kommt die D-Mark, bleiben wir, kommt sie nicht, geh'n wir zu ihr!" Es entstand die politische Sorge, eine fortgesetzte Abwanderung aus der DDR werde das soziale und ökonomische Netz der Bundesrepublik sprengen. Zur Abhilfe schlug die Bundesregierung vor, eine Wirtschafts-, Währungs- und Sozialunion zu schaffen, die auch in der DDR die D-Mark einführen und in vielen Bereichen das soziale System der Bundesrepublik auf die DDR übertragen sollte. Der am 18. Mai 1990 unterzeichnete Vertrag trat am 1. Juli 1990 in Kraft.

Die Planwirtschaft wird zur Marktwirtschaft

Das Inkrafttreten der Währungs-, Wirtschafts- und Sozialunion war ein wichtiger Schritt auf dem Weg zur staatlichen Vereinigung von Bundesrepublik Deutschland und Deutscher Demokratischer Republik (DDR).

Die DDR gab damit ihre Selbstständigkeit in der Währungspolitik vollständig und in der Finanz-, Wirtschafts- und Sozialpolitik größtenteils auf. In der DDR begann der Wandel von der sozialistischen Planwirtschaft in eine soziale Marktwirtschaft nach bundesdeutschem Vorbild. Mit dem Vertrag entfiel die Überwachung und die Kontrolle der innerdeutschen Grenze.

Wirtschaftliche Folgen der Vereinigung

Viele, die sich von der Wirtschafts- und Währungsunion eine schnelle Verbesserung ihrer Situation erhofft hatten, wurden enttäuscht. Vor allem die westdeutsche Wirtschaft scheute sich zunächst, in großem Maße in der DDR zu investieren. Das lag vor allem an den zumeist ungeklärten Eigentumsverhältnissen. So existierten zum Beispiel keine vollständigen aktuellen Grundbuchverzeichnisse. Ganz unsicher war auch, inwiefern ehemalige DDR-Bürger, die jetzt im Westen lebten, Ansprüche auf früheren Grundbesitz in der DDR erheben konnten. Die ostdeutsche Wirtschaft litt außerdem unter dem starken Rückgang des Handels mit den osteuropäischen Ländern. Nach der Einführung der D-Mark in der DDR waren die Produkte der DDR für diese Länder zu teuer geworden. Verstärkt wurde

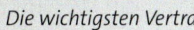   

Staatsvertrag
BR Deutschland – DDR
Die wichtigsten Vertragsinhalte

Währungsunion	Wirtschaftsunion	Sozialunion	
• DM einzige Währung	Die DDR schafft die Voraussetzungen für die soziale Marktwirtschaft:	Die DDR schafft Einrichtungen entsprechend denen in der BR Deutschland:	Die BR Deutschland gewährt für die Anschubfinanzierung der Sozialsysteme Mittel aus dem Bundeshaushalt und für den Haushaltsausgleich der DDR Finanzzuweisungen aus dem „Sonderfonds Deutsche Einheit" in Höhe von 115 Mrd. DM.
• Deutsche Bundesbank alleinige Zentralbank	• Privateigentum	• Rentenversicherung	
• Umtauschkurs Mark der DDR zu DM:	• freie Preisbildung	• Krankenversicherung	
1:1 für Löhne und Gehälter, Renten, Mieten, Pachten, Stipendien	• Wettbewerb	• Arbeitslosenversicherung	
	• Gewerbefreiheit	• Unfallversicherung	
	• freier Verkehr von Waren, Kapital, Arbeit	• Sozialhilfe	
1:1 für Guthaben von natürlichen Personen bis zu bestimmten Höchstgrenzen	• ein mit der sozialen Marktwirtschaft verträgliches Steuer-, Finanz- und Haushaltswesen	Die DDR schafft und gewährleistet nach dem Vorbild der BR Deutschland:	
2:1 für alle übrigen Forderungen und Verbindlichkeiten		• Tarifautonomie	
		• Koalitionsfreiheit	
		• Streikrecht	
		• Mitbestimmung	
		• Betriebsverfassung	
		• Kündigungsschutz	

3 – Staatsvertrag zwischen BRD und DDR zur Wirtschafts-, Währungs- und Sozialunion.

die Negativentwicklung durch das Kaufverhalten vieler DDR-Bürger (Bild 2). Sie zogen auch bei gleicher Qualität westliche Produkte vor, da sie das Vertrauen in die eigene Produktion verloren hatten. Das führte zu verstärkten Absatzschwierigkeiten der DDR-Betriebe und in der Folge zu Entlassungen von Arbeitnehmern.

Die „Treuhand"
Die Umgestaltung der ostdeutschen Wirtschaft nach marktwirtschaftlichen Grundsätzen lag zwischen 1990 und 1994 in den Händen der Treuhandanstalt. Sie spaltete die großen Industriekombinate der DDR auf, privatisierte und sanierte sie. Von ihr wurden 80 Prozent des Betriebseigentums der DDR bis 1994 an Westdeutsche, 14 Prozent an Ausländer und nur sechs Prozent an Ostdeutsche verkauft. Viele Betriebe wurden stillgelegt. Diese Auflösung von DDR-Großbetrieben bedrohte ganze Städte und Regionen. Tausende von Menschen demonstrierten dagegen und streikten für

die Erhaltung ihrer Arbeitsplätze. Sie sahen auch ein Problem darin, dass vor allem westdeutsche Unternehmen von der Privatisierung profitierten. Als Folge dieser Maßnahmen wurden bis 1993 rund drei Millionen Menschen in der ehemaligen DDR arbeitslos. Vor allem diese Politik der Treuhand war der Hauptgrund dafür, dass viele um ihre Zukunft fürchteten und sich als Verlierer der deutschen Einheit fühlten.

❶ Erläutere, warum die Parole in Bild 1 der Hauptgrund für Wirtschafts-, Währungs- und Sozialunion war (Text).

❷ Erläutere, was Bild 2 zeigt. Warum waren die Regale leer?

❸ Beschreibe mithilfe der Grafik (Bild 3) die Inhalte der Wirtschafts-, Währungs- und Sozialunion in der DDR.

❹ Recherchiere zur Treuhandanstalt und trage der Klasse ein Referat darüber vor.

❺ Stelle die wirtschaftlichen Folgen der Vereinigung in einer Liste zusammen (Text).

❻ Bewerte die Wirtschafts-, Währungs- und Sozialunion als Instrument der deutschen Wiedervereinigung

Wie wurde die Vereinigung außenpolitisch geebnet?

1 – Helmut Kohl, Michail Gorbatschow und Außenminister Hans-Dietrich Genscher während einer Verhandlungspause bei den Beratungen im Kaukasus. Foto, 15. Juli 1990.

Valentin Falin (geb. 3.4.1926, gest. 22.2.2018), war von 1971 bis 1978 Botschafter der UdSSR in Bonn und von 1986 bis 1988 Direktor der Presseagentur Nowosti.

✳ Warschauer Vertrag Vertrag zwischen der Bundesrepublik Deutschland und der Volksrepublik Polen vom 7. Dezember 1970. Beide Länder erklärten darin ihre bestehenden Grenzen als unverletzlich.

„Zwei-plus-vier"-Verhandlungen

Der Weg zur deutschen Einheit musste auch außenpolitisch geebnet werden. Nach 1945 übten die vier Siegermächte des Zweiten Weltkriegs die Oberhoheit über Deutschland aus (siehe S. 182/183). Teile ihrer Rechte über Deutschland übertrugen sie auf die beiden deutschen Staaten. 1990 wurden in Verhandlungen zwischen der Bundesrepublik, der DDR und den vier Siegermächten auch noch die letzten Vorrechte abgelöst. Diese Verhandlungen wurden „Zwei-plus-vier"-Verhandlungen genannt. Ein besonderes Problem stellte dabei die Frage dar, ob ein vereintes Deutschland der NATO angehören dürfe. Der Westen trat demgegenüber für ein Verbleiben Gesamtdeutschlands in der NATO ein. Bundeskanzler Kohl und Außenminister Genscher versuchten in Verhandlungen, sowjetische Sicherheitsbedenken auszuräumen. Außerdem versprach die deutsche Seite auch eine tiefergehende Zusammenarbeit mit der UdSSR, vor allem in Wirtschaftsfragen. Bei einem Treffen des Bundeskanzlers mit Michail Gorbatschow am 15./16. Juli 1990 stimmte die Sowjetunion der Zugehörigkeit eines vereinigten Deutschlands zur NATO zu. Die sowjetischen Truppen sollten innerhalb von vier Jahren aus der DDR abgezogen werden. Im Gegenzug sollte die dann gesamtdeutsche Bundeswehr von 500 000 auf 370 000 Mann verkleinert werden.

Nach diesem Erfolg war der Weg für den Abschluss der „Zwei-plus-vier"-Verhandlungen frei. Am 12. September wurde in Moskau der „Vertrag über die abschließende Regelung in Bezug auf Deutschland" von den Außenministern Großbritanniens, Frankreichs, der USA, der UdSSR und beider deutscher Staaten unterschrieben.

Q1 In einem Interview meinte Gorbatschows Deutschlandexperte Valentin Falin im Frühjahr 1990:

(...) Im gemeinsamen europäischen Haus können alle Staaten gutnachbarlich miteinander leben, wenn sie gegeneinander militärisch neutralisiert sind, der Faktor Gewalt so abgebaut ist, dass kein Staat den anderen als potenziellen Gegner ansieht. (...) Wer dafür ist, dass ganz Deutschland an die NATO fällt, ist nicht für die deutsche Einheit. Wer dafür ist, dass ein halbes Deutschland in der NATO bleibt, der ist halbherzig für die deutsche Einheit. (...)

Q2 Die wichtigsten Vereinbarungen lauteten:

Artikel 1

(1) Das vereinte Deutschland wird die Gebiete der Bundesrepublik Deutschland, der Deutschen Demokratischen Republik und ganz Berlins umfassen (...)

(3) Das vereinte Deutschland hat keinerlei Gebietsansprüche gegen andere Staaten und wird solche auch in Zukunft nicht erheben.

Artikel 2

Die Regierungen der Bundesrepublik Deutschland und der Deutschen Demokratischen Republik bekräftigen ihre Erklärungen, dass von deutschem Boden nur Frieden ausgehen wird. (...)

Artikel 7

(1) Die Französische Republik, das Vereinigte Königreich Großbritannien und Nordirland, die Union der Sozialistischen Sowjetrepubliken und die Vereinigten Staaten von Amerika beenden hiermit ihre Rechte und Verantwortlichkeiten in Bezug auf Berlin und Deutschland als Ganzes (...)

Der 2+4-Vertrag
Die wichtigsten Vertragsinhalte

- Das vereinte Deutschland umfasst die Bundesrepublik, die DDR und ganz Berlin.
- Die bestehenden Grenzen sind endgültig. Keine Gebietsansprüche Deutschlands gegen andere Staaten. Bestätigung der Oder-Neiße-Grenze durch deutsch-polnischen Vertrag.
- Deutschland bekräftigt sein Bekenntnis zum Frieden und seinen Verzicht auf ABC-Waffen.
- Beschränkung der deutschen Streitkräfte auf 370 000 Mann.

„Vertrag über die abschließende Regelung in Bezug auf Deutschland" vom 12.9.1990

- Abzug der sowjetischen Truppen aus der DDR und Ost-Berlin bis Ende 1994.
- Danach dürfen NATO-angehörige deutsche Truppen, aber keine ausländischen Streitkräfte, keine Atomwaffen und keine Atomwaffenträger auf ostdeutschem Gebiet stationiert werden.
- Beendigung der Viermächte-Rechte und -Verantwortlichkeiten in Bezug auf Berlin und Deutschland als Ganzes.
- Volle Souveränität des vereinten Deutschland

2 – Die wichtigsten Aspekte des 2+4-Vertrags. Grafik.

Vertrag mit Polen

Am 15. November 1990 unterzeichnete Bundesaußenminister Genscher in Warschau einen Vertrag mit der Republik Polen, in dem der Grenzverlauf zwischen Deutschland und Polen entlang der Grenze der ehemaligen DDR bestätigt wurde.

In einer Erklärung vor dem Bundestag dankte Bundesaußenminister Genscher den Regierungen von Großbritannien, Frankreich, der USA und der UdSSR für ihre Hilfe zur Verwirklichung der Einheit Deutschlands.

Q3 Zum Vertrag mit Polen sagte er:

(...) Für Millionen Deutsche, die ihre Heimat unter schmerzlichen Bedingungen aufgeben mussten, bedeutet diese Entscheidung einen besonderen und persönlichen Beitrag zum Frieden in Europa. Schon mit dem *Warschauer Vertrag (1970) haben wir den Teufelskreis von Unrecht und Gegenunrecht für immer durchbrochen und damit den Weg für die Aussöhnung mit dem polnischen Volk geebnet. Unser Verhältnis zu Polen drückt in besonderer Weise unsere europäische Berufung aus. (...) Wir Deutschen wollen nichts anderes als in Freiheit, in Demokratie und in Frieden mit allen Völkern Europas und der Welt leben. (...)

---

1 Erkläre anhand von Q1 das Problem einer deutschen NATO-Mitgliedschaft aus russischer Sicht.

2 Beschreibe, wie die deutschen Politiker die sowjetischen Sicherheitsbedenken gegen eine Einigung beseitigt haben.

3 Untersuche, was das Foto (Bild 1) über die Atmosphäre bei den Verhandlungen zwischen Bundeskanzler Kohl und Präsident Gorbatschow am 15./16. Juli im Kaukasus aussagt.

4 Notiere die Bedingungen für die Vereinigung beider deutscher Staaten.

5 Erläutere, warum ein Vertrag über den Grenzverlauf zwischen der Bundesrepublik und Polen notwendig wurde.

6 Erläutere den Grundgedanken von Genschers Rede schriftlich (Stichworte). Nimm die Informationen aus der Randspalte zu Hilfe.

Die Vereinigung der beiden Staaten

1 – Seit Dezember 1989 war die deutsche Einheit das zentrale Thema der Demonstrationen in der DDR.

2 – „Ich werd verrückt, die Wiedervereinigung steht vor der Tür!" Karikatur von H. Haitzinger, 1989.

Die Vereinigung

Seit dem Frühjahr 1990 hatte das Parlament der DDR, die Volkskammer, mit einigen Reformgesetzen den Übergang zu einer rechtsstaatlichen Ordnung in der DDR vorbereitet und eine Anpassung an die Verhältnisse der Bundesrepublik eingeleitet. So wurden u. a. auch fünf neue Länder gebildet: Sachsen, Sachsen-Anhalt, Thüringen, Mecklenburg-Vorpommern und Brandenburg. Westberlin und Ostberlin sollten nach der Vereinigung das Land Berlin bilden.

Am 23. August 1990 beschloss die Volkskammer den Beitritt der DDR zur Bundesrepublik. Er sollte am 3. Oktober wirksam werden. Die ersten gesamtdeutschen Wahlen wurden auf den 2. Dezember 1990 festgelegt. Das genaue Verfahren der Einigung regelte der Einigungsvertrag, der am 6. September 1990 von den Regierungen der Bundesrepublik und der DDR unterschrieben wurde und den am 20. September die Volkskammer und der Bundestag billigten.

Tag der Deutschen Einheit

Am 3. Oktober 1990 wurde die Einigung vollzogen. In Berlin wurde der Tag mit einem feierlichen Festakt und dem Hissen der Bundesfahne gefeiert (siehe S. 238/239). In allen Städten Deutschlands feierten die Menschen die wiedergewonnene Einheit als die Erfüllung einer lang gehegten Hoffnung. Der 3. Oktober löste als neuer „Tag der Deutschen Einheit" den bisherigen Feiertag in der Bundesrepublik am 17. Juni ab, der an den Volksaufstand von 1953 in der DDR erinnert hatte.

Wahlen in den neuen Bundesländern

Am 14. Oktober 1990 fanden die ersten Wahlen in den neuen Bundesländern statt. Mit der Wahl und der Bildung einer neuen Landesregierung begann in jedem der neuen Bundesländer der Aufbau einer demokratischen Staatsordnung. Der neue Landtag des vereinigten Berlin wurde am 2. Dezember zusammen mit dem ersten gesamtdeutschen Bundestag gewählt.

3 – Aufschrift auf einer Wand hinter dem Bundestagsgebäude, Foto, 4.10.1990.

Gesamtdeutsche Bundestagswahlen

Im Vorfeld der Wahlen hatte es einen heftigen Streit um die so genannte *5-Prozent-Klausel gegeben, in den auch das Bundesverfassungsgericht eingeschaltet wurde. Damit die neuen Parteien auf dem Gebiet der ehemaligen DDR nicht benachteiligt wurden, galt schließlich folgende Regelung: Eine Partei konnte dann in den Bundestag einziehen, wenn sie entweder in dem Gebiet der alten Bundesrepublik oder in der ehemaligen DDR mindestens 5 Prozent der Stimmen gewonnen hatte.
Im Wahlkampf betonten die Parteien der bisherigen Regierungskoalition die Freude über die erreichte Einheit, während die Opposition die Frage nach den entstehenden Kosten in den Vordergrund rückte und deren sozial gerechte Verteilung forderte. Die Wahlen am 2. Dezember brachten einen eindeutigen Sieg für die Koalition aus CDU/CSU und FDP. Dieses Ergebnis wurde auch als unmissverständliche Zustimmung der Deutschen zu dem Vereinigungsprozess gewertet.
Zum ersten Bundeskanzler für das vereinte Deutschland wurde Helmut Kohl (CDU) gewählt.

* 5-Prozent-Klausel
Nur Parteien, die mindestens 5,0 Prozent der abgegebenen gültigen Zweitstimmen haben, können in das Parlament einziehen. Eine Partei mit weniger als 5 Prozent der Zweitstimmen erhält keine Sitze im Parlament außer den Direktmandaten. Wurden aber drei ihrer Kandidaten direkt gewählt, dann bekommt sie die entsprechenden „Zweitstimmen"-Sitze im Parlament, auch wenn sie keine 5 Prozent erreicht hat.

❶ ▪ Erläutere die Karikatur (Bild 2). Entwickle einen Dialog zwischen dem Paar.
❷ ▪ Erkundige dich bei euren Eltern und Nachbarn, ob und wie sie die Wiedervereinigung feierten.
❸ ▪ Lies den Text und untersuche, welche Schwerpunkte die Parteien gesetzt haben.
❹ ▪ Erläutere, welches Problem die Verfasser dieser Graffiti in der Wiedervereinigung sehen und nimm Stellung dazu. Zur Information: Im März 1848 fand in Deutschland die „Märzrevolution" statt.
❺ ▪ Vergleiche die Stimmenanteile der CDU und der SPD in den neuen Bundesländern mit dem Wahlergebnis auf Bundesebene.
❻ ▪ Erläutere, welche Voraussetzungen die Wahl für die künftige Bundesregierung geschaffen hat.

Was geschah am Tag der Deutschen Einheit?

1 – Festakt in der Nacht vom 2. auf den 3. Oktober 1990 vor dem Reichstag in Berlin. Foto.

Teilung. Der Tag wurde in Artikel 2 des Einigungsvertrags als gesetzlicher Feiertag festgelegt.

Der 3. Oktober 1990

Am 2. Oktober 1990 begannen vor dem Reichstag in Berlin um 23 Uhr die Feierlichkeiten zur deutschen Wiedervereinigung (s. Bild 1). Auf der Ehrentribüne befand sich auch der 76-jährige Altkanzler Willy Brandt. Um Mitternacht wurde die Flagge der Bundesrepublik Deutschland unter dem Beifall des Publikums gehisst und die Freiheitsglocke geläutet. Am Morgen des 3. Oktober wurden die Feierlichkeiten mit einem Staatsakt in der Berliner Philharmonie fortgesetzt. Hunderttausende Menschen nahmen an diesem Tag an den Feierlichkeiten im ganzen Land teil.

Wie kam es zum 3. Oktober als Feiertag?

Von 1953 bis 1990 beging die Bundesrepublik Deutschland jedes Jahr am 17. Juni den „Tag der Deutschen Einheit". Er sollte an die Aufstände vom 17. Juni 1953 in der DDR erinnern, die von sowjetischen Panzern niedergeschlagen worden waren. War der 9. November 1989 als Tag des „Mauerfalls" nicht viel besser geeignet? Doch der 9. November ist in der deutschen Geschichte „vorbelastet" und wurde daher als möglicher Feiertag verworfen (s. M1).

Ursprünglich sollte die deutsche Einheit frühestens am 2. Dezember 1990 mit der Bundestagswahl erfolgen, die dann als erste gesamtdeutsche Wahl stattgefunden hätte. Angesichts der angespannten politischen und wirtschaftlichen Lage in der DDR wurde der Einigungsprozess jedoch beschleunigt. Der Vollzug der Einheit wurde schließlich für den 3. Oktober festgelegt. Der Grund für diesen Termin war, dass am 2. Oktober 1990 die Außenministerkonferenz der KSZE über das Ergebnis der Zwei-plus-vier-Verhandlungen zur deutschen Einheit informiert werden sollte. In der Nacht zum 3. Oktober endete mit dem Beitritt der DDR zur Bundesrepublik offiziell die deutsche

M1 Der 9. November in der Geschichte

1848 Hinrichtung des Demokraten und Abgeordneten der Frankfurter Paulskirche Robert Blum in Wien

1918 Novemberrevolution, Abdankung des Kaisers, Ausrufung der Republik

1923 Putschversuch Adolf Hitlers und seiner Anhänger, gescheiterter Marsch auf die Feldherrnhalle

1938 „Reichspogromnacht", Zerstörung von Synagogen und Geschäften deutscher Juden

1939 missglücktes Attentat Georg Elsers auf Hitler

1989 Fall der Mauer in Berlin, Ende der SED-Diktatur

Q1 Sabine Bergmann-Pohl, die erste frei gewählte Volkskammerpräsidentin, beim Staatsakt in der Berliner Philharmonie, 3. Oktober 1990:

Dieser Tag bedeutet Abschied und Aufbruch. Abschied von einer belasteten und belastenden Vergangenheit. Aufbruch zu einem Deutschland, das mit sich selbst versöhnt ist und das mit seinen Nachbarn die Versöhnung sucht. Es ist der glücklichste Tag der Deutschen.

2 – T-Shirt über Verkehrsschild, Berlin, 3. Oktober 1990. Foto.

Q2 Richard von Weizsäcker, Bundespräsident (1984–1994), beim Staatsakt in der Berliner Philharmonie, 3. Oktober:

Wir haben jetzt einen Staat, den wir selbst nicht mehr als provisorisch ansehen und dessen Identität und Integrität von unseren Nachbarn nicht mehr bestritten wird. Am heutigen Tag findet die vereinte deutsche Nation ihren anerkannten Platz in Europa.

M2 Der Historiker Heinrich August Winkler über den 3. Oktober in einem Interview mit dem „SPIEGEL" (2004):

SPIEGEL: Kritiker wenden ein, der 3. Oktober sei – im Gegensatz zum 9. November oder dem 17. Juni – ein rein verwaltungstechnischer Akt.

Winkler: Der 3. Oktober wird in Deutschland notorisch unterschätzt. Immerhin ist an diesem Tag ein Jahrhundertproblem gelöst worden – die deutsche Frage. Zusammen mit der deutschen Frage wurde durch die endgültige Anerkennung der Oder-Neiße-Grenze ein anderes Jahrhundertproblem, die polnische Frage, gelöst. Die zeitgleiche Lösung beider Punkte war von größter Bedeutung für Europa. Ohne den 3. Oktober gäbe es heute keine erweiterte EU, kein Zusammenwachsen Europas.

SPIEGEL: Aber historisch aufgeladen ist der Tag für viele Menschen nicht.

Winkler: Mag sein, aber ich sehe das anders. An diesem Tag wurde endlich das Doppelziel der gescheiterten deutschen Revolution von 1848 erreicht – Einheit in Freiheit. (...)

SPIEGEL: Ist der 9. November – Mauerfall 1989, Pogromnacht 1938 und Ausrufung der ersten deutschen Republik 1918 – nicht als Feiertag sinnvoller, weil er die Brüche der deutschen Geschichte dokumentiert?

Winkler: Der 9. November ist ein deutscher Nachdenktag. Aber daraus einen deutschen Nationalfeiertag zu machen, halte ich für keinen guten Gedanken. Welcher Redner wäre nicht überfordert, der in ein und derselben Rede Freude und Trauer zum Ausdruck bringen müsste? Der 17. Juni ist ein denkwürdiger Tag der deutschen Freiheitsgeschichte. Aber er eignet sich nicht als Nationalfeiertag. Wollen wir denn wirklich, nachdem wir die Wiedervereinigung erlebt haben, jeden 17. Juni auf den Bildschirmen sehen, wie russische Panzer einen deutschen Arbeiteraufstand niederwalzen?

SPIEGEL: Aber der Tag des Mauerfalls 1989 war ein wirklicher Tag der Freude, der noch heute, in den Erzählungen vieler Menschen, Emotionen auslöst.

Winkler: Das war er in der Tat. Doch ist der 9. November historisch gesehen nur eine Zwischenetappe zur deutschen Einheit gewesen. Es bedurfte zäher Verhandlungen, eines Höchstmaßes an diplomatischem Geschick, um dahin zu kommen – eben zu jenem 3. Oktober (...). Ein weltlicher Staat wie die Bundesrepublik Deutschland bedarf auch eines verbindenden weltlichen Feiertagssymbols. Und ich bleibe dabei: Als Historiker wüsste ich keinen besseren Nationalfeiertag als den 3. Oktober.

❶ Erkläre, warum der 3. Oktober der Nationalfeiertag in Deutschland ist (Text).

❷ Fasse die Auffassungen Bergmann-Pohls und Weizsäckers kurz zusammen (Q1, Q2). Nimm aus heutiger Sicht Stellung dazu.

❸ Interpretiere Bild 2.

❹ Verfasse einen Bericht über die Feierlichkeiten vor dem Reichstag und deren Hintergründe (Text, Bild 1).

❺ Partnerarbeit: Diskutiert die Frage: „Der 3. Oktober – ein sinnvoller Tag der Erinnerung?" Zieht M1 hinzu.

Wie kam es zur Gründung des Landes Sachsen-Anhalt?

※ **Das Landeswappen**
Mit dem neu gestalteten Landeswappen Sachsen-Anhalts wurde an die historische Entwicklung des Landes angeknüpft. Elemente aus den Wappen der ehemaligen preußischen Provinz sowie des Freistaates Anhalt fanden hier ihren Platz: In einem silbernen, rechten Obereck steht der preußische Adler der Provinz Sachsen. Das Land Anhalt wird durch einen schwarzen Bären, der auf einer roten Zinnenmauer läuft, verkörpert, ein heraldisches Bild, das seit dem 15. Jahrhundert für die Fürstenlinie Anhalt-Bernburg („Bärenburg") steht. Die schwarz-gelb, waagerecht gestreifte Landesfahne geht auf das Wappenfeld der Provinz Sachsen zurück. Diese Farben stehen im direkten Zusammenhang mit dem ältesten askanischen (ballenstädtischen) Wappen. Bereits die Provinz Sachsen führte seit 1884 beide Farben als Provinzialfarben. 1945 vom Präsidenten der Provinz Sachsen als Landesflagge bestätigt, galten die Farben noch bis 1952 für das Land Sachsen-Anhalt.

※ **Konsolidierung**
Stabilisierung; Sicherung von etwas Bestehendem

1 – Das Wappen des Bundeslandes Sachsen-Anhalt.

Ein neues Bundesland

Von der Wiedererrichtung des Landes Sachsen-Anhalt nahm die Bevölkerung zunächst nur wenig Notiz. Dies lag möglicherweise auch an einer weitverbreiteten Unkenntnis der Bürgerinnen und Bürger in Bezug auf die vormaligen Territorien und Traditionen Sachsen-Anhalts. Das nur sieben Jahre bestehende Land Sachsen-Anhalt in der DDR (1946–1952) hatte in der Bevölkerung kaum Spuren hinterlassen. Mit dem Beitritt der DDR zum Bundesgebiet am 3. Oktober 1990 entstand auch das neue Land Sachsen-Anhalt.

Viele grenznahe Gebiete strebten frühzeitig den Anschluss an benachbarte Länder an, so etwa der frühere braunschweigische Kreis Blankenburg sowie eine Reihe von Orten nahe der Grenze zu Niedersachsen und zum künftigen Land Brandenburg (Gebiete der Altmark). In einer Reihe von Kreisen wurden Volksbefragungen abgehalten. Der Kreis Artern beispielsweise entschied sich für die Zugehörigkeit zu Thüringen, der Kreis Jessen hingegen für Sachsen-Anhalt.

Magdeburg wird Landeshauptstadt

Am 14. Oktober 1990 gab es erstmals seit 1946 eine freie und demokratische Landtagswahl in Sachsen-Anhalt. Bei dieser Wahl erhielt die CDU 48, die SPD 27, die FDP 14, die PDS zwölf und Bündnis 90/ Die Grünen fünf Sitze im Landesparlament. Der neugewählte Landtag bestimmte Magdeburg zur Landeshauptstadt und zum Sitz des Landtages. Als Ausgleich erhielten die Verlierer des vorangegangenen Hauptstadtstreits verschiedene Behördensitze bzw. Aufgaben zugeordnet – Dessau etwa den Landesrechnungshof und das Landesverfassungsgericht, Halle erhielt eine Vielzahl von Landesämtern sowie ein Regierungspräsidium. Später wurde das einheitliche Landesverwaltungsamt hier eröffnet. Außerdem wurden die drei Regierungsbezirke Magdeburg, Halle und Dessau geschaffen.

Die Landesverfassung

Eine der wichtigsten Aufgaben nach der Neugründung war die Schaffung einer Landesverfassung. Der erste gewählte Landtag erarbeitete sie als verfassunggebende Versammlung. Am 15. Juli 1992 wurde die neue Verfassung beschlossen. Sie war von einem Verfassungsausschuss unter Berücksichtigung von über 3 000 Bürgerzuschriften entworfen worden. Eine Volksabstimmung über die Verfassung fand nicht statt.

Die politische Entwicklung des Landes

M1 **Über die weitere politische Entwicklung berichtet der Historiker Mathias Tullner 2008:**
(...) Die politische Entwicklung Sachsen-Anhalts verlief nach der Wiedergründung des Landes wechselhaft und turbulent. Im Juni 1994 fanden die zweiten Landtagswahlen statt, welche die politischen Verhältnisse völlig veränderten. Die CDU wurde bei erheblichen Verlusten zwar stärkste Partei, es wurde jedoch eine Minderheitsregierung von SPD und Bündnis 90/Die Grünen

2–1. Konstituierende Sitzung des Landtag Sachsen-Anhalt in der Dessauer Johann-Philipp-Becker-Kaserne.
Foto, 28. Oktober 1990.

unter Ministerpräsident Reinhard Höppner (SPD) gebildet, die von der erheblich gestärkten Partei des Demokratischen Sozialismus (PDS) toleriert wurde. Die FDP dagegen verlor so viele Wählerstimmen, dass sie nicht mehr im Landtag vertreten war. (…) Die Lage setzte sich fort, da 1998 wiederum keine eindeutigen Mehrheiten zustande gekommen waren. Zwar hatte die SPD deutlich an Stimmen gewinnen können, aber mit Bündnis 90/Die Grünen war ihr Koalitionspartner an der 5-Prozent-Hürde gescheitert und nicht mehr im Landtag vertreten. Andererseits hatte die CDU dramatisch an Stimmen verloren, während die PDS ihren Stimmenanteil weiter erhöhen konnte. Die eigentliche Sensation dieser Wahl aber war, dass die rechtsextreme Deutsche Volksunion (DVU), welche in Sachsen-Anhalt bislang kaum in Erscheinung getreten war, auf 12,9 Prozent der abgegebenen Stimmen und 16 Landtagsmandate kam. (…)

Bei den im April 2002 erfolgten Landtagswahlen verschob sich die politische Landschaft in Sachsen-Anhalt abermals erheblich. Gewinner dieser Wahl war die CDU, die mit der wieder in den Landtag einziehenden FDP eine stabile Mehrheit für eine Koalition aufwies. Es wurde eine Landesregierung unter Ministerpräsident Wolfgang Böhmer (CDU) gebildet. Die SPD hatte dagegen bedeutend an Stimmen verloren, während die PDS abermals Stimmen hinzugewann. Die DVU war in die politische Bedeutungslosigkeit abgesunken und zog nicht mehr in den Landtag ein.
Die Zeit der Regierung Böhmer erscheint auch vor dem Hintergrund eines gesamtdeutschen Aufschwungs als *Konsolidierungsphase, politische Skandale und spektakuläre Vorfälle waren selten. (…) Seit den Wahlen 2006 regiert Wolfgang Böhmer gestützt auf eine CDU/SPD-Koalition.

❶ Berichte über die Gründung des Landes Sachsen-Anhalt und seine politische Entwicklung.
❷ Erkundige dich bei Eltern und Großeltern über die Probleme des Neuanfangs nach 1990.

Wie wird die Wiedervereinigung heute gesehen?

1 – Das „Grüne Band" bei Volkerode (Thüringen). Foto, 2013.

M1 Jahresbericht Deutsche Einheit der Bundesregierung, 2023:

Der Ostbeauftragte der Bundesregierung, Carsten Schneider, betonte bei der Vorstellung, dass sich die Landesteile in vielen wichtigen Punkten seit der Wiedervereinigung 1990 stark angenähert haben. Dazu zählen zum Beispiel die Renten, die jetzt dasselbe Niveau hätten. Ein anderes Beispiel sei die Lebenserwartung, die 1990 im Osten noch zwei bis drei Jahre niedriger lag als im Westen. (...)

Schneider betonte auch die Erfolge der Wirtschaftsförderung, die beispielsweise dazu geführt hätten, dass Sachsen zu einem Zentrum der *Halbleiterindustrie geworden sei. (...)

Dennoch gibt es weiterhin Herausforderungen. So liegt laut dem Bericht das durchschnittliche verfügbare Einkommen eines Privathaushalts in Ostdeutschland noch immer elf Prozent unter dem eines Westhaushalts.

---

* Halbleiterindustrie
auch Mikroelektronikindustrie oder Chipindustrie: spezialisierter Bereich der Elektroindustrie

* Chauvinismus
Glaube an die Überlegenheit der eigenen Gruppe, im ursprünglichen Sinn ein aggressiver Nationalismus, bei dem sich Angehörige einer Nation gegenüber Menschen anderer Nationen überlegen fühlen und sie abwerten

* Sozialdarwinismus
Theorie einer Gesellschaft, in der das Recht des Stärkeren gilt

Das „grüne Band" als Symbol

Mit einer Länge von rund 1 400 Kilometern zog sich vor der Wiedervereinigung die Grenze mitten durch Deutschland. Sie ist heute noch erkennbar am „grünen Band" (Bild 1). Wo früher Zäune und Mauern Deutschland trennten und Menschen zu Tode kamen, breitet sich heute Natur aus. Heute ist das grüne Band ein Symbol des friedlichen Zusammenwachsens in Deutschland und Europa nach Mauerfall und Wiedervereinigung. Die Menschen in Deutschland sind nicht mehr getrennt, doch wie es sieht es mit ihrer Befindlichkeit aus?

Die ersten dreißig Jahre deutsche Einheit sind nach Meinung einer großen Mehrheit der Bevölkerung eine Erfolgsgeschichte. Neuere Umfragen zeigen dies: Jeweils vier von fünf Ostdeutschen und Westdeutschen meinen, dass die Vorteile der Wiedervereinigung überwiegen. Dennoch fühlen sich viele Menschen in Ostdeutschland persönlich zurückgesetzt und meinen, dass ihnen in der Gesellschaft nicht der verdiente Respekt entgegengebracht werde.

M2 Das Ergebnis einer Studie aus dem Jahr 2020:

Für rund 90 Prozent der Befragten in Ost- und Westdeutschland stellt die Wiedervereinigung ein Ereignis dar, das in den vergangenen 30 Jahren großen oder sehr großen Einfluss auf das Land hatte. Damit liegt sie mit ihrem Einfluss knapp vor der aktuellen Coronakrise sowie der sogenannten Flüchtlingskrise 2015. Auffällig ist dabei, dass die Menschen in Ostdeutschland den Einfluss der Einheit auf das eigene Leben mit 74 Prozent häufiger als groß oder sehr groß einschätzen als ihre westdeutschen Mitbürger mit 61 Prozent. (...) So überwiegt bei den Menschen in Ostdeutschland noch immer das Gefühl, dass im Zuge der Wiedervereinigung viele Dinge, die in der DDR gut funktioniert haben, verloren gegangen sind. Diese Auffassung vertreten immerhin 84 Prozent von ihnen. (...) Von den älteren Ostdeutschen über 55 Jahren sind 85 Prozent der Meinung, sie verdienten mehr Anerkennung für die friedliche Revolution. Umgekehrt reklamieren die älteren Westdeutschen mehr Anerkennung für die Finanzierung der Einheit. Eine große Rolle spielt das Gerechtigkeitsempfinden. (...) Zudem fühlen sich rund 60 Prozent von ihnen wie Bürger zweiter Klasse beurteilt, während nur 21 Prozent der Westdeutschen dies von den Ostdeutschen sagen.

M3 Eine Bilanz der sächsischen Integrations- und Gleichstellungsministerin Petra Köpping (SPD), 2018:

Es ist (...) aber auch deutlich geworden: Die Nachwendezeit ist eben noch nicht zu Ende. Sie hängt in den Köpfen. Nicht bei allen, aber bei sehr vielen. Sie hat eine ganze Generation beschäftigt und ganz offensichtlich die Nachfolgegenerationen mitgeprägt. Und sie spaltet damit immer noch die Gesellschaft. Sie bringt Unfrieden in Familien. Und sie unterscheidet immer noch in Ost und West.

Wir brauchen unbestritten eine Aufarbeitung der Nachwendezeit. Und zwar in Ost und West! (...) Denn dabei geht es um zentrale Fragen, die unsere Gegenwart entscheidend beeinflussen: Warum ist das Misstrauen in und die Distanz zu Demokratie und Politik in Ostdeutschland so groß? Warum kommt die deutsche Einheit in großen Teilen nicht voran – oder verzeichnet sogar Rückschritte? Woher kommt all die Wut? Weshalb sind Rechtspopulisten im Osten stärker als im Westen?

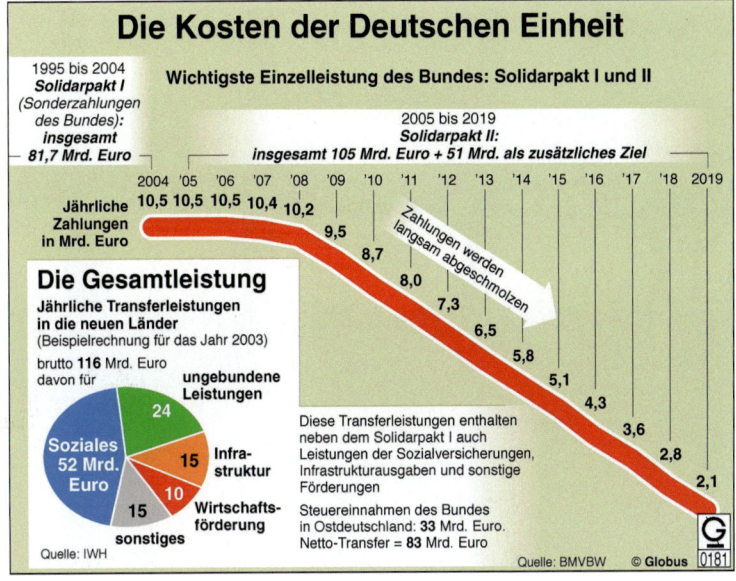

2 – Leistungen für die fünf neuen Länder.

M4 Rechtsextreme Einstellungen in Ost und West?

	Ost	West
Befürwortung Diktatur	7,5	2,6
*Chauvinismus	12,6	12,4
Verharmlosung Nationalsozialismus	2,6	2,5
Fremdenfeindlichkeit	13,0	8,2
Judenfeindlichkeit (Antisemitismus)	2,4	3,6
*Sozialdarwinismus	1,7	2,3

In Prozent der Bevölkerung. Die Einteilung in Ost und West erfolgte nach dem Geburtsort.

❶ ▪ Erläutere, warum das „grüne Band" ein Symbol für die Wiedervereinigung ist (Bild 1, Text).

❷ ▪ Lies M1 und nenne in einem Satz das Fazit Schneiders zur Vereinigung.

❸ ▪ Nenne die Mängel der Vereinigung, die M2 aufführt.

❹ ▪ Arbeite heraus, zu welcher Einschätzung Petra Köpping kommt (M3).

❺ ▪ Partnerarbeit: Untersucht die Grafik (Bild 2). Was sagt sie über die Kosten der deutschen Einheit aus?

❻ ▪ Prüfe den letzten Satz im Text von Petra Kipping (M3) anhand der Tabelle M4.

❼ ▪ Fasst zusammen, wie euer eigenes Fazit über die deutsche Vereinigung ausfällt.

Über den Tellerrand geschaut

Das geteilte Dorf

1 – Mödlareuth im Jahr 1989. Foto.

„Little Berlin" – ein Dorf schreibt Geschichte

Über 37 Jahre hatte ein kleines Dorf zwischen Thüringen und Bayern eine schmerzvolle Geschichte – ähnlich der Stadt Berlin. Auch hier gab es nämlich eine große Mauer und einen unüberwindbaren Grenzstreifen und genau wie in Berlin zogen sich diese genau durch den Ort und trennten damit nicht nur Nachbarn, sondern auch Länder. Den Markierungspunkt bildete dabei der kleine Tannbach. Dessen trennende Wurzeln reichen bis ins Jahr 1810 zurück, als geschichtsträchtige Grenzsteine gesetzt wurden, die auch heute noch entweder die Buchstaben KB = Königreich Bayern oder FR = Fürstentum Reuß zeigen. Diese Markierungen wurden zum Schicksal des Dorfes Mödlareuth. Hier zogen Amerikaner und Sowjets nach dem Zweiten Weltkrieg ihre Grenzen. Das Ergebnis war, dass der Westteil Mödlareuths nach 1949 zur BRD gehörte und der Ostteil zur DDR. Genau hier sollte der sozialistische Staat unter Walter Ulbricht auch schnell sein wahres Gesicht zeigen. So wurden bereits drei Jahre nach Staatsgründung erste Zwangsumsiedlungen veranlasst. Unter dem Decknamen „Ungeziefer" mussten Tausende DDR-Bürger aus den grenznahen Gebieten ihre Häuser und Höfe verlassen und ins Hinterland ziehen. Am Tannbach entstand zunächst ein mannshoher Bretterzaun, der sich bald in eine unüberwindbare 3,30 m hohe und 700 m lange Mauer verwandeln sollte. Erst mit der friedlichen Revolution im November 1989 sollte auch die Geschichte des geteilten Dorfes ein Ende finden.

„Die Mauer muss weg"

Doch die ersten sichtbaren Zeichen des Zusammenwachsens Mödlareuths sollten noch bis zum Dezember 1989 warten. Erst das beherzte Auftreten mutiger Bürger auf beiden Seiten der Mauer veranlasste schließlich DDR-Grenztruppen am 8. Dezember 1989 dazu, ein ca. 5 m großes Loch in die Mauer zu schlagen. Auch wenn der Durchlass durch dieses erste Tor der Freiheit noch zähflüssig war, so bedeutete es doch das Ende des Getrenntseins. Am 17.6.1990 wurde schließlich der größte Teil der verhassten Betonmauer abgetragen. Heute erinnert ein beeindruckendes Museum an die wechselvolle Geschichte des Ortes, der heute vereint und doch auch noch getrennt ist, denn nach wie vor gehört der Westteil zum Bundesland Bayern und der Ostteil zum Freistaat Thüringen.

❶⃣ Informiert euch in Gruppen über die wechselvolle Geschichte des Ortes. Thematisiert dabei verschiedene Zeiten: 1810 ff., 1945 ff., 1949 ff., 1961 ff., 1989/90. Stellt in einem Galeriespaziergang eure Ergebnisse der Klasse vor.

Das kann ich …

Das Jahr 1990

Wichtige Begriffe

Ministerium für Staatssicherheit (Stasi)

Volkskammer

Wirtschafts-, Währungs- und Sozialunion

„Runder Tisch"

Wiedervereinigung

Zwei-plus-vier-Vertrag

Tag der Deutschen Einheit

Zweistaatlichkeit

Planwirtschaft

Marktwirtschaft

Treuhandanstalt

Wissen und erklären

❶ Erklärt euch gegenseitig die wichtigen Begriffe.

❷ Berichte über die wichtigsten Ereignisse des Jahres 1990 in Deutschland. Unterscheide sie in – nach deiner Auffassung – positive und negative Ereignisse.

❸ Beschreibe, in welcher Stimmung sich die Menschen 1990 in der DDR befanden.

Anwenden

❹ Erläutere die Bedeutung der Volkskammerwahl vom 18. März für die weitere Entwicklung.

❺ Diskutiere mit älteren Verwandten oder Bekannten deine Einschätzung des Jahres 1990.

❻ Interpretiere die Karikatur.

Beurteilen und handeln

❼ Schreibe eine Reportage zur Szene in Bild 1
– aus der Sicht eines Ostdeutschen,
– aus der Sicht eines Westdeutschen.

❽ Untersuche M1. Fasse die Sicht von Maaz kurz zusammen und beurteile, ob sie auch heute noch zutrifft.

1 – Karikatur zur Wiedervereinigung, 1989.

2 – Potsdam, 2. Juli 1990 – Start der Währungsunion. Foto.

M1 Der Psychotherapeut Hans-Joachim Maaz, 2001:

Am wichtigsten scheint mir, dass die Distanz zwischen Ost und West noch stärker gewachsen ist. Dabei lassen sich auf ostdeutscher Seite drei Phasen unterscheiden: Der anfänglichen Aufbruchstimmung und Euphorie folgten Ernüchterung und Enttäuschung. Und jetzt stellen wir fest, dass der Osten nach seinem Selbstwert sucht, getreu dem Motto: „Wir sind auch wer." Darin liegt Trotz und darin liegt zugleich die Botschaft: Wir sind anders als die Westdeutschen – und wir wollen auch nicht werden wie die (...). Mein Befund ist klar: Zwischen Ost- und Westdeutschland ist ein Wechselspiel von fast gleichwertigen Störungen zu beobachten. Im Osten existiert bis heute die Hoffnung, erlöst zu werden, in glücklichere Verhältnisse geführt zu werden. Das ist die Hoffnung des Untertanen. Dazu passt die Illusion im Westen, der Osten wäre tatsächlich zu beglücken. Man müsse nur Geld schicken, dann würden die Menschen frei, froh und dankbar.

▶ Teste dich

Hier spielt die Geschichte …

Ost-West-Duell: Wähle deine Favoriten

Entweder – oder

Ihr habt in den letzten Kapiteln viel über das geteilte Deutschland in den Jahren 1949–1989 erfahren. Ein Jahr später fand am 3. Oktober 1990 die Wiedervereinigung beider Länder statt. Dieses besondere Jahr war auch ein Jahr der Entscheidungen, nicht nur für das Große und Ganze der Systeme, sondern auch für jeden Einzelnen persönlich. Deshalb sollt ihr mit diesem Spiel nachvollziehen, wie sich die Menschen der damaligen Zeit „zwischen zwei Stühlen sitzend" gefühlt haben. Also heißt es jetzt auch für euch: entweder – oder …

So geht's

1. Findet euch zu zweit zusammen.
2. Jedem Paar wird jeweils eine Kategorie zugelost.
3. Recherchiert gemeinsam zu beiden Unterpunkten, sodass ihr das Wichtigste darüber wisst. Vielleicht findet ihr sogar Abbildungen, die ihr später zeigen könnt?
4. Alle Gruppen stellen ihre beiden Alternativen der Klasse vor.
5. Alle Schülerinnen und Schüler positionieren sich anschließend mit Handzeichen: entweder – oder.
6. Abschließend könnt ihr im Plenum darüber sprechen, welche Entscheidungen euch am meisten überrascht haben.

Beispiel: Simson oder Kreidler?

Simson war zu DDR-Zeiten das Synonym für Motorroller, Mokicks und Mopeds. Sie wurden in Suhl hergestellt und waren sehr beliebt. 1975 besaßen in der DDR 123 von 1 000 Menschen ein Zweirad, in der BRD hingegen nur 31. Auch heute noch sind Schwalbe, Habicht und Sperber bevorzugte Zweiräder, nicht nur bei Sammlern.

Kreidler aus Stuttgart stellte bis 1982 ebenfalls Mofas, Mokicks, Klein- und Leichtkrafträder her. Die Modelle Florett und Mustang waren besonders beliebt. Im Rennsport konnte Kreidler mehrfach Weltmeistertitel holen.

Poliklinik oder
freie Ärzte?

DDR- oder
BRD-Ampelmännchen?

Schulsystem der DDR
oder BRD-Schulsystem?

Nutella oder
Nudossi?

Bautz'ner Senf oder
Löwensenf?

Thüringer Bratwurst oder
Frankfurter Würstchen?

Bonn als Hauptstadt oder
Berlin?

Pfannkuchen oder
Berliner?

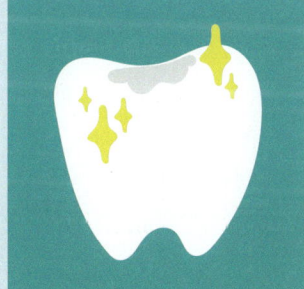

Goldzähne oder
Amalgamfüllung?

DDR-Sandmann oder
BRD-Sandmännchen?

Ostseeurlaub oder
Nordseeurlaub?

Ferienlager oder
Pfadfindercamp?

Schlange stehen oder
vordrängeln?

„Viertel vor zwölf" oder
„dreiviertel zwölf"?

Riesaer Nudeln oder
Drei-Glocken-Nudeln?

Parka oder
Anorak?

8 Methodenpraktikum: Zeitgeschichte in einer Ausstellung

„Dokumente der Wende", eine Ausstellung im Johann-Friedrich-Danneil-Museum in Salzwedel (Altmarkkreis Salzwedel), zeigt historische Dokumente, Materialien und Objekte der friedlichen Revolution von 1989/1990. Schülerinnen und Schüler haben diese Ausstellung für sich entdeckt und untersucht.
Das folgende Methodenpraktikum kann auch für euch eine Anleitung sein, Ausstellungen zu besuchen und zu analysieren.

Methodenpraktikum

Zeitgeschichte im Museum

1 – Blicke in die Ausstellung „Dokumente der Wende". Foto.

Die Ausstellung

Die Ausstellung „Dokumente der Wende" ist eine thematisch orientierte Ausstellung im Johann-Friedrich-Danneil Museum, Salzwedel.

Der Untertitel lautet: „Die friedliche Revolution von 1989/1990 im Spiegel historischer Dokumente, Materialien und Objekte". Die Ausstellung lief vom 9.10.2009 bis zum 3.10.2010.

Auf den nächsten Seiten dokumentieren Schülerinnen und Schüler aus Salzwedel, wie sie die Ausstellung ausgewertet haben. Ihr Vorgehen könnt ihr auf andere Ausstellungen in eurer Nähe übertragen.

Doch zunächst haben die Schülerinnen und Schüler überlegt, was für sie eine gute Ausstellung ausmacht. Sie haben ihre Ergebnisse in einer Mindmap festgehalten.

2 – Mindmap: Was sollte eine gute Ausstellung leisten?

---

❶🔲 Übertragt die Mindmap (Abbildung 2) in euer Geschichtsheft und ergänzt sie mit weiteren Kriterien, die aus eurer Sicht für eine gute Ausstellung wichtig sind.

❷🔲 Lest noch mal den Titel der Ausstellung und benennt, was darin wohl zu sehen sein wird.

❸🔲 Untersucht die Bilder auf den S. 268–273 und beschreibt die unterschiedlichen Gestaltungsmittel dieser Ausstellung. Notiert die Gestaltungsmittel und vermerkt, welche Sinne jeweils angesprochen werden.

❹🔲 Lest in M1, was die Schülerinnen und Schüler über ihren Museumsbesuch berichten.

❺🔲 Der wissenschaftliche Mitarbeiter des Danneil-Museums, Herr Kalmbach, gibt in M2 den Schülerinnen und Schülern in einem Interview Auskunft über die Ausstellung „Dokumente der Wende". Notiert euch Stichworte.

M1 Aus dem Bericht der Schülerinnen und Schüler.

Der Gesamteindruck

Geht man in die Ausstellung, trifft man zuerst auf ein überdimensionales Foto (siehe S. 173).
Auf den ersten Blick scheint die Ausstellung textlastig zu sein. Doch das wird in der Überschrift ja auch angedeutet. Bei unserer Untersuchung sind wir dann auf die unterschiedlichen Gestaltungsmittel und Präsentationsformen gestoßen: Fotos, Karten, Dekorationselemente auf Augenhöhe machten uns auf Wesentliches aufmerksam. Die Schubladen mit Originaldokumenten, die Tonbandaufnahmen mit den Zeitzeugeninterviews sowie die Bildserien auf den Monitoren ermöglichen eine individuelle Auseinandersetzung mit dem Thema.
Die Wände wirken nicht überladen, sodass man sich auf das Wesentliche konzentrieren kann.
Die Inszenierungen und die Installation haben uns besonders neugierig gemacht, mehr über die Zeit der Wende 1989/1990 in Salzwedel zu erfahren.

4 – Das Faltblatt zur Ausstellung.

M2 Interview mit dem wissenschaftlichen Mitarbeiter des Museums, Ulrich Kalmbach:

... Schülerinnen und Schüler (SuS): Was hat Sie bewegt, diese Ausstellung zu machen?
Kalmbach: Zum 20-jährigen Jubiläum im Jahre 2009 wurden viele Veranstaltungen durchgeführt, die diesem historischen Ereignis gewidmet wurden. Da wir bereits Material gesammelt hatten und ständig sammeln, wollten wir uns als kleineres Museum beteiligen.
SuS: Wann hatten Sie die Idee?
Kalmbach: 2008, ein Jahr vor Ausstellungsbeginn.

SuS: Wer hat Ihnen bei der Umsetzung geholfen?
Kalmbach: Mitarbeiter des Museums, der Hausmeister, die Bibliothekarin, ehemalige Vertreter des Neuen Forums, der Offene Kanal, Techniker, Werbefirmen, die Zeitungen und freiwillige Einwohner Salzwedels.
SuS: Welche Mittel und Gelder wurden verwendet?
Kalmbach: Ungefähr 1 000 Euro, da wir viel selbst gemacht haben.
SuS: Woher hatten Sie das Material für die Ausstellung?
Kalmbach: Grenzreste; 1990 aus der Grenzkaserne geholt, Bilder aus dem Grenzlandmuseum; zielgerichtet Leute für die Leihgaben angesprochen.
SuS: Wie sind Sie bei der Gestaltung der Ausstellung vorgegangen?
Kalmbach: Die Ausstellung ist in zwei Bereiche gegliedert. Das entspricht auch den inhaltlichen Schwerpunkten der Präsentation: demokratische Veränderungen und Grenzöffnung.

Methodenpraktikum

Dokumente im Museum auswerten

Das zentrale Dokument der Wendezeit ist die Erklärung des Neuen Forums Salzwedel „Was wollen wir jetzt", welche die Grundforderungen des Neuen Forums Salzwedel für die Umgestaltung der bestehenden Verhältnisse enthielt. Der Entwurf für diese Erklärung war in mehreren Treffen vorbereitet worden. Bei der größten Veranstaltung der Wendezeit wurde in der Katharinenkirche über jeden Punkt durch die Anwesenden abgestimmt. Diese Erklärung forderte die „Teilnahme am umfassenden Dialog über die Probleme" und gleichzeitig ein Nachdenken über die notwendigen Veränderungen, „um den Sozialismus zu dem zu machen, was er ... sein soll". In jeweils zehn Punkten und der Formel „Wir sagen JA zu ..." und „Wir sagen NEIN zu ..." werden dabei die Eckpunkte von geforderten Reformen für die Öffnung und Veränderung der Gesellschaft benannt: ...

1 – Informationstext im Museum zum Neuen Forum.

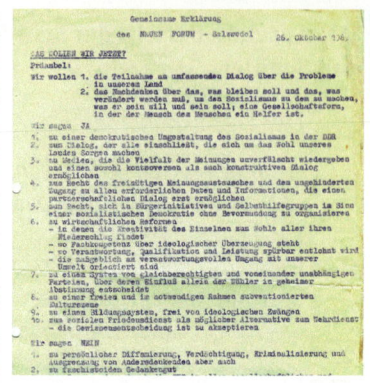

2 – Umdruck des Gründungsaufrufs des Neuen Forums in Salzwedel, 26. Oktober 1989.

Q1 Gemeinsame Erklärung des Neuen Forum Salzwedel vom 26.10.1989 „WAS WOLLEN WIR JETZT?" ... 26. Oktober 1989 Präambel.

1. die Teilnahme am umfassenden Dialog über die Probleme in unserem Land.

2. das Nachdenken über das, was bleiben soll und das, was verändert werden muss, um den Sozialismus zu dem zu machen, was er sein will und sein soll: eine Gesellschaftsform, in der der Mensch dem Menschen ein Helfer ist.

Wir sagen JA

1. zu einer demokratischen Umgestaltung des Sozialismus in der DDR

2. zum Dialog, der alle einschließt, die sich um das Wohl unseres Landes Sorgen machen

3. zu Medien, die die Vielfalt der Meinungen unverfälscht wiedergeben und einen sowohl kontroversen als auch konstruktiven Dialog ermöglichen

4. zum Recht des freimütigem Meinungsaustausches und dem ungehinderten Zugang zu allen erforderlichen Daten und Informationen, die einen partnerschaftlichen Dialog erst ermöglichen

5. zum Recht, sich in Bürgerinitiativen und Selbsthilfegruppen im Sinn einer sozialistischen Demokratie ohne Bevormundung zu organisieren.

6. zu wirtschaftlichen Reformen

– in denen die Kreativität des Einzelnen zum Wohle aller ihren Niederschlag findet

– wo Fachkompetenz über ideologischer Überzeugung steht

– wo Verantwortung, Qualifikation und Leistung spürbar entlohnt wird

– die maßgeblich am verantwortungsvollen Umgang mit unserer Umwelt orientiert sind

7. zu einem System von gleichberechtigten und voneinander unabhängigen Parteien, über deren Einfluß allein der Wähler, in geheimer Abstimmung entscheidet

8. zu einer freien und im notwendigen Rahmen subventionierten Kulturszene

9. zu einem Bildungssystem, frei von ideologischen Zwängen

10. zum sozialen Friedensdienst, als möglicher Alternative zum Wehrdienst

Wir sagen NEIN

1. zu persönlicher Diffamierung, Verdächtigung, Kriminalisierung und Ausgrenzung von Andersdenkenden, aber auch

2. zu faschistoidem Gedankengut

3. zur Bevormundung durch die SED (...)

4. zu Privilegien, die sich nicht auf persönliche Leistungen gründen, die aus der Stellung innerhalb einer Partei oder dem Besitz von frei konvertierbaren Währungen resultieren

5. zu Gleichmacherei in der Wirtschaft, aber auch einem kapitalistischen Wirtschaftssystem

6. zum Wehrkundeunterricht und zur vormilitärischen Ausbildung

7. zum Versuch, alle Schuld an unserer gesellschaftlichen Krise hauptsächlich beim sogenannten „Klassengegner" zu suchen

8. zu einem Wohlstandsdenken, das auf Kosten unserer Umwelt geht
9. zu einer Wiedervereinigungsdiskussion und
10. zu jeglicher Form von Gewalt, sei es nach innen oder außen.

M1 Aus dem Bericht der Schülerinnen und Schüler.

Das war ganz schön anstrengend, die vielen Erläuterungen und Texte zu lesen. Das zentrale Dokument der Veränderungen in Salzwedel, die Gründungserklärung des Neuen Forums hat uns sehr beschäftigt. Es ist doch beeindruckend, wenn man ein noch kaum lesbares Originaldokument sieht, einen Blaumatrizenumdruck – im Schulbuch sehen die Quellen alle gleich aus und sind gekürzt, hier konnten wir einmal das ganze Dokument lesen. Das war mühsam, aber es hat sich gelohnt. Erstaunlich, dass die Leute damals den Sozialismus nur reformieren, aber nicht abschaffen wollten. Auch ein kapitalistisches Wirtschaftssystem lehnten sie ab. Na ja, das ist ja dann ganz anders gekommen, als die damals gedacht haben. Aber mutig waren die schon, die haben das ja noch vor dem Fall der Mauer beschlossen. ...

3 – Transparent aus offiziellen Bildern der Staatsmacht.

info-Blatt Nr.1
NEUES FORUM SALZWEDEL

Die KREISSYNODE vom 18. 11. 1989/Salzwedel

Bezugnehmend auf die Erklärung des Vorsitzenden des Ministerrates vor der Volkskammer am 17. 11. 1989 fordert die Synode des Kirchenkreises Salzwedel:

– Der Kreistag Salzwedel soll umgehend einen unabhängigen Ausschuß bilden, der den Mißbrauch von Macht und persönliche Bereicherung sowie wirtschaftsschädigendes Verhalten aufdeckt und zur Anzeige bringt mit dem Ziel, daß belastete Personen nicht in ihren Ämtern verbleiben oder mit neuen Leitungsfunktionen beauftragt werden.

Der Ausschuß soll mindestens zwei Personen vom Neuen Forum und mindestens zwei Personen von der Synode des Kirchenkreises Salzwedel einbeziehen.

"Altmarkzeitung"

Am 16. 11. 1989 konstituierte sich eine Bürgerinitiative zur Gründung einer unabhängigen altmärkischen Regionalzeitung. In ihr vereinen sich ein Großteil der politischen Parteien und Massenorganisationen sowie das Neue Forum. Mit dieser Zeitung wird eine umfassende, detaillierte, von der SED ohne Zensur versehene Information und Berichterstattung angestrebt. In Vorbereitung der freien Wahlen sollen die Bürger über die Arbeit und Konzepte der Parteien informiert werden. Weiterhin sollen in dieser Zeitung lokale Probleme, real und unverschönt, aufgegriffen werden. Diese Zeitung soll für jeden Bürger und jede Organisation offen sein. Wir rufen alle Bürger auf, die Gründung ihrer eigenen Zeitung mit Spenden zu ermöglichen. Wir sehen keine andere Möglichkeit, schnellstmöglich die Gründung einer solchen Zeitung zu finanzieren. Die Spenden ab 1,00 Mark richten Sie bitte an das

Kulturbundhaus Salzwedel
Reichestraße 12
Kennwort "Altmarkzeitung"
Salzwedel
3560.

Am 23. 11. 1989 trafen sich Vertreter der CDU, FDJ, LDPD, NDPD und des Neuen Forums und beschlossen, das Konzept der unabhängigen Zeitung fortzusetzen. In Kürze erfolgt ein Antrag auf Lizenzerteilung in Berlin und weiterhin eine Einladung an Vertreter o. g. Parteien und Massenorganisationen in allen Altmarkkreisen zu einer detaillierten Diskussion und zur weiteren Verfahrensweise.

4 – Infoblatt Nr. 1 des Neuen Forums Salzwedel.

---

❶ Lest Q1 und notiert die Forderungen. Unterteilt sie in solche, die die DDR verändern, und solche, die sie erhalten würden.

❷ Findet weitere Dokumente und untersucht sie, z. B. Transparente (s. Bild 3).

❸ Stellt Argumente zusammen, warum es sinnvoll ist, eine zeitgeschichtliche Ausstellung zu besuchen.

❹ Erkundigt euch bei Museen in eurer Umgebung, ob es zurzeit solche Ausstellungen gibt.

Methodenpraktikum

Einen Informationstext schreiben

In jeder Ausstellung findet ihr die Objekte in einem erläuternden Text beschrieben. Es ist dies der Ausstellungstext oder die Ausstellungstafel. Ihr seht hier zwei Bei- spiele aus der Ausstellung „Die friedliche Revolution 1989/90 im Spiegel historischer Dokumente, Materialien und Objekte".

1 – Dichtes Gedränge am Eingang der Katharinenkirche bei der Veranstaltung am 26. Oktober 1989. Foto.

Am 26. Oktober 1989

trafen sich über 2 000 Menschen in der Salzwedeler Katharinenkirche, um ihre Kritik am bestehenden System zu äußern und ihrer Bereitschaft zu Veränderungen Ausdruck zu ver- leihen. An diesem Tag wurde das Grundsatzdokument des Neuen Forums Salzwedel, die „Gemeinsame Erklärung des Neuen Forums Salzwedel", „Was wollen wir jetzt", diskutiert und darüber abgestimmt. Die Kirche war aufgrund des großen Andrangs überfüllt.

2 – Grenzpfahl. Foto.

Nachbildung einer DDR-Grenzsäule

Die originalen Grenzpfähle bestanden aus Beton. Sie dienten zur Markierung des Grenzverlaufs, waren jedoch mehrere Meter von der eigentlichen Grenzlinie entfernt aufgestellt worden. Nach Wegfall des Grenzregimes wurden derartige Grenzsäulen denkmalartig in mehreren Dörfern des ehemaligen Grenzbereiches aufgestellt.

3 – Demonstration in Salzwedel, 4. November 1989. Foto.

Hintergrundinformationen

- 4. November 1989: erste öffentliche Demonstration für eine gesellschaftliche Erneuerung in Salzwedel
- als Schweigemarsch angemeldet, Beginn 14 Uhr an der Katharinenkirche
- Route: Katharinenkirche, Straße der Freundschaft, Straße der Jugend, Vor dem Neuperver Tor, Altperver Straße, Westermarktstraße, Jenny-Marx-Straße, Marienkirche
- Marsch friedlich und ohne Zwischenfälle
- Polizisten, die am Rande den Verkehr regulierten, wurden mit Blumen beschenkt
- Transparente der Demonstration heute im Museum

❶ ▣ Lest die Informationstafeln auf S. 270 und ermittelt, welche Informationen sie enthalten.

❷ ▣ Schließt von euren Ergebnissen aus Aufgabe 1 auf die Funktion der Ausstellungstafeln.

❸ ▣ Stellt Kriterien für einen guten Informationstext zusammen. berücksichtigt dabei, dass die Ausstellungs besucherinnen und -besucher zumeist keine Spezialisten sind.

❹ ▣ Formuliert zu Abbildung 3 (Foto) mithilfe der Hintergrundinformationen auf dieser Seite eine Informationstafel.

Methodenübersicht

Gewusst wie … Arbeiten mit Methode

Die grau unterlegten Methoden sind aus diesem Band und werden in dieser Übersicht nicht ausführlich beschrieben.

Informationen beschaffen

Bauwerke erkunden und erklären

Alle romanischen Bauwerke weisen gemeinsame Merkmale auf, die es auch schon bei Bauten im Römischen Reich gab („Romanischer Baustil"). Eine Erkundung dieser Bauwerke erfordert also, sich vorher über diesen Stil zu informieren, damit wichtige Erkenntnisse gewonnen werden können. Nach dem Muster der Erkundung romanischer Bauwerke kann auch bei Bauwerken anderer Stile vorgegangen werden.

1 Erste Eindrücke beschreiben
- Sucht euch ein romanisches Bauwerk in eurer Nähe aus.
- Haltet erste Eindrücke als Bericht, Zeichnung oder Foto fest: Lage, Raumwirkung innen/außen, Fenster, Ausstattung (Altäre, Figuren, Malereien usw.).
- Klärt alle Begriffe, die neu auftauchen und die ihr nicht versteht.

2 Informationen sammeln
- Informiert euch über die Baugeschichte (Bibliothek, Internet, Pfarrer).
- Wann wurde der Bau begonnen? Welche Vorbilder gab es?

3 Den gesamten Bau und einzelne Teile erklären
- Erklärt ausgewählte Bauteile, Figuren und Symbole.
- Welche Bedeutung haben sie?
- Weshalb wurden sie hergestellt?
- Was wollten die Baumeister oder Künstler ausdrücken?

4 Die eigene Meinung sagen
- Was gefällt euch ganz besonders?
- Was beeindruckt weniger?
- Was versteht ihr nicht, sodass ihr noch weitere Informationen einholen müsst?

Wir entdecken unsere Stadt – was ist vom Mittelalter übrig?

Das Mittelalter scheint sehr weit weg von uns zu sein. Kaum etwas erinnert an dieses Zeitalter, doch in vielen Städten stößt man beim genaueren Hinsehen auf Spuren des Mittelalters: angefangen bei Straßen, deren Namen mittelalterliche Berufe oder Einrichtungen in sich tragen, bis hin zu aus der Zeit stammenden Gebäuden und Stadtplänen.

1 Aktuelle Luftbilder und Stadtpläne auswerten
- Besorge dir im Internet oder in der Stadtinformation ein Luftbild und/oder einen Stadtplan deiner Stadt.
- Wo liegt der Stadtkern?
- Wo sind auffällige Linien oder Konturen im Stadtbild erkennbar?
- Welche besonderen Merkmale einer mittelalterlichen Stadt lassen sich noch erkennen, z. B. Marktplatz, Kirchen, Stadtmauern, Stadttore, Wälle?

2 Straßen-, Platz- und Flurnamen analysieren
- Beschaffe dir einen Stadtplan mit genauer Beschriftung.
- Welche Straßen-, Platz- und Flurnamen könnten auf das Mittelalter hinweisen?
- Achte besonders auf Berufsbezeichnungen. Was bedeuten diese Namen?

3 Das Stadtbild beurteilen
- Informiert euch weiter im Internet über mittelalterliche Gebäude. Nutzt hierzu auch historische Stadtpläne und vergleicht sie mit dem heutigen Stadtplan.
- Auf dem Stadtwappen kann man auch Interessantes entdecken.
- Welche noch heute erhaltenen Bauwerke sind im Mittelalter errichtet worden? Welche sind nur dem Mittelalter nachempfunden und später gebaut? Für fast jede Gemeinde gibt es beim zuständigen Denkmalamt eine Ortsbeschreibung, die ihr für eure Entdeckung heranziehen könnt.
- Dokumentiere deine Entdeckungen mit Fotos und Zeichnungen.

4 Museum und Archiv erkunden
- Besuche das Stadtarchiv oder das Stadtmuseum in deinem Ort: Welche Quellen und Ausstellungsgegenstände stammen aus dem Mittelalter?
- Sind schriftliche Quellen oder Darstellungen zur mittelalterlichen Geschichte verfügbar? Was verraten sie dir über das städtische Leben im Mittelalter?
- Betrachte das Wappen der Stadt.

Ein Museum erkunden
Der Besuch eines Museums ermöglicht es, Geschichte hautnah zu erleben und weitere Informationen zu verschiedenen Themen zu erhalten. So ein Museumsbesuch muss allerdings gut vorbereitet sein, damit er viele neue Erkenntnisse liefert.

1 Vorbereitung des Museumsbesuchs
- Welches Museum möchtet ihr besuchen?
- Zu welchen Themen gibt es dort Ausstellungen?
- Was wollt ihr im Museum lernen?
- Welche besonderen Aktionen/Programme bietet das Museum an?
- Welche Prospekte oder Materialien stellt das Museum für die Vorbereitung des Besuchs zur Verfügung? Fordert diese telefonisch an oder ladet sie von der Museumshomepage herunter.

– Vereinbart einen Termin für die Besichtigung und Führung. Klärt hierbei auch die Kosten für die Anreise sowie eventuelle Eintrittsgelder.
– Wie sollen die Ergebnisse des Museumsbesuchs festgehalten werden, z. B. mit einem Erkundungsbericht, einem Museumsrätsel oder einer Wandzeitung?

2 Durchführung des Museumsbesuchs
– Erfragt am Eingang, welches Programm für euch vorbereitet wurde und ob ihr im Museum fotografieren dürft.
– Durchquert, wenn es möglich ist, erst einmal das gesamte Museum, um einen Überblick zu erhalten.
– Führt anhand eurer Materialien den geplanten Rundgang durch und notiert euch die erfragten sowie weitere interessante Informationen.
– Stellt möglichst viele vorbereitete, aber auch spontane Fragen an den Museumsführer.

3 Auswertung und Vorstellung der Ergebnisse
– Nach der Exkursion sichtet ihr das gesammelte Material und beschafft euch, wenn nötig, noch weitere Informationen.
– Erstellt die vorher festgelegte Präsentationsform.
– Was ist bei dem Museumsbesuch gut verlaufen? Was hättet ihr in der Vorbereitung oder Durchführung besser machen können?

Informationen ordnen

Eine Zeitleiste erstellen
Zeitleisten sind besonders für das Fach Geschichte, aber auch in anderen Fächern wie Deutsch, Gemeinschaftskunde oder Geografie, ein wichtiges Hilfsmittel, um Ereignisse übersichtlich und aufeinanderfolgend darzustellen.

1 Thema und Zeitspanne festlegen
– Lege das Thema der Zeitleiste fest.
– Stecke die Zeitspanne ab.

2 Material suchen und ordnen
– Führe eine Recherche zum gewählten Thema durch.
– Sammle Fakten und Bilder zu der von dir festgelegten Zeitspanne.
– Ordne das Material in der richtigen Reihenfolge. Beginne mit den ältesten Fotos/Ereignissen.

3 Zeitleiste anlegen
– Nimm ein großes Blatt Papier oder eine Tapetenbahn als Grundlage für deine Zeitleiste.
– Zeichne einen Pfeil in die Mitte des Blattes, damit du ober- und unterhalb arbeiten kannst.
– Schreibe das Jahr, welches am weitesten zurückliegt, ganz links. Unterteile die Zeitleiste in sinnvolle Abschnitte. (Beispielsweise kann 1 cm ein Jahr oder zehn Jahre bedeuten, je nachdem wie groß die Zeitspanne ist, die du darstellen möchtest und wie viel Platz du für die Zeitleiste hast.)
– Hinweis: Denke daran, dass gleich große Zeiträume auch immer gleich groß abgebildet werden müssen.

4 Zeitleiste gestalten
– Gestalte deine Zeitleiste mithilfe von Bildern und Zeichnungen sowie entsprechenden Beschriftungen (Zahlen, Informationen zum Ereignis usw.)

Informationen fachgerecht auswerten

Sachtexte erarbeiten und verstehen
Sachtexten begegnest du sehr häufig, nicht nur in Lehrbüchern. In ihnen werden wichtige Ergebnisse aus Wissenschaft und Forschung zusammengetragen. Oftmals ist es schwer, Sachtexte zu verstehen, weshalb man in kleinen Schritten vorgehen sollte. Die Fünf-Schritt-Lesemethode kennst du vielleicht schon aus dem Deutschunterricht.

1 Überfliegen des Textes
– Lies den Text einmal grob durch. Überfliege ihn.
– Beachte auch Zwischenüberschriften und Bilder oder Zeichnungen.
– Halte fest: Um welches Thema geht es? Was weißt du schon darüber? Was möchtest du noch wissen?

2 Fragen stellen
– Beantworte die W-Fragen: Wer? – Was? – Wann? – Wo? – Wie? – Warum?

3 Genaues Lesen, Unbekanntes klären, Schlüsselwörter markieren
– Lies den Text erneut durch. Kläre die Bedeutung unbekannter Wörter.
– Kennzeichne unklare Stellen mit einem Fragezeichen.
– Markiere wichtige Stellen und Schlüsselwörter im Text, z. B. mithilfe eines Textmarkers oder durch Unterstreichen.

4 Gliedern des Textes
- Unterteile den Text in Abschnitte. Orientiere dich dabei an der Textstruktur (Absätze).
- Formuliere zu den einzelnen Abschnitten Teilüberschriften, die den Inhalt des jeweiligen Textteils wiedergeben.

5 Wiedergabe des Textinhalts
- Formuliere den Inhalt des Textes mithilfe der Zwischenüberschriften und markierten Textstellen.
- Kontrolliere, welche W-Fragen (2) beantwortet wurden.

Bilder untersuchen

Vor allem aus der frühgeschichtlichen Zeit stehen als Quellen oft nur bildliche Darstellungen zur Verfügung. Sie liefern wichtige Informationen darüber, wie die Menschen lebten und den Alltag gestalteten, was sie gedacht haben und was sie sich wünschten. Diese Informationen können dabei helfen, geschichtliche Zusammenhänge zu erklären und historische Ereignisse bewusster zu beurteilen.

1 Beschreibung der Einzelheiten eines Bildes
- Aus welcher Zeit stammt das Bild (Bildlegende beachten)?
- Welche Personen/Gegenstände sind dargestellt?
- Wie sind sie dargestellt? Beachte dabei Hautfarbe, Kleidung, Kopfbedeckungen usw.
- Gibt es Unterschiede bei der Darstellung der verschiedenen Personen (Größe/Hautfarbe/Ausschmückung)?
- Welche weiteren Gegenstände sind auf dem Bild zu entdecken?
- Welche Funktion haben diese?

2 Zusammenhänge erklären
- Welche Tätigkeiten üben die Personen aus?
- Wie ist das Verhältnis der Personen zueinander?
- Gibt es Merkmale, die eine besondere Bedeutung haben könnten?
- Was erfahren wir aus dem Bild über das Leben der Menschen zur damaligen Zeit (Lebensumstände, Familiensituation, Arbeitsleben usw.)?

3 Zusätzliche Informationen beschaffen
- Wer war der Auftraggeber der Bilder?
- Was kann man über die dargestellten Personen aus anderen Quellen erfahren?
- Gibt es noch andere Bilder zu diesem Thema?

- Was verstehe ich nicht und wo finde ich dann noch weitere Informationen?

Sich ein eigenes Urteil bilden

Historikerinnen und Historiker fällen Urteile über geschichtliche Geschehnisse oder Persönlichkeiten. Bevor sie dies allerdings tun, müssen sie sich gründlich informieren, zum Beispiel mithilfe von Bild- und Textquellen. Sie fällen anhand dieser Ergebnisse ein sogenanntes Sachurteil. Wenn die Historikerinnen und Historiker dann einen eigenen Standpunkt dazu einnehmen, wird von einem Werturteil gesprochen. Die Fakten werden mit eigenen Wertvorstellungen verglichen und abgewogen.

1 Art des Urteils festlegen
- Willst du wissen, was passiert ist und ein Urteil aus der damaligen Sicht fällen, triffst du ein Sachurteil.
- Möchtest du etwas aus deiner Sicht bewerten, fällst du ein Werturteil.

2 Informationen sammeln
- Stelle verschiedene Sachtexte, Zeitzeugenberichte oder bildliche Darstellungen zum Thema zusammen und sichte sie.

3 Quellen überprüfen
- In welchem Zusammenhang stehen die gelieferten Informationen zum bereits Bekannten?
- Wie glaubwürdig sind die Informationen? Verfolgte der Verfasser ein bestimmtes Ziel oder schrieb er im Auftrag einer anderen Person, die bestimmte Interessen verfolgte (Auftraggeber)?
- Wie sehr kann man den überlieferten Texten trauen? Berichtet ein Zeitzeuge anhand eigener Erlebnisse oder anhand von Berichten anderer? Überprüfe, welchen Zweck Texte erfüllen sollten oder welche Absicht Autoren mit ihm verfolgten.

4 Aus heutiger Sicht ein Werturteil bilden
- Vergleiche die damaligen Geschehnisse mit heute. Beurteile die Ereignisse/Situation aus deiner heutigen Sicht. Würdest du zustimmen? Begründe deine Entscheidung (Werturteil).

5 Vergleich von Urteilen
- Höre dir die Urteile anderer an. Welches Urteil überzeugt dich, welches nicht? Dabei ist der gegenseitige Respekt wichtig.

Geschichtskarten auswerten

Den Umgang mit Karten kennst du bereits aus dem Geografieunterricht. Im Geschichtsunterricht benutzen wir Geschichtskarten. Diese behandeln ein bestimmtes historisches Thema.

1 Thema der Karte finden
- Welches Gebiet ist dargestellt?
- Welcher Zeitraum wird behandelt?
- Um welches Thema geht es?

2 Darstellung des Themas herausarbeiten
- Welche Informationen kann man der Legende der Karte entnehmen?
- Welche Bedeutung haben die Flächenfarben?
- Welche Symbole enthält die Karte und was bedeuten sie?
- Wie groß sind Entfernungen und Ausdehnung eines Gebietes (Maßstab)?

3 Informationen der Karte auswerten
- Welche Aussagen kannst du zu einzelnen Informationen der Karte machen?
- Welche Gesamtaussage der Karte kannst du formulieren?
- Welche Fragen interessieren dich zusätzlich zu den Informationen, die du aus der Karte erhältst?

Textquellen untersuchen

Hinterlassene Schriftstücke werden als Textquellen bezeichnet. Das können zum Beispiel Gesetzbücher, Urkunden, Inschriften, Zeitungen, Briefe, Tagebücher oder auch Verträge sein. Sie enthalten wichtige Informationen für Historikerinnen und Historiker, sind aber oft schwer zu verstehen. Außerdem berichten sie zumeist nur einseitig, aus der Sicht des Verfassers. Deshalb ist es wichtig, Textquellen kritisch zu prüfen und gezielt zu befragen.

1 Fragen zum Verfasser
- Wer ist der Verfasser der Textquelle? Was wissen wir über ihn?
- Hat der Autor die Ereignisse, über die berichtet wird, selbst erlebt?
- Wie steht der Verfasser zu dem Ereignis, von dem er berichtet?
- Versucht er, neutral zu sein, oder ergreift er Partei für eine Seite?

2 Fragen zum Text
- Wovon wird im Text berichtet? Was steht im Mittelpunkt?
- Wann ist die Quelle entstanden?
- Um welche Textsorte (z. B. Bericht, Erzählung, Inschrift) handelt es sich?
- Welche Begriffe sind unbekannt?
- Lässt sich der Text in einzelne Abschnitte gliedern? Lassen sich die Informationen kurz zusammenfassen?

3 Textabsicht erklären und Quelle beurteilen
- Unterscheide nun zwischen Sachinformationen der Textquelle und Meinungswiedergabe des Autors. Übertreibt der Schreiber an manchen Stellen oder wertet er bestimmte Personen?
- An wen wendet sich die Textquelle und zu welchem Zweck?
- Stimmen heutige Erkenntnisse mit dem Inhalt der Textquelle überein?
- Wie glaubwürdig ist die Quelle (auch im Vergleich mit anderen Quellen)?

Textquellen vergleichen

Du hast schon gelernt, wie Textquellen entschlüsselt werden. Häufig stehen zu einem Thema auch mehrere Quellen zur Verfügung, die ähnliche oder unterschiedliche Sichtweisen auf ein Ereignis zum Ausdruck bringen. So ist es möglich, einen Sachverhalt aus verschiedenen Perspektiven zu betrachten. Es muss jedoch auch hinterfragt werden, warum Unterschiede in der Beschreibung vorliegen.

1 Erschließen der einzelnen Textquellen
- Wer ist der jeweilige Autor?
- Wo und wann sind die Texte verfasst worden?
- Welchem historischen Zeitraum lassen sich die Quellen zuordnen (Epoche, Ereignis, Konflikt)?
- Welche Textsorte liegt jeweils vor (Bericht, Brief, Rede, Vertrag, Inschrift, Erzählung, …)?
- Wer sind die Adressaten der Texte (Machthaber, Öffentlichkeit, bestimmte Personengruppen, …)?
- Was ist das gemeinsame Thema der Texte?
- Welche Sätze enthalten Sachinformationen, welche Sätze geben die Meinung des Verfassers oder sein Urteil wieder?

2 Überprüfen der Glaubwürdigkeit der Texte
- Waren die Autoren wirklich Augenzeugen der Geschehnisse oder liefern sie Informationen aus „zweiter Hand"?
- Mit welchem zeitlichen Abstand zum Geschehen wurden die Texte verfasst?

3 Vergleich der Inhalte
- Stelle die wichtigsten Informationen und Kernaussagen beider Texte gegenüber.
- Welche Gemeinsamkeiten und Unterschiede kannst du feststellen?
- Wie kann man die Differenzen erklären (Perspektive, unterschiedliche Interessen der Autoren)?

4 Sammeln weiterer Informationen
- Ordne dein bisheriges Wissen über den Sachverhalt den neu gewonnenen Informationen hinzu.
- Benötigst du weitere Informationen für deine Einschätzung? Recherchiere.

5 Formulieren der Ergebnisse
- Fasse deine Ergebnisse zusammen.
- Wie lassen sich die Texte aus heutiger Sicht bewerten?
- Bilde dir ein eigenes Urteil zu den Geschehnissen und begründe es.

Statistiken und Diagramme untersuchen

Um historische Entwicklungen über einen längeren Zeitraum übersichtlich darzustellen, wird häufig auf Diagramme und Statistiken zurückgegriffen. Zahlen und Daten können so leichter miteinander verglichen werden. Vielfach finden sich solche Darstellungen auch in Zeitungen, im Fernsehen und im Internet.

1 Thema klären
- Was ist dargestellt? Informationen zum Thema findest du in Über- oder Unterschriften, Legenden oder anderen Beschreibungen.
- Welcher Zeitraum ist dargestellt?
- Welche Orte, Länder oder Regionen werden in die Statistik einbezogen?

2 Inhalt erfassen
- Welche Form der Darstellung wird genutzt (Tabelle, Säulen-, Linien-, Kreis- oder Flächendiagramm)?

- Welche Größen und Maßeinheiten werden verwendet (z. B. Zeit in Jahren, Einwohnerzahlen, Anteile in Prozent)?
- Wie viele verschiedene Sachverhalte werden dargestellt (z. B. die Stadt- und/oder Landbevölkerung; wird die Einwohnerzahl für einen oder mehrere Orte untersucht)?

3 Informationen entnehmen
- Welche Informationen werden konkret wiedergegeben (größter/kleinster Wert, starke oder plötzliche Veränderungen)?
- Welche Entwicklungen kann man ablesen (Zunahme, Abnahme, Stabilität)?

4 Ergebnisse auswerten
- Werden weitere Informationen für die Beantwortung der Sachfragen benötigt?
- Welche Vorkenntnisse sind vorhanden und können einbezogen werden?
- Was kann man zusammenfassend sagen?
- Welche Folgerungen kann man aus den Angaben ziehen?

Sachzeugnisse auswerten

Sachquellen oder Sachzeugnisse oder gegenständlichen Quellen sind überlieferte Gegenstände bzw. Überreste, aus denen historische Informationen über die Zeit ihrer Entstehung und Verwendung gewonnen werden können. Man unterscheidet bei Sachquellen meist zwischen „mobilen" und „immobilen" Sachquellen. Mobile Sachquellen sind z. B. alte Werkzeuge, Münzen, Kultgegenständen oder Kleidungsstücke. Immobile Sachquellen sind z. B. bauliche Überreste, Ruinen, Denkmäler, Stadtmauern, Dampfmaschinen. Sachzeugnisse sind die einzigen Quellen, die über eine schriftlose Zeit Auskunft geben. In anderen Fällen ergänzen Sachquellen die schriftlichen Quellen.

1 Was kann man sehen? Wie sieht das Sachzeugnis aus?
- Größe
- Form
- Farbe/Muster
- Material
- Qualität ...
- Ihr könnt die Figur / das Sachzeugnis auch zeichnen.

2   Die Funktion des Sachzeugnisses erschließen
- Alter, Herkunft, Fundort und -zeit, Herstellungstechnik ermitteln
- Wozu wurde das Sachzeugnis genutzt?
- Welche Informationen liefert die Tafel zum Ausstellungsstück?
- Nutzt weitere Informationsquellen (z. B. Befragung der Museumsmitarbeiter, Bücher, Internet).

3   Welche Erkenntnisse kann man gewinnen?
- Welche Rückschlüsse lässt das Sachzeugnis zu, z. B. auf Verbreitung und das Leben, Arbeiten, Wohnen der Menschen in der Zeit?
- Wie ist das Sachzeugnis zeitlich einzuordnen?

Historische Karten und Geschichtskarten untersuchen

In der Geschichtswissenschaft wird zwischen historischen Karten und Geschichtskarten unterschieden. Historische Karten sind Quellen der Vergangenheit. Sie stammen von Wissenschaftlern aus früheren Jahrhunderten. Sie sind in einer bereits vergangenen Zeit angefertigt worden. Diese Karten zeigen uns, welches Wissen die Menschen damals von der Welt hatten. Geschichtskarten hingegen sind vereinfachte Zeichnungen, die aus heutiger Sicht vergangene Tatsachen und Erscheinungen darstellen. Sie stellen Sachverhalte aus Politik, Wissenschaft, Kultur und Gesellschaft in einem begrenzten geografischen Raum zu einer bestimmten Zeit dar.

1   Genaues Betrachten und Beschreiben
- Aus welcher Zeit stammt die Karte?
- Welche Kontinente und Länder sind dargestellt?
- Enthält die Karte Angaben zu Entfernungen?
- Wozu soll die Karte dienen?

2   Symbole und Beschriftungen deuten
- Welche Ortsnamen enthält die Karte?
- Welchen heutigen Namen entsprechen diese Namen?
- Was bedeuten sie?
- Welche Symbole sind auf der Karte dargestellt?

3   Rückschlüsse auf die Vorstellungen und Kenntnisse der Menschen ziehen
- Welche Kenntnisse von der Welt hatten die Menschen damals?
- Welche Vorstellungen und Ziele entwickelten sie daraus?

Flugblätter entschlüsseln

Schulen, Restaurants und Unternehmen setzen Flyer ein, um für ihre Dienstleistungen oder Produkte zu werben. Die Idee hierfür entstand bereits kurz vor der Reformation. Mit der Erfindung des Buchdrucks wurde es deutlich leichter, Informationen zu verbreiten. Ein neues Medium entstand – das Flugblatt. Es bestand meist aus nur einer Seite, einem kurzen Text, einem großformatigen Bild oder beidem. Im Laufe der Reformation entstand eine wahre Flut von Flugblättern, mit denen für den eigenen Glauben geworben oder die gegnerische Seite verspottet wurde. Die Bilder waren für alle verständlich und erforderten nicht unbedingt die Fähigkeit, lesen zu können.

Allerdings gibt es auch Symbole oder Darstellungsarten, die für uns heute schwer zu entschlüsseln sind. Gerade in der Reformationszeit waren Teufelsfiguren oder Ungeheuer sehr beliebt.

Entschlüsselte Flugblätter liefern viele Informationen über ihre Entstehungszeit, vorherrschende Konflikte, Ereignisse und handelnde Personen.

1   Klärung des Themas
- Wann entstand das Flugblatt (Bildlegende beachten)?
- Wer war der Künstler des Bildes / der Bilder auf dem Flugblatt?
- Wer war der Auftraggeber des Flugblatts?
- Welche Personen, Gegenstände, Ereignisse oder Orte sind dargestellt?

2   Gestaltung genauer untersuchen
- Was steht im Vordergrund? Was tritt in den Hintergrund?
- Welche Symbole werden verwendet (Tiere mit menschlichen Eigenschaften, Stärken und Schwächen, Gegenstände, Farben)?
- Welche Funktionen haben diese Symbole?
- Gibt es Texte auf dem Flugblatt?

3   Einordnung in den historischen Zusammenhang
- In welchen historischen Zusammenhang (Ereignis, Epoche, Prozess/Konflikt, …) lässt sich das Flugblatt einordnen?
- Recherchiere nach zusätzlichen Informationen, z. B. zu abgebildeten, dir unbekannten Personen.
- Wie geht der Verfasser des Flugblatts mit dem Thema um (sachgerecht, mit Spott und Hohn, stellt er jemanden oder Missstände bloß)?

4 Intention erkennen
- Was ist die Botschaft oder Wirkung des Flugblatts?
- An wen richtet sich das Flugblatt?
- Wie wirkt das Flugblatt auf dich?
- Welche Schlüsse ziehst du aus der Darstellung?

Ein Herrscherbild untersuchen

Sicherlich habt ihr schon einmal ein Herrscherbild in einem Schloss oder einem Museum gesehen. Das sind oftmals sehr großformatige Malereien, auf denen ein König, Landesfürst oder Befehlshaber zu sehen ist. Mit diesen Herrscherbildern sollten die Künstler im Auftrag des jeweiligen Kaisers, Königs oder Fürsten den Untertanen und der Nachwelt ein bestimmtes Bild von dem Machthaber vermitteln. Daher sind Abbildungen dieser Art für uns wichtige historische Quellen. Sie geben Auskunft über das Selbstbild der Herrscher und über ihre Vorstellungen vom Regieren.

1 Das Bild beschreiben
- Welchen spontanen Eindruck ruft das Bild bei dir hervor?
- Wer ist auf dem Herrscherbild zu sehen?
- Wie wird die Person dargestellt (Körperhaltung, Gestik, Mimik, Blickrichtung, Kleidung, ...)?
- Welche Perspektive hat der Maler gewählt (von oben, seitlich, unten, ...)?
- Wie ist das Bild aufgebaut (Mittelpunkt, Hintergrund, Farbgebung)?
- Mit welchen künstlerischen Mitteln hat der Maler gearbeitet (Farbgestaltung, Licht, Größe, ...)?
- Welche Bildelemente bestimmen das Bild?

2 Einzelheiten und Symbole entschlüsseln
- Welche Herrschaftszeichen sind auf dem Bild zu finden?
- Was bedeuten diese Herrschaftszeichen (Symbole)?
- Welche weiteren Details sind im Vorder- und Hintergrund zu sehen? Was bedeuten sie?

3 Die Aussage des Bildes erschließen
- Welchen Eindruck will der Maler oder sein Auftraggeber mit der Darstellung beim Betrachter wecken?
- Welche Herrscherrolle wird deutlich?
- Welches Selbstverständnis des Herrschers kommt zum Ausdruck?
- Was sagt uns das Bild über die damalige Zeit insgesamt?

Ein Verfassungsschema lesen und verstehen

Was ist ein Verfassungsschema?
Eine Verfassung regelt die Machtverteilung in einem Staat. Sie ist das grundlegende Gesetz. Anhand eines Verfassungsschemas kann man erkennen, wie ein Land regiert wird.
Es zeigt den Aufbau des Staates und seine wichtigsten Ämter und Einrichtungen (z. B. Präsident/Präsidentin, Parlament). Außerdem lässt es erkennen, wer wählen darf oder von Wahlen ausgeschlossen ist und wer die Gesetze beschließt.

1 Den Aufbau untersuchen
- Wie kann man das Schema lesen? Die Pfeile helfen euch.
  - Von unten nach oben bzw. oben nach unten?
  - Von links nach rechts bzw. rechts nach links?
- Was sind wichtige Bestandteile des Schaubildes?
- Welche Ämter und Einrichtungen gibt es?

2 Aussagen erschließen
- Wer darf wählen?
- Wie kommen Gesetze zustande?
- Welche Aufgaben haben die Ämter und Einrichtungen?

3 Zusammenhänge herstellen
- Wie ist die Macht verteilt? Welches Amt hat besonders viel Macht?
- Wer kontrolliert wen? Wessen Macht geht auf Wahlen zurück?
- Wo wird die Einflussmöglichkeit des Volkes erkennbar?
- Welche Gruppen sind von politischer Mitbestimmung ausgeschlossen?

4 Die Verfassung beurteilen
- Fasst noch einmal zusammen, ob und wie die Gewalten geteilt sind.
- Beurteilt, ob es sich um eine demokratische Verfassung handelt.
- Beurteilt, ob das Wahlrecht aus heutiger Sicht als demokratisch bezeichnet werden kann.

Ein historisches Lied untersuchen

Lieder sind wichtige Quellen

Das Lied bzw. das Singen von Liedern ist bis zum heutigen multimedialen Zeitalter ein wichtiger Bestandteil des alltäglichen Lebens. In Liedern werden Stimmungen, Empfindungen und Haltungen der jeweiligen Zeit deutlich. Historische Lieder entstanden schon seit Jahrhunderten, um Einfluss auf Politik und Gesellschaft zu nehmen. Entweder dienten diese Lieder dem Zweck, politische Verhältnisse zu stützen oder bestehende Zustände zu kritisieren und eine Veränderung herbeizuführen. Daher muss dem Textinhalt besondere Beachtung geschenkt werden.

1 Ersten Eindruck festhalten
– Welche Wirkung hat das Lied auf dich?

2 Wichtige Informationen sammeln
– Um welche Liedart handelt es sich (z. B. Volkslied, Liebeslied, politisches Lied)?
– Wie lautet der Titel des Liedes?
– Wer ist der Textdichter bzw. der Komponist?
– Wann und wo wurde das Lied verfasst?
– Welche Informationen, Grundeinstellungen und Anspielungen enthält der Liedtext in den einzelnen Strophen?

3 Zusätzliche Informationen heranziehen
– Was kannst du über die Hintergründe der Entstehung des Liedes in Erfahrung bringen?
– Wie verbreitet/bekannt war das Lied?
– Welchen Bezug zu historischen Ereignissen enthält es? Welches Ereignis/Problem steht im Zentrum des Textes?

4 Die Aussagekraft des Liedes
– Mit welcher Absicht wurde dieses Lied gesungen?
– Kannst du den Inhalt des Liedes in einen historischen Zusammenhang bringen?
– Welche Wirkung erzielte das Lied in seiner Zeit tatsächlich?
– Welche Gesamtaussage lässt sich formulieren?

Fotos analysieren

Fotos sind aus unserem täglichen Leben nicht wegzudenken. Seit es Fotografien gibt (etwa seit 1840), gelten sie als wertvolle Quellen.

Fotos können nicht die objektive „Wahrheit" über Ereignisse oder Menschen wiedergeben, aber uns eine Momentaufnahme liefern. Wie durch ein Guckloch bekommen wir Einblicke in die Vergangenheit, die durch weitere Informationen ergänzt werden müssen.

1 Der erste Eindruck
– Wie ist dein erster Eindruck?
– Was siehst du auf dem Foto?
– Welche Gedanken, welche Gefühle hast du beim Betrachten des Fotos?

2 Bildbeschreibung
– Was ist alles zu sehen und zu entdecken?
– Was genau wird dargestellt?
– Wie ist die Darstellung: Welche Farben gibt es? Wie sind die Lichtverhältnisse? Gibt es eine auffällige Bildkomposition? Wie ist der Ausschnitt des Bildes gewählt (Nahaufnahme/Totale)?
– Handelt es sich um eine Collage oder Montage (verschiedene Elemente werden kombiniert)?
– Ist die Bildlegende informativ? Was verrät sie und was nicht?

3 Analyse
– Wofür steht das Foto?
– Welche Absichten verfolgt die Fotografin / der Fotograf vermutlich? Wofür wurde das Foto gemacht (Nachricht, Werbung, privat)?
– Ist das Foto gestellt oder handelt es sich um einen Schnappschuss?
– Sehen wir das Foto heute mit anderen Augen als zur Zeit seiner Entstehung?
– Wie kann man die Bildaussage zusammenfassen?
– Hat das Foto eine Bedeutung über die konkrete Situation hinaus? Ist es typisch für ein bestimmtes Ereignis, ein Problem …?

4 Erweiterung
– Wie kann man das Foto „erweitern"?
– Was ereignete sich zeitlich vor und nach der Aufnahme?
– Welche Fragen hast du? Welche Materialien benötigst du?

Sachtexte untersuchen

Als Sachtexte werden alle geschriebenen Texte bezeichnet, die mithilfe von Fakten über einen bestimmten Sachverhalt informieren sollen. Dies sind:

- informierende, darstellende Sachtexte, z. B. Bericht, Lexikonartikel, wissenschaftliche Veröffentlichungen.
- argumentative, erörternde Sachtexte, die der Leserin / dem Leser eine Meinung zu einem Sachverhalt mitteilen wollen, z. B. Zeitungsartikel, Kommentar, Glosse.
- beeinflussende Sachtexte, die die Leserin / den Leser zu einem bestimmten Verhalten aufrufen wollen, z. B. Reden, Wahlprogramme, Gesetze, Werbung.
- ausdrucksbetonte Sachtexte, z. B. Tagebuch, persönlicher Brief.

Häufig mischen sich diese Textformen und sind nicht klar zu unterscheiden. Um einen Sachverhalt darzustellen oder eine Meinung zu vertreten, werden auch Bilder, Statistiken oder Diagramme herangezogen und gehören daher auch zum Sachtext.

1 Erste Durchsicht des Textes
- Lies den Text einmal grob durch. Überfliege ihn.
- Beachte ggf. auch Zwischenüberschriften und Bilder oder Zeichnungen.
- Halte fest: Um welches Thema geht es? Was weißt du schon darüber?
- Was möchtest du noch wissen?

2 Fragen an den Text stellen
- Wer ist der Verfasser des Textes? Was wissen wir über ihn?
- Wann wurde der Text geschrieben?
- Zu welchem Zweck wurde der Text geschrieben?
- Wie steht der Verfasser zu dem Ereignis, über das er berichtet?
- Wurde bei diesem Text ein Chatbot wie ChatGPT verwendet?

3 Nochmaliges genaues Lesen
- Lies den Text noch einmal durch. Kläre die Bedeutung unbekannter Wörter.
- Kennzeichne unklare Stellen mit einem Fragezeichen.
- Markiere wichtige Stellen und Schlüsselwörter im Text, z. B. mithilfe eines Textmarkers oder durch Unterstreichung.

4 Auswertung des Textes
- Unterteile den Text in Abschnitte.
- Formuliere zu den einzelnen Abschnitten Überschriften, die den Inhalt des jeweiligen Textteils wiedergeben.

Einen Sachtext auswerten

Eine Sachtextanalyse ist eine besondere Form der Textanalyse, damit man aus ihnen Erkenntnisse gewinnen kann.

1 Die wichtigsten Informationen zusammenfassen
- Lies den Text noch einmal genau durch.
- Beachte den gedanklichen Aufbau des Textes.
- Stelle die stilistischen Mittel heraus, die der Text verwendet (z. B. direkte oder indirekte Rede, Hervorhebungen, Zitate usw.).

2 Kernaussage des Textes formulieren
- Arbeite die wesentliche Aussage des Textes heraus.
- Arbeite die Zusatzaussagen heraus, die diese Kernaussage stützen.
- Formuliere die Aussagen der Grafik und der Bilder.
- Kläre, ob die Bildaussagen die Textaussage unterstützen.

3 Erkenntnisse formulieren, die der Text erbracht hat
- Kläre, welches Ziel der Autor mit seinem Text verfolgt und ob er dieses Ziel erreicht.
- Kläre, welche Leserinnen und Leser der Autor mit seinem Text anspricht.
- Ziehe ein Fazit, fasse zusammen und bewerte abschließend.

Informationen erstellen

Eine Biografie erstellen

Der Begriff Biografie ist den altgriechischen Wörtern „bios" (Leben) und „graphein" (schreiben) entlehnt. Eine Biografie ist also die Lebensbeschreibung eines Menschen. Sie sollte alle wichtigen Daten und Ereignisse aus dessen Leben enthalten. Wichtig ist jedoch, dass die Biografie nicht nur Begebenheiten aneinanderreiht, sondern auch den Zusammenhang des einzelnen Lebens mit der jeweiligen historischen Zeit, mit anderen Personen oder Ereignissen herstellt.

Eine gute Biografie geht also über das Leben des/der Einzelnen hinaus. Sie berücksichtigt die Dinge und Ereignisse, die von der Gesellschaft ausgingen, auf die Person eingewirkt haben und mit der sie umgehen musste. Ohne diese Verbindung zur Gesellschaft kann das Leben eines/einer Einzelnen nicht vollständig verstanden werden.

1 Die Person auswählen
- Entscheidet euch für eine der dargestellten Personen und bildet dann Arbeitsgruppen.

2 Informationen über die Person sammeln
- Sammelt Informationen über eure ausgewählte Person im Internet, in Nachschlagewerken, in eurer Schulbibliothek oder in der Stadtbücherei.

3 Die Biografie verfassen
- Verfasst gemeinsam eine kurze Biografie mit allen wichtigen Ereignissen im Leben dieses Menschen.

4 Präsentation eurer Ergebnisse
- Präsentiert eure Ergebnisse der Klasse. Hierzu gibt es verschiedene Möglichkeiten: Wandzeitung, Plakat, Broschüre, Powerpoint.

Ein Auswandererschicksal beschreiben

Am Beispiel des deutschen Auswanderers Carl Schurz nach Amerika wird hier eine Spezialform des Schreibens einer Biografie erarbeitet.

Eine Biografie ist eine Lebensbeschreibung. Sie kann ein Buch umfassen oder aber in Kurzform das Leben eines Menschen darstellen. Die Biografie ist eine sachliche Beschreibung – ähnlich einem Lexikonartikel.

1 Materialsammlung zur Person, die beschrieben werden soll, Ordnen des Materials
- Seiten aus diesem Buch – Bücher, die sich mit dem Leben von Carl Schurz befassen – entsprechende Internetseiten
- Ordne das Material in zeitlicher Reihenfolge, am besten, wie dies in M1 erfolgt.

2 Verfassen des Textes
- Entwirf eine Struktur deines Textes, indem du Überschriften zu wichtigen Lebensabschnitten von Carl Schurz suchst, z. B. „Kindheit und Jugend", „Als Revolutionär 1848/49".
- Notiere in Stichpunkten die Daten, Ereignisse und Entwicklungen zu den jeweiligen Überschriften.

- Beginne deinen Text mit einer ganz knappen Zusammenfassung über die Person: Name, Geburtsdatum, Todesdatum, Beruf, Bedeutung.
- Formuliere in zeitlicher Reihenfolge Stichworte zu deinen Überschriften.
- Beziehe Zitate in deine Darstellung ein. Beginne und beschließe sie mit An- und Abführungszeichen („...."). Vermerke in Klammern, woher das Zitat stammt.

3 Prüfen des Textes
- Prüfe die Aussagen der historischen Ereignisse. Verwende Begriffe wie „sicher", „gewiss", „vermutlich", „wahrscheinlich", „unwahrscheinlich".
- Prüfe Zitate und Beschriftungen. Sind die Zitate korrekt angegeben?

Einen Sachtext mit Unterstützung von künstlicher Intelligenz verfassen

Seit November 2022 ist es möglich, Texte mit Unterstützung künstlicher Intelligenz (KI) zu verfassen. Die erste allgemein nutzbare Anwendung heißt ChatGPT – GPT ist die Abkürzung für „Generative Pre-trained Transformer Model". Weil für solche Anwendungen riesige Menge an Textdaten analysiert wurden, können sie Sprache auf menschenähnliche Weise verstehen und formulieren. Die Anwendungen werden kontinuierlich und in rasendem Tempo weiterentwickelt und verändern das Leben und den beruflichen Alltag von uns allen.

Anwendungen wie ChatGPT sind vergleichbar mit einem digitalen Assistenten, der durch Zugang zu einer enormen Menge an Informationen in der Lage ist, viele unterschiedliche Fragen zu beantworten. Auch beim Schreiben eines Sachtextes können KI-Anwendungen dich an mehreren Punkten unterstützen:
- Informationen zum Thema bereitstellen
- Gliederungsvorschläge machen
- Textentwürfe schreiben

Insgesamt bietet das viele Vorteile: Die Anwendung ist eine rund um die Uhr verfügbare Lern- oder Hausaufgabenhilfe, sie fördert das Verfassen und Verstehen von Texten und hilft bei der Entwicklung kreativer Projekte.

Aber du solltest auch kritisch mit solchen Anwendungen umgehen, denn sie bergen auch Risiken:
- Nicht immer sind die Antworten korrekt. Überprüfe sie immer.

– Eine übermäßige Nutzung könnte dich selbst das Lernen verlernen lassen sowie deine Fähigkeiten einschränken, kritisch zu hinterfragen und selbst kreativ zu sein.
– Von KI verfasste Texte werden nie so klingen, als hättest du sie selbst geschrieben. Nutze die Anwendungen als Unterstützung und Anregung, aber schreibe die Endversion deiner Texte immer selbst. Genau wie du schreibst nur du. Das kann auch die beste KI nicht.

1 Thema definieren und Hintergrundrecherche
Lege dein Thema fest. Recherchiere alle wichtigen Informationen für deinen Text. Nutze dafür auch – aber nicht nur – Anwendungen wie ChatGPT.

2 Gliederung des Sachtextes planen
– Fordere von der Anwendung Gliederungsvorschläge.
– Lege die Einleitung, die Abschnitte des Hauptteils und einen Schluss fest.
– Bringe die Abschnitte des Hauptteils in eine sinnvolle Reihenfolge.

3 Ersten Entwurf von ChatGPT schreiben lassen
– Fordere die Anwendung auf, einen Entwurf zu schreiben.
– Liefere der KI dafür deine Gliederung mit und die Informationen, die unbedingt vorkommen sollen.

4 Überprüfung der Inhalte und Überarbeitung des Textes
– Überprüfe die Informationen im Textentwurf der Anwendung.
– Überarbeite den Entwurf der Anwendung und schreibe daraus deinen eigenen Text.

Informationen präsentieren

Ein Referat halten
Auch im Geschichtsunterricht haltet ihr immer wieder Referate. Du lernst dabei anhand von Recherchen einen Sachverhalt genauer kennen und kannst diesen dann anderen zusammenfassend vermitteln.
Diese Methode ist nicht nur für den Geschichtsunterricht wichtig. Auch in anderen Fächern, höheren Klassen oder im Berufsleben wirst du immer wieder Referate halten.

1 Klärung des Themas und Eingrenzung
– Wie lautet das genaue Thema deines Vortrags? Bei eigener Themenwahl achte darauf, dass es nicht zu allgemein oder zu umfassend ist.
– Welchen Umfang soll das Referat haben (Redezeit)?
– Wie viel Zeit hast du zur Erarbeitung?

2 Recherche durchführen und Material sammeln
– Wie kannst du Expertin/Experte auf deinem Themengebiet werden?
– Wo findest du Material zu dem Thema (Bücher, Fachzeitschriften, Internet)? Frag auch deine Lehrkraft, ob sie dir Literatur empfehlen kann.
– Notiere dir Wichtiges oder kopiere geeignete Übersichten oder Informationen. Nutze für Internetseiten und Bücher Lesezeichen und notiere dir deine Quellen, um sie am Ende deines Referats zur Verfügung stellen zu können.
– Sammle Skizzen, Bilder oder Übersichten zur Verdeutlichung und Anschaulichkeit. Vergiss nicht, für alle Materialien die Quellen anzugeben!

3 Gliederung anfertigen
– Erstelle eine Gliederung mit Unterpunkten. Eine Mindmap kann dir helfen, die vielen Informationen zu sortieren.
– Formuliere Leitfragen und achte auf einen „roten Faden", der sich durch dein Referat zieht.
– Gibt es etwas besonders Spannendes oder Kurioses innerhalb deines Themas? Nutze das für die Einleitung.
– Fasse im Schlussteil Wesentliches zusammen.

4 Redekarten erstellen und Referat üben
– Erstelle zu jedem Gliederungspunkt eine Redekarte. Notiere darauf nur kurze Stichpunkte oder Stichworte, damit du während des Vortrages freier und mit Blick zur Klasse sprichst.
– Vermerke auf den Redekarten auch, wann du Bilder oder Übersichten zeigst.
– Übe dein Referat mehrmals. Nutze hierfür nur die Redekarten.
– Bereite dich auf Nachfragen zu Fremdwörtern oder Zusammenhängen vor.

A

Alliierter Kontrollrat
Von den Alliierten eingesetzte Institution, in der die Maßnahmen abgestimmt werden sollten, die für die Besatzungszonen getroffen wurden.

Anti-Hitler-Koalition
Bezeichnung für das militärische Bündnis der USA, Großbritanniens und der Sowjetunion im Zweiten Weltkrieg gegen Deutschland, Italien und Japan.

Antisemitismus
Seit Ende des 19. Jahrhunderts gebräuchlicher Begriff für „Judenhass" oder „Judenfeindlichkeit".

Appeasement-politik
(engl. appeasement = Beschwichtigung) Der Begriff bezeichnet die englische Beschwichtigungspolitik gegenüber Hitler, wie sie vor allem im Münchener Abkommen 1938 zum Ausdruck kam.

Arbeiter und Bauernklasse
Gesellschaftliche Gruppe, die die herrschende Rolle in der sozialistischen Gesellschaft übernehmen sollte.

Arbeiter- und Soldatenräte
In den Fabriken von Arbeitern und in den Kasernen von Soldaten gewählte Vertretungen, die die bisherige Obrigkeit ersetzen sollen. Ein nationaler Rätekongress von Abgeordneten der regionalen Räte erhebt den Anspruch, das oberste politische Machtorgan zu sein.

Arier/arisch
Der Begriff „Arier" wurde von den Nationalsozialisten im Zusammenhang ihrer wissenschaftlich nicht haltbaren „Rassenlehre" (siehe S. 58 f.) zur Bezeichnung eines Angehörigen der nordischen Rasse verwendet, deren Nachkommen die deutsche Bevölkerung mit Ausnahme der Bürger jüdischen Glaubens, und der Sinti und Roma und der Slawen sei. Die Nationalsozialisten rechtfertigten mit dieser Ideologie die Verfolgung und Vernichtung der Juden und Sinti und Roma sowie die Deklassierung der Slawen zu „Untermenschen".

Atombombe
Kernwaffe, deren Wirkung auf kernphysikalischen Reaktionen beruht und eine Zerstörungskraft entfalten kann, die wesentlich größer ist als die von konventionellen Waffen.

B

Bauhaus
Bezeichnung für die von 1919 bis 1932 bestehende Kunst- schule in Dessau (später Weimar). Die aus dem vom Bauhaus hervorgebrachten Bauten, Kunstwerke der bildenden Kunst und Gebrauchsdesigns wurden weltberühmt. Bedeutende Künstler des Bauhauses waren u. a. die Architekten Walter Gropius und Ludwig Mies van der Rohe. Wegen der Verfolgung durch die Nationalsozialisten mussten viele Künstler des Bauhauses Deutschland verlassen und ihre Karriere im Ausland fortsetzen.

bekennende Kirche
Bewegung innerhalb der evangelischen Kirche Deutschlands, die gegen die nationalsozialistisch bestimmte Haltung der Amtskirche eintrat.

Berlin-Blockade
Von Juni 1948 bis Mai 1949 sperrte die Sowjetunion die Zonengrenze, sodass Westberlin nur über einen Luftkorridor erreichbar war. Die Amerikaner und Briten versorgten die Bevölkerung durch eine Luftbrücke. Auslöser der Blockade war die Währungsreform in den Westzonen. Ziel der Sowjetunion war, die Gründung eines westdeutschen Staates zu verhindern.

Bizone
Zusammenschluss der britischen und amerikanischen Besatzungszone zum 1.1.1947.

Blockbildung
Dies bedeutet die Aufteilung der Welt in zwei Lager nach dem Zweiten Weltkrieg, bei der jede der beiden Supermächte USA und Sowjetunion versuchte, durch politische und militärische Bündnisse das eigene Lager auszudehnen und die Ausbreitung des anderen Lagers zu verhindern.

Bolschewismus
Bezeichnung für das politische System in Russland; gemeint ist die Herrschaft der kommunistischen Partei, die in Russland auch Bolschewiki (Mehrheitspartei) genannt wurde. Der Antibolschewismus war Ausdruck der zur Zeit der Weimarer Republik weit verbreiteten Angst vor dem Kommunismus.

Boykott
Maßnahme zur Isolation von Personen und Institutionen.

C

Containment-Politik
(engl. containment = Eindämmung) Mit dieser Politik wird die Politik des westlichen Verteidigungsbündnisses bezeichnet, die die Ausbreitung des Kommunismus mit friedlichen Mitteln zu verhindern suchte.

D

DA
(= Demokratischer Aufbruch) Die Gruppierung gründete sich in der Wendezeit der DDR 1989 und ging in der CDU auf.

DDP
Deutsche Demokratische Partei, liberal, gegen Verstaatlichung.

Demontage
Dies bezeichnet den Abbau von Industrieanlagen durch die Siegermächte als Reparationsleistungen, z. B. durch die Sowjetunion in Deutschland nach 1945.

Displaced Persons
Personen, die sich nach dem Zweiten Weltkrieg kriegsbedingt außerhalb ihres Herkunftslandes aufhielten und ohne Hilfe nicht zurückkehren oder sich in einem anderen Land neu ansiedeln konnten.

DP
Die konservative Deutsche Partei bestand von 1949 bis 1961.

DSU
(= Deutsche Soziale Union) Die Partei wurde 1990 in der ehemaligen DDR gegründet und zeitweise von der bayerischen CSU unterstützt.

E

Einheitsliste
Zur Wahl standen nicht einzelne Parteien oder Kandidaten, sondern eine vollständige Liste aller Mitglieder des zu wählenden Gremiums. Diese Liste war im Vorhinein bereits vom jeweils zuständigen Wahlausschuss erarbeitet worden. Der Wahlakt bestand dann lediglich in der Zustimmung bzw. Ablehnung des Listenvorschlags.

Entente
Bündnis zwischen dem Vereinigten Königreich und Frankreich, das 1904 geschlossen worden war.

Epidemie
Seuche, Massenerkrankung.

Euthanasie
(griech.: schöner Tod) Im Nationalsozialismus ein verschleiernder Begriff für die gezielte Ermordung „lebensunwerten Lebens" (v. a. von geistig und körperlich behinderten Menschen).

Evakuierungsverbot
Ende Oktober 1944 verbot Gauleiter Erich Koch der deutschen Bevölkerung trotz des Vorrückens der Roten Armee die Flucht aus Ostpreußen. Er sah eine organisierte Räumung als „Verrat" an.

F

faschistisch
Bezeichnung für eine Politik, die nationalistisch, antidemokratisch und antiliberal ist, die Gleichheit der Menschen leugnet, Gewalt befürwortet und sich vor allem gegen Anhänger linker Bewegungen wendet.

Flucht und Vertreibung
Flucht von Millionen Menschen aus den deutschen Ostgebieten vor der heranrückenden Roten Armee nach Westen im Winter 1944/45 sowie gewaltsame Vertreibung deutscher Minderheiten aus Ost-, Mittel- und Südosteuropa während des Krieges und danach.

freie Marktwirtschaft
Die freie Marktwirtschaft ist eine Wirtschaftsform ohne staatliche Kontrolle oder Marktregulierung.

friedliche Revolution
Hiermit ist der Sturz des DDR-Regimes durch die gewaltfreien Proteste und die Demonstrationen für bürgerliche Freiheiten und demokratische Rechte im Herbst 1989 gemeint.

G

Gestapo
Die Geheime Staatspolizei („Ge-Sta-Po") wurde 1933 von Hermann Göring und Heinrich Himmler geschaffen. Sie diente als politische Polizei der rücksichtslosen Unterdrückung aller Gegner des Nationalsozialismus. Dabei schreckte sie vor Folter, Einweisung in KZ und Mord nicht zurück.

Glasnost
(russ.: Offenheit) Im Rahmen der Reformpolitik Gorbatschows bezeichnete „Glasnost" die Absicht, Transparenz der Entscheidungen in den Staats- und Parteiorganen und öffentliche Diskussion der Probleme.

Grundgesetz
Das Grundgesetz vom 23. Mai 1949 ist die Verfassung Deutschlands.

H

Hitler-Putsch
Am 8. und 9. November 1923 unternommener, gescheiterter Putschversuch der NSDAP gegen die Reichsregierung unter Adolf Hitler und Erich Ludendorff.

Hohenzollern
Das Herrschaftsgeschlecht der preußischen Könige von 1701 bis 1918.

Holocaust
s. Shoah

I

imperialistisch/Imperialismus
Das Streben einzelner Staaten nach weltweiter politischer und wirtschaftlicher Macht oder wenigstens Geltung. Mittel sind die Eroberung und wirtschaftliche Durchdringung fremder Gebiete. Im engeren Sinne werden als Zeitalter des Imperialismus die Jahre 1880 bis 1914 angesehen. Im Ostblock war „imperialistisch" eine gebräuchliche Bezeichnung für das westliche Lager.

Investitionsgüter
Mit diesem Begriff werden Güter bezeichnet, die zur Herstellung anderer Güter dienen, z. B. Maschinen, technische Anlagen und Fahrzeuge.

Isolationismus
Politische Tendenz, sich vom Ausland abzuschotten.

J

Jugendweihe

Die Jugendweihe ist eine Feier, die den Übergang vom Jugend- ins Erwachsenenalter kennzeichnen soll. Sie wurde erstmals 1852 erwähnt und von freireligiösen Gemeinden in Opposition zu den Kirchen entwickelt. Die Jugendweihe war früher vor allem eine Feier zur Schulentlassung. Deshalb erhielt man sie im Alter von 14 Jahren. Bei dieser Feier hielt u. a. eine Lehrkraft einen Vortrag über die freigeistige Weltanschauung und es wurde von den Jugendlichen ein Gelöbnis abgelegt. An diese Tradition knüpfte 1953 das Zentralkomitee der SED per Beschluss an. Die Jugendweihe wurde als Alternative zur Konfirmation und als staatssozialistisches Fest auch in der DDR eingeführt.

K

Kapitalismus/kapitalistisch

Eine Wirtschafts- und Gesellschaftsordnung. Die Produktionsmittel wie Maschinen, Anlagen, Fabrikhallen, Geld, Fahrzeuge usw. sind in diesem System im Besitz von Unternehmern. Der Staat schützt das Privateigentum, die Unternehmer können ohne staatliche Eingriffe weitgehend frei arbeiten und arbeiten lassen. Den Kapitalismus kennzeichnet das Streben nach Gewinn und der Gegensatz zwischen Unternehmern und lohnabhängig Beschäftigten.

Kapitulation, bedingungslose

Bedingungslose Aufgabe der Kampfhandlungen durch die deutsche Wehrmacht am 7.5.1945 in Reims und am 8./9.5.1945 in Berlin-Karlshorst

Kapp-Lüttwitz-Putsch

Gescheiterter Versuch von Freikorpssoldaten unter der Führung des Generals Walther von Lüttwitz und des Politikers Wolfgang Kapp am 13. März 1920 die vom Volk gewählte Regierung des Deutschen Reiches abzusetzen.

Koalition

Dies ist ein Bündnis von Parteien zum Zweck der Regierungsbildung.

Kollektivierung

Zusammenschluss von Bauern und Arbeitern in sozialistischen Regimen unter Aufsicht des Staates. In der DDR galt dies besonders in der Landwirtschaft, wo private landwirtschaftliche Betriebe in genossenschaftliche oder staatliche Betriebe (landwirtschaftliche Produktionsgenossenschaften) eingegliedert wurden.

Kolonie/Kolonialismus

Die Eroberung zumeist überseeischer Gebiete durch militärisch überlegene Staaten (vor allem Europas) seit dem Ende des 15. Jahrhunderts bezeichnet man als Kolonialismus. Die Kolonialmächte errichteten in den unterworfenen Ländern Handelsstützpunkte und Siedlungskolonien. Sie verfolgten vor allem wirtschaftliche und militärische Ziele. Ende des 19. Jahrhunderts kam es zu einer zweiten Welle des Kolonialismus, bei der nahezu der gesamte afrikanische Kontinent von den Kolonialmächten Europas „aufgeteilt" wurde.

Kommunismus

Dies ist die Bezeichnung für die weltweite politische Bewegung bzw. die seit der Oktoberrevolution 1917 in Russland an die Macht gekommene politische Herrschaftsform.

Konterrevolutionär

(hier) Gegen die (als revolutionär verstandene) sozialistische Gesellschaftsordnung gerichtet.

Konzentrationslager (KZ)

Internierungslager seit Beginn des 20. Jahrhunderts. Im nationalsozialistischen Deutschland Lager zur Ausschaltung politischer Gegner. Die Menschen in diesen Lagern mussten unter unmenschlichen Bedingungen leben und Zwangsarbeit leisten. Unzählige Menschen starben dabei, was auch beabsichtigt war. Ab 1941 entstanden – vor allem in Polen – Vernichtungslager, in denen Juden sowie Sinti und Roma systematisch ermordet wurden.

Koreakrieg

(1950–1953) 1948 überfielen Streitkräfte des kommunistischen Nordkoreas den Süden. Amerikanische Truppen eroberten Südkorea zurück. Der Koreakrieg gilt als eines der Beispiele für „Stellvertreterkriege": USA und Sowjetunion trugen ihre Gegensätze nicht offen in einem Krieg gegeneinander aus, sondern an anderen Schauplätzen durch andere Akteure.

Kreisauer Kreis

Seit 1940 kamen auf dem niederschlesischen Gut Kreisau Persönlichkeiten durchaus unterschiedlicher Weltanschauung zusammen. Sie einte das Ziel, dem NS-Unrechtsstaat eine neue humane Gesellschaftsordnung für die Nachkriegszeit entgegenzusetzen, die sich auf einen breiten gesellschaftlichen Konsens stützen sollte. Jede Form des politischen Extremismus galt ihnen als unzulässig. Zum Kreisauer Kreis gehörte zum Beispiel auch der hallesche Pädagogikprofessor Adolf Reichwein. 1944 schlossen sich die meisten Mitglieder der Gruppe des 20. Juli um Oberst von Stauffenberg an.

Kriegsanleihen

Langfristige Kredite, die die Bevölkerung eines Krieg führenden Staates ihrer Regierung zur Kriegsfinanzierung gibt.

Kriegskredite

Staatliche Kredite zur Finanzierung von Kriegskosten.

KSZE

Die Konferenz für Sicherheit und Zusammenarbeit in Europa (KSZE) war der Höhepunkt der Entspannungspolitik. In der KSZE-Schlussakte von Helsinki 1975 verpflichteten sich die Staaten aus West und Ost, die Grenzen anderer Staaten zu achten und Streitfälle friedlich zu lösen.

Kubakrise

(Oktober 1962 bis Januar 1963) Auslöser der Krise zwischen den USA und der UdSSR war die Stationierung nuklearer Mittelstreckenraketen der USA 1959 in der Türkei. Die Sowjetunion, die sich davon bedroht fühlte, begann 1962 mit der Stationierung sowjetischer Raketen auf Kuba und drohte bei einem US-Angriff auf die Insel mit einem Atomkrieg. US-Präsident Kennedy ordnete daraufhin eine Seeblockade Kubas an und erhöhte damit die Gefahr eines Atomkriegs. In Geheimverhandlungen wurde die Krise schließlich beigelegt.

L

Lastenausgleich

Er hat zum Ziel, Deutschen, die infolge des Zweiten Weltkriegs Vermögensschäden oder besondere andere Nachteile erlitten hatten, eine finanzielle Entschädigung zu gewähren.

M

Marshallplan

Dies bezeichnet ein auf den US-Außenminister George C. Marshall zurückgehendes amerikanisches Hilfsprogramm für Europa nach dem Zweiten Weltkrieg. Die Marshallplan-Hilfe war die Grundlage für die rasche Gesundung der Wirtschaft Westeuropas.

Migration

(lat.: Wanderung) Der Begriff bezeichnet Wanderungsbewegungen von Einzelnen und Gruppen über Staatsgrenzen und Kontinente hinweg mit einem dauerhaften Wohnungswechsel. Man unterscheidet Emigration = Auswanderung und Immigration = Einwanderung. Die Gründe für Migration sind schlechte Lebensbedingungen, Krieg, Verfolgung und Naturkatastrophen.

Militarismus

Als Militarismus bezeichnet man eine Politik der Hochrüstung eines Staates, z. B. Deutschlands, bei der alle anderen staatlichen Aufgaben zugunsten der Rüstungsausgaben zurückgestellt werden. Das militärische Denken bestimmt dann auch weitgehend die zivile Gesellschaftsordnung.

Mobilmachung/Mobilisierung

(frz. mobile = beweglich, marschbereit) Maßnahmen, durch die die Streitkräfte eines Landes für den Kriegseinsatz bereitgestellt werden, z. B. durch die Einberufung aller Wehrpflichtigen.

N

Nationale Front

Zusammenschluss der Parteien und Massenorganisationen in der DDR ab 1950. Durch sie sollten Parteien und Gewerkschaften Einfluss auf gesellschaftspolitische Prozesse nehmen können. Praktisch jedoch war die Nationale Front ein Mittel, um die Blockparteien und Massenorganisationen, wie z. B. Gewerkschaften, zu disziplinieren und die Vormachtstellung der SED im Staat zu festigen.

NATO

(engl. North Atlantic Treaty Organization, Organisation des Nordatlantikvertrags) Sie ist ein Verteidigungsbündnis von 32 europäischen und nordamerikanischen Mitgliedstaaten, das dem gemeinsamen Schutz der eigenen Territorien dient und darüber hinaus das Ziel weltweiter politischer Sicherheit und Stabilität verfolgt.

Notverordnungsrecht

Recht des Reichspräsidenten, ohne Einwilligung des Parlaments Regierungsverordnungen mit Gesetzeskraft zu erlassen, die einzelne Grundrechte vorübergehend außer Kraft setzen können. Der spätere Reichspräsident Hindenburg nutzte dieses Instrument intensiv. Er erließ Gesetze über Notverordnungen, löste den Reichstag auf, ernannte und entließ eigenmächtig Regierungen – zuletzt die Hitler-Regierung.

Novemberpogrom

Bezeichnung für das geplante, organisierte und gewalttätige Vorgehen gegen Juden, jüdische Geschäfte und Betriebe, Synagogen, Bethäuser und andere jüdische Einrichtungen im gesamten Gebiet des damaligen Großdeutschen Reiches am 9./10. November 1938.

Nürnberger Gesetze

Mit diesen Gesetzen vom 15. September 1935 stellten die Nationalsozialisten ihre antisemitische und rassistische Ideologie auf eine juristische Grundlage. Ziel der Gesetze war die Ausgrenzung von Deutschen und anderen Einwohnern Deutschlands, die aus Sicht der Nationalsozialisten „rassisch" nicht zur „Volksgemeinschaft" gehörten. Betroffen waren Menschen, die als Juden, „Zigeuner" oder Schwarze kategorisiert wurden, sowie deren Angehörige.

O

Oder-Neiße-Linie

Dies ist die überwiegend entlang der Flüsse Oder und Neiße verlaufende Grenze zwischen Deutschland und Polen. Der Grenzverlauf zwischen dem besiegten Deutschland und der Volksrepublik Polen wurde durch die Oder-Neiße-Linie im Rahmen des Potsdamer Abkommens am 2.8.1945 vorbehaltlich des Abschlusses einer endgültigen Friedensregelung festgelegt. Hierdurch wurde etwa ein Viertel des deutschen Staatsgebietes in den Grenzen von 1937 abgetrennt und unter vorläufige polnische bzw. sowjetische Verwaltung gestellt. 1990 wurde im Zwei-plus-vier-Vertrag die Oder-Neiße-Linie als endgültige Grenze zwischen Deutschland und Polen festgelegt.

OHL

Oberste Heeresleitung im Ersten Weltkrieg (Kaiser Wilhelm II., Hindenburg, Ludendorff).

P

PDS
(= Partei des Demokratischen Sozialismus)
Die Partei ging aus der DDR-Einheits-
partei SED hervor.

Perestroika
(russ.) Der Begriff bedeutet Umbau,
Umbildung des politischen und wirtschaftlichen Systems. Im Rahmen der
Reformpolitik Gorbatschows ab 1985 war
„Perestroika" als Modernisierung der
politischen und wirtschaftlichen Institutionen in der Sowjetunion gedacht.

„Persilschein"
Dies bedeutet ein Entlastungszeugnis. Der
Empfänger bekommt damit eine – im
übertragenen Sinne – „weiße Weste" und
wird von Schuld freigesprochen. Die ironi-
sche Bezeichnung zeigt, dass nicht alle
Zeugnisse dieser Art auch zwangsläufig
wahr gewesen sein müssen.

Pogrom
Ausschreitungen und gewaltsame Verfolgung aus religiösen oder in Vorurteilen
begründeten Absichten.

Politbüro
Ein Politbüro ist das oberste politische
Führungsorgan einer kommunistischen
Partei.

Potsdamer Konferenz
Auf der Potsdamer Konferenz vom 17. Juli
bis zum 2. August 1945 berieten die USA,
Großbritannien und die Sowjetunion über
die Nachkriegsordnung für Deutschland
und Europa.

Prager Frühling
Bezeichnung für das Streben der tschechoslowakischen Kommunistischen Partei
unter Alexander Dubček im Frühjahr
1968, ein Liberalisierungs- und Demo-
kratisierungsprogramm durchzusetzen.

Propaganda
Die systematische Verbreitung politischer
oder weltanschaulicher Ideen und Meinungen mithilfe von Großveranstaltungen,
Presse, Film, Theater, Rundfunk usw. zur
gezielten Beeinflussung des allgemeinen
Bewusstseins. Die Nationalsozialisten
richteten dafür ein Ministerium mit Joseph
Goebbels als Propagandaminister ein,
das allein diesem Zweck dienen sollte.

Protektorat
Ein unter Schutzherrschaft stehendes
Gebiet. Der Begriff ist in der Geschichte
nicht selten zur Beschönigung der Machtausweitung von Staaten auf international
umstrittene Territorien verwendet worden.

R

Rassismus
Weltanschauung, die Menschen hauptsächlich nach äußerlichen Merkmalen
ausgrenzt.

Rechtsextremismus
Der Rechtsextremismus ist geprägt durch
ultranationalistische, faschistische, neona-
zistische oder neofaschistische politische
Ideologien und Aktivitäten.

Reparationen
Zahlungen Deutschlands an die Sieger-
mächte, mit denen Deutschland für die
durch seine Aggression verursachten
Zerstörungen und Kosten des Ersten
Weltkriegs aufkommen sollte.

Die Rote Kapelle
Kommunistische Spionage- und Wider-
standsorganisation, die 1941/42 besonders
in Berlin und Hamburg aktiv war. Die
Rote Kapelle arbeitete unabhängig von der
KPD, gehörte aber zum internationalen
sowjetischen Spionagenetz. In dieser
Funktion sammelten einige Mitglieder
militärische Nachrichten und leiteten sie
an die Sowjetunion weiter.

Runder Tisch
Vom 8.12.1989 bis zum 29.3.1990 tagte
der „Runde Tisch" als durch die Revolution
legitimierte Mitentscheidungsinstanz
neben Regierung und Volkskammer.
Teilnehmer waren jeweils zwei bis drei
Vertreter aller Blockparteien, der neuen
Oppositionsparteien und -gruppen sowie
der Regierung und den beiden großen
Kirchen.

S

SA
Die „Sturmabteilung" war die uniformierte
Kampf- und Propagandatruppe der
NSDAP. Sie wurde vor allem bei Saal- und
Straßenschlachten gegen Kommunisten
eingesetzt und ging mit äußerster Brutali-
tät gegen Gegner der NSDAP vor.

Shoah
Shoah bedeutet so viel wie „Untergang",
„Katastrophe". Ebenso wie „Holocaust"
wird Shoah zur Bezeichnung der Massenvernichtung der europäischen Jüdinnen
und Juden während der nationalsozialistischen Herrschaft verwendet.

Sinti und Roma
Sammelbezeichnung für weltweit verbreitete Minderheitsgruppen, deren kulturelle
Zusammengehörigkeit vor allem in ihrer
Sprache, dem Romani, liegt. Die Sinti bilden dabei die mitteleuropäische Gruppe,
die Roma entstammen im Wesentlichen
dem außerdeutschen Sprachraum. Unter
den Nationalsozialisten von Beginn an als
„Zigeuner" verfolgt, war das Zentrum des
späteren Völkermords an den Sinti und
Roma vor allem Auschwitz.

Solidarność
Unabhängige polnische Gewerkschaft
(„Solidarität"), die 1980 aus einer Streik-
bewegung heraus entstand und an der
Revolution und Reform 1989 entscheidend
mitwirkte.

Sowjetische Militäradministration in Deutschland (SMAD)
Sie war nach dem Zweiten Weltkrieg die oberste Besatzungsbehörde und die eigentliche Regierung in der sowjetischen Besatzungszone (SBZ) von Juni 1945 bis Oktober 1949.

Spanische Grippe
Influenzapandemie, die durch einen Influenzavirus verursacht wurde, sich zwischen 1918 und 1920 in der ganzen Welt verbreitete und zwischen 20 Millionen und 100 Millionen Menschenleben forderte.

Spartakusbund
Von der SPD und der USPD abgespaltene Gruppe um Karl Liebknecht und Rosa Luxemburg.

SS
Abkürzung für „Schutzstaffel". Kampfverband der NSDAP und ab 1934 Hauptträger des nationalsozialistischen Terrors nach innen und außen.

Staatsdoktrin
(lat. doctrina = Lehre) Bezeichnet eine politische Leitlinie einer Regierung.

Stalinallee
Es handelt sich um ein großes Projekt zur Schaffung von Wohnraum in den Bezirken Mitte und Friedrichhain in Ostberlin, das in den 1950er-Jahren begann. Die Bauten wurden entlang der Stalinallee errichtet, benannt nach dem damaligen Diktator der Sowjetunion, Josef W. Stalin. Die Straße wurde nach seinem Tod in „Karl-Marx-Allee" und ein anderer Teil in „Frankfurter Allee" umbenannt.

Stalingrad
Russische Stadt an der Wolga. In der Schlacht von Stalingrad im Winter 1942/43 wurde die deutsche 6. Armee vernichtet. Die Schlacht gilt als psychologischer Wendepunkt des Zweiten Weltkriegs.

Stasi
Abkürzung für Staatssicherheitsdienst. Dies bezeichnete den Apparat der Geheimpolizei (MfS = Ministerium für Staatssicherheit) in der DDR.

Stellungskrieg
Im Unterschied zum Bewegungskrieg, in dem die Front immer weiter nach vorne verschoben wird, erstarrt sie im Stellungskrieg. Im Ersten Weltkrieg geschah dies vor allem an der Westfront: An der Somme, bei Verdun und Ypern tobte jahrelang ein verlustreicher, aber ergebnisloser Kampf zwischen den gegnerischen Grabenstellungen. Über Jahre hinweg konnten beide Seiten nur kurzzeitig und geringfügig die Front zu ihren Gunsten verschieben.

Stellvertreterkrieg
Mit diesem Begriff bezeichnet man eine kriegerische Auseinandersetzung während des Kalten Krieges, die nicht direkt zwischen den beiden Supermächten USA und Sowjetunion ausgetragen wurde, sondern über Drittländer, die als „Stellvertreter" fungierten und auf deren Territorium die Auseinandersetzungen stattfanden. Die Großmächte unterstützten dabei indirekt durch z. B. Waffenlieferungen, Geld oder aber direkt durch den Einsatz eigener Soldaten.

Supermacht
Dies ist ein Staat, der aufgrund seiner militärischen und wirtschaftlichen Stärke weltweiten Einfluss hat und globale Entwicklungen bestimmen kann. Die Phase des Kalten Krieges nach dem Zweiten Weltkrieg wurde von den Supermächten USA und Sowjetunion bestimmt.

U

Unabhängige Sozialdemokraten
Unabhängige Sozialdemokratische Partei (USPD), von 1917 bis 1931 bestehende sozialistische Partei, die in der Endphase des Kaiserreichs und den ersten drei Jahren der Weimarer Republik ihren größten Einfluss hatte.

UN-Charta
Die Charta ist eine Art Verfassung.

V

VEB
Dies ist die Abkürzung für „Volkseigener Betrieb" und bezeichnete Arbeits- und Werkstätten in der DDR. Die Abkürzung kennzeichnete den Betrieb als Staatseigentum – im Unterschied zu den sehr wenig bis kaum vorhandenen Arbeitsstätten in privater Hand.

Vierjahresplan
Festlegung der wirtschaftlichen Ziele Investitionen, Ausrichtung, Betriebs- und Produktionszahlen für einen Zeitraum von vier Jahren im Voraus.

Völkerbund
Die erste weltweite Organisation zur Erhaltung des Weltfriedens. Sie wurde am 10. Januar 1920 auf der Versailler Friedenskonferenz auf Initiative des amerikanischen Präsidenten Wilson gegründet. Der Völkerbund konnte aber nicht den Zweiten Weltkrieg (1939–45) verhindern. Nach der Gründung der UNO wurde er 1946 aufgelöst.

Volksaufstand
Dies ist eine allgemeine Bezeichnung für eine gewaltsame Rebellion von Teilen der Bevölkerung gegen die Staatsgewalt. Die Proteste, Streiks und Demonstrationen von Arbeitern gegen die erhöhten Arbeitsnormen, die sich zu einem landesweiten Aufstand gegen das DDR-Regime ausweiteten und vom sowjetischen Militär niedergeschlagen wurde, werden als Volksaufstand am 17. Juni 1953 bezeichnet.

Volksdemokratie
Staatsform kommunistischer Länder, bei der die gesamte Staatsmacht in den Händen der Kommunistischen Partei liegt.

Volksgemeinschaft
Im Nationalsozialismus war die „Volksgemeinschaft" eine Gemeinschaft der deutschen „Volksgenossen" unter Ausschluss der als minderwertig geltenden „Rassen", insbesondere der Juden.

W

Wannsee-Konferenz
Unter der Leitung Reinhard Heydrichs wurde am Großen Wannsee in Berlin durch Vertreter verschiedener Amtsstellen die konkrete Organisation des Völkermords an den Juden geplant.

Warschauer Pakt
Der Warschauer Pakt ist der 1955 erfolgte Zusammenschluss von sieben Staaten des Ostblocks zu einem Militärbündnis unter sowjetischer Führung.

Wende
Friedliche Revolution in der DDR, die 1989 die Herrschaft der SED beendete.

Westorientierung
Auch Westintegration oder Westbindung: die Einbindung der 1949 als westlicher deutscher Teilstaat gegründeten Bundesrepublik in Verträge mit den westlichen Staaten.

Widerstand gegen Hitler
Widerstand von Einzelpersonen, Gruppen und Institutionen, der im Gebiet des NS-Staates und in den von der Wehrmacht besetzten Staaten gegen das NS-Regime geleistet wurde.

Wilsons 14 Punkte
Das 14-Punkte-Programm war ein Plan zur Friedensordnung nach dem Ersten Weltkrieg, der vom amerikanischen Präsidenten Woodrow Wilson im Januar 1918 vorgestellt wurde. Es sollte Wohlstand und Frieden in Europa sichern.

Wirtschaftswunder
Dies bezeichnet den sprunghaften wirtschaftlichen Aufstieg in der Bundesrepublik in den 1950er-Jahren, der zu steigendem Lebensstandard und Massenkonsum führte.

Z

Zentralkomitee der SED
Dies war das höchste Entscheidungsgremium der DDR. Alle damaligen kommunistischen Staaten hatten ein Zentralkomitee.

Zentrum
Partei, die im Kaiserreich und in der Weimarer Republik im Wesentlichen die Interessen der Katholiken vertrat.

„Zersetzungsmaßnahmen"
Unter „Zersetzungsmaßnahmen" versteht man eine Technik zur Bekämpfung von politischen Gegnern. Psychologische Maßnahmen dienten dazu, Gegner vor ihrer Umgebung unmöglich zu machen (z. B. durch Rufmord) und sie zu zermürben.

Zwangsarbeit
Zwangsweise zur Arbeit nach Deutschland verbrachte Menschen aus den von Deutschen besetzten Gebieten im Zweiten Weltkrieg.

Zwei-plus-vier-Vertrag
Dies ist ein Staatsvertrag zwischen der Bundesrepublik Deutschland und der DDR einerseits sowie Frankreich, der Sowjetunion, Großbritannien und den USA andererseits. Er machte den Weg für die Wiedervereinigung Deutschlands frei.

1. Charakter und Folgen des Ersten Weltkriegs

S. 16 Q1: Bertha von Suttner: Die Waffen nieder!. E. Pierson's Verlag, Dresden/Leipzig 1899, Bd. 2, S. 63, gekürzt. **S. 17:** Zitat https://www.sueddeutsche.de/politik/pazifistin-bertha-von-suttner-kampf-gegen-krieg-1.2006131; **S. 19 M1:** Fritz Fischer: Griff nach der Weltmacht, Düsseldorf (Droste) 1961, erweitert 1964, S. 97, Auszug. **S. 19 M2:** Christopher Clark: Die Schlafwandler. Wie Europa in den Ersten Weltkrieg zog. Aus dem Englischen von Norbert Juraschitz. München (Deutsche Verlags-Anstalt) 2013, S. 716–717, gekürzt. **S. 21 Q1:** Zit. n.: Ernst Rudolf Huber (Hg.): Dokumente zur deutschen Verfassungsgeschichte, Bd. 2, Stuttgart (Kohlhammer) 1961, S. 455, gekürzt. **S. 21 Q2:** Verhandlungen des Reichstags, XIII. Legislaturperiode, II. Session, Stenographische Berichte, Bd. 306, Sitzung vom 4.8.1914, Berlin 1916, S. 8, Auszug. **S. 25 Q1:** Eduard Schneegans: Briefe eines Soldaten, Zürich (Raschert) 1918, S. 151ff.; 235, gekürzt. **S. 25 Q2:** Brief von Anton Staiger, in: Witkop, Philipp: Kriegsbriefe gefallener Studenten, München (Georg Müller) 1928, S. 238, Auszug. **S. 27 Q1:** Zit. n.: Elfriede Kuhr, in: … da gibt's ein Wiedersehen! Kriegstagebuch eines Mädchens 1914–1918, hg. v. Jo Mihaly, Freiburg (Kerle) 1964, S. 216. **S. 27 M1:** Volker Ullrich, Kriegsalltag, in: Wolfgang Michalka, Der Erste Weltkrieg, München: Piper 1994, S. 610, gekürzt. **S. 31 Q1:** Feldpostkarte, die während des Ersten Weltkriegs verfasst wurde. Die genaue Quelle ist eine Postkarte aus Somme-Py (Champagne, Frankreich), die als Feldpost verschickt wurde. **S. 33 Q1:** Herbert Schambeck, Helmut Widder Marcus Bergmann (Hg.): Dokumente zur Geschichte der Vereinigten Staaten von Amerika. 2., erweiterte Auflage, Berlin (Duncker & Humblot) 2007, S. 438–440, gekürzt. **S. 35 Q1:** Zit. n.: Gerhard. A. Ritter, Susanne Miller (Hg.): Die deutsche Revolution 1918–1919, Dokumente, Hamburg (Hoffmann & Campe) 1975, S. 77 f., gekürzt. **S. 37 Q1:** Zit. n.: https://www.wilpf.org/wilpf_statements/press-release-zurich-forpeace-100-years-womens-peace-conference (Zugriff: 9.9.2019); **S. 39 Q1:** Herbert Michaelis, Ernst Schraepler (Hg.): Ursachen und Folgen, Bd. 2: Der militärische Zusammenbruch. Berlin (Wendler) 1959, S. 405, Auszug. **S. 39 Q2:** Günther Schönbrunn: Weltkriege und Revolutionen 1914–1945, Geschichte in Quellen, Bd. 6, hg. v. Wolfgang Lautemann und Manfred Schlenke, München (bsv) 1979, 126f. u. 128f., gekürzt. **S. 39 Q3:** Aus: Robert Lansing: „The Peace Negotiations: A Personal Narrative", 1921; **S. 41 Q1:** Emil Julius Gumbel. Vier Jahre politischer Mord, Reprint der Originalausgabe von 1922, Heidelberg (Das Wunderhorn) 1980, S. 81, gekürzt. **S. 43 Q1:** Zit. n.: http://www.documentarchiv.de/wr/wrv.html (Stand: 14.1.2014). **S. 47 Q1:** Tony Judt, Geschichte Europas von 1945 bis zur Gegenwart, München/Wien (Hanser) 2006, S. 930; **S. 49 M1a:** Friedrich von Bernardi, Deutschland und der nächste Krieg, Stuttgart und Berlin (Cottasche Buchhandlung) 1912, S. 11. F. **S. 49 M1b:** Zit. n. Pazifismus in Deutschland. Dokumente zur Friedensbewegung 1890–1939, hg. von Wolfgang Benz, Frankfurt/Main (Fischer) 1988, S. 91 f.

2. Herrschaft und Alltag in der nationalsozialistischen Diktatur

S. 57 Q1: Otto Wels zit. n.: Wolfgang Michalka (Hg.), Das Dritte Reich, Bd. 1, München (dtv) 1985, S. 33 ff., gekürzt. **S. 59 Q1:** Adolf Hitler vor Kreisleitern auf der „Ordensburg" Sonthofen (1937), in: Dem Krieg entgegen: Orig.-Aufnahmen aus d. Jahren 1934–1939, hg. v. Horst Siebecke, ausgew. u. komm. v. Karl Otmar Frhr. von Aretin u. Mitarb. von Horst Siebecke, Frankfurt a. M.; Berlin; München (Diesterweg) 3. Aufl. 1972. S. 5. **S. 59 Q2:** Adolf Hitler, Mein Kampf, Franz Eher Nachfolger, München 1942, S. 69 f. **S. 59 Q3:** Adolf Hitler: Mein Kampf., München (Eher) 1936, S. 736, gekürzt. **S. 61 Q1:** Heinrich Claß (Daniel Frymann): Wenn ich der Kaiser wär. Politische Wahrheiten und Notwendigkeiten, 1912. **S. 61 Q2:** Adolf Hitler: Mein Kampf., München (Eher) 1936, S. 736, gekürzt. **S. 63 Q1:** Werner Willikens zit. n.: Ian Kershaw: Hitler. 1989–1936, übersetzt von Jörg W. Rademacher und Jürgen Peter Krause, Frankfurt a.M. und Wien (Lizenzausgabe für die Büchergilde Gutenberg) 1999, S. 665, gekürzt. **S. 63 M1:** Rüdiger Hachtmann zit. n.: Der prekäre Staat. Herrschen und Verwalten im Nationalsozialismus, hg. v. Sven Reichardt und Wolfgang Seibel, Frankfurt a.M. (Campus Verlag) 2011, S. 51, gekürzt. **S. 67 Q1:** Hans Jürgen Massaquoi, „Neger, Neger, Schornsteinfeger!": meine Kindheit in Deutschland, München (Scherz) 1999, S. 129ff., gekürzt. **S. 67 Q2:** Göttinger Tageblatt vom 4./5.11. 1933, S. 4, zit. n.: Thomas Berger: Lebenssituationen unter der Herrschaft des Nationalsozialismus, Frankfurt a. M. (Hirschgraben) 1981, S. 53, gekürzt. **S. 67 Q3:** Deutschlandberichte der Sozialdemokratischen Partei Deutschlands (Sopade) 1934–1940, hg. im Auftr. d. Exilvorstandes d. SPD, 3. Jahrgang, 1936, Salzhausen u. a. (Nettelbeck u. a.) 1980, S. 881, gekürzt. **S. 68 Q1:** Joseph Goebbels, zit. n. Thomas Lange und Gerd Steffens: Der Nationalsozialismus, Schwalbach/Ts. (Wochenschau Verlag) 2009, S. 127f., gekürzt. **S. 69 Q2:** Göttinger Tageblatt vom 11./12.11.1933, S. 4, zit. n..: Thomas Berger: Lebenssituationen unter der Herrschaft des Nationalsozialismus, Frankfurt a. M. (Hirschgraben) 1981 S. 70, gekürzt. **S. 69 Q3:** Zit. n.: Karl Löwith: Mein Leben in Deutschland vor und nach 1933. Ein Bericht. Frankfurt (Fischer) 1989, S. 128f. **S. 71 Q1:** Zit. n. Hanna Elling, Frauen im deutschen Widerstand 1933–1945, Frankfurt/M. (Röderberg) 1989, S. 335, gekürzt. **S. 71 Q2:** Hans Beimler, zit. n.: Karl Filser und Hans Thieme (Hg.): Hakenkreuz und Zirbelnuss. Augsburg im Dritten Reich. Augsburg (Himmer) 1983. S. 48, gekürzt. **S. 73 Q1:** Zit. n. Arno Klönne: Jugend im Dritten Reich: Die Hitler-Jugend und ihre Gegner. Dokumente und Analysen. Düsseldorf/Köln (Diederichs) 1982, S. 138ff., gekürzt. **S. 73 Q2:** Gisela Richter, zit. n. https://www.dhm.de/lemo/zeitzeugen/gisela-richter- das-bdm-m%C3%A4dchen-gisela (abger. 08.10.2021), gekürzt. **S. 75 Q1:** Adolf Hitler, zit. n.: Max Domarus: Hitler. Reden und Proklamationen 1932–1945, kommentiert von einem deutschen Zeitgenossen. Würzburg (Selbstverlag) 1962/63. S. 150. **S. 77 Q1:** Reichsbürgergesetz und Gesetz zum Schutze des deutschen Blutes und der deutschen Ehre, 15. September 1935, und die beiden ersten Ausführungsbestimmungen, 14. November 1935, zit. n.: https://www.1000dokumente.de/index.html? c=dokument_de&dokument=0007_nue&object= translation&l=de (abger.: 07.10.2021), gekürzt. **S. 79 Q1:** Arno Hamburger: Die Pogromnacht vom 9. auf den 10. November 1938 in Nürnberg, zit. n. Jörg Wollenberg (Hg.): „Niemand war dabei und keiner hat's gewusst." Die deutsche Öffentlichkeit und die Judenverfolgung 1933–1945. München/Zürich (Piper) 1989, S. 22f., gekürzt. **S. 79 Q2:** Eve Kugler – Erinnerungen an das Grauen vom 9. November, in: Deutschlandradio 2023 https://www.deutschlandfunk.de/reichspogromnacht-eve-kugler-erinnerungen-an-das-grauen-vom-100.html (Zugriff: 9.12.2023) **S. 81 M1:** Autorentext Caroline Heber; **S. 85 Q1:** Romani Rose (Hg.): „Den Rauch hatten wir täglich vor Augen". Der nationalsozialistische Völkermord an den Sinti und Roma. Katalog zur ständigen Ausstellung im Dokumentations- und Kulturzentrum Deutscher Sinti und Roma. Heidelberg (Wunderhorn) 1999, Anhang 231, S. 64 ff., gekürzt. **S. 87 Q1:** Zit. n.: Robert W. Kempner, Eichmann und Komplizen, Zürich u. a. (Europa-Verlag) 1961, in: Léon Poliakov u. Josef Wulf, Das Dritte Reich und die Juden, unv. Nachdr. Berlin (Arani- Verlag), 1983, S. 116ff., gekürzt. **S. 89 Q1:** Rudolf Höß, zit. n. Martin Broszat (Hg.): Kommandant in Auschwitz. Autobiografische Aufzeichnungen des Rudolf Höß, München (dtv) 1963, S. 170 f. **S. 91 M1:** Stiftung Gedenkstätten Sachsen-Anhalt, 2017, www.stgs.sachsen-anhalt.de (Zugriff: 21.12.23); **S. 93 Q1:** Zit. n.: Heribert Schwan/Helgard Henrichs, Der SS-Mann. Josef Blösche – Leben und Sterben eines Mörders, München (Droemer) 2003, S. 99; **S. 93 M1:** Daniel Jonah Goldhagens: Hitlers willige Vollstrecker: Ganz gewöhnliche Deutsche und der Holocaust, München (Pantheon) 2012, 2. Edition. o. S. **S. 95 Q1:** Georg Elser, zit. n.: Peter Steinbach, Johannes Tuchel: Georg Elser, Berlin (Bebra Wissenschaft) 2008, S. 195f., gekürzt. **S. 95 Q2:** Zit. n. Hofer, Walter (Hg.): Der Nationalsozialismus. Dokumente 1933– 1945, Frankfurt a. M. (Fischer) 1982 S. 328 f., gekürzt. **S. 96 Q1:** Zit. n: Bodo Scheurig (Hg.): Deutscher Widerstand 1938–1944. Fortschritt oder Reaktion? München (dtv) 1984, S. 280 f., gekürzt. **S. 97:** Zitat Marianne Meyer-Krahmer: Carl Friedrich Goerdeler – Ein Oberbürgermeister gegen Hitler, Freiburg Br. (Herder TB), 1989, S. 109. **S. 98 Q1:** Meier-Benneckenstein, Paul (Hrsg.), Dokumente der deutschen Politik, 2. Aufl., 7 Bde. in 9 Teilen, Berlin (Junker & Dünnhaupt) 1937, o. S. – S. 72; **S. 101 Q1:** DGDB, Deutschland unter der Herrschaft des Nationalsozialismus (1933-1945), https://ghdi.ghi; **S. 104 Q1:** www.antusch.eu/einleitung, 14. 4. 2010 (Autor: Mathias Antusch); **S. 105 Q2:** Stephan, Heinz, Die Beteiligung der Aktionäre des Zeiss-Ikon-Konzerns an der Ausbeutung und Misshandlung ausländischer Arbeiter, Dresden 1971, S. 11; **S. 105 Q3:** Sächsisches Verwaltungsblatt, Teil 1, Versorgungsblatt Nr. 471(1943 (31.8.1943), S. 147; **S. 106 Q1:** Esser, Brigitte; Venhoff, Michael (Hrsg.), Chronik des Zweiten Weltkrieges, Gütersloh (Bertelsmann) 1994, S. 223; **S. 107 Q2:** Museum Haus Hansestadt Danzig, Lübeck/ Signatur 1.12.057, http://www.bkge.de/Projekte/Zeitzeugenberichte/Repertorium/Institutionen/3646-Museum-Haus-Hansestadt-Danzig.html (Stand: 27.9.2021); **S. 111 M1:** Esther Dischereit, Juden in Deutschland und Mitteuropa nach 1945, kinofenster.de, Bundeszentrale für politische Bildung, 2006, https://www.kinofenster.de/filme/archiv-film-des-monats/kf0501/juden_in_deutschland_und_mitteuropa_nach_1945/ (Zugriff: 113.2024); **S. 113 M1:** Marwin, Hasserfüllte und menschenverachtende Zitate der AfD, 2.2.2024, https://jugendstrategie.de/hasserfuellte-und-menschenverachten-de-zitate-der-afd/ (Zugriff: 13.3.2024); **S. 113 M2:** Decker, Oliver; Brähler, Elmar, Vom Rand zur Mitte, Bonn (Friedrich-Ebert-Stiftung) 2006, o. S. **S. 115 M1:** Süddeutsche Zeitung Nr. 65, 19./20.3.1983, zit. n.: Geschichte für morgen, Ausgabe für Hauptschulen Baden-Württemberg, 9. Schuljahr, Frankfurt a. M. (Hirschgraben) 1986, S. 73. **S. 115 Q1:** Joseph Goebbels, zit. Rainer F. Schmidt: Die Außenpolitik des Dritten Reiches 1933–1939, Stuttgart (Klett-Cotta), o. S., gekürzt.

3. Deutsch-deutsche Verflechtungen

S. 123 M1: Stadt Waldheim, Die Waldheimer Prozesse, in: https://www.stadt-waldheim.de/lebenin- waldheim/ueber-die-stadt/waldheimer-prozesse (abger.: 13.10.2022), gekürzt. **S. 125 Q1:** http://www.verfassungen.de/ddr/laenderaufloesungsgesetz52. htm, Auszug. **S. 126 Q1:** Lucius D. Clay, Entscheidung in Deutschland, übers. v. A. Langens, Frankfurt/M. (Verl. d. Frankfurter Hefte) 1950, S. 400, Auszug. **S. 126 Q2:** Zit. n.: https://www.berlin.de/berlin-imueberblick/ geschichte/artikel.453082.php (abger. 23.9.2022)., Auszug; **S. 129 Q1** Zit. n.: James F. Byrnes: https://www.lpbbw. de/byrnes-rede#c64015 (abger. 23.09.2022), gekürzt. **S. 129 Q2:** Karl Berbuer: https://www.lyrix.at/t/karlberbuer- trizonesien-song-c5f (abger. 23.09.2022), Auszug. **S. 131:** Zitat: https://jurios. de/2021/08/31/drei-historische-juristinnen-die-in-deutschland-rechtsgeschichte-schrieben-teil-1/ **S. 133 Q1:** Nevzat Üstün, „… Was die Deutschen wollten …, in: Aytac Eryilmaz/Mathilde Jamin (Hg), Fremde Heimat. Eine Geschichte der Einwanderung aus der Türkei, Essen (Klartext-Verlag) 1998. S. 68, gekürzt. **S. 135 Q1:** Adenauer, Konrad, Erinnerungen 1945–1953, Frankfurt/M. (S. Fischer) 1967, S. 234 f. – S. 110; **S. 137 M1:** Otto Grotewohl, Im Kampf um die einige Deutsche Demokratische Republik, Reden und Aufsätze, Bd. 1: 1945–1949, Berlin (Dietz Verlag) 1954, S. 521 ff. ✳ **S. 139 Q1:** Zit. n.: Naimark Norman N./Seebohm, Hans-Ulrich (Übers.), Die Russen in Deutschland. Die sowjetische Besatzungszone 1945– 1989, Berlin (Propyläen) 1997, S. 39; **S. 139 Q2:** Geschichte in Quellen, Bd. 7, Die Welt seit 1945, Wolfgang Lautemann/Manfred Schlenke (Hg.), München (bsv) 1975, S. 293 ff. **S. 141 M1:** Zit. n.: Robert Rückel (Hg), DDR-Führer: Reise in einen vergangenen Staat, Berlin (DDR-Museum-Verlag) 2012. S. 41 f., gekürzt. **S. 141 M2:** Günter Sieber, in: Wolfgang Kenntemich/Manfred Durmiok,/ Thomas Karlauf (Hg), Das war die DDR. Eine Geschichte des anderen Deutschland, Berlin (Rowohlt) 1993. S. 81, gekürzt. **S. 143 Q1:** Gesetzblatt der DDR 1955 S. 918; https://www.verfassungen.de/de45-49/freundschaftsvertragddrsu55.htm#:~:text=In%20Überein-stimmung%20hiermit%20ist%20die,der%20Beziehungen%20zu%20anderen%20Staaten (Zugriff: 22.3.2024); **S. 145 Q1** Zit. n.: Clemens Vollnhans/Jürgen Weber (Hg.), Der Schein der Normalität. Alltag und Herrschaft in der SED-Diktatur, München (Olzog) 2001, Seite 378 ff., gekürzt. **S. 149 Q1:** Fritz Schenk, Im Vorzimmer der Diktatur, Köln (Kiepenheuer & Witsch) 1962, S. 199, gekürzt. **S. 149 Q2:** Die Verbrechen der westberliner Provokateure, in: „Neues Deutschland" vom 18.6.1953, gekürzt. **S. 150 M1:** Jürgen Rühle und Gunter Holzweißig: Der 13. August. Die Mauer von Berlin, 3. Auflage, Köln (Wissenschaft und Politik) 1988, S. 154; **S. 150 Q1:** Walter Ulbricht, Pressekonferenz 15.06.1961 Ostberlin, zit. n. https://www.chronikder- mauer.de/material/178773/internationa-lepressekonferenz- des-staatsrats-vorsitzenden-derddr- walter-ul-bricht-in-ostberlin-15-juni-1961 (abger. 23.9.2022), Auszug. **S. 153 Q1:** Bericht vom Januar 2007, Verfasser unbenannt; https://www.grenzerinnerungen.de/grenzerlebnis/eckertalsperre-1967 (Zugriff: 26.3.2024); **S. 153 Q2** Zit. n.: Die Volksarmee, 1963/Nr. 41; **S. 157 M1:** Zit. n.: Geo Epoche. Das Magazin für Geschichte, Nr. 64: Die DDR. Alltag im Arbeiter- und Bauern-Staat 7949-1990, Hamburg (Gruner+Jahr) 2014, S. 760. **S. 159 Q1:** Zit. n.: Deutsche Geschichte in Quellen und Darstellung, Bd. 11: Bundesrepublik und DDR 1969–1990, hg. v. Dieter Grosser, Stuttgart (Reclam) 1996, S. 323, gekürzt. **S. 159 Q2:** „Das Aufatmen ist buchstäblich durch das ganze Land zu hören", Frankfurter Allgemeine Zeitung, 1.11.1989, Monika Zimmermann, Auszug. **S. 160 Q1:** Zit. n.: Wolfgang Schneider, Leipziger Demontagebuch, Leipzig/Weimar (Kiepenheuer) 1990, S. 7, gekürzt. **S. 161 Q2:** https://www.magdeburg-kompakt.de/index.php/zeitgeschehen-56/gedanken-spaziergaenge-im-park-der-neunte-oktober-3726.html; **S. 161 Q3:** Zit. n.: https://www.dhm.de/archiv/ ausstellungen/4november1989/htmrede.html (abger. 12.5.2022). **S. 163 Q1:** Neues Deutschland, 9.11.1989; **S. 163 Q3:** Erinnerungen von Annemarie Reffert auf einer Infotafel in der Gedenkstätte Marienborn

4. Das Jahr 1945

S. 173 Q1: Truman, Harry S., zit. n.: Lautemann, Wolfgang (Hrsg.): Geschichte in Quellen, Bd. 6, München (BSV) 1980, S. 78; **S. 175 Q1:** Kocka, Jürgen (Hrsg.): Arbeitsverhältnisse und Arbeiterexistenzen. Grundlagen der Klassenbildung im 19. und 20. Jahrhundert, Bonn (Dietz) 1990, o. S.; **S. 177:** Zitat: Wolfgang Borchert, Das Gesamtwerk, herausgegeben von Michael Töteberg unter Mitarbeit von Irmgard Schindler, Rowohlt Verlag GmbH, Reinbek bei Hamburg 2007. **S. 179 Q1:** Zit. n.: Dokumentation der Vertreibung der Deutschen aus Ost-Mitteleuropa, hg. v. Bundesministerium für Vertriebene, Flüchtlinge und Kriegsgeschädigte, Band 4: Die Vertreibung der deutschen Bevölkerung aus der Tschechoslowakei, Bonn (Bundesministerium f. Vertriebene) 1957, S. 327, gekürzt. **S. 179 Q2:** Gudrun Pausewang, Rosinkawiese – damals und heute, München (dtv) 2004, S. 209, Auszug. **S. 183 Q1:** Auszug. aus der amtl. Verlautbarung über die Konferenz von Potsdam, 2.8.1945, Amtsblatt des Kontrollrats, Berlin 1945, S. 13ff. zit. n. Hans-Jörg Ruhl (Hg.), Neubeginn und Restauration, München, (dtv) 1982, S. 113, gekürzt. **S. 185 Q1:** Die Vertriebenen in SBZ/DDR. Dokumente, Ankunft und Aufnahme 1945, hg. von Manfred Wille, Wiesbaden (Harrowitz) 1996, S. 264; **S. 185 M1:** https://www.sachsen-anhalt.de/bs/pressemitteilungen?tx_tsarssinclude_pi1%5Baction%5D=single&tx_tsarssinclude_pi1%5Bcontroller%5D=Base&tx_tsarssinclude_pi1%5Buid%5D=10100&cHash=964816505d567cc34be6ea4fceb9da0c (Zugriff: 14.4.2024); **S. 185 M2:** Volksstimme v. 1.8.2011, in: https://www.volksstimme.de/sachsen-anhalt/bund-der-vertriebenen-bereitet-tag-der-heimat-vor-428906 (Zugriff: 14.4.2024); **S. 187 M1:** Marcus Heumann, Die Ankunft der Gruppe Ulbricht im Nachkriegsberlin, 30.4.2020, in: https://www.deutschlandfunk.de/vorgeschichte-der-ddr-die-ankunft-der-gruppe-ulbricht-im-100.html (Zugriff: 8.6.2024); **S. 187 B2:** Zahlenquelle: https://de.wikipedia.org/wiki/Landtagswahl_in_Sachsen-Anhalt_1946#:~:text=Die%20Landtagswahl%20in%20Sachsen%2DAnhalt,Landtagswahlen%20nach%20dem%20Krieg%20statt. **S. 189 Q1:** Pönisch, Kerstin, Die Ankunft, Aufnahme der Flüchtlinge und Vertriebenen aus den ehemaligen Ostgebieten Deutschlands im Zusammenhang mit dem Zweiten Weltkrieg in den sächsischen Zielorten, Roßwein 2009, S. 65, Diplom_2009_K_Poenisch.pdf, bearbeitet. **S. 189 M1:** Natalja P. Timofejewa, Deutschland zwischen Vergangenheit und Zukunft: Die Politik der SMAD auf dem Gebiet von Kultur, Wissenschaft und Bildung 1945–1949, in: Dies, Die Politik der Sowjetischen Militäradministration in Deutschland (SMAD): Kultur, Wissenschaft und Bildung 1945–1949, Berlin (De Gruyter) 2005, S. 11

5. Methodenpraktikum: Zeitgeschichte im digitalen Medium

S. 196 Q1: Volksstimme, Organ der SED-Bezirksleitung Magdeburg, 11.11.1989, S. 2; **S. 203 M:** Autorentext

6. Die Konfrontation der Systeme

S. 209 Q1: „Public Papers of the Presidents of the United States: Harry S. Truman, 1947", veröffentlicht von der United States Government Printing Office (GPO), Washington, D.C., 1963. **S. 209 Q2:** Schdanow, Andrei: „Über die internationale Lage", Vortrag gehalten auf der Informationsberatung von Vertretern einiger kommunistischer Parteien in Polen Ende September 1947, Berlin (SWA), 1947, o. S. **S. 213 Q1:** https://www.nato.int/cps/en/natohq/official_texts_17120.htm?selectedLocale=de **S. 213 Q2:** Zit. n.: Boris Meissner, Die „Breschnew-Doktrin". Das Prinzip des „proletarisch-sozialistischen Internationalismus" und die Theorie von den „verschiedenen Wegen zum Sozialismus". Dokumentation, Verlag Wissenschaft und Politik, Köln (Verlag Wissenschaft und Politik) 1969, Seite 78 f., aus: https://www.bpb.de/shop/zeitschriften/izpb/192779/stabilitaet-und-stagnation-unter-breschnew/?p=all (Stand: 27.4.2022); **S. 215 M1:** Auswärtiges Amt, 7.11.2023, in: https://www.auswaertiges-amt.de/de/aussenpolitik/sicherheitspolitik/abruestung-ruestungskontrolle/uebersicht-konvalles-node/kse-vertrag-node (Zugriff: 25.5.2014); **S. 217 Q1:** Zit. n.: Bernd Greiner, Kuba-Krise: 13 Tage im Oktober. Analyse, Dokumente, Zeitzeugen, Nördlingen (Greno) 1988, S. 319 ff, gekürzt. **S. 217 Q2:** Zit. n.: Bernd Greiner, Kuba-Krise: 13 Tage im Oktober. Analyse, Dokumente, Zeitzeugen, Nördlingen (Greno) 1988, S. 381 ff, gekürzt. **S. 219 Q1:** https://www.bpb.de/kurz-knapp/hintergrund-aktuell/508315/vor-50-jahren-bundestag-stimmt-fuer-ostvertraege/ **S. 219 Q2:** Zit. n. Jiri Pelikan/Manfred Wilke (Hg.), Menschenrechte. Ein Jahrbuch zu Osteuropa, Reinbek bei Hamburg (Rowohlt) 1977, S. 221 f., Auszug. **S. 221 Q1:** Zit. n.: Irmgard Wilharm (Hrsg.), Deutsche Geschichte 1962–1983. Dokumente in zwei Bänden, Frankfurt/Main 1985, S. 68. **S. 221 Q2:** Zit. n.: Irmgard Wilharm (Hrsg.), Deutsche Geschichte 1962–1983. Dokumente in zwei Bänden, Frankfurt/Main 1985, S. 68. **S. 221 Q3:** https://www.geschichte-abitur.de/quellenmaterial/quellen-teilung-brd-ddr/rainer-barzel-rede-zum-grundlagenvertrag#google_vignette **S. 222 Q1:** Manifest der 2000 Worte, verf. von L. Vaculik (27.6.1968), zit. n.: Frankfurter Allgemeine Zeitung v. 6.7.1968; aus: Geschichte in Quellen, Bd. 7, BS. München 1980, gekürzt. **S. 222 Q2:** Leonid Breschnew, in: Prawda vom 13.11.1968, übers. von Red. Dietz, Berlin, gekürzt. **S. 223:** Zitat https://www.mdr.de/geschichte/zeitgeschichte-gegenwart/politik-gesellschaft/vaclav-havel-cssr-gefaengnis-praesident-100.html **S. 225 Q1:** Timothy Garton Ash, Im Namen Europas. Übersetzt von Yvonne Badal, München (Hanser) 1993, S. 537 f.✳✳✳ **S. 227 Q1:** Michail Gorbatschow, Umgestaltung und neues Denken für unser Land und für die ganze Welt, Berlin (Dietz) 1987, S. 37 ff. **S. 227 M1:** Gerd Koenen, Die Farbe Rot, Ursprünge und Geschichte des Kommunismus, München (C. H. Beck) 2017, S. 972 f. **S. 229 M1:** Zit. n.: Silke Bigalke, Die Repression unter Putin erreicht eine neue Qualität, 13.7.2020, https://www.sueddeutsche.de/politik/russland-putin-1.4964547 (Stand: 7.6.2022). **S. 230 M1:** Zit. n.: https://de.wikipedia.org/wiki/Liste_der_Militäroperationen_Russlands_und_der_Sowjetunion (Stand: 5.5.2022). **S. 231 Q1:** Zit. n.: https://www.tagesspiegel.de/politik/begruendung-fuer-die-invasion-putins-kriegserklaerung-gegen-dieukraine-im-wortlaut/28101090.html (Stand: 5.5.2022). **S. 231 M2:** Zit. n.: Martin Zeyn, Hat die NATO-Osterweiterung Russland bedroht?, BR-Kulturbühne, 30.3.2022, in: https://www.br.de/kultur/warum-die-nato-erweiterung-fuerputin-ein-vorwand-ist-100.html (Stand: 5.5.2022). **S. 233 M1:** Florian Niederndorfer, Warum es für die UNO nun um Reform oder Zerbrechen geht, Der Standard v. 21.9.2023, https://www.derstandard.de/story/3000000187695/warum-es-fuer-die-uno-nun-um-reform-oder-zerbrechen-geht (Zugriff: 31.5.24); **S. 233 M2:** Reformbedarf der UNO, https://www.lernhelfer.de/schuelerlexikon/politikwirtschaft/artikel/reformbedarf-der-uno# (Zugriff: 31.5.24); **S. 234 Q1:** https://www.un.int/kenya/sites/www.un.int/files/Kenya/kenya_statement_during_urgent_meeting_on_on_ukraine_21_february_2022_at_2100.pdf **S. 235 Q1:** „Der Westen hat den Krieg losgetreten", Rede

Putins an die Nation, tagesschau, 21.2.2023, https://www.tages-schau.de/ausland/europa/russland-putin-rede-an-nation-101.html (Zugriff: 1.6.2024)

7. Das Jahr 1990
S. 243 Q1: Sturm auf die Stasi-Zentrale vom 15.1.1990, Tagesschau vom 15. Januar 1990. tagesschau.de, https://www.tagesschau.de/multimedia/video/video-ts-49344.html **S. 243 Q2:** Sturm auf die Stasi-Zentrale vom 15.1.1990, Tagesschau vom 15. Januar 1990. tagesschau.de, https://www.tagesschau.de/multimedia/video/video-ts-49344.html **S. 246 Q1:** https://www.havemann-gesellschaft.de/fileadmin/robert-havemann-gesellschaft/archiv/buergerbewegung_ab_89/R/ZRT_Findbuch.fb.pdf **S. 246 Q2:** https://www.havemann-gesellschaft.de/fileadmin/robert-havemann-gesellschaft/archiv/buergerbewegung_ab_89/R/ZRT_Findbuch.fb.pdf **S. 247:** Zitat Reden auf der Alexanderplatz-Demonstration: Marianne Birthler (11:55 Uhr). Deutsches Historisches Museum, Berlin, Dezember 2009, abgerufen am 2. Januar 2017. **S. 249 Q1:** https://www.ssoar.info/ssoar/bitstream/handle/document/29381/ssoar-1990-die_ersten_texte_des_neuen.pdf **S. 249 Q2:** Poppe, Ulrike, zit. nach: Jürgen Leinemann: Wieder auf den Beinen. In: Spiegel Special II/1990, S. 115 **S. 249 M1** Zit. n.: Ulrich Herbert, Geschichte Deutschlands im 20. Jahrhundert, München 2014, S. 1118 f. **S. 252 Q1:** Falin, Valentin, zit. nach: Spiegel Special II/1990, S. 21 f. **S. 252 Q2:** Münch, Ingo von, Die Verträge zur Einheit Deutschlands. München (Beck) 1992, S. 29; **S. 253 Q3:** Genscher, Hans-Dietrich, zit. nach: Bulletin Nr. 61 vom 15. 06. 1989. Bonn (Presse- und Informationsamt der Bundesregierung) 1989 **S. 256 M1:** Autorentext

S. 256 Q1: Zit. n.: https://www.bundesregierung.de/Content/DE/Bulletin/1990–1999/1990/118-90_Bergmann-Pohl_Suessmuth_Momper.html (Stand: 5.5.2022). **S. 257 Q2:** Zit. n.: http://www.bundespraesident.de/SharedDocs/Reden/DE/Richard-von-Weizsaecker/Reden/1990/10/19901003_Rede.html (Stand: 5.5.2022). **S. 257 M2:** Zit. n.: www.spiegel.de/politik/deutschland/historikerwinkler-zur-feiertagsdebatte-der-3-oktober-wird-notorisch-unterschaetzt-a-326468.html (Stand: 5.5.2022) **S. 258 M1** Mathias Tullner: Geschichte Sachsen-Anhalts, 1. Auflage, C.H.Beck, München 2008, S. 114 f. **S. 260 M1:** Einige Fortschritte, viele Herausforderungen, Jahresbericht der Bundesregierung, 27.9.2023; https://www.tagesschau.de/inland/bericht-stand-deutsche-einheit-100.html (Zugriff: 6.5.2024) **S. 260 M2:** 30 Jahre danach: Ost und West uneins über Deutsche Einheit, 7.9.2020, in: https://www.bertelsmann-stiftung.de/en/themen/aktuelle-meldungen/2020/september/30-jahre-danach-ost-und-west-uneins-ueber-deutsche-einheit (6.5.2024) **S. 261 M3:** Petra Köpping, Integriert doch erst mal uns. Eine Streitschrift für den Osten, Berlin (Christoph Links Verlag) 2018, S. 127–131; **S. 263 M1** Die Zeit vom 29. März 2001

8. Methodenpraktikum: Zeitgeschichte in einer Ausstellung
S. 270 Q1: Neues Forum Salzwedel: Gemeinsame Erklärung des Neuen Forum Salzwedel vom 26.10.1989. Salzwedel (Archiv Johann-Friedrich-Danneil-Museum) 1989 **S. 271 M1:** Neues Forum Salzwedel: Info-blatt Nr. 1. Salzwedel (Archiv Johann-Friedrich-Danneil-Museum) 1989

Bildquellenverzeichnis

Cover: mauritius images/Andreas Vitting; **S. 3/o.:** akg-images/Science Source; **S. 3/u.:** bpk/Bayerische Staatsbibliothek/Heinrich Hoffmann; **S. 4:** mauritius images/Sven Otte; **S. 5/o.:** Bridgeman Images; **S. 5/u.:** dpa Picture-Alliance/SZ Photo; **S. 6/o.:** mauritius images/Wiliam Perry/Alamy Stock Photos; **S. 6/u.:** dpa Picture-Alliance/picture-alliance/dpa; **S. 7:** Johann-Friedrich-Danneil-Museum; **S. 11/u.m.:** Cornelsen/Inhouse/Anne Weingarten; **S. 12–13:** akg-images/Science Source; **S. 14/1:** Cornelsen/Peter Kast; **S. 15/l.:** mauritius images/TopFoto; **S. 15/r.:** Cornelsen/Carsten Märtin; **S. 16/1:** Bridgeman Images/© SZ Photo/Sammlung Megele; **S. 16/2:** Archiv der sozialen Demokratie; **S. 17/3:** Cornelsen/Elisabeth Galas; **S. 17/o.r.:** Bridgeman Images/© Iberfoto; **S. 18/1:** Cornelsen/Elisabeth Galas; **S. 19/2:** akg-images; **S. 20/1:** akg-images/Foto: Tellgmann; **S. 20/2:** Bridgeman Images/SZ Photo/Scherl; **S. 21/3:** Cornelsen/Carlos Borrell Eiköter; **S. 22/1:** Cornelsen/Carlos Borrell Eiköter; **S. 22/l.m.:** bpk; **S. 22/l.u.:** akg-images; **S. 23/2:** Bridgeman Images/Universal History Archive/UIG; **S. 23/3:** Imago Stock & People GmbH/Shotshop; **S. 24/1:** interfoto e.k./Friedrich; **S. 25/2+3:** akg-images; **S. 26/1:** bpk; **S. 26/2:** bpk/Deutsches Historisches Museum/Sebastian Ahlers; **S. 27/3:** akg-images; **S. 27/4:** Stadtarchiv Bielefeld; **S. 28/1:** akg-images/Glasshouse Images/JT Vintage; **S. 28/2:** © Look and Learn/Bridgeman Images; **S. 28/3:** bpk/British Library Board; **S. 29/4:** Bridgeman Images/Granger; **S. 29/5:** akg-images; **S. 29/6:** akg-images/Universal History Archive/UIG; **S. 31/1:** dpa Picture-Alliance/dpa-Zentralbild/Stefan Sauer; **S. 32/1:** mauritius images/Science Source; **S. 32/m.l.:** Amerika Haus/Süddeutsche Zeitung Photo; **S. 33/2:** akg-images/IAM; **S. 34/1:** bpk/Erich Greiser; **S. 35/2:** akg-images; **S. 36/1+2:** Cornelsen/Carlos Borrell Eiköter; **S. 37/3:** mauritius images/SuperStock; **S. 38/1:** Cornelsen/Carlos Borrell Eiköter; **S. 39/2:** akg-images; **S. 40/1:** bpk/Kunstbibliothek, SMB, Photothek Willy Römer/Willy Römer; **S. 41/2:** Unibibliothek Heidelberg/Róbert Berény/https://digi.ub.uni-heidelberg.de/diglit/ulk1925/0161; **S. 42/1:** dpa Picture-Alliance/SZ Photo; **S. 43/2:** Cornelsen/Elisabeth Galas bearb. von Erfurth Kluger Infografik GbR; **S. 43/3:** Cornelsen/Elisabeth Galas; **S. 45/1:** Cornelsen/Steffi Jahn; **S. 46/1:** mauritius images/Werner Mäling/imageBROKER; **S. 47/2:** stock.adobe.com/Prostock-studio; **S. 48/1:** akg-images/Science Photo Library; **S. 49/1:** Bridgeman Images/© Look and Learn; **S. 49/2:** akg-images/Fotoarchiv für Zeitgeschichte; **S. 50:** Cornelsen/Carsten Märtin; **S. 51/1:** mauritius images/Kim Petersen; **S. 51/o.+m.:** Cornelsen/Carsten Märtin; **S. 52–53:** bpk/Bayerische Staatsbibliothek/Heinrich Hoffmann; **S. 54/1:** Cornelsen/Carlos Borrell Eiköter; **S. 55/o.r.:** Cornelsen/Carsten Märtin; **S. 56/1:** akg-images; **S. 57/2:** akg-images; **S. 58/1:**

bpk/Staatsbibliothek zu Berlin; **S. 59/2:** bpk/Kunstbibliothek, SMB; **S. 60/1:** bpk/Deutsches Historisches Museum/Sebastian Ahlers; **S. 61/2:** bpk/Deutsches Historisches Museum; **S. 62/1:** Cornelsen/Erfurth Kluger Infografik GbR; **S. 65/1:** bpk/Bayerische Staatsbibliothek/Heinrich Hoffmann/Albert Speer, Walter Brugmann: Reichsparteitagsgelände (Nürnberg); **S. 65/2:** bpk/Bayerische Staatsbibliothek/Heinrich Hoffmann; **S. 66/1:** akg-images/Glasshouse Images; **S. 67/2:** bpk/Deutsches Historisches Museum/Sebastian Ahlers; **S. 68/1:** bpk; **S. 69/2:** Bridgeman Images/© SZ Photo/Scherl; **S. 70/1:** Sammlung Gedenkstätte Buchenwald; **S. 70/m.l.:** bpk/Deutsches Historisches Museum/Arne Psille; **S. 71/2:** Bridgeman Images/Everett Collection; **S. 72/1:** Cornelsen/Elisabeth Galas; **S. 72/2:** bpk; **S. 73/3:** bpk/Arthur Grimm; **S. 74/1:** bpk/Deutsches Historisches Museum; **S. 75/2:** bpk/Liselotte Purper (Orgel-Köhne); **S. 75/3:** interfoto e.k./Mary Evans/Library of Congress; **S. 76/1:** Bridgeman Images/© SZ Photo/Scherl; **S. 77/2:** Bridgeman Images; **S. 77/3:** Bridgeman Images/© SZ Photo; **S. 78/1:** bpk/Bildarchiv Foto Marburg; **S. 79/2:** Bridgeman Images/© SZ Photo/Sammlung Megele; **S. 80/1:** bpk/H. Friedrich; **S. 81/2:** Tobias Schwab; **S. 82–83:** akg-images/Bildarchiv Pisarek; **S. 84/1:** Imago Stock & People GmbH/Daniel Schäfer; **S. 85/2:** dpa Picture-Alliance/Wolfgang Kumm; **S. 86/1:** Cornelsen/Carlos Borrell Eiköter; **S. 86/m.l.:** akg-images; **S. 87/2:** bpk/Bengt von zur Mühlen; **S. 87/3:** Auswärtiges Amt – Politisches Archiv; **S. 88/1:** Cornelsen/Erfurth Kluger Infografik GbR; **S. 89/2:** Bridgeman Images/Photo © Fine Art Images; **S. 90/1:** Imago Stock & People GmbH/Zoonar; **S. 91/2:** dpa Picture-Alliance/AP; **S. 92/1:** mauritius images/Keystone Press/Alamy; **S. 93/2:** Cornelsen/Carlos Borrell Eiköter; **S. 94/1:** akg-images/George (Jürgen) Wittenstein; **S. 94/m.l.:** akg-images; **S. 94/u.l.:** Bridgeman Images/SZ Photo/Sammlung Megele; **S. 95/2:** Cornelsen/Erfurth Kluger Infografik GbR; **S. 96/1:** akg-images/Heinrich Hoffmann; **S. 96/m.l.:** Bridgeman Images/Universal History Archive/UIG; **S. 96/u.l.:** bpk; **S. 97/o.r.:** akg-images; **S. 98/1:** akg-images; **S. 99/2:** Cornelsen/Carlos Borrell Eiköter; **S. 100/1:** interfoto e.k.; **S. 101/2:** Cornelsen/Gregor Mecklenburg; **S. 102/1:** dpa Picture-Alliance; **S. 103/3:** Cornelsen/Carlos Borrell Eiköter; **S. 104/1:** bpk/Deutsches Historisches Museum/Gerhard Gronefeld; **S. 105/2:** akg-images/Fotoarchiv für Zeitgeschichte; **S. 106/1:** akg-images; **S. 106/m.l.:** akg-images; **S. 107/2:** mauritius images/TopFoto; **S. 107/3:** SZ Photo/Scherl; **S. 107/4:** akg-images; **S. 109/1:** dpa Picture-Alliance/Fotoarchiv für Zeitgeschichte/Archiv; **S. 109/2:** akg-images/UIG/marka/jarach; **S. 110/1:** Bridgeman Images/© Look and Learn; **S. 111/2:** mauritius images/Pictorial Press Ltd/Alamy Stock Photos; **S. 112/1:** mauritius images/Jochen Tack/Alamy Stock Photos; **S. 112/2:** bpk; **S. 113/3:** dpa Picture-Alliance/dpa-infografik GmbH; **S. 114/1:** mauritius images/alamy stock photo/CPA Media Pte Ltd; **S. 114/m.l.:** mauritius images/alamy stock photo/Photo 12; **S. 115/1:** Imago Stock & People GmbH/Heritage Images; **S. 118–119:** mauritius images/Sven Otte; **S. 120/1:** Cornelsen/Carlos Borrell Eiköter; **S. 121/o.r.:** Cornelsen/Carsten Märtin; **S. 122/1:** bpk; **S. 123/2:** Bridgeman Images/Universal History Archive/UIG; **S. 124/1:** ACDP, Plakatsammlung, 10–001–104; **S. 124/2:** interfoto e.k./Pulfer; **S. 124/3:** bpk; **S. 125/4+5:** Cornelsen/Carlos Borrell Eiköter; **S. 126/1:** bpk/Henry Ries; **S. 126/2:** Cornelsen/Carlos Borrell Eiköter; **S. 126/3:** interfoto e.k./IFPAD; **S. 127/4:** interfoto e.k./Schinkel; **S. 127/5:** Shutterstock.com/cbies; **S. 127/6:** Bridgeman Images; **S. 128/1:** Cornelsen/Carlos Borrell Eiköter; **S. 129/2:** Haus der Geschichte, Bonn; **S. 129/3:** bpk/Hanns Hubmann; **S. 130/1:** Cornelsen/Elisabeth Galas, bearbeitet von Erfurth Kluger Infografik GbR; **S. 131/3:** bpk; **S. 131/o.r.:** Imago Stock & People GmbH/Funke Foto Services; **S. 132/1+2:** akg-images; **S. 133/3:** Cornelsen/Erfurth Kluger Infografik GbR; **S. 134/1:** mauritius images/TopFoto; **S. 135/2:** mauritius images/Starfoto; **S. 136/1:** Cornelsen/Erfurth Kluger Infografik GbR; **S. 137/2:** bpk/Kunstbibliothek, SMB/Dietmar Katz; **S. 138/1:** akg-images/Sammlung Berliner Verlag/Archiv; **S. 138/o.l.:** Imago Stock & People GmbH/Photo12; **S. 139/2:** bpk/Deutsches Historisches Museum; **S. 140/1:** akg-images; **S. 140/2:** akg-images/Sammlung Berliner Verlag/Archiv; **S. 141/3:** interfoto e.k./TV-Yesterday; **S. 142/1:** Bridgeman Images/Look and Learn/Elgar Collection; **S. 143/2:** bpk/Deutsches Historisches Museum/Arne Psille; **S. 144/1:** BStU; **S. 144/2:** Imago Stock & People GmbH/Rolf Kremming; **S. 145/3:** Imago Stock & People GmbH/imago stock&people; **S. 145/4:** BStU/Stasi-Unterlagen-Archiv, Berlin; **S. 147/1:** mauritius images/Bildagentur-online/Schoening/Alamy Stock Photos; **S. 147/2:** Imago Stock & People GmbH/SchÄning; **S. 148/1:** Text: Die Kulturingenieure Alexander Lahl, Tim Köhler, Max Mönch/Zeichnung Kitty Kahane; **S. 149/2:** akg-images/AP; **S. 149/3:** akg-images; **S. 150/1:** akg-images; **S. 150/2:** dpa Picture-Alliance/Günter Bratke; **S. 151/m.:** akg-images/Erich Lessing; **S. 151/o.l.:** interfoto e.k./Friedrich; **S. 152/1:** Imago Stock & People GmbH; **S. 153/2:** bpk/Bundesstiftung Aufarbeitung/Klaus Mehner; **S. 154–155:** bpk; **S. 156/1:** bpk/Abisag Tüllmann/Abisag Tüllmann; **S. 156/2:** bpk/Kunstbibliothek, SMB/Bernard Larsson; **S. 157/3:** Imago Stock & People GmbH; **S. 158/1:** dpa Picture-Alliance/dpa Zentralbild/ADN Zentralbild; **S. 159/2:** akg-images/Aram Radomski; **S. 160/1:** akg-images/AP; **S. 161/2:** Imago Stock & People GmbH/Contrast/O.Behrendt; **S. 162/1:** Bridgeman Images/Photo © Imago; **S. 163/2:** dpa Picture-Alliance/Jochen Lübke; **S. 164/1:** dpa Picture-Alliance/AP Photo; **S. 164/2:** stock.adobe.com/Rochu_2008; **S. 165/1:** Günter Wetzel; **S. 167/Reihenweise v.o.l.n.u.r.:** dpa Picture-Alliance/photothek; akg-images; akg-images; bpk; akg-images; akg-images/AP; akg-images; akg-images; Bridgeman Images/Sovfoto/UIG; akg-images; akg-images/Horst Maack; **S. 167/Hintergrund:** Cornelsen/Carsten Märtin; **S. 168–169:** Bridgeman Images; **S. 170/1:** Cornelsen/Carlos Borrell Eiköter; **S. 171/o.r.:** Cornelsen/Carsten Märtin; **S. 172/1:** Imago Stock & People GmbH/UIG; **S. 172/2:** bpk/Voller Ernst – Fotoagentur/Jewgeni Chaldej; **S. 173/3:** dpa Picture-Alliance/ZUMAPRESS.com/Keystone; **S. 173/4:** Imago Stock & People GmbH; **S. 173/m.r.:** akg-images; **S. 174/1:** mauritius images/Dipper Historic/Alamy; **S. 175/3:** dpa Picture-Alliance/SZ Photo; **S. 175/4:** mauritius images/JT Vintage; **S. 175/5:** Cornelsen/Carlos Borrell Eiköter; **S. 176/1:** bpk; **S. 177/o.r.:** bpk; **S. 178/1:** akg-images; **S. 179/2:** Cornelsen/Carlos Borrell Eiköter; **S. 181/1:** stock.adobe.com/ernestoche50; **S. 181/2:** bpk/Museum Berlin-Karlshorst/Timofej Melnik; **S. 182/1:** Cornelsen/Carlos Borrell Eiköter; **S. 183/2:** interfoto e.k./awkz; **S. 184/1:** Imago Stock & People GmbH/imago stock&people; **S. 185/2:** Imago Stock & People GmbH/reportandum; **S. 186/1:** Imago Stock & People GmbH/SNA; **S. 188/1:** Imago Stock & People GmbH/SuperStock; **S. 188/2:** mauritius images/TopFoto; **S. 188/3:** mauritius images/World Book Inc.; **S. 188/4:** mauritius images/Memento; **S. 189/1:** bpk/Kunstbibliothek, SMB, Photothek Willy Römer; **S. 189/2:** interfoto e.k.; **S. 191:** Cornelsen/Dieter Stade; **S. 192–193:** dpa Picture-Alliance/SZ Photo; **S. 195/1:** Bridgeman Images/IMAGEBROKER; **S. 195/2:** Imago Stock & People GmbH/United Archives; **S. 196/1:** bpk/Gert Koshofer; **S. 197/v.o.n.u.:** Bridgeman Images; akg-images/AP; dpa Pic-